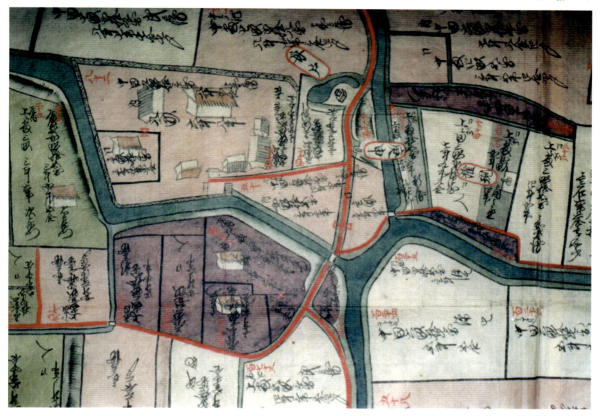

口絵1　文久2年（1862）名西郡白鳥村絵図（部分、徳島県立博物館蔵、158 × 203cm）

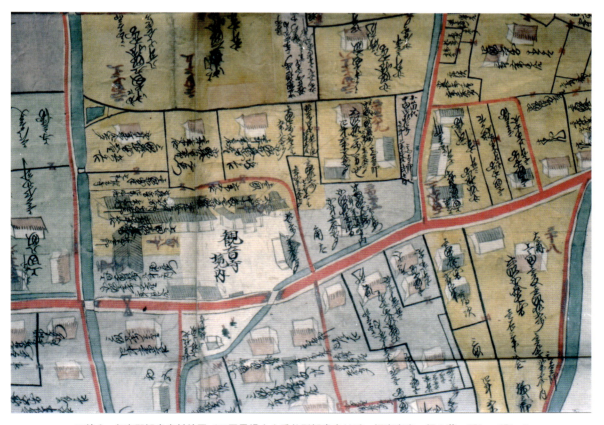

口絵2　名東郡観音寺村絵図（四国霊場十六番札所観音寺付近、坂東家本、個人蔵、150 × 171cm）

2　口　絵

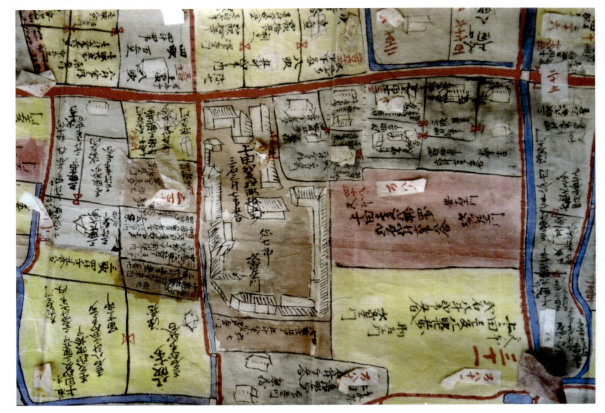

口絵 3　名東郡十一小区之内観音寺村細密図（部分、徳島市立徳島城博物館蔵、151 × 165cm）

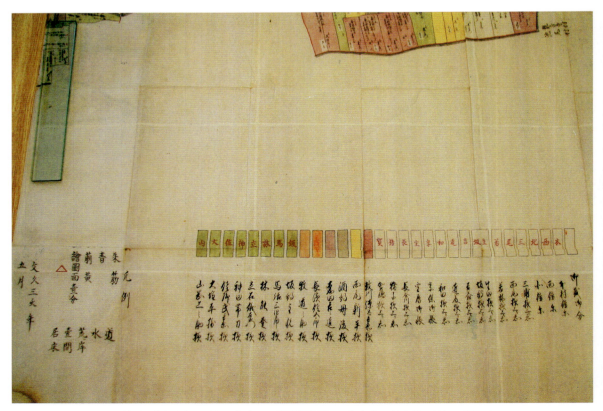

口絵 4　文久 3 年（1863）名東郡日開村限絵図（凡例部分、個人蔵、290 × 227cm）

口絵5　美馬郡郡里村絵図（東ハ轟西谷ヨリ南太田境西ハ玉振谷ヨリ南センダンノ木迄、美馬市教育委員会蔵、160 × 148cm）

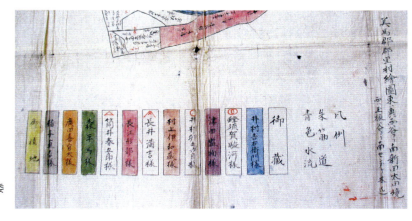

口絵6　口絵5の凡例部分（美馬市教育委員会蔵）

口絵 7　美馬郡郡里村絵図（東ハ玉振谷ヨリ西ハ中山路八幡宮西手南北道切、美馬市教育委員会蔵、153 × 109cm）

口絵8　美馬郡郡里村絵図（鍵懸南北馬道ヨリ南ハ喜来名蔵居屋敷西ハ重清村境、美馬市教育委員会蔵、202 × 150cm）

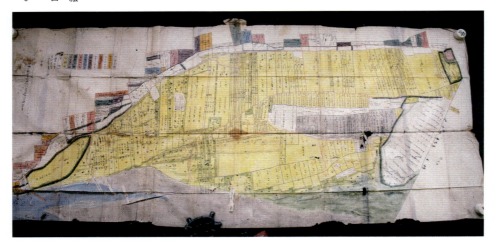

口絵9 美馬郡郡里村中須分川成母地并御積地絵図（美馬市教育委員会蔵、91×218cm）

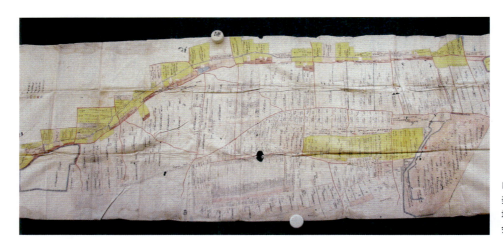

口絵10 安政3年（1856）美馬郡郡里村中須分仮検地絵図（美馬市教育委員会蔵、73×244cm）

口絵11 美馬郡郡里村絵図（寺町部分、美馬市教育委員会蔵、129×71cm）

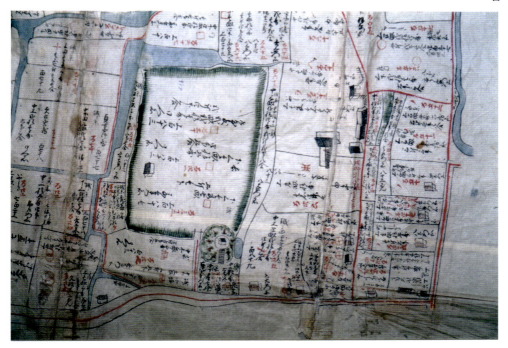

口絵12 板野郡西条村絵図（西条東城跡部分、阿波市立吉野笠井図書館蔵、186 × 123cm）

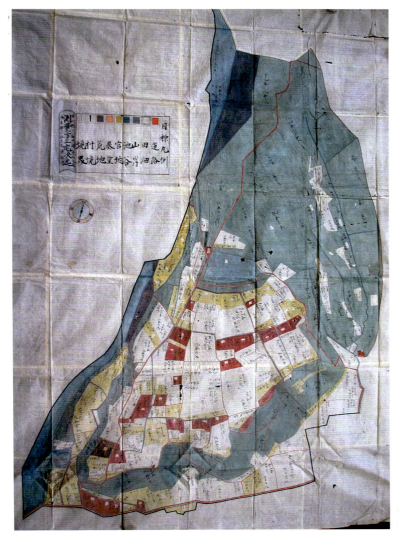

口絵13 美馬郡郡里村地籍図（鍋倉谷川左岸字天神付近、美馬市教育委員会蔵、168 × 131cm）

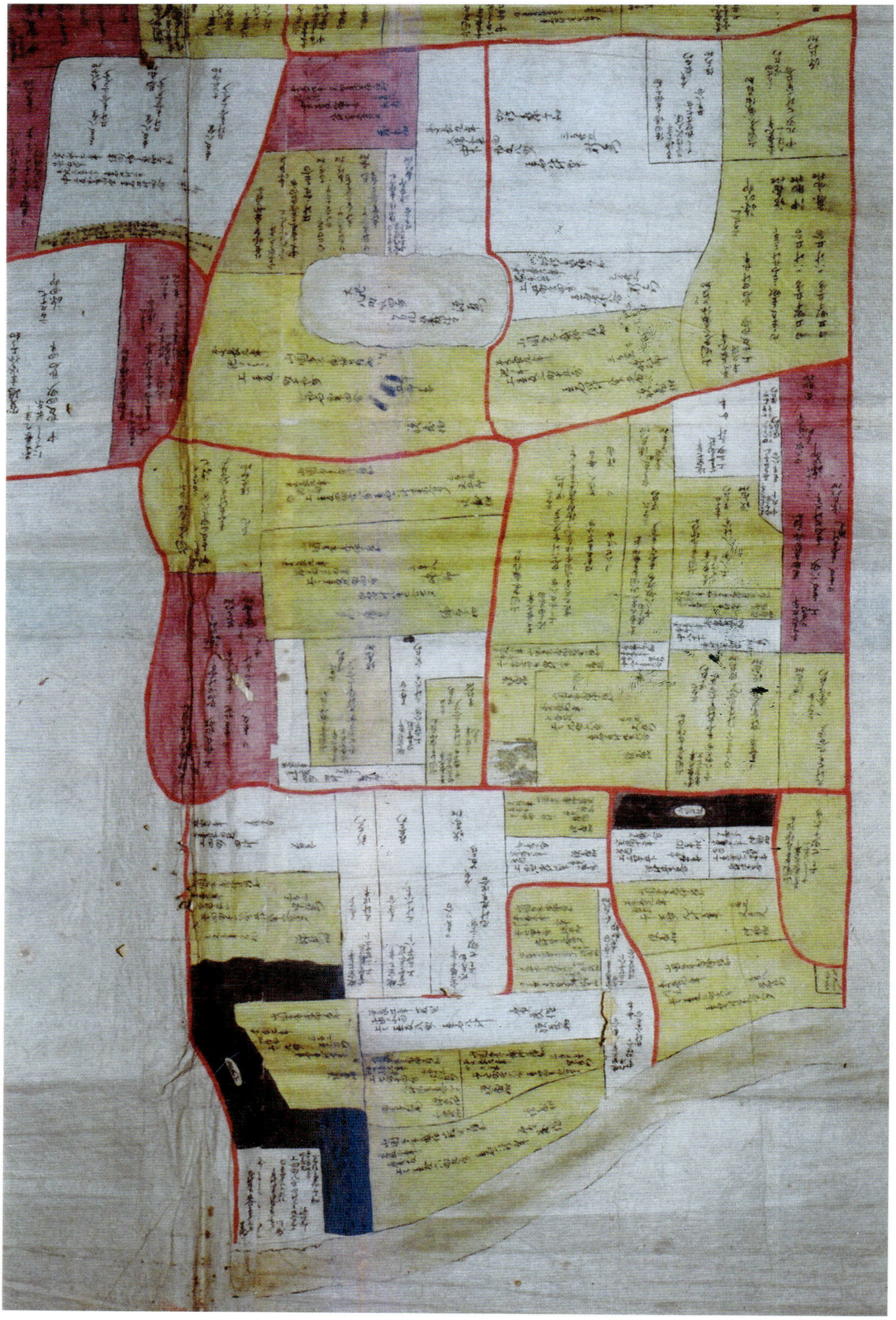

口絵14　文化14年（1817）名東郡西黒田村絵図（南部分、個人蔵、233×146cm）

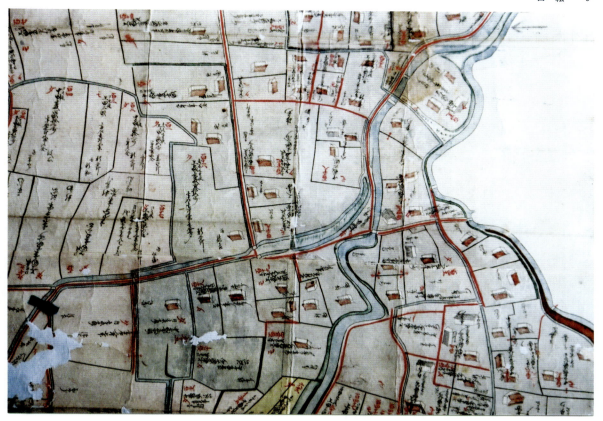

口絵15　名東郡延命村絵図（部分、個人蔵、180 × 115cm）

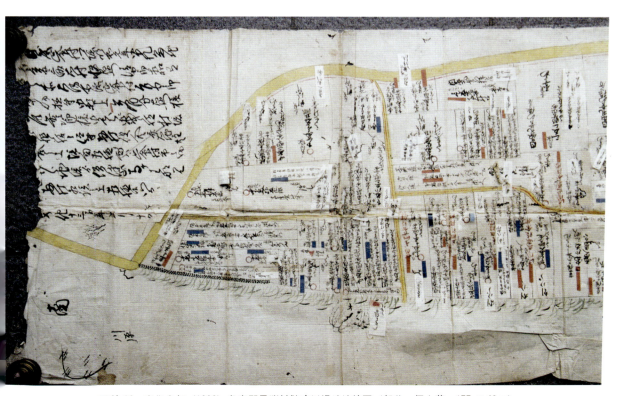

口絵16　文化3年（1806）名東郡早渕村鮎喰川堤外地絵図（部分、個人蔵、177 × 48cm）

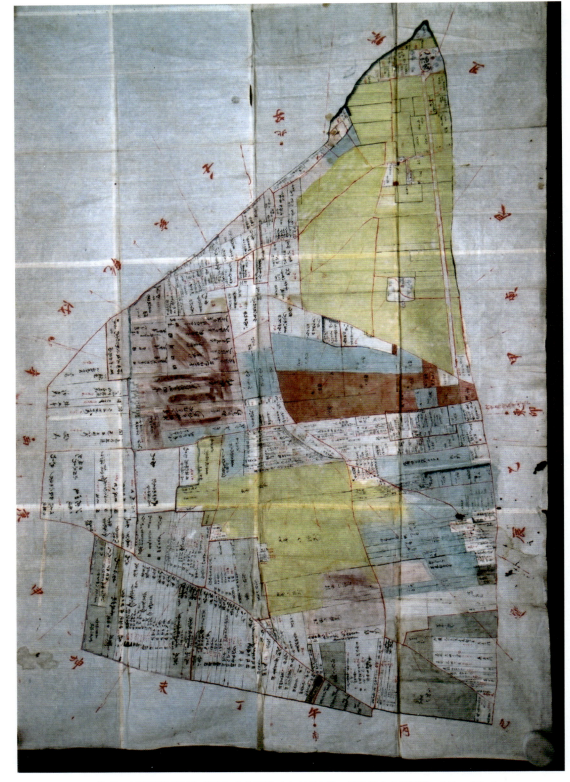

口絵 17　板野郡竹瀬村御蔵給知色分絵図（木内家文書、徳島県立文書館蔵、144 × 96cm）

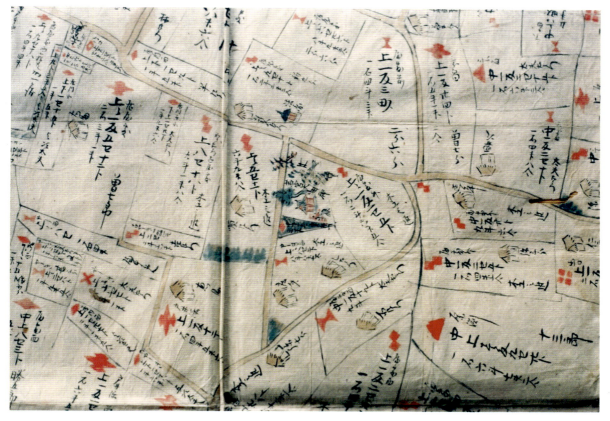

口絵 18　天保 10 年（1839）麻植郡喜来村惣絵図（部分、個人蔵、135 × 208㎝）

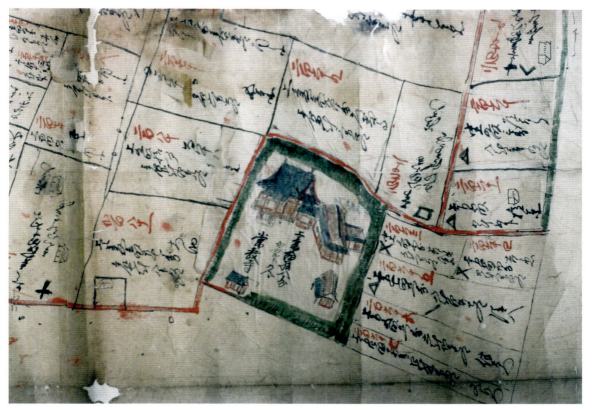

口絵 19　文化 2 年（1805）麻植郡鴨島村分間絵図（部分、吉野川市教育委員会蔵、179 × 268㎝）

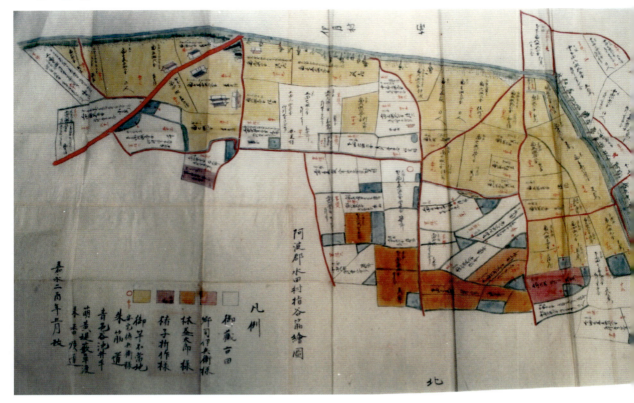

口絵20　嘉永2年（1849）阿波郡水田村指谷筋絵図（個人蔵、55 × 119cm）

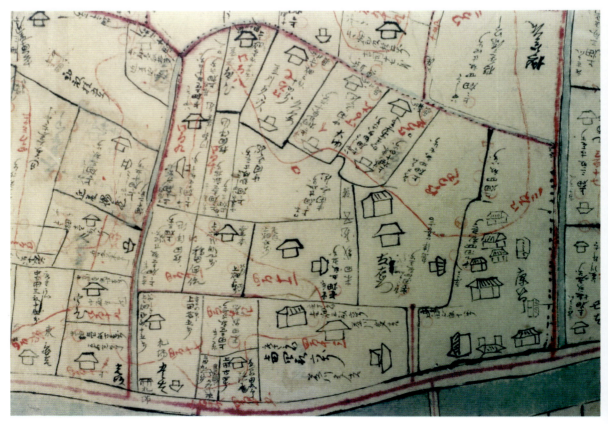

口絵21　板野郡姫田村絵図東分（部分、鳴門市教育委員会蔵、166 × 160cm）

口絵 22　美馬郡岩倉村岩倉山分間絵図（野村部分、美馬市教育委員会蔵、192 × 436cm）

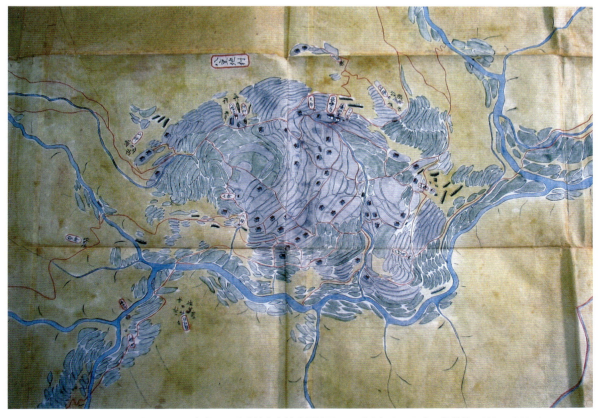

口絵 23　文化 10 年（1813）勝浦郡八重地村市宇村分間絵図（八重地部分、上勝町役場蔵、280 × 244cm）

口絵24 寛政7年(1795)神埼下郷上神代村・林慶村絵図(佐賀県立図書館蔵、203 × 193cm)

口絵25 享和2年(1802)三根郡下村郷絵図(佐賀県立図書館蔵、210 × 168cm)

口絵 26　安永 9 年（1780）大津郡渋木村周布勘解由一郷一村知行所大境絵図（山口県文書館蔵、132 × 250cm）

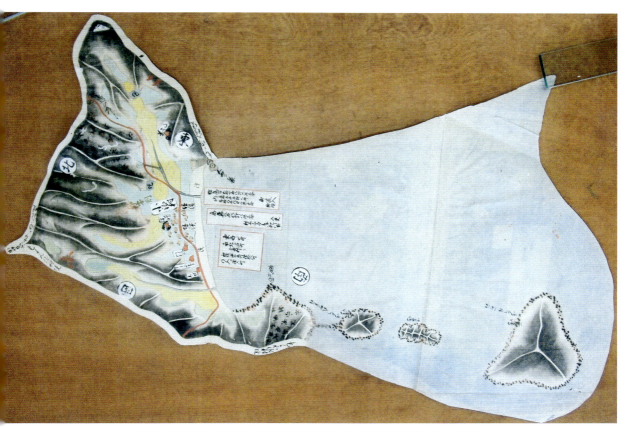

口絵 27　元文 2 年（1737）大島郡小泊村清図（山口県文書館蔵、72 × 42cm）

16　口絵

口絵28　安永4年（1775）大島郡小泊村村上一学殿上地所絵図（山口県文書館蔵、70×120cm）

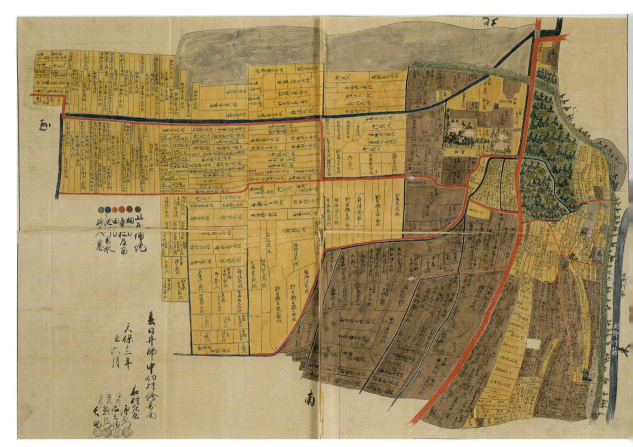

口絵29　天保12年（1841）春日井郡中切村絵図面（徳川林政史研究所蔵、61×86cm）

知行絵図と村落空間

徳島・佐賀・萩・尾張藩と河内国古市郡の比較研究

羽山 久男 著

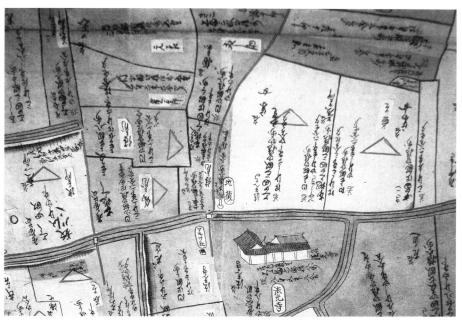

文久3年（1863）名東郡日開村限絵図（法光寺部分、個人蔵）

古今書院

目　次

序章－村絵図研究史を中心に― 1
　第1節　知行絵図と地方知行制　1
　第2節　近世村絵図の研究史とその課題　3
　第3節　絵図の分析視角とその方法　7
　第4節　景観史の分析視角　8
　第5節　本書の分析視角と構成　9

第Ⅰ部　徳島藩の知行絵図と村落空間

第1章　徳島藩の地方知行制の展開過程と地域構造 19
　第1節　徳島藩の地方知行制研究　19
　第2節　近世前期における地方知行制の展開　20
　　1．「慶長二年分限帳」からみた地方知行制の展開　20
　　2．城番層の知行配置とその変遷　20
　　3．延宝4年（1676）の蔵入地分布　23
　　4．天和2年（1682）の蔵入地分布　26
　　5．城番知行地の時系列的変遷　26
　第3節　給人の知行宛行と軍役・夫役の算定基準　27
　　1．家老池田　登（蜂須賀山城）の知行配置と軍役・夫役　27
　　2．家老賀島家の知行村と知行付百姓の階層　28
　　3．中小給人の軍役と夫役　30
　　4．天和3年（1683）の150石と100石以上の新知規定　31
　　5．物頭尾関源左衛門の存在形態　32
　　　1）知行宛行と知行村　32
　　　2）知行村の耕地条件と名負農民の階層　34
　　　3）免率・年貢手取率・夫銀・取立請　34
　　　4）尾関家知行地管理と村請制　35
　第4節　徳島藩の蔵米知行と軍役　35
　　1．享保3年（1718）の給人軍役　35
　　2．寛延3年（1750）の蔵米知行と軍役　36

第5節　給人の免率決定権と年貢徴収・取立人　37
　　1. 知行村免率のばらつき　37
　　2. 年貢徴収システム　37
　小　結　38

第2章　幕末期の阿波・淡路国における地方知行制の地域構造 ───── 43
　第1節　『旧高旧領取調帳』と「淡路国三原郡反別戸数取調帳」「淡路国津名郡反別戸数取調帳」
　　　　 からの分析　43
　第2節　幕末期の阿波国における地方知行制の地域構造　44
　　1. 村落規模とその分布　44
　　2. 蔵入地率の分布と藩領・知行の配置　46
　　3. 村落規模と給人分散度　48
　　4. 給人の階層と給知分散度　48
　第3節　幕末期の淡路国における地方知行制の地域構造　49
　　1. 淡路国の組村組織と村落規模　49
　　2. 蔵入地と給知の配置　51
　　3. 給人階層と分散度　53
　第4節　筆頭家老稲田九郎兵衛の知行形態　54
　小　結　56

第3章　阿波国内の知行絵図とその史料的意義 ───── 59
　第1節　阿波国内の知行絵図とその特徴　59
　第2節　作成目的と名負人・当作人　65
　第3節　作成時期・凡例・縮尺と文書史料　66
　小　結　67

第4章　名西郡白鳥村の知行絵図と村落空間 ───── 69
　第1節　鮎喰川下流扇状地の地理的環境と知行状況　69
　第2節　文久2年（1862）名西郡白鳥村絵図　72
　　1. 凡例・表現内容と分間村絵図とのちがい　72
　　2. 白鳥村検地帳と名負人・朱書地番の検証　74
　　3. 藪開・畠新開と蔵入地への編入　77
　3節　白鳥村絵図の蔵入地・給知の分散相給状況　77
　　1. 田畠等級別と小字分布　77
　　2. 蔵入地・給知の存在形態　80
　第4節　延享元年（1744）「地拂帳」、正徳5年（1715）「棟附帳」の分析　82
　　1.「地拂帳」　82

2.「棟附帳」と村落の階層構成　85
　第5節　給人平瀬・中山・渋谷・増田の知行付百姓の存在形態　89
　　1.　平瀬新三郎（所兵衛）知行付百姓の存在形態と年貢徴収体制　89
　　2.　中山弥太郎（九郎右衛門）知行付百姓の存在形態　91
　　3.　渋谷力太郎（安之丞）知行付百姓の存在形態　92
　　4.　増田鶴衛門知行付百姓の存在形態　92
　小　結　93

第5章　名東郡観音寺村絵図と村落空間 ──────── 97
　第1節　観音寺村の歴史的環境　97
　第2節　観音寺村絵図「坂東家本」と「徳島城博本」の比較分析　99
　第3節　観音寺村絵図の分析　99
　　1.　凡例と7給人、表現内容　99
　　2.　検地帳名負人と当作人の検証　100
　　3.　村絵図小字と田畠の等級・家屋分布　102
　　4.　蔵入地・給知の相給分布　106
　　5.　天保7年（1836）の状況と絵図名負人所有地の分布　108
　　6.　正徳2年（1712）棟附帳にみる村落構造　109
　小　結　112

第6章　名東郡日開村限絵図と村落空間 ──────── 115
　第1節　日開村の環境と文久3年（1863）日開村限絵図　115
　　1.　地形的環境　115
　　2.　文久3年日開村限絵図の表現内容　117
　第2節　蔵入地・給知分布と給人と名負人の階層　118
　　1.　小字と田畠の等級分布　118
　　2.　蔵入地の内容と上り知　120
　　3.　給知分布と給人の階層　121
　　4.　名負人の階層構成と所有地分布　127
　第3節　御蔵百姓と頭入百姓の存在形態　130
　　1.　御蔵百姓と頭入百姓の階層構成　130
　　2.　上位名負人と給人・当作人との関係　130
　　3.　当作人耕地の分布と給主との関係　131
　小　結　134

第7章　美馬郡郡里村絵図と村落空間 ──────────── 137

　第1節　郡里村の歴史的環境　137
　第2節　嘉永4年（1851）美馬郡郡里村御蔵分・給知分検地帳　138
　　1．嘉永4年検地帳の作成目的　138
　　2．御蔵分とその移動記載　139
　　3．給知分と知行地分布　142
　　4．名負人の階層構成と給人との関係　144
　　5．中老長江刑部と名負人の階層構成　144
　第3節　郡里村知行絵図と土地支配　146
　　1．村絵図の表現内容と名負人の階層構成　146
　　2．「美馬郡郡里村絵圖／東ハ轟西谷ヨリ南新田太田村境西ハ玉振谷ヨリ南センダンノ木迄」（①図）　148
　　　1）絵図の特徴と景観　148
　　　2）絵図と検地帳の比較分析、土地移動　150
　　　3）御蔵百姓と頭入百姓の存在形態、検地帳との比較　152
　　　4）「上り知」と大藪の開墾　152
　　3．「美馬郡郡里村絵圖／東ハ玉振谷ヨリ西ハ中山路八幡宮社西手南北道切」（②図）　154
　　　1）微地形的環境　154
　　　2）名負人と給人との関係と開墾年代　154
　　　3）川成地の分布　158
　　4．「美馬郡郡里村絵圖／鍵掛南北馬道ヨリ南ハ喜来名庄蔵居屋敷西ハ重清村境」（③図）　158
　　　1）微地形と景観　158
　　　2）「藪開」と団塊状の御蔵・給知分布　158
　　5．「美馬郡郡里村中須古田川成母地并御積地絵圖」（④図）　161
　　　1）川成地の「愈上り改仮検地」　161
　　　2）当作人の記載と積地（御蔵）・給知分　161
　　6．「安政三辰年三月出来、美馬郡郡里村中須分仮御検地絵圖」（⑤図）　162
　　7．標題欠「郡里村寺町付近絵圖」（⑥図）　162
　小　結　164

第Ⅱ部　佐賀・萩・尾張藩と河内国古市郡の知行絵図

第8章　佐賀藩の郷村絵図と地方知行 ──────────── 169

　第1節　佐賀藩の地方知行制　169
　第2節　佐賀藩の郷村絵図　171
　第3節　寛政7年（1795）神埼下郷上神代村・林慶村絵図　172
　第4節　享和2年（1802）三根郡下村郷絵図　175

小　結　182

第 9 章　萩藩の地下上申絵図・一郷一村知行所絵図 ———— 185
　第 1 節　萩藩の地下上申絵図と一郷一村知行所絵図の史料的意義　185
　第 2 節　地方知行制の展開構造　186
　　1．萩藩の検地と蔵入地・給領の配置　186
　　2．萩藩の地方政策と藩政村　188
　第 3 節　大津郡渋木村地下上申絵図と一郷一村知行所絵図　189
　　1．渋木村地下図と清図　189
　　2．安永 9 年（1780）大津郡渋木村周布勘解由一郷一村知行所大境絵図　193
　　　1）渋木村と一郷一村知行周布氏　193
　　　2）絵図の添書と凡例の特徴　195
　　　3）周布勘解由・九郎兵衛知行の御蔵入田畠・山野境と村の境目書　196
　第 4 節　大島郡小泊村地下図・清図と村上一学殿上地所絵図　196
　　1．『防長地下上申』『防長風土注進案』と元文 2 年（1737）小泊村地下図・清図　196
　　2．安永 4 年（1775）大島郡小泊村村上一学殿上地所絵図の表現内容　200
　小　結

第 10 章　尾張藩の知行絵図と村落空間 ———— 207
　第 1 節　尾張藩の「正保の四ッ概」と地方知行制　207
　第 2 節　村絵図における御蔵・給知の区別と絵図作成基準　208
　第 3 節　天保 12 年（1841）春日井郡中切村絵図面と給知分布　210
　第 4 節　安政 2 年（1855）春日井郡上小田井村砂入絵図　213
　小　結　217

第 11 章　「非領国」の河内国古市郡蔵之内村 ———— 221
　第 1 節　「非領国」としての古市郡　221
　第 2 節　蔵之内村絵図と地方知行　222
　小　結　225

終　章 ———— 227

あとがき ———— 233
索　引 ———— 237

図　目　次

図 1-1　慶長 2 年（1597）阿波国 13 郡給人階層別知行分布　21
図 1-2　慶長 2 年（1597）阿波国城番層の知行分布　22
図 1-3　延享 4 年（1676）阿波国村別蔵入地高分布　24
図 1-4　天和 2 年（1682）阿波国村別蔵入地高分布　25
図 1-5　享保 16 年（1731）家老賀嶋伊織の知行村　28
図 1-6　弘化 3 年（1846）尾関源左衛門の知行村　32
図 2-1　明治元年（1868）の阿波国藩政村の村高分布　45
図 2-2　明治元年の阿波国における村別蔵入地高率　47
図 2-3　幕末期の淡路国の組村　50
図 2-4　幕末期の淡路国村高分布　51
図 2-5　幕末期の淡路国における村別蔵入地高率　52
図 2-6　明治元年の阿波国における稲田氏の知行村　54
図 2-7　幕末期の淡路国における稲田氏の知行村　55
図 3-1　阿波国における知行絵図の分布　64
図 4-1　鮎喰川下流扇状地の地形図（1934 年）と藩政村　70
図 4-2　白鳥村の空中写真（1964 年）　71
図 4-3　明治元年の吉野川下流平野の藩政村における知行率分布　72
図 4-4　文久 2 年名西郡白鳥村絵図（中央部）　73
図 4-5　文久 2 年白鳥村の田畠等級分布　78
図 4-6　白鳥村の近世小字分布　79
図 4-7　文久 2 年白鳥村における蔵入地と 6 給人の知行地、平瀬新三郎拝知 4 人の初期本百姓名負地（A～D）　81
図 4-8　文久 2 年白鳥村上位名負人所有地　88
図 5-1　観音寺村の空中写真（1964）　98
図 5-2　観音寺村の近世小字分布　103
図 5-3　観音寺村の田畠等級分布　104
図 5-4　観音寺村の家屋分布　105
図 5-5　観音寺村の地籍図　106
図 5-6　観音寺村の蔵入地・知行地分布　107
図 5-7　観音寺村の初期名負人所有地　109
図 6-1　日開村付近の空中写真（1964 年）　116
図 6-2　日開村の居屋敷分布　117
図 6-3　日開村の近世小字　119
図 6-4　日開村耕地の等級　120

図 6-5　日開村の蔵入地・給知分布　123
図 6-6　日開村における高 20 石以上の名負人耕地　128
図 6-7　日開村の上位当作人の所有地　133
図 7-1　美馬郡郡里村付近の地形　137
図 7-2　嘉永 4 年（1851）郡里村検地帳給知分　139
図 7-3　郡里村の現行小字　148
図 7-4　郡里村東部の空中写真（1965 年）　149
図 7-5　①図における蔵入地・給知の分布　151
図 7-6　①図における上位 10 位名負人の所有地　153
図 7-7　②図における上位 10 位名負人の所有地　155
図 7-8　②図における蔵入地・給知分布　156
図 7-9　②図における郡里村川成地の分布（東玉振、西八幡神社道）　157
図 7-10　鍋倉谷川扇状地付近の空中写真（1965 年）　159
図 7-11　③図における蔵入地・給知分布　160
図 7-12　郡里村中須古田川成母地・御積地絵図（④図）　163
図 8-1　佐賀藩における佐賀本・支藩領等の分布　170
図 8-2　三根郡下村郷付近の旧版地形図（1932）　173
図 8-3　神埼下郷上神代村・林慶村絵図（トレース図）　174
図 8-4　三根郡下村郷市武村・江見村（江見津）付近の空中写真（1967）　176
図 8-5　三根郡下村郷絵図（トレース図）　180
図 9-1　萩藩領の本・支藩領と宰判　187
図 9-2　享保 13 年（1728）大津郡渋木村地下図（トレース図）　190
図 9-3　大津郡前大津宰判渋木村清図（トレース図）　191
図 9-4　渋木村大地引地山付近の景観（2012 年 10 月）　192
図 9-5　安永 9 年（1780）大津郡渋木村周布勘解由一郷一村知行所大境絵図（トレース図）　194
図 9-6　小泊村の集落景観（2012 年 10 月）　197
図 9-7　安永 4 年（1775）大島郡小泊村村上一学殿上地所絵図（トレース図）　198
図 9-8　大嶋郡宰判小泊村清図（トレース図）　199
図 10-1　春日井郡図（天保年間）にみる中切村と上小田井村　210
図 10-2　天保 12 年（1841）春日井郡中切村絵図面（トレース図）　211
図 10-3　安政 2 年（1855）春日井郡上小田井村砂入絵図（トレース図）　214
図 10-4　西春日井郡上小田井村の明治 17 年（1884）地籍図（字道間）　216
図 11-1　河内国古市郡蔵内村絵図（トレース図）　223

表　目　次

表 1-1　慶長 2 年（1597）階層別給人と給村の分散度　23
表 1-2　延宝 4 年（1676）郡別蔵入地高・村数・夫役と天和二年の蔵入地高　24
表 1-3　享保 16 年（1731）家老賀島伊織の那賀郡北中嶋村の名負人別知行地面積・高　29
表 1-4　弘化 3 年（1846）尾関源左衛門の知行村別状況　33
表 2-1　明治元年（1868）の阿波国郡別蔵入地高・給知・寺領高　45
表 2-2　明治元年の阿波国村落規模別蔵入地率　46
表 2-3　明治元年の阿波・淡路国における給人階層別の給村数　49
表 2-4　幕末期の淡路国における村落規模別蔵入地率　52
表 2-5　幕末期の淡路国における村落規模別給人数　53
表 3-1　阿波国内の耕地絵図と知行絵図　60 〜 63
表 4-1　正徳 5 年（1715）白鳥村棟附帳による階層構成　75
表 4-2　文久 2 年（1862）白鳥村蔵入地給人別田畠等級面積および石高　76
表 4-3　文久 2 年（1862）白鳥村名負人の階層構成　80
表 4-4　延享元年（1744）白鳥村慶長 9 年（1604）御検地拂帳による蔵入地・給知の状況　84
表 4-5　文久 2 年（1862）白鳥村における高 3 石以上の名負人別田畠等級別面積・高および御蔵・給人別比率　86 〜 87
表 4-6　慶安 4 年（寛保 2 年写）平瀬新三郎拝知水帳（嘉兵衛分のみ）　90
表 5-1　名東郡観音寺村における高 5 石以上の 20 人の名負人　102
表 5-2　天保 7 年（1836）名東郡観音寺村における名負人と御蔵・給人との関係　108
表 5-3　正徳 2 年（1712）名東郡観音寺村棟附帳分析表　110 〜 111
表 6-1　文久 3 年（1863）名東郡日開村の蔵入地・上り知状況　122
表 6-2　文久 3 年（1863）名東郡日開村の給知状況　124
表 6-3　文久 3 年（1863）名東郡日開村給人の階層と阿波・淡路両国内知行村　125
表 6-4　名負人左近の当作人（数川源太兵衛分のみ）　126
表 6-5　文久 3 年（1863）名東郡日開村名負人の階層構成　127
表 6-6　文久 3 年（1863）名東郡日開村における上位名負人の田畠所有と給主の状況　129
表 6-7　文久 3 年の日開村における上位当作人の所有田畠面積・石高および給人別割合　132
表 7-1　嘉永 4 年（1851）美馬郡郡里村検地帳御蔵分　141
表 7-2　美馬郡郡里村給人の禄高・役職・給村状況　142
表 7-3　嘉永 4 年（1851）美馬郡郡里村検地帳給知分　143
表 7-4　嘉永 4 年（1851）郡里村御検地帳による名負人の階層構成　144
表 7-5　検地帳にみる郡里村の名負人の階層と給人との関係　145
表 7-6　郡里村知行絵図一覧表　147
表 7-7　郡里村知行絵図による名負人の階層構成　148

表 7-8　嘉永4年郡里村検地帳と知行絵図との名負人数・田畠面積・石高の比較　154

表 8-1　三根郡下村郷10ヵ村の蔵入地と大小配分地　178〜179

表 10-1　春日井郡下条中切村の給人状況　212

表 10-2　安政2年（1855）上小田村砂入絵図の給人別面積　215

表終-1　各藩知行絵図（耕地絵図）の特徴と村落の空間構造・社会構造　228〜229

カバー・口絵写真目次

カバー図版表　文久 2 年（1862）名西郡白鳥村絵図（在所部分、徳島県立博物館蔵）
カバー図版裏　文久 3 年（1863）名東郡日開村限絵図（個人蔵）

口絵 1　文久 2 年（1862）名西郡白鳥村絵図（部分、徳島県立博物館蔵）　1
口絵 2　名東郡観音寺村絵図（四国霊場十六番札所観音寺付近、坂東家本、個人蔵）　1
口絵 3　名東郡十一小区之内観音寺村細密図（部分、徳島市立徳島城博物館蔵）　2
口絵 4　文久 3 年（1863）名東郡日開村限絵図（凡例部分、個人蔵）　2
口絵 5　美馬郡郡里村絵図（東ハ轟西谷ヨリ南太田境西ハ玉振谷ヨリ南センダンノ木迄、美馬市教育委員会蔵）　3
口絵 6　口絵 5 の凡例部分（美馬市教育委員会蔵）　3
口絵 7　美馬郡郡里村絵図（東ハ玉振谷ヨリ西ハ中山路八幡宮西手南北道切、美馬市教育委員会蔵）　4
口絵 8　美馬郡郡里村絵図（鍵懸南北馬道ヨリ南ハ喜来名蔵居屋敷西ハ重清村境、美馬市教育委員会蔵）　5
口絵 9　美馬郡郡里村中須分川成母地并御積地絵図（美馬市教育委員会蔵）　6
口絵 10　安政 3 年（1856）美馬郡郡里村中須分仮検地絵図（美馬市教育委員会蔵）　6
口絵 11　美馬郡郡里村絵図（寺町部分、美馬市教育委員会蔵）　6
口絵 12　板野郡西条村絵図（西条東城跡部分、阿波市立吉野笠井図書館蔵）　7
口絵 13　美馬郡郡里村地籍図（鍋倉谷川左岸字天神付近、美馬市教育委員会蔵）　7
口絵 14　文化 14 年（1817）名東郡西黒田村絵図（南部分、個人蔵）　8
口絵 15　名東郡延命村絵図（部分、個人蔵）　9
口絵 16　文化 3 年（1806）名東郡早渕村鮎喰川堤外地絵図（部分、個人蔵）　9
口絵 17　板野郡竹瀬村御蔵給知色分絵図（木内家文書、徳島県立文書館蔵）　10
口絵 18　天保 10 年（1839）麻植郡喜来村惣絵図（部分、個人蔵）　11
口絵 19　文化 2 年（1805）麻植郡鴨島村分間絵図（部分、吉野川市教育委員会蔵）　11
口絵 20　嘉永 2 年（1849）阿波郡水田村指谷筋絵図（個人蔵）　12
口絵 21　板野郡姫田村絵図東分（部分、鳴門市教育委員会蔵）　12
口絵 22　美馬郡岩倉村岩倉山分間絵図（野村部分、美馬市教育委員会蔵）　13
口絵 23　文化 10 年（1813）勝浦郡八重地村市宇村分間絵図（八重地部分、上勝町役場蔵）　13
口絵 24　寛政 7 年（1795）神埼下郷上神代村・林慶村絵図（佐賀県立図書館蔵）　14
口絵 25　享和 2 年（1802）三根郡下村郷絵図（佐賀県立図書館蔵）　14
口絵 26　安永 9 年（1780）大津郡渋木村周布勘解由一郷一村知行所大境絵図（山口県文書館蔵）　15
口絵 27　元文 2 年（1737）大島郡小泊村清図（山口県文書館蔵）　15
口絵 28　安永 4 年（1775）大島郡小泊村村上一学殿上地所絵図（山口県文書館蔵）　16

口絵29　天保12年（1841）春日井郡中切村絵図面（徳川林政史研究所蔵）　16

本扉　文久3年（1863）名東郡日開村限絵図（法光寺部分、個人蔵）

序章－村絵図研究史を中心に－

第1節　知行絵図と地方知行制

　近世社会における村落支配の根幹をなすものは、領主による土地と村人の把握であった。土地に関しては検地を実施し、村の土地（主として耕地・屋敷地）を1筆ごとに、その地字・地目・等級・反別・石高や耕作者である名請農民等を記載した検地帳が作成され、村請制のもとに石高制が成立していた。このように、検地帳に記載される田畑・屋敷地を1筆ごとに描いたいわゆる村絵図を「耕地絵図」、「検地絵図」とも称している[1]。これらの絵図で1村全体の耕地を1枚に仕立てた村絵図を「一筆耕地絵図」[2]と称して分類しているが、佐賀・萩・鳥取・徳島・尾張・宮津藩等で作成されている[3]。

　しかし、「一筆耕地絵図」は一部の例外を除いて検地帳に記載される属地データ以外に、属人情報である耕地の支配・所有に関する内容は表現されていない場合が大部分である[4]。ここで問題となるのは、近世中期の元禄時代では全藩領高の内の約55％に地方知行が実施されていたことである[5]。すなわち、地方知行制が行われた藩領の中には家臣の知行地と、藩領である蔵入地（直轄地）の区別を1筆ごとに示し、給人・農民別の属人データを空間的に表現した村絵図があり、これを「相給耕地絵図」とも称している。著者はこの村絵図を「知行絵図」[6]と仮称している。この知行絵図は近世の地籍図（Cadastral Map）というべき絵図で、近代の地引絵図（地籍図）のさきがけをなすものである。

　本書は所領が一円的な国持ちのいわゆる「領国」を形成し、しかも、明治維新期まで領域に変更を受けなかった徳島藩を中心として、佐賀・萩・尾張藩領の藩政村と、これに対し、幕府直轄領や小藩領・旗本領の飛地からなり、分割支配された「非領国」の河内国古市郡の村を対象に、知行絵図や村絵図を分析素材として、土地（耕地・屋敷地）を中心とする村落景観や、土地支配の実態、村の空間構造と社会構造およびその変化の過程を動態的に復原することを目的としている[7]。すなわち近世村は藩領を構成する基礎地域[8]であり、1筆耕地は村落景観を構成する細胞といえる最小の空間単位[9]である。本書では地方知行制が実施された藩政村における1筆耕地をめぐる藩・武士（給人）・農民による支配・所有という視点から、その空間構造や社会構造を明らかにしたい。このことから、村落段階における蔵入地、給人と給地、知行百姓の関係をめぐる属地・属人状況を空間的に明らかにできる「知行絵図」は歴史地理学上からも重要な史料といえる。

　従来の歴史地理学では地方知行制に視点をおいた近世村の空間構造の研究は、一部を除いてほとんど行われなかった。矢守一彦[10]は「藩領」という「近世における最も地域的なフレームワーク」に

おける空間構造の解明にとって地方知行制は、歴史地理学の重要なテーマの一つであるとしている。藩領における地方知行制の地域的な先行研究としては、矢守[11]の萩・彦根・尾張藩、山澄　元[12]の萩藩と和泉・河内国内の藩領と旗本領の錯綜村落、五十嵐　勉[13]の佐賀藩、梶川勇作[14]の尾張藩、著者[15]の徳島・佐賀・萩藩があるが、これ以外は研究テーマとして取り上げられなかった。

　次に、地方知行制の実施状態をみておこう。諸藩において、家臣団の俸禄を蔵米・扶持米制ではなく、給所である知行地を与えるいわゆる地方知行制は、近世を通じて一律に実施されたものではない。17世紀末の元禄初期の調査では、調査藩243藩の内、実施したのは約16％の39藩であるが、全藩領高の約55％を占めていた[16]。全国的には藩権力確立の進展により、17世紀前期の寛永期以降は、地方知行制から蔵米知行制への移行がみられた[17]。しかし、移封がなかった居付の外様大名では領主権が強いこともあり、給人の知行権の弱体化を図るために、一村一円知行ではなく、給知と蔵入地が複雑に混在する、いわゆる分散相給の形態が多かったが、譜代大名や移封型の藩領では新封地との結びつきが弱いために、蔵米知行制に移行したとされる[18]。

　このような状況の中で、徳川御三家のみならず、佐賀・萩・鳥取・岡山・徳島・加賀・尾張・仙台藩のような国持ち領国型の大藩は、明治維新期まで地方知行制が存続した。例えば、幕末期における知行高の藩領高に対する比率をみると、萩藩は約28％（安政元年）[19]、鳥取藩約57％（慶応3年）[20]、紀州藩約54％（明治2年）[21]、徳島藩約41％（明治元年）[22]、彦根藩約47％（文政12年）[23]、尾張藩約50％（安政2年）[24]であった。これらの領国型の藩領では地方知行制は、近世初期から幕末期まで強固に存続した。次に、藩政村における蔵入地と給知の配置（分布）状況をみると、徳島・彦根・尾張藩等では一円形態は少なく、蔵入地と給知が複雑に入り組む、いわゆる「分散相給」に特徴がみられるが[25]、萩・佐賀藩では上級家臣による一郷一村知行に特徴がみられる[26]。

　このように、地方知行制の形態は藩の地方支配政策と家臣団統制策とに深く関係していた。このため、近世の村落景観やその社会構造等を把握しようとすれば、景観に関する空間的情報や、景観の主たる構成要素の一つである土地（耕地）の支配関係を示す属地的・属人的データを表現した村絵図や検地帳等の分析が基礎的な作業となる。このような村絵図として、村内における蔵入地と給知の分布を空間的に1筆単位で表現したものを、著者は「知行絵図」と仮称している。「知行」は拝領した土地（地所）を意味するが、「知行所」または「給所」として表現される場合もある。しかし、著者の管見では山口県文書館が所蔵する1点の「一郷一村知行所絵図」[27]があるが、藩用の絵図として作成されたようで、村内の蔵入地を除いて上級の給人がほぼ1村を一円知行している状況を描いている。萩藩では「知行所絵図」のほかに、小字ごとの「小村絵図」[28]があり、給知の状況が1筆ごとに描かれている。

　一方、徳島藩では村絵図とは別に、村内の耕地を1筆単位で描いた「一筆耕地絵図」が、管見では吉野川中下流域の26ヵ村を対象とした約38点が現存する[29]。このうちの約24点は、検地帳に記される1筆ごとの属地・属人データが記載され、さらに、給知・蔵入地の区別が色分けや記号で示される「知行絵図」である。すなわち、①属地データである1筆土地の所在地の地割・地字・地目・品等・面積・石高・名請（名負）等の検地帳情報、②属人データである土地の支配・所有、蔵入地と給人名、これを耕作する農民（当作人または検地名負）、③村落景観を構成する耕地（田畠）・家屋（萱葺と瓦葺の区別）・屋敷林・川・河原・荒地・草渡地・墓地（三昧）・用水・護岸・堤・橋・里道・街道や、寺社・堂宇・祠等の宗教施設等を、縮尺約600分の1の絵図で精密に表現している。しかも藩命では

なく、庄屋を中心とする村役人層の作成と推定され、作成目的も村役人層が村内における1筆ごとの土地の支配・利用関係とその移動を把握するためであったと、著者は推定している。

しかし、村役人層にとって、村内の蔵入地、給知の給人別状況や、蔵入地への編入である上知(あがりち)、水害に伴う川成愈上(かわなりいえあがり)などの土地の個別実態および、質地・売買による所有権の移動や、分筆による細分化、隣接村からの入作等の実状を把握する必要に迫られていた。さらに、個別の給人拝知とその名負人や細分化（分筆）された耕地の当作人を記載した検地帳[30]や、耕地の高反別改帳[31]等の簿冊を使って、これを現場で1筆ごとに表現した絵図が必要であった。

本書ではこのような分析視角から、国持ち大藩の村である徳島藩領阿波国内の4村、佐賀藩の2村、萩藩の2村、尾張藩の2村、藩領と旗本領が錯綜する河内国の1村を対象とした分析を行う。

第2節　近世村絵図の研究史とその課題

歴史地理学や歴史学の分野では近世村絵図を様々な視点から分析してきた。小山靖憲[32]によれば絵図研究の視点として、歴史学では絵図に対する史料批判から作成主体の意図や目的を重視した作成目的論的アプローチが中心であるが、歴史地理学では表現される図像の意味や記号論的アプローチに重点があり、作成主体の空間認識の研究や地域像の構築が中心であるとしている。また、小野寺　淳[33]によれば、歴史地理学における絵図研究の視点は、①地図（絵図）発達史研究（地図史研究）、②景観復原研究、③絵図を「モノ」としてみる書誌的研究や、空間認識、絵図に表現された図像の記号論的研究、さらには地域像を求める研究等にまとめている。③は1980年代以降における『絵図のコスモロジー　上・下巻』[34]に代表される葛川絵図研究会によって推進され、現在の絵図研究の基調となっている。

近世の村絵図に限定して歴史地理学と歴史学における研究動向をみておこう。まず、最初にあげられるのが木村東一郎[35]であろう。木村は作成目的から検地、領知替、境界設定、請願、その他の5つに分類している。さらに、村絵図に関係する文書資料もあわせて検討し、その作成目的を調査してみる重要性を指摘している。すなわち、村絵図とともに作成されたであろう村の地方文書とをあわせて比較分析することが重要であり、村絵図を単独ではなく、村落の社会的・歴史的な背景と絡ませて分析すべきであるとしている。この点に関して、中野　等[36]も一定の史料群である庄屋文書等の中にある絵図類は、「史料群のなかの絵図」として取り扱うことの重要性を指摘しており、著者の村絵図に対する分析視角も基本的には木村・中野と同じである。

次に、川村博忠[37]は藩政基礎資料であり、公図としての村絵図の機能を取り上げている。その中で、萩藩の「一村限明細絵図」、「宝暦小村絵図」や、鳥取藩の「田畠字限絵図」と「田畠地続絵図」、佐賀藩の「郷絵図」、尾張藩の「天保村絵図」等の表現内容を比較分析している。とくに上記絵図類の中で、蔵入地と給知別の表現内容を詳述して、各藩における地方知行制の特色を取り上げている点が注目される。

また、上原秀明[38]は村絵図を検地等の年貢徴収、知行地の確定、境界設定等の争論、災害、領主・代官の調査に5分類しており、知行地の確定は「知行絵図」として分類されるべきであろう。さらに、松尾容孝[39]は宮津藩領の村絵図を「地方絵図」として総称しており、これをさらに村絵図、1筆耕地絵図、林野利用・山論絵図、漁業・網場争論絵図、広域絵図に5分類している。1筆耕地絵図は1村内の耕地を1筆ごとの字地・等級・高請人・免等を絵図中に記載したものであり、佐賀・萩・鳥取・尾張藩の一部に例があるが、藩領と蔵入地を示した絵図は限定されるとしている[40]。

一方、木村 礎[41]は「村落史」研究の中で、景観復原のための方法として、近世村絵図とそのトレース図化作業、文献資料、巡検、地形図等の比較を提唱し、その編著『村落景観の史的研究』の中で展開している。木村の流れをくむ吉田 優[42]は茨城県猿島郡五霞村の村絵図を素材として、近世村落を行政村と村落共同体の二面からからみて、居村・耕地・村境付近の入会地と水利系統を明らかにしている。また、橋本直子[43]は近世絵図から数ヵ村が関連する裁許絵図や領地絵図等の広域絵図から村域をこえる地域景観の復原を行い、さらに、利根川の河川環境と耕地開発の相互関係を河川絵図・古文書等から分析し、利根川流域の近世河川環境を復原している。また、橋本は近世村絵図等のトレース図化の重要性を論じている。さらに、岡村光展[44]は越後南部で同属集団マキからなる上原村の近世村絵図や、明治初期の土地所有をもとにマキの復元的研究を行った。さらに、元文期の開田絵図や寛永期の名請人等の資料を駆使して胆沢扇状地における近世散居集落を復原し、また、中世の「骨寺村在家絵図」に描かれた散居村落・小村落の成立と構造を、保有耕地の個別同族集団圏から明らかにしている。

一方、小川都弘・小林致広・久武哲也[45]は絵図を歴史史料とみなし、作成主体・作成過程・利用等の史料批判を踏まえての景観変遷や開発過程から、社会構造・地域像を解明することを提唱しており、著者の分析視角と重なる部分が多い。また、上原秀明[46]は村絵図を通時的に比較することにより、八ヶ岳南麓農村の空間形成過程とその変化を明らかにしている。この場合、絵図が現存する時期を時の断面とすることが可能であるが、通時的に村絵図が現存する事例は阿波国内ではみられない。さらに、窪田涼子[47]は信州伊那郡虎岩村絵図を素材として、他の史料と合せて読むことにより、小字ごとの民家の配置、百姓名、寺社、地名を復原している。また、船橋篤司・根本 崇[48]は虎岩村の天正検地帳から179の地名と屋敷・耕地分布、田畑の生産性、荒地、分付主と請作人等の分析から虎岩郷の近世的な実像を解明している。さらに、若林淳之[49]が旗本領の相給形態を駿州志太郡三輪村絵図や、同州富士郡松本村長通村絵図等の知行村絵図を用いて、相給村における領主別土地所有を復原している点は、著者が徳島藩の知行村絵図による復原と共通点がみられる。

この点に関して、著者[50]は阿波国内の知行村絵図からは1筆ごとの小字名・名負人（農民）・田畑や居屋敷の地積、民家の配置、堂宇、小社等の配置を復原したことがある。また、吉田敏弘[51]は陸奥国岩井郡骨寺村の中世の詳細絵図と、簡略絵図の2枚から同村の中世的地域像を解明している。さらに、田中 薫は[52]は信州筑摩郡神戸村の中・近世村落景観の復原を、渡辺忠司[53]は寛政8年（1796）の河内国丹北郡出戸村絵図を使って近世村落の分村と、景観変化を復原している。

歴史学の立場から、村山良之[54]が近世上田領上塩尻村の明治初年の地籍図と、同6年（1873）の地検帳から集落の立地と、その変化や千曲川の水害・土地利用・地形を明らかにしている。さらに、山内 太[55]は上塩尻村における耕地所有と、水害の関係を微視的に分析しており、天明期以降の有

力農民とその小作人・奉公人耕作地との関係を「上塩尻村境区耕地図」で、1筆ごとに田畑の等級別に図示していることは注目される。さらに、白井哲哉[56]は明治大学博物館所蔵の村絵図を系統的に分類し、元禄期に近世村絵図が検地絵図・裁許絵図から村惣絵図へ、さらに、享保期には村部分図へと展開したと想定している。また、六條香子[57]は絵図が単に景観要素の空間的配列だけでなく、当時の人々の生活世界や地理的知識の空間表現としてとらえるべきとしている。

次に、歴史学から杉本史子[58]は地方文書の中にある厖大な村絵図に関して土地空間をめぐる支配関係、権利関係を表現したものが近世絵図であり、身分秩序や身分編成を組み込んだ地図論を展開すべきであるとしている。著者[59]も近世絵図と地方文書の比較分析から、村落の空間構造のみならず、土地所有と利用・移動等をからませた社会関係をみるべきであると考える。

次に、「もの」としての近世絵図そのものの研究としては、礒永和貴・鳴海邦匡[60]の河内国茨田郡藤田村文書絵図の詳細な解読研究があげられる。ただ、絵図史料目録と史料学の構築が目的であるため、関係する文書との比較分析はなされていない。さらに、歴史学の立場から朝尾直弘[61]は河内国丹北郡更池村の文禄検地帳と延宝村絵図から、文禄3年（1594）と延宝6年（1678）の耕地状況を1筆単位で復原している。また、葉山禎作[62]は『近世農業発展の生産力分析』で、朝尾と同史料を使って、1村単位の土地所有関係を把握しうる史料として、延宝期の更池村絵図と「検地帳」「田畑并帳」との比較分析から1筆ごとの復原作業を行い、耕地の存在・利用形態とその変化を明らかにしている。朝尾と葉山は村落空間を構成する細胞というべき田畑・宅地・池・用水路を1筆ごとに定量的側面だけでなく、その形状・地積・生産性、家屋からの距離等の定性的側面に視点をあてた分析に特徴があり、著者[63]もそのような視点から耕地の存在形態を明らかにしたことがある。

さらに、水本邦彦[64]は元禄10年（1697）の山城国相楽郡北稲八間村絵図から、近世村における河川・川除堤・土砂留等の土木的景観を中心とした村落景観が復原している。さらに、水本[65]は文久元年（1861）の山城国相楽郡鹿背山村絵図で相給領主による土地把握を1筆ごとに表現した絵図内容から、領主である給人に属する田畑や農民を空間的に明らかにしている。著者[66]も阿波国内の相給絵図から分散相給から村落景観を図示したことがある。

村絵図の内、山村景観に関する研究をみる。米家泰作[67]は大和国川上郷井戸村に現存する11点の見取り絵図から、村人の山形（山塊）に対する空間認識を復原している。また、五十嵐　勉[68]は越後国頚城郡下平村における近世の棚田開発を、明治初期の耕地絵図や地籍図等から村落景観の中で明らかにしている。さらに、五十嵐[69]は肥前国神埼郡の藩製郷村絵図から蔵入地、重臣の知行地である大配分地と中小家臣の小配分地の相給状態を復原し、佐賀藩における地方知行制の空間構造を明らかにしている。

また、松尾容孝[70]は大和国吉野郡白星村の延宝5年（1677）の旱魃損毛絵図から、当時の土地利用や林野所有状況を復原し、さらに、近江国南・北比良村と葛川との山論裁許絵図から村落間の用益・所有を巡る争いを明らかにしている。また、北摂地域の山論裁許絵図を集中的に分析した鳴海邦匡[71]は、近世在地社会における地図測量技術と、その伝播を「廻り検地」に焦点をあてて解明している。さらに、六本木健志ら[72]は秩父山地山村の慶安検地帳記載小地名を文久2年（1862）村絵図と対比して復原している。

一方、GISを使って阿波の分間村絵図を分析している平井松午[73]は、文化10年（1813）の勝浦郡

樫原村分間絵図に表現される棚田・堂宇・里道・村境等をGIS分析と標高データを用いて3D化を試みている。この点に関して著者[74]は樫原村の棚田景観と実測分間村絵図、地租改正期の地面明細図・地籍図との関係を論じたことがある。さらに、平井を代表とするGIS分析研究グループ[75]が琉球王国・熊本藩・鳥取藩・徳島藩・鳥取城下全図・金沢町絵図・名古屋城下絵図・鶴岡城下絵図等の近世測量絵図のGIS分析を行い、『近世測量絵図のGIS分析－その地域的展開－』を上梓した。

次に、各地の文書館・博物館等が刊行した村絵図に関する「図録」の内、著者が管見したものを紹介しておこう。山口県文書館編（1984）の『防長の古地図』[76]では防長両国内の幕府撰国絵図や、村絵図・郡図、城下町絵図・町図以外に、安永4年（1775）と同9年（1780）のある給知を1筆ごとに表現している「知行所絵図」を図示・解説している。さらに、同館編（1989）の『絵図でみる防長の町と村』[77]は「地下上申絵図」の内、50点の村図・町図をカラーで図示し、1点ごとに小書を含むトレース図と解説文を掲載している。さらに、宮津市史編さん委員会編（2005）『宮津市史　絵図編（解説）』[78]で、松尾容孝は地方絵図解説の中で1筆耕地絵図に関して、宮津・佐賀・鳥取・尾張藩村絵図で比較している。しかし、これらの1筆耕地絵図では徳島藩の知行絵図のように給人は記載されていない。また、羽曳野市史編纂委員会編（1985）『羽曳野市の古地図と歴史地理』[79]の中で、旧村田畠・屋敷絵図を、1筆ごとに地割・地番・面積・耕作者などを示す地籍図（Cadastral Map）があるとし、近代の地引絵図へと発展するものであるとしている。しかし、これらの絵図は徳島藩の知行絵図のように、蔵入地・給知の区別と給人などを記載したものではない。

また、国書刊行会編（1988）『尾張国町村絵図』[80]では徳川林政史研究所が所蔵する寛政4年（1792）～安政7年（万延元・1860）に作成された尾張国の村絵図について『寛文村々覚書』や、『尾張徇行記』を利用して村の自然環境や景観等を解説している。さらに、安藤慶一編（1977）『春日井市近世村絵図集』[81]でも、同研究所が所蔵する春日井郡の村絵図についてトレース図を作成して、土地利用・地方知行等を解説しているが、給人の姓のみを記しており、具体的な検地帳情報は記載されない。また、豊田市教育委員会・同市古絵図調査研究会編（1998）の『豊田の古絵図』[82]は挙母藩領近世絵図を集大成したもので、「領知村々壱枚絵図」や他の村絵図の知行関係をトレース図で示している。また、南知多町誌編集委員会編（1990）の『南知多町誌　資料編一』[83]は同研究所が所蔵する天保12年（1841）の村絵図等に関して、『尾張徇行記』の記載内容と知行状況をトレース図で解説している。

さらに、明治大学博物館所蔵の「村絵図の世界」として同館編（2007）『故郷の原風景を歩く』[84]では出羽国と相模国、下野国等の村絵図に焦点をあてて、江戸時代の農村景観、村絵図に刻まれた地域の歴史等を復原している。また、財団法人日本地図センター発行（2006）の『いまに残る郷土の文化遺産　つくばの古絵図』[85]では、土浦藩領・幕府領・旗本領の村々の「裁許絵図」と、天保7年（1836）の筑波郡神郡村・臼井村の旗本井上氏領と筑波山知足院領の知行所を示した村絵図に特徴がある。さらに、『鹿沼市史叢書10　鹿沼の絵図・地図』[86]では、4人の領主の相給村絵図とそのトレース図・解説があり、注目される。

また、近世被差別部落に関係する村絵図として大阪人権博物館編（2001）の図録『絵図に描かれた被差別部落』[87]があり、村内の田畑・用水・草場・洪水等を大縮尺の絵図で詳述している。また、同館編（2001）の『絵図の世界と被差別民』[88]では、絵図に表現される中・近世の京都・大坂の被差別部落の状況を解説している。また、「図録」ではないが、相馬美紀子[89]は仙台藩領と元禄年間

の村絵図と、関藩領の文化年間以降の村絵図の所在と特徴を詳述している。同じ内容としては礒永和貴・鳴海邦匡[90]の河内国茨田郡藤田村文書絵図の解読作業がある。さらに、2011年に歴史地理学・歴史学・科学史・文化史・建築史・文化財科学・文化財保存等の多様な研究者が17世紀から19世紀の近世絵図について総合的・技術史的な視点から解説した『絵図学入門』[91]を刊行したことを記しておく。また、上杉和央（2012）[92]が『日本地図史』で、「村絵図・地方絵図」を検地による土地把握として、検地図・耕地絵図をとらえている点は注目される。

以上、近世村絵図の研究史を概観した。著者の分析視角は「もの」としての村絵図そのものの分析だけでなく、村絵図の背景にある村の社会構造と、歴史空間とからませた動態的な分析を行う。すなわち、歴史学・地域史や歴史地誌学[93]の立場に近く、時系列的な時間軸と時の断面からみた空間軸をクロスオーバーさせることから、村落の景観（空間構造）と背景となる社会構造を明らかにすることにある。

第3節　絵図の分析視角とその方法

近世絵図を資史料として分析の素材とする場合に、著者がとくに留意している分析視角を述べてみたい。まず、第1に近世絵図は様々なスケールの過去の地域（歴史的地域・歴史的領域・歴史空間）を描いている。この事例を阿波国でみる場合、マクロスケールとしての国絵図では、「幕府撰阿波国絵図」[94]や、文政11年（1828）の「阿波国分間絵図」（縮尺約90,000分の1）[95]がある。メソスケールとしての郡絵図では、文化11年（1814）の「勝浦郡分間郡図」（縮尺約18,000分の1）[96]があり、いずれも、分間村絵図から分間郡図・国図の編集図である。また、ミクロスケールとしての村絵図では、文化10年（1813）の「勝浦郡八重地村市宇村分間絵図」（縮尺約1,800分の1の実測図、口絵23）[97]がある。一方、阿波国内の知行絵図は、縮尺約600分の1という最小のミクロスケールで、1筆単位で村内の耕地の存在形態を描いており、近代の地籍図（Cadastral Map）のさきがけといえよう。絵図で過去の地域をみる場合、マクロスケール（国・藩領レベル）→メソスケール（郡・広域レベル）→ミクロスケール（村レベル）→超ミクロスケール（1筆レベル）というように、地域を重層的スケールから分析することが重要であると考える。

第2は1970年代頃までの主流であった、絵図を単なる景観復原のためのツールとして利用することからの脱却である。絵図は地域の自然的・社会的・文化的コンテクストが重層化した総合的な歴史史料としてとらえることが重要である[98]。絵図は単独で存在するのではなく、その背景となる地域の歴史・社会構造を内包させていることを認識すべきである。第3に絵図は過去の地域の地域像や、当時の地域認識を把握するための重要な素材となることである。地域像は景観や地域特性・コスモロジーとも重なる概念であるが、とくに、非実測図系の見取り図から地域認識を読み取ることが可能である。第4に、地方文書史料が併存する場合は、文書史料と絵図を摺り合わせ分析を行うことにより、時系列的な時間軸と空間軸をクロスさせてみることが重要であると考える。この場合、どのような時間幅で時の断面をとらえるかが問題となる。第5には絵図のトレース図化がある。これは、

木村 礎[99]や橋本直子[100]が提唱していることであるが、絵図に記載される注記（小書）等の文字資料を含めて、できるだけ詳細に図化することが重要であると考える。さらに、絵図と関連する文書史料との比較分析から作成した歴史地図が村落景観・空間構造や社会構造を表現するためのきわめて有効な方法である。第6には山村亜希[101]が指摘しているように、絵図資料と文書資料（近世・近現代）、大縮尺の空中写真、市町村の基本図、集落の集成図、現地調査等から得られる諸資料の総合化をいかに進めるかが重要である。

第4節　景観史の分析視角

　歴史地理学は過去の地域の景観をいかに復原することかが主要なテーマの一つである。しかし、過去の景観は常に変化・変遷しているわけであるから、変化の過程である時の断面をどのような時間幅で設定するかが問われる。研究対象とする地域や村を描いた時系列的な複数の絵図が現存する事例は、きわめて稀有であるので、通時的で相対的な分析をいかに行うかは歴史地理学では重要な問題である。
　地理学と景観、歴史地理学と景観復原等に関しては、厖大な研究成果があるので、ここでは景観の変遷をどのようにとられるかを中心にみておこう。藤岡謙二郎が提唱した「景観変遷史」[102]は時の断面は「厚みのある時の断面」によって切断されていることを強調し、その断面を重ねることによって「景観変遷法」を明らかにしようとした。これに関連する歴史学や考古学の成果を取り入れることにより、より整合性を持たせようとした。これに対し、ダービー（Darby）が提唱する「クロスセクション法」[103]は、史料のえられる特定の薄い時の断面である。ダービーは景観変化の要因、景観変化をもたらした主体、過程（プロセス）、社会的状況（コンテクスト・文脈）をクロスセクション法の切り口としている。これに対し金田章裕[104]は「景観史」を提唱し、「文脈的視角（contextual approach）」を分析視角とした。すなわち、「個々の景観要素について、同時代の政治的・社会的・文化的・自然的諸現象との関連、ならびに他の景観要素との関連を十分に視野に入れることを意味する。（中略）、景観史とは景観要素の精緻な分析・復原を基礎とした、景観変遷への文脈的接近とでも表現することができよう。」としている。著者なりの理解は精緻な分析・復原から、その機能や変遷過程を歴史的な生態ないしベクトル（方向性）からさぐり、一体化させるという文脈的視角が「景観史」であると考える。
　一方、石井英也[105]は歴史地理学における地域の景観形成の分析視角として、空間的観点（空間軸）と通時的考察（時間軸）を取り上げ、地域全体の中での全体構造との相対化と、時代性との関係から考察しようとした。すなわち、地域変化のメカニズムを自然的な位置・環境的サブシステムと、社会・経済・文化的なサブシステムの複合体システムとしてとらえるところにある。石井の視点は地域特性や景観形成過程を静態的ではなく、動態的に把握しょうとするところにあり、金田の「景観史」や、山村亜希[106]が「空間構造論」で提起する「変化のプロセスを歴史的にとらえる視角」や、「認識と動態」というキーワードから考察する視点と共通性があると考える。

第5節　本書の分析視角と構成

　本書では、地方知行制が幕末期まで行われた徳島・佐賀・萩・尾張藩および河内国古市郡の知行絵図や村絵図に表現される内容を、次の4点に焦点を当てて分析した。すなわち、①関連する文書が現存する場合、それとの比較分析を行う。②空間軸と時間軸を絡ませた分析方法、空間軸では新旧の大縮尺の空中写真や、現地調査との比較を行い、現在に至る過程（通時性）をみる。③村落景観を構成する最も重要な要素である1筆耕地の蔵入地・給知の分散相給という土地の所有・支配と、農民との関係を重視する。さらに、④近世村における耕地を1筆単位というミクロスケールから、村落景観や空間構造とその変化の過程、社会構造等を明らかにすることである。とくに、「知行絵図」に表現される1筆ごとの景観や空間構造、社会構造について、地割、小字（小地名）、地番、田畑の等級、蔵入地と給知の相給状態、知行付百姓の所有地、川・用水路、堂宇・小社等の宗教景観、家屋の分布等に関して、主題別にトレース図化して、ミクロ的スケールから把握することに努めた。⑤歴史地理学の文書史料へのアプローチは主に数量的な空間データを図化することにあるが、本書では藩権力や武士（給人）による土地支配がいかに村落の空間・社会構造に投影されたということを重視したので、歴史学や地域史との関連から、政治・社会経済史的アプローチから図化することに努めた。

　第Ⅰ部では徳島藩領阿波国内に現存する「知行絵図」を素材として、蜂須賀家文書や地方文書が併存する事例では、比較分析を行うことにより、村落の空間構造とその背景となる社会構造を明らかにする。まず、第1章では、近世前・中期を中心として、地方知行制の展開過程とその地域構造を「慶長二年（1597）分限帳」を素材として、藩政確立期における重臣層の支城駐屯制と蔵入地の増大過程、家老や中下級家臣層に対する知行宛行と軍役や夫役、知行付百姓との関係、さらに、給人の年貢徴収システムや地方知行制を補足する蔵米知行の実態等を明らかにする。第2章では、幕末期における阿波・淡路両国における地方知行制の地域構造を明治元年の『旧高旧領取調帳』と、『淡路国三原郡津名郡反別戸数取調帳』を素材として、蔵入地と給知の分布の特徴、村落規模・給人階層との関係をみる。第3章では、阿波国内に現存する26ヵ村に係る約38点のいわゆる「知行絵図」の表現内容と、その史料的意義を明らかにする。

　第4〜7章では、阿波国内で知行絵図が現存する村を対象とした、具体的な事例研究である。第4章では、徳島城下町西郊に位置する鮎喰川下流域の村落にあたる、名西郡白鳥村（しろとり）の「文久二年（1862）名西郡白鳥村絵図」と30点の「白鳥文書」を素材として、蔵入地・給知の分散相給の状況と、4給人の「拝知水帳」からみた空間構造や、正徳5年（1715）の「棟附帳」からその知行付百姓の存在形態、年貢徴収体制等を明らかにする。第5章では、名東郡観音寺村絵図の「坂東家本」と「徳島城博本」との比較から、絵図記載小字・田畠等級・家屋分布にみる空間構造や、7給人の相給分散と知行付百姓との関係等をみる。さらに、第6章では「文久三年（1863）名東郡日開村限絵図」を素材として、総筆数の約83％にみられる貼紙で、絵図作成時の当作人と考えられる知行付百姓と、14給人の階層的関係、御蔵百姓と頭入百姓の存在形態等を分析する。第7章では阿讃山脈南麓に位置する鍋倉谷川扇状地、吉野川中流氾濫原地帯の美馬郡郡里村（こおざと）を取り上げ、6点の村絵図と「嘉永四年（1851）御蔵分・知行分検地帳」に記載される1筆単位の詳細な所有移動履歴との比較から、吉野川中流域の川成愈上

改めに伴う仮検地や、給知の上知、12 給人と知行付百姓の存在形態を空間的・時系列的に明らかにする。

次に、第Ⅱ部では、徳島藩との比較研究として、国持の一円的な「領国」を形成した佐賀・萩・尾張藩の村絵図から、地方知行が村落の土地支配に空間的にどのように投影されているかを考察する。まず、第8章では佐賀藩における地方知行制の特徴を踏まえて、「寛政七年（1795）神埼下郷上神代村・林慶村」の郷村絵図から、重臣層の大配分地と中下家臣層の小配分地の分布状態、さらに、「享和二年（1802）三根郡下村郷絵図」と、「大小配分石高帳」を分析素材として、集落景観や給人階層と大配分地の区分との関係等をみる。第9章では、萩藩の知行所絵図・地下絵図の表現内容から村落景観を明らかにする。「享保十三年（1728）大津郡渋木村地下図」、「安永九年（1780）大津郡渋木村周布勘解由一郷一村知行所大境絵図」と、「元文二年（1737）大島郡小泊村地下図」、「安永四年（1775）大島郡村上一学上地所絵図」の表現内容と、『防長地下上申』『防長風土注進案』との比較分析から、村落景観や萩藩の地方政策、給人の階層性をみる。

第10章では尾張藩における地方知行制の展開過程と、天保村絵図にみる御蔵・給知の区別と絵図作成基準を取り上げ、「天保十二年（1841）春日井郡中切村絵図面」、「安政二年（1855）春日井郡上小田井村砂入絵図」を分析素材として、分散相給や「島畑」を中心とする村落景観を明らかにする。さらに、第11章では、「非領国」である河内国古市郡の「蔵之内村絵図」を対象として、羽曳野丘陵と古市郡条里や古墳群が展開する小大名領・旗本領の状況をみる。終章では本書のまとめして、各藩領における知行絵図・村絵図と土地支配や村落景観・空間構造等について総合比較し、その独自性と普遍性を明らかにする。

[注]
1) 川村博忠（1992）:『近世絵図と測量術』古今書院，37～43頁。この中で、主題図としての近世村絵図の一つに田畠絵図（耕地絵図）をあげている。『地方凡例録　上巻』（近藤出版社，1969）の「検見仕法之事」によれば「検地を予定する土地全体の概況を通覧するための絵図」（200頁）とあるが、「検見取法ではまず村役人と小前農民が村内の1筆ごとに立毛を見分して内見帳と耕地絵図を作成する」（145～146頁）とあり、1筆耕地ごとに作成された場合もあるようだ。磯永和貴は「支配・領有のための絵図」として、村絵図・検地絵図・地籍図をあげ、明細帳とセットになった村絵図、主題図としての村絵図、検地絵図を具体的に論及している（同（2011）杉本史子他編著『絵図学入門』東京大学出版会，48～53頁）。水本邦彦（2002）は『絵図と景観の近世』（校倉書房，321～324頁）の中で「相給耕地絵図」と称している。
2) 松尾容孝（2005）:「地方絵図概観」宮津市史編さん委員会編『宮津市史　絵図編（解説）』94～97，119～121頁。
3) 佐賀藩の天明～寛政期作成の「郷村絵図」、萩藩の宝暦期に作成された「宝暦小村絵図」、鳥取藩の天保期作成の「田畠地続絵図」、徳島藩の近世後期作成の「知行絵図」、尾張藩の天保期作成の「尾張国町村絵図」、宮津藩の天保期作成の「一筆耕地絵図」等がある。
4) 「一筆耕地絵図」と分類される村絵図で検地帳記載情報以外に、耕地の支配関係である蔵入地（藩領）と給知の別を個別に表現した絵図は佐賀藩の「郷村絵図」、萩藩の「小村絵図」、徳島藩の「知行絵図」と尾張藩の「町村絵図」には給人一覧表を示した絵図等がある。
5) 金井　圓（1951）:「『土芥寇讎記』における幕藩体制の一考察－地方知行の残存をめぐって－」「信濃」3巻6号，391～395頁。

6) 検地帳記載の1筆耕地に関する属地データと蔵入地・給知の区別と給知農民との関係である属人データの両方を表現内容とした村絵図を著者は「知行絵図」と仮称し、これを本書の主要な分析対象としている。知行地を属地（耕地の属性）と属人（支配・所有関係）の視点から分析すべきであると著者は考えている。この点に関して浪川健治は盛岡藩の地方知行制における知行地の存在形態を、給人ごとの属人データを村落ごとの属地データから分類している（同（2008）：「序　盛岡藩に見る社会的構造と環境・空間構造－元文三年「諸士知行所出物品幷境書上」の分析－」浪川編『近世の空間構造と支配－盛岡藩に見る地方知行地制の世界－』東洋書院，7～10頁）。著者は徳島藩の知行絵図が近世の地籍図（Cadastral Map）であるとみなしている。この点について、羽曳野市域の旧村田畠・屋敷絵図に1筆ごとに地割・地番・面積・耕作者等が記される物をカダストラル・マップとしている（羽曳野市史編さん委員会編：（1985）『羽曳野市の古地図と歴史地理　史料編別巻』、68～69頁）。

7) 歴史地理学における村落景観の復原は景観の構成要素である様々なランドマークや土地利用等の配置や分布という静態的な空間構造システムの分析が中心であった。しかし、本書では知行絵図を素材として、村落の土地空間（耕地）の1筆単位からみた地割・所有・利用・支配・開発・災害損失等を複合させた自然・社会・文化的システムである村落の社会構造をも動態的に明らかにしたい。著者の視点と一部で重なるのが、中近世移行期における開発に伴う、耕地・集落形態、村落社会の変化の実態とこれらの連動性等の視点から分析した田中達也の論述がある（同（2011）：『中近世移行期における東国村落の開発と社会』古今書院）。

8) 近世の歴史的領域をスケールでみる場合に、マクロスケールとしての国・藩領、メソスケールとしての郡、ミクロスケールとしての藩政村が考えられる。本稿では藩政村を基礎単位とする（矢守一彦（1970）：『幕藩社会の地域構造』大明堂，41頁）。

9) 最小のミクロな空間単位である1筆耕地は地籍上の単位であり、数枚の耕地片（畝数）で構成される場合は、棚田・段々畑景観において多い（拙稿（2011）：「近世阿波の実測分間村絵図と山村景観」「徳島地理学会論文集」12集、8～16頁。拙稿（2010）：「勝浦郡上勝町樫原の棚田景観と実測分間村絵図・地租改正地面明細図について」徳島地方史研究会「史窓」40号、77～105頁）。また、今里悟之は集落耕地における最小の空間単位を「筆名」としている（同（2012）：「長崎県平戸島における筆名の命名原理と空間単位－認識言語学との接点－」「地理学評論」85巻2号、106～126頁）。フランスの地理学者オリビエ・ドリフェスは空間の最小スケールとして1アール～1ヘクタール（研究スケール100分の1～500分の1）を小生活圏・微地形として区分している（同著、山本正三・高橋伸夫訳（1975）：『地理空間』文庫クセジュ、26～29頁）。

10) 矢守8）『幕藩社会の地域構造』40、144頁。

11) 矢守8）。矢守（1968）：「萩藩における給領と在郷武士の分布」西村睦男編『藩領の歴史地理』大明堂、1～23頁。矢守（1988）：「地図を読む－都市景観図と村絵図」週刊朝日百科　日本の歴史別冊『歴史の読み方2　都市と景観の読み方』31～34頁。

12) 山澄　元（1982）：『近世社会の歴史地理』柳原書店。同（1968）：「萩藩領における知行地の構造－当島宰判紫福村を例として－」『藩領の歴史地理』24～56頁。

13) 五十嵐　勉（1990）：「佐賀藩における藩製郷村絵図に関する一考察－肥前国神埼郡を事例に－」「立命館地理学」2号、23～36頁。

14) 梶川勇作（2001）：『尾張藩領の村落と給人』集団企画 NAF。

15) 拙稿 a（2005）：「幕末期徳島藩領における地方知行制の地域構造」「史窓」35号、91～132頁。同 b（2003）：「近世前・中期徳島藩における地方知行制の地域構造」「徳島地理学会論文集」6集、57～80頁。同 c（2004）：「徳島藩領の藩政村と地方知行－文久二年名西郡白鳥村給知絵図と白鳥文書を中心に－」「徳島地理学会論文集」7集、1～32頁。同 d（2006）：「耕地絵図からみた近世村落の空間構造－阿波国板野郡新喜来村の場合－」「徳

島地理学会論文集」9集, 17〜39頁。同 e（2007）:「阿波国名東郡観音寺村「検地・知行絵図」の復原的研究」「史窓」37号, 29〜61頁。同 f（2009）:「郡里村「検地・知行絵図」を読む」「阿波学会紀要」56号, 191〜199頁。同 g（2012）:「佐賀藩の郷村絵図と地方知行」「史窓」42号, 28〜54頁。同 h（2013）:「萩藩領の地下上申絵図・一郷一村知行所絵図と村落景観」「史窓」43号, 90〜118頁。同 i（2014）:「知行絵図と耕地空間－文久3年阿波国名東郡日開村限絵図を中心として－」「徳島地理学会論文集」13集, 1〜13頁。同 j（2014）:「検地帳と知行絵図の比較による村落の空間構造と土地支配－阿波国美馬郡郡里村嘉永四年検地帳と知行村絵図を中心として－」「史窓」44号, 22〜50頁。

16) 金井 圓（1951）:「『土芥寇讎記』における幕藩体制の一表現－地方知行の残存をめぐって－」「信濃」3巻6号, 385〜395頁。吉川弘文館編（1988）:『国史大辞典 九巻』381〜382頁。

17) 鈴木 寿（1988）:「知行制度」吉川弘文館編『国史大辞典 9巻』381〜382頁。

18) 鈴木 17)。

19) 木村 楚（1953）:「萩藩在地家臣団について－「下級武士論」の一問題－」「史学雑誌」62巻8号, 28頁。

20) 佐々悦久（1986）:「幕藩体制下における地方知行の性格について」「史学研究」72号, 38〜50頁。

21) 小田井弘子（1955）:「紀州藩の支配形態について」「歴史学研究」188号, 15頁。

22) 前掲15) b「近世前・中期徳島藩における地方知行制の地域構造」57頁。

23) 矢守一彦（1958）:「彦根藩における地方知行について－＜大名領国の歴史地理研究＞目論見のうち－」「人文地理」9巻6号, 25頁。

24) 林 薫一（1957）:『尾張藩の知行制』一條社, 106頁。

25) 矢守8) 152〜153, 179〜183頁。徳島藩は拙稿前掲15) a, 104〜107頁。

26) 矢守8) 130〜134頁。

27) 寛政七年（1795）神埼郡下郷上神代村・林慶村絵図（郷0198, 高精細デジタル画像, 203×193cm, 佐賀県立図書館蔵）と享和二年（1802）三根郡下村郷絵図（郷0219, 高精細デジタル画像, 210×168cm, 縮尺1,800分の1, 佐賀県立図書館蔵）の2点。

28) 萩藩で宝暦11年（1761）から同13年にかけて作成された絵図で、本藩の全領域で地域区分の最小単位である小村ごとに田畠1筆ずつ形態と面積が描かれた。「宝暦小村絵図」ともいう（川村前掲1)215〜216頁）。このほかに、萩藩では給人ごとに知行所の田畠を1筆単位で描いた小村絵図もある（例「例「宝暦十三年吉敷郡吉田村祖式治朗右ヱ門殿知行所田畠絵図」山口県文書館蔵）。

29) 拙稿前傾15) のc・d・eに知行絵図の一覧表と、第3章の表3-1。

30) 一例として「慶長九辰、文化七年庚午年板野郡竹瀬村西尾長兵様御拝知御検地帳写」（徳島県立文書館蔵, 木内家文書／キノウ01703）。

31) 一例として「明和六丑年板野郡竹瀬村御蔵御領知畠地高反別改帳」（同館蔵, 木内家文書／キノウ00840）。

32) 小山靖憲（1987）:「中世村落と荘園絵図」小山靖憲・佐藤和彦編『絵図に見る荘園の世界』東京大学出版会, 10頁。

33) 小野寺 淳（2008）:「近世絵図史料論の課題－国絵図研究会の活動を通じて－」歴史学研究会編「歴史学研究 特集 世界のなかの近世絵図（Ⅱ）」842号, 25頁。同（1997）:「景観論と絵図研究－絵図学構築のために－」「國學院雑誌」98巻3号, 67頁。同（1991）:『近世河川絵図の研究』古今書院, 2〜3頁。

34) 葛川絵図研究会編（1988）:『絵図のコスモロジー 上巻』地人書房。同編（1989）:『絵図のコスモロジー 下巻』地人書房。

35) 木村東一郎（1979）:『村図の歴史地理学』日本学術通信社, 3〜5頁。同（1960）:「近世村絵図の歴史地理学的研究（第一報）－その分類の結果について－」「新地理」8巻3号, 15〜23頁。

36) 中野　等（2011）:「史料群としての絵図・史料群のなかの絵図」杉本史子他編著『絵図学入門』東京大学出版会，30 ～ 33 頁。
37) 川村 1)『近世絵図と測量術』のなかで，「一村限り明細絵図」は 196 ～ 208 頁，「宝暦小村絵図」は 215 ～ 219 頁，「田畠字限絵図」と「田畠地続絵図」は 230 ～ 234 頁，「郷絵図」は 235 ～ 242 頁，「天保村絵図」は 242 ～ 249 頁で論及している。同（1997）: 川村博忠教授退官記念事業会編『防長の近世地図史研究』28 ～ 53 頁。
38) 上原秀明（2001）:「村絵図」有薗正一郎他編著『歴史地理ハンドブック』古今書院，227 ～ 229 頁。
39)・40) 松尾前掲 2)。
41) 木村　礎編著（1988）:『村落景観の史的研究』八木書店，24 ～ 30 頁。
42) 吉田　優（1982）:「村絵図からみた近世村落の史的復原」「駿台史学」56 号，81 ～ 109 頁。同（2007）:「村絵図研究と木村史学」明治大学博物館編『明治大学博物館 2007 年度秋特別展　明治大学所蔵　村絵図の世界　故郷の原風景を歩く』62 ～ 63 頁。
43) 橋本直子（2003）:「近世絵図と地域景観－葛西用水絵図を事例に－」「駿台史学」117 号，55 ～ 64 頁。同（2010）:『耕地開発と景観の自然環境学－利根川流域の近世河川環境を中心に－』古今書院。
44) 岡村光展（1982）:「近世越後の農村における同族集団マキの復元的研究」「人文地理」34 巻 4 号，56 ～ 74 頁。同（1991）:「胆沢扇状地における近世の散居集落－近世初頭における村落構成と家系の復原的研究を中心に－」「人文地理」43 巻 4 号，1 ～ 23 頁。同（2004）:「保有地の復原から考察する歴史時代における散居村落・小村落の成立と構造－胆沢扇状地の事例（1）－」「新潟大学教育人間科学部紀要」7 巻 1 号，51 ～ 66 頁。
45) 小川都弘・小林致広・久武哲也（1088）:「絵図分析の枠組」葛川絵図研究会編『絵図のコスモロジー　上巻』地人書房，1 ～ 47 頁。
46) 上原秀明（1985）:「近世における八ヶ岳南麓農村の空間構造」「人文地理」37 巻 6 号，1 ～ 28 頁。
47) 窪田涼子（1996）:「虎岩村絵図を読む」「信濃」48 巻 11 号，907 ～ 922 頁。
48) 船橋篤司・根本　崇（1996）:「戦国虎岩の人と耕地－天正検地帳からの復元－」「信濃」48 巻 11 号，923 ～ 946 頁。
49) 若林淳之（1969）:「旗本領の構造－その相給形態を中心に－」「史林」52 巻 4 号，29 ～ 48 頁。
50) 拙稿（2004）:「徳島藩領の藩政村と地方知行－文久二年名西郡白鳥村給知絵図と白鳥文書を中心に－」「徳島地理学会論文集」7，1 ～ 32 頁。
51) 吉田敏弘（1989）:「骨寺村絵図の地域像」前掲 34）『絵図のコスモロジー　下巻』26 ～ 53 頁。
52) 田中　薫（1998）:「信州筑摩郡神戸村における中・近世村落の景観復元（一）」「信濃」48 巻 3 号，201 ～ 219 頁。
53) 渡邊忠司（2004）:「村絵図にみる近世村落の分村と景観－河内国丹北郡東出戸村を事例に－」大阪市史『大阪の歴史』53，43 ～ 71 頁。
54) 村山良之（2009）:「上塩尻村の地理的特徴」刀水書房『近世日本の地域社会と共同性－近世上田領上塩尻村の総合研究　1 －』11 ～ 22 頁。
55) 山内　太（2009）:「耕地と自然災害」前掲 54）所収，23 ～ 46 頁。
56) 白井哲哉（1988）:「近世絵図の史料的研究－残存地方絵図史料との問題点－」「明治大学刑事博物館年報」19 号，29 ～ 39 頁。
57) 六條香子（1999）:「絵図における大和国忍海郡只川水系の水郷と近世村」桑原公徳編『歴史地理学と地籍図』ナカニシヤ出版，307 ～ 320 頁。
58) 杉本史子（2008）:「近世絵図論序説－身分と主体・行為・モノ－」「歴史学研究」842 号，2 ～ 22 頁。

59) 拙稿（2009）：「郡里村「検地・知行絵図」を読む」「阿波学会紀要」55 号，191 〜 199 頁。
60) 礒永和貴・鳴海邦匡（2009）：「近世村絵図の史料学（一）－大阪商業大学商業史博物館蔵「河内国茨田郡藤田村文書」の村絵図を通じて－」「大阪商業大学商業史博物館紀要」10 号，1 〜 30 頁。
61) 朝尾直弘（2003）：「近世初頭の村落耕地」『朝尾直弘著作集　第 1 巻』岩波書店，17 〜 48 頁。
62) 葉山禎作（1969）：『近世農業発展の生産力分析』御茶の水書房，19 〜 72 頁。
63) 拙稿（1975）：「畑作村における耕地の歴史地理学的考察－徳島県名西郡高原村池北の事例－」地理科学学会「地理科学」23 号，1 〜 14 頁。
64) 水本邦彦（2002）：『絵図と景観の近世』校倉書房，17 〜 50 頁。
65) 水本邦彦（1993）：『近世の郷村自治と行政』東京大学出版会，271 〜 277 頁。
66) 拙稿（2007）：「阿波国名東郡観音寺村「検地・知行絵図」の復原的研究」徳島地方史研究会「史窓」37 号，29 〜 61 頁。
67) 米家泰作（2002）：『中・近世山村の景観と構造』校倉書房，197 〜 214 頁。
68) 五十嵐　勉（1983）：「近世山村における耕地開発と村落構造－越後国頚城郡下平村－」「人文地理」35 巻 5 号，51 〜 69 頁。同（1985）：「近世村絵図における空間表現の歴史的変化－播磨国「真広村絵図」の通時的分析－」「歴史地理学紀要」27 号，85 〜 108 頁。
69) 五十嵐　勉（1990）：「佐賀藩における藩製郷村絵図に関する一考察－肥前国神埼郡を事例に－」「立命館地理」2 号，23 〜 36 頁。
70) 松尾容孝（1989）：「近世山絵図－林野が語る近世山村－」久武哲也・長谷川孝治編『地図と文化』地人書房，66 〜 67 頁。
71) 鳴海邦匡（2007）：『近世日本の地図と測量－村と「廻り検地」－』九州大学出版会。
72) 六本木健志・中嶋則夫・新井敦史（2008）：「秩父山間集落の存立基盤とその変質－両神村簿を事例として－」石井英也編著『景観形成の歴史地理学－関東縁辺の地域特性－』二宮書店，81 〜 102 頁。
73) 平井松午（2009）：「古地図高精細画像データの活用と GIS 分析」「情報の科学と技術」59 巻 11 号，551 〜 556 頁。同（2007）：「歴史地理学における古地図を用いた GIS 分析の可能性と課題」2007 年度人文地理学会特別研究発表レジュメ。同（2012）：「洲本城下絵図の GIS 分析」GIS 研究協議会『歴史 GIS の地平』勉誠出版，109 〜 120 頁。
74) 拙稿（2010）：「勝浦郡上勝町樫原の棚田景観と実測分間村絵図・地租改正地面明細図について」「史窓」40 号，77 〜 105 頁。
75) GIS 研究協議会編（2012）：『歴史 GIS の地平』勉誠出版。平井松午・安里　進・渡辺　誠編著（2014）：『近世測量絵図の GIS 分析－その地域的展開－』古今書院。
76) 山口県立文書館編（1984）：『防長の古地図』。
77) 山口県文書館編（1989）：『絵図でみる防長の町と村』。
78) 宮津市史編さん委員会編（2005）：『宮津市史　絵図編（解説）』。
79) 羽曳野市史編纂委員会編（1985）：『羽曳野市の古地図と歴史地理　史料編別巻』。
80) 国書刊行会編（1988）：『尾張国町村絵図（名古屋市域編）』。
81) 安藤慶一編（1977）：『春日井市近世村絵図集』。
82) 豊田市教育委員会・同市古地図調査研究会編（1998）：『豊田の古地図』。
83) 南知多町誌編集委員会編（1999）：『南知多町誌　資料編一（近世絵図集）』。
84) 明治大学博物館編（2007）：『明治大学蔵村絵図の世界　故郷の原風景を歩く』。
85) 財団法人日本地図センター発行（2006）：『いまに残る郷土の文化遺産　つくばの古地図』。
86) 鹿沼市史編さん委員会編（2005）：『鹿沼市史叢書 10　鹿沼の絵図・地図』121 〜 123 頁。

87）大阪人権博物館編発行（2001）：『絵図に描かれた被差別民』。
88）大阪人権博物館編発行（2001）：『絵図の世界と被差別民』。
89）相馬美貴子（2002）：「仙台藩領における元禄年間の村絵図」「一関市博物館研究報告」5号，1～20頁。同（2003）：「一関藩領における村絵図－文化年間以降を中心に－」「一関市博物館研究報告」6号，1～24頁。
90）礒永和貴・鳴海邦匡60）。
91）杉本史子・礒永和貴・小野寺　淳・ロナルドトビ・中野　等・平井松午編（2011）：『絵図学入門』東京大学出版会。
92）金田章裕・上杉和央（2012）：『日本地図史』吉川弘文館，214～221頁。
93）歴史地理学では、ある地理的事象の地域的な比較分析に重点をおく歴史系統地理学と、地域的特性に分析視角を置く歴史地誌学がある。著者はとくに後者に傾斜している立場にあり、地域史や景観史、社会史、経済史と近い（菊池俊夫（1977）：『歴史地理学方法論』大明堂，7～8，184～188頁）。
94）国文学研究資料館蔵の幕府撰阿波国絵図（蜂須賀家文書）と徳島大学附属図書館蔵の幕府撰阿波国絵図。
95）文政11年阿波国分間絵図（美馬郡端山、谷家文書、徳島県立文書館蔵、縮尺約9万分の1）等。
96）徳島大学附属図書館蔵（徳40）。
97）勝浦郡上勝町役場蔵（280×244cm）。
98）拙稿（1996）：「徳島藩の分間郡図について」「史窓」26号，2～4頁。拙稿（2004）：「江戸時代阿波国絵図の歴史地理学的研究」「史窓」34号，120～123頁。絵図は単独では存在するのではなく、作成された村や地域の歴史的・社会的な背景と深い関係を持って存在しており、絵図を史料として利用する場合は、そのような視点が必要と考える。
99）木村41）。
100）橋本直子（1988）：「書評　都留市史編纂委員会編『都留市史　史料編　都留郡村絵図・村明細帳集』」「歴史地理学」143号，52～54頁。
101）山村亜希（2009）：『中世都市の空間構造』吉川弘文館，34～58頁。
102）藤岡謙二郎（1955）：『先史地域及び都市域の研究』柳原書店，42～67頁。同（1978）：『景観変遷の歴史地理学的研究』大明堂。
103）Darby,H.C.: On the relation of geography and history, Transaction 1 B.G.19.1953.
104）金田章裕（2002）：『古代景観の探求　宮都・国府・地割』吉川弘文館，8～10，35～37頁。同（2006）：「「条里制」研究から何が見えるか－景観史構築への道程－」水内俊雄編『歴史と空間　シリーズ人文地理8』朝倉書店，35～38頁。今里悟之（2010）：「書評　金田章裕編著『日本景観史』京都大学出版会（「地理学評論」83巻6号，650～651頁）。
105）石井英也（2008）：「歴史地理学における地域研究の視点」同編著『景観形成の歴史地理－関東周辺の地域形成－』二宮書店，13～22頁。青木栄一（2009）：「書評　石井英也編著『景観形成の歴史地理学』」（「地理学評論」82巻4号，356～358頁）。
106）山村101）23頁。

第Ⅰ部　徳島藩の知行絵図と村落空間

第1章　徳島藩の地方知行制の展開過程と地域構造

第1節　徳島藩の地方知行制研究

　歴史学における徳島藩領を対象とした地方知行制の研究は、藩政確立期の諸問題や軍役・夫役負担との関係が中心である。まず、峯岸賢太郎[1]は、近世初期の給人の軍役負担と藩政確立期の視点から、金沢静江[2]は、峯岸論文の軍役算定法について批判した論考をしている。また、三好昭一郎[3]は、寛永4年(1627)の板野郡那東村の事例から、高橋　啓[4]は、美馬郡脇町における徳島藩筆頭家老稲田氏の事例から、石躍胤央[5]は、徳島藩成立期の視点から、それぞれ論述している。
　さらに、高橋[6]は、延宝4年(1676)の蜂須賀家文書から藩の財政基盤と蔵入地との関係を考察し、前田拓也[7]は、筆頭家老稲田氏の家臣である美馬郡猪尻侍と、淡路国津名郡塔下村の史料から、稲田氏の家臣団支配と地方知行制の構造と展開を明らかにしている。さらに、松下師一[8]は、美馬郡半田奥山を対象として稲田氏の一円知行が展開した山村における農民支配の構造を明らかにしている。また、引馬　学[9]は、慶長2年(1597)「分限帳」から蜂須賀氏入国初期における阿波国13郡の給知と蔵入地の比率、給知高と給人数を分析している点が注目される。また、金原祐樹[10]は、那賀川下流平野における家老賀島氏とその家臣や物頭格の尾関源左衛門等による地方支配の実証的考察を行っている。山田洋一[11]は、地方知行制からみた近世の領主支配構造を「領国」と「非領国」に分けて、「領国」として徳島・鳥取藩を取り上げ、『旧高旧領取調帳』(以下『旧高帳』とする)を資料として論じている。
　歴史地理学の分野からは、岸本　實[12]が郷町撫養とその周辺農村、名西郡入田村や吉野川下流低地の農民多離村地域を生産力と給知率(采地率)の視点から分析している。著者は、慶長2年「分限帳」を史料として藩政初期の阿波九城の城番制とその知行地の分布や、延宝4年(1676)と天和3年(1683)における蔵入地の拡大過程とその配置、家老池田登(蜂須賀山城)の知行地配置と軍役を、さらに、中老格で高1,000石の尾関源左衛門の知行地と農民との関係等を分析した[13]。また、著者は藩領の阿波国と淡路国における約850ヵ村と519人の全給人を対象として地方知行制の地域構造を『旧高帳』と『淡路国三原郡・津名郡反別戸数取調帳』から明らかにしている[14]。さらに、著者は村落の1筆耕地と給人・農民関係に視点をおいて、鮎喰川下流の名西郡白鳥村、名東郡観音寺村・早渕村と、吉野川デルタ地帯の板野郡新喜来村、吉野川中流氾濫原地帯の麻植郡知恵島村・美馬郡郡里村における地方地行制の村落における展開と村落景観を明らかにした[15]。

第2節　近世前期における地方知行制の展開

1.「慶長二年分限帳」からみた地方知行制の展開

　藩政初期の阿波国における地方知行の状況を示す史料として「慶長二年分限帳」（以下「分限帳」とする）[16]がある。本帳にみる阿波国総知行高は15万5,282.78石である。その内、給人252人の知行高は14万3,062石である。252人の内訳は天正13年（1585）の阿波国入封以来、慶長2年当時の「御家中拝知高」[17]にみえる給人234人で、阿波入封時から承応元年（1652年）にいたる先代家正から2代至鎮の33年間に取り立てられた士分格以上の家臣276人[18]とほぼ同数である。しかし、慶安4年（1651）「忠英様御代御家中知行高役高之帳」[19]にみえる457人より少ない。

　また、「分限帳」記載の知行村数は13郡367ヵ村で、「寛文四年（1664）阿波国十三郡郷村田畠高辻帳」（以下「寛文郷帳」とする）[20]にみえる417ヵ村（外に枝村164ヵ村）と、元和元年（1615）以前の作成と推定される「慶長阿波国絵図」（以下「慶長国絵図」とする）[21]記載の414ヵ村より少ない。本帳の知行村367ヵ村の内、名称・場所等で不明や疑問が残るのは17ヵ村である。まず、那東郡（那賀郡東部）「乙瀬」「三俣」は板東郡の誤りである。那西郡（那賀郡西部）「坪野」「柴野」の内、「芝野」は「慶長国絵図」に「芝野」、「寛文郷帳」に「芝野村」とあり、後の那賀郡「下大野村」と推定される[22]。また、名西郡「鋳物師」と阿波郡「勝間井」の内、「鋳物師」の所在は不明で、「勝間井」は阿波郡「勝命村（かつみょう）」と推定される。阿波郡「弟島」と以西郡（名東郡西部）「田幸」であるが、前者は「て以し満」と「慶長国絵図」にあり、「正保三年阿波国絵図」にも「知恵島」（ルビに「ていしま」）とある。「田幸」は「たかう」で「寛文郷帳」の名東郡「高輪村」と推定できる。この外にも、那東郡「那東新庄之内」の「芳崎」と「江島」は那東郡の「坂野新庄」の内に含まれ、「芳崎（ほうざき）」、「江島」は「寛文郷帳」の「芳崎村」と「江島村」に当たる。

　以上のように、「分限帳」の給知村名に関しては、近世村名ではなく、中世的な荘園内の村落地名や名（みょう）（集落）地名等がかなりあることや、一円蔵入村を加えると367ヵ村よりもっと多くなると考えられる。「分限帳」を基本史料として藩政初期における阿波国における蔵入地と給知の村落別の状況を把握することに注意を要するが、阿波国一円を対象とした地方知行の実態を知りえる史料としては明治元年の『旧高帳』と本帳しか現存していないので、「分限帳」に依拠して論を進めたい。

2. 城番層の知行配置とその変遷

　蜂須賀氏は天正13年（1585）に秀吉から拝領した阿波一国（18万6,750石余）に、元和3年（1617）に秀忠から淡路国7万180石余が加増され、阿波・淡路二ヵ国領知表高25万6,930石余を領国とし、明治維新までの約250年間にわたりほとんど藩領の変更を受けることなく在封した国持の大藩である。しかし、文禄・慶長から元和～寛永期の過酷な戦時軍役[23]だけでなく、駿府城・名古屋城・江戸城築城等の公儀普請役を負担した。また、同時期には、祖谷山（いや）・大粟山（おおあわやま）（鮎喰川上流）・仁宇山（にう）（那賀川中上流）・一宇山（いちう）（貞光川上流）等の山岳土豪層の反乱鎮圧[24]や、藩境警備等の軍事的負担を配

下給人の軍役と農民の夫役負担に依存していた。

このように、領国の軍事的支配体制を確立するために領国経営の中心となる徳島城を核として、一宮城（鮎喰川流域の大粟山（おおあわやま）押さえ）、撫養城（淡路渡海の押さえ）、脇城（讃岐国境押さえ）、大西城（池田・伊予国境押さえ）、牛岐城（うしき）（南方（みなみかた）の押さえ）、鞆城（とも）（土佐国境の押さえ）、西条城（吉野川北岸の押さえ）、川島城（麻植郡と吉野川水運の押さえ）、仁宇城（那賀川中上流の押さえ）の九城を配置し、有力家臣を城番とする支城駐屯制をしいた[25]。藩政初期には家臣団の在郷制を基本とし、脇城には500人を、その他の8城には300人の家臣団を配置した[26]。また、阿波において九城が破却されたのは、「一国一城令」が布達された元和元年ではなく、寛永15年（1638）頃である[27]。

「分限帳」に記される総給知高14万3,062石は、元和元年の阿波国高18万6,750石の76.6％にあたる。これは萩藩の約71％（慶長15年）[28]、尾張藩の約80％（寛永18年）[29]、彦根藩の約62％（慶長7年）[30]と同じ傾向を示し、藩政初期には蔵入地（約3万1,467石）は少なく、知行地が大半を占めていた。天和2年（1682）「阿波淡路両国御蔵入高村付御帳」[31]によれば、同年の阿波国蔵入地高が8万6,330石余とあり、慶長2年から天和2年までの約85年間に蔵入地高が約5万5,000石増大したことになる。これは17世紀前半に板野・名東・勝浦・那賀郡の海岸地帯で新田開発や塩田開発が行われ、蔵入地に編入されとことによる[32]。

図1-1に「分限帳」給人の階層構成を阿波国13郡別に示した。阿波国全体では知行5,000石以上の7人の重臣が総知行高の32.6％、1,000〜5,000石の大身18人が27.3％で、1,000石以上の重臣

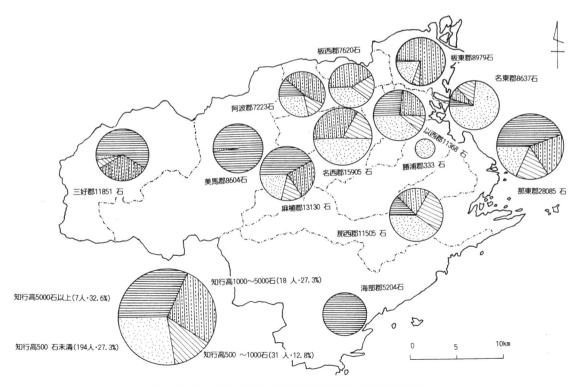

図1-1　慶長2年（1597）阿波国13郡給人階層別知行分布
「慶長二年分限帳」による。

25 人が約 60％を占める。これに対し、500～1,000 石 31 人は 12.8％、500 石未満 194 人（給人の約 77％）は 27.3％である。とくに、美馬郡（知行高 8,604 石）は城番稲田小八郎（9,378 石余）、三好郡（同 11,851 石）は牛田掃部助（かもんのすけ）（5,328 石余）、海部郡（同 5,204 石）は益田宮内丞（ましだくないのじょう）（5,595 石余）の給知が集中している。これに対し、名東・名西・勝浦・那西郡知行高の 3 分の 2 以上が 1,000 石以下の家臣層で占められる。

　図 1-2 に 3,000 石以上の重臣 9 人（内、樋口内蔵助（くらのすけ）3,950 石余は城番を勤めず）の知行地の村別分布を示した。脇城番の稲田小八郎（後の筆頭家老稲田九郎兵衛）は美馬郡 22 村に知行の 91％が集中し、同郡一帯を知行圏とする。牛岐城番の細山主水（もんど）（2 代賀島主水）は那東郡 19 村に 88％が、寛永 10 年（1633）の海部騒動で改易される鞆城番[33]の益田宮内丞（後の益田豊後）は海部郡 18 村に 85％がそれぞれ集中する。さらに、大西（池田）城番の牛田掃部助は三好郡 13 村に 73％が、川島城番の林與右衛門（後の林図書）は麻植郡 9 村に 91％が、仁宇城番の山田彦八郎（後の山田織部）は那東（なとう）・那西（なせい）郡 13 村に 99％が、一宮城番の中村藤兵衛（後の中村近太夫）は以西（いさい）・名西（みょうざい）郡 7 村に 70％がそれぞれ集中配置されている。以上のように、慶長 2 年の段階では支城周辺に知行をあてがう支城駐屯制をしき、城番層を中心とする一円的な郡域知行割が蜂須賀氏の領国支配体制で

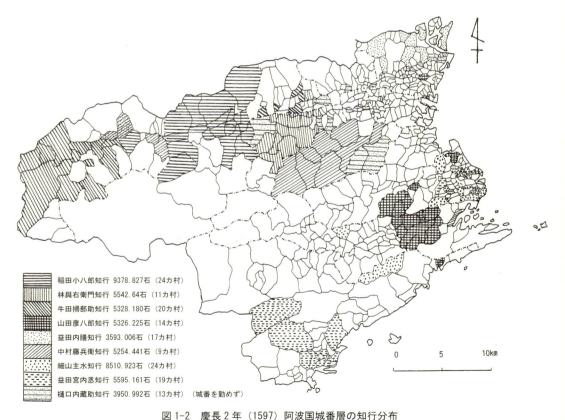

図 1-2　慶長 2 年（1597）阿波国城番層の知行分布
注）①「分限帳」記載の村名のうち、所在場所不明と郡名の誤りは除く。
　　②板東郡広島浦は稲田小八郎と林與右衛門との相給。
　　③三好郡足代村と昼間村は益田内膳と中村藤兵衛及び他の給人との相給。
　　④「慶長二年分限帳」による。知行高 3,000 石以上 9 名。

表 1-1　慶長 2 年（1597）階層別給人と給村の分散度

知行高	1 村	2 村	3〜5 村	6〜9 村	10〜19 村	20 村以上	計
3,000 石以上				2	5	3	10
1,000〜3,000 石	1		3	11	1		16
500〜1,000 石		4	26	6			36
300〜500 石	2	9	33	2			46
100〜300 石	25	38	42	2			107
100 石未満	26	3	7	1			37
計	54	54	111	24	6	3	252

徳島県立図書館蔵稿本（呉郷文庫）「慶長二年分限帳」より作成。

あった。

　このように重臣層は城番として郡域圏を存立基盤にして家老職についていたが、2 代藩主忠英（ただてる）（在任元和 6 年／1620〜承応元年／1652）による直仕置体制が確立されるに従い、先代家正から初代藩主至鎮（よししげ）（在任天正 14 年／1586〜元和 6 年）以来の譜代重臣の影響力が排除され、とくに、延宝〜天和期（1673〜1683）以降は筆頭家老の稲田氏と、それに続く賀島氏を除いて大幅な減知や知行替を受けて弱体化していった[34]。

　また、100 石未満の下層家臣 37 人の約 70％が 1 村知行（1 給）であるが、100〜300 石層 107 人の 98％は 5 給以内である。さらに、全給人では 2 給以内が約 43％、3〜5 給が約 44％を占め、6 給以上は約 13％に過ぎない（表 1-1）。このように、慶長段階では給知の分散度は低いが、明治元年（1686）の『旧高帳』[35]によれば、7 給以上が全給人 519 人の約 44％を占める分散相給形態とは対照的である。

　次に、「分限帳」に記載される 367 ヵ村の給人分散度をみると、1 給が約 64％、2 給は約 15％、3 給が 5％、4〜9 給が 13％、10 給以上は 3％で、1 村 1 給形態が卓越していたが、明治元年では約 13％に過ぎない[36]。さらに、「分限帳」では、10 給以上は 10 村あり、10 村の総知行高は 1 万 4,129 石（総給知高の約 10％）、153 給人（1 給人平均約 100 石）で、名東郡西黒田村 24 給、同郡高崎村 22 給、那東郡坂野村 19 給、同郡荒田野村 16 給と、大村ほど多くの給人に知行割している。

3. 延宝 4 年（1676）の蔵入地分布

　徳島藩においても、領国支配体制を確立させるために、武士在郷制である支城駐屯制から、家臣団を徳島城下集住体制へと、地方支配を強化し、蔵入地を増大させていく。蔵入地に関しては、延宝 4 年の「両国高物成并村付夫役諸運上其外上銀品々帳」（以下「延宝帳」とする）[37]と、天和 2 年（1682）の「阿波淡路御両国御蔵入高村付御帳」（以下「天和帳」とする）[38]により、阿波国内の代官諸手崎別村浦の御蔵入地高が判明する。これを 10 郡別に集計すると表 1-2 のようになる。

　蔵入地高の増大過程をみると、慶長 2 年は 3 万 1,468 石、延宝 4 年約 8 万 4,018 石で、6 年後の天和 2 年に 8 万 6,330 石に、享保 15 年（1730）には約 13 万 6,900 石[39]、明治元年には約 17 万 9,700 石[40]に増大する。その主な要因は藩政改革に伴う全藩的な家臣知行に対する減知（上知）が中心ではなく、蜂須賀氏の阿波国入封〜天和期の古田出目（でめ）と、板野・名東・勝浦・那賀郡の海岸地方で行われた新田開発によるものが約 7 万 2,000 石[41]に及び、これを蔵入地に編入したことによる。「分限帳」

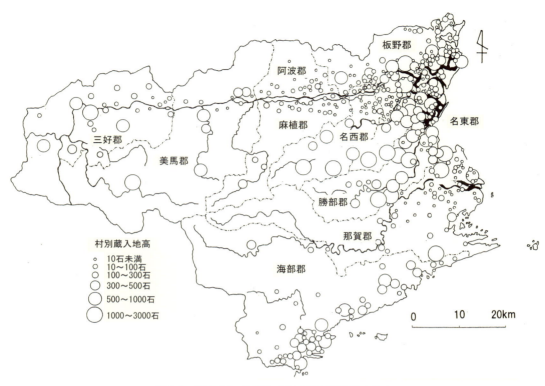

図1-3 延享4年(1676)阿波国村別蔵入地高分布

注) ①「延宝四年御両国高物成井村付夫役諸運上其外上銀品々帳」(蜂須賀家文書27A-692) より作成。
②本帳記載の439村の内、所在地を比定できない7村を除く。
③蔵入地高1,000石以上は16村、500～1,000石以下の村は52村。

表1-2 延宝4年郡別蔵入地高・村数・夫役と天和2年(1682)の蔵入地高

郡名	延宝4年蔵入地高	延宝4年郡高	蔵入地高率	延宝4年蔵入村数	夫役	天和2年蔵入地高	延宝4年～天和2年蔵入地高増加率
名東	10,242.513石	27,257.1石	37.6%	46	540人	11,429.6石	11.6%
名西	7,797.429	21,954.0	35.5	32	860	8,373.3	7.4
板野	19,975.473	46,432.4	43.0	111	999	14,935.1	-25.2
阿波	417.281	10,049.6	4.1	27	37	889.7	113.2
麻植	1,692.893	13,822.8	12.2	25	544	1,796.7	6.1
美馬	4,232.088	12,486.4	33.9	15	1,232.2	3,847.281	-9.1
三好	6,274.348	17,302.9	36.3	27	1,061.2	8,725.73	39.1
海部	13,801.84	14,127.9	97.7	59	869.8	12,071.1	-12.5
那賀	6,342.755	47,008.7	13.5	62	865.8	7,493.6	18.1
勝浦	15,047.753	25,199.9	59.7	32	788.2	15,839.1	5.3
阿波国計	84,018.190	235,737.99	35.6	436	7,333.8	86,330.1	2.8

注) ①「御両国高物成井村付夫役諸運上其外上銀品々帳」(蜂須賀家文書27A-692) と、「阿波淡路御両国御蔵入高付御帳」(蜂須賀家文書672) から作成。②蔵入地村が属する郡名記載の誤りが8ヵ所あるが、訂正して集計した。③両帳とも蔵入地高と郡高の合計が一致しないが、原典の数字を集計した。

においても、「新開」が13郡の内、11郡に2,743石みられ、これを54人の給人に新知（1人平均51石）として加増していることから首肯できる。このように、延宝期の阿波国全体の蔵入地率は約36％で、慶長期に対し倍増している。

阿波国内のどのような地域に蔵入地（藩領）を配置したのであろうか。図1-3には延宝4年における蔵入地（藩領）の村別分布を示した。まず、全藩政村439ヵ村の86％（436村）に藩領が存在する。名東・板野・勝浦3郡の領国の核心地といえる地域（高500石以上が32ヵ村）を中心に、阿波国藩領高の約54％（約45,000石）を配置していた。さらに、山城谷・井ノ内谷（三好郡）、祖谷山・一宇山（美馬郡）、大栗山（名西郡）の1万3,680石を蔵入地に組み込み、剣山地の土豪鎮撫策とした。海部郡に展開した鞆城番の益田豊後知行約4,800石を召し上げ、蔵入地（高500石以上の7ヵ村）に編入したため、同郡は98％が藩領である（表1-2）。また、上郡（美馬・三好郡）の要衝である白地・池田・貞光・脇町の約3,300石を藩領としている。これに対し、麻植・阿波・那賀3郡の藩領高は約8,500石で、蔵入地率は12％と低率であり、知行地が中心である。このように、藩領の増大化を進めることにより、藩財政の安定を図り、城下町徳島と国境の防備策等の藩領配置政策を読み取ることができる。

図1-4　天和2年（1682）阿波国村別蔵入地高分布
注）①「天和二年阿波淡路御両国御蔵入高村付御帳」（蜂須賀家文書27A-672）より作成。
　　②本帳記載の434村の内、所在地を比定できない6村を除く。

4. 天和2年（1682）の蔵入地分布

「天和帳」には434ヵ村が記載され、延宝村数とほぼ同じである。蔵入地高は延宝より約2,300石（2.8％）増加する。しかし、「延宝帳」には記載されて「天和帳」にはない村が46ヵ村、逆に「天和帳」にあるが「延宝帳」にない村が51ヵ村ある。また、「延宝帳」にある枝村が「天和帳」では親村に併合されている事例もある（海部郡日和佐・牟岐浦等）。さらに、板野郡板東村（延宝高1,486石）・三俣村（同435石）・木津野村（同596石）・古城村（同334石）等が「天和帳」では欠落しており、「天和帳」記載の一部に史料的には疑問が残る。

図1-4に「天和帳」の村別蔵入地高を示した。まず、延宝期と基本的な変化はみられないが、麻植郡と阿波郡は200石未満の小村しかない。延宝期には阿波国全体で500石以上が50ヵ村であったが、天和期では400石以上が58ヵ村で同じ傾向である。さらに、延宝～天和間の蔵入地高の変化をみると、増加が152ヵ村（36％）、減少78ヵ村（18％）、変化なし142ヵ村（34％）、不明51ヵ村（12％）で、蔵入地の増加は板野・那賀・勝浦3郡に顕著である。また、享保15年（1730）の「郷村御帳人面并町人数御改御帳之辻当時御高物成帳」[42]によれば、阿波国高27万9,902石の内訳は、蔵入高13万6,911石（49％）、知行高14万2,991石（51％）で、藩領と給領が半分ずつであった。

5. 城番知行地の時系列的変遷

「分限帳」にみえる8人の城番の内、高3,000石以上の5人の知行地の時系列的な変遷をみよう（図1-2）。①美馬郡脇城番／稲田小八郎（後の筆頭家老稲田九郎兵衛先祖）の知行は美馬郡に集中するが、美馬郡郡里・重清・舞中島村では蔵入地への編入が進む。これ以外は明治元年まで美馬郡と麻植郡を中心に一円的な知行圏を形成している。明治元年の知行高14,439.6石（『旧高帳』による。以下同）の内、阿波国は約31％で、洲本を中心とする淡路国が約69％を占め、淡路を主な存立基盤としていた。寛永8年（1631）に稲田氏が洲本城代として脇城番から所替えされたためである。

②三好郡池田（大西）城番／牛田掃部助の知行は、三好郡の山城谷、池田・井川・白地・馬地・佐野村を中心とするが、これらが延宝・天和期には蔵入地に組み入れられており、明治元年には阿波国内では那賀郡中庄村、麻植郡児島村（合わせて125石、他に淡路に120石）を知行とするに過ぎない。③海部郡鞆城番／益田宮内丞知行は、海部郡に集中するが、その後、豊後は寛永10年（1633）の海部騒動で改易され、延宝・天和期にはすべてが藩領に編入されている。④那賀郡牛岐（富岡）城番／細山主水（2代賀島主水は家老職）知行は、那東・那西郡（寛文4年／1664、幕命により那賀郡に復す）に集中する。その後、那東郡城廻（富岡付近か）、赤池・原村等は藩領に組み入れられるが、藩政期を通じて減知することなく、明治元年知行高9,855.8石（淡路には存在せず）の23ヵ村はすべて那賀郡に所在する。

⑤板野郡岡崎城番／益田内膳は、板東郡（板野郡東部で、寛文4年に板西郡とともに板野郡に復す）に集中するが、明治元年の知行高258.4石は本拠の板野郡（8％）よりも、麻植郡（21％）、三好郡（20％）と淡路（48％）が中心で、大幅な減知と所替えを受けている。

以上のように、城番のような重臣層は慶長期には一円知行で郡域を存立基盤として、支城駐屯制の

もと家老職を勤めた。しかし、2代藩主忠英による直仕置体制となり、先代藩主家政譜代の重臣の影響力が排除されて、大幅な減知や知行替を受けた。

第3節　給人の給知宛行と軍役・夫役の算定基準

1. 家老池田　登（蜂須賀山城）の知行配置と軍役・夫役

　本節では、家臣団の知行高に対する軍役や夫役（夫銀）の算定基準と知行付農民数、給知の配置状況を、個別の事例から明らかにしたい。

　まず、明治元年の知行高 4,776.592 石で家老職を勤めた池田　登（内膳／初代）の場合をみよう。池田　登は先代家政の寛永3年（1626）に岡山藩から招かれ、同5年に蜂須賀山城と改名した。家老職とし 5,000 石を拝領し、新興官僚として2代忠英を補佐して藩政の中枢をになった。慶安4年（1651）の「忠英様御代御家中知行高役高之帳」[43]によれば、「壱万七石三斗余　弐百参拾四人半　蜂須賀山城」とあり、蜂須賀家中 457 人の筆頭に記される。また、寛永5年（1628）正月18日の「御判御増加之打出」[44]の初代藩主至鎮から池田内膳への宛行状には、「当国那東郡之内両村同板西郡之内三ヶ村高合弐千四石余、淡路国津名郡之内三千石合五千石余、在々之目録百姓数別有之宛行候条全可有所務之状如件」とあり、阿波国 2,004 石余、淡路国 3,000 石余、合せて 5,000 石余を拝領している。

　この具体的な知行村の宛行については、寛永5〜17年（1628〜40）の「池田山城宛忠英様知行状」[45]に記される。それによれば、その知行高は阿波淡路両国合わせて 15 ヵ村、5,000 石であるが、阿波国は5ヵ村、2,004.15 石で、那東郡福井村の村高に対する比率は 70.3％、板西郡唐園村の 71.3％から、同郡七条村の 2.8％、同郡矢武村の 3.3％と、占有率に大きな開きがみられる。また、淡路国は 10 ヵ村、3,000 石で、津名郡斗之内村高の 63.1％、同郡黒谷村の 98.2％、室津組田野尻村の 35.0％、同組大坪村の 42.9％と、占有率が阿波国よりも高い。

　また、寛永11年（1634）極月27日の忠英から池田山城への加増宛行状である「覚」[46]によれば、名西郡の鮎喰川上流の山分である大粟山の廣野・阿川・左右村3ヵ村、1,179.852 石を拝領している。当地は慶長期には一宮城番中村右近の知行であったが、延宝期に蔵入地に組み込まれた後、寛永11年に池田氏にあてがわれ、明治元年には再び藩領に編入されている。また、寛永17年9月15日の池田山城への「加増分知行高役ニ入人付之覚」[47]には、那西郡立江村 2,420.735 石をはじめ、阿波・淡路9ヵ村、5,003.183 石、軍役 187 人とあり、軍役は 26.75 石に付き1人の算定基準となっている。また、寛文3年（1663）の法令に、「高百石ニ付百姓五人宛被下」[48]とあり、給村の本百姓のほか奉公人・名子・下人・間人等の隷属農民と、15歳から60歳までの百姓数を計算し、知行高 100 石に付き5人（20 石に付き1人）夫役とした。

　このように、藩主から家中に付与される判物（宛行状）には、①知行分としての知行村、②知行付

き百姓と 15 〜 60 歳迄の役負担百姓数、③軍役と夫役銀が記載されている。さらに、給人ごとの「拝知水帳」には知行村内における 1 筆ごとの地籍（地字・地目・等級・面積・高・名負人）が記載されている。しかも、徳島藩では蔵入・給知立合の複数の給人による分散相給が一般的であった。それ故、判物にはその前提として、知行村内における知行高に対する 1 筆ごとの名負百姓と割地を決める必要があった。御蔵所配下の代官・下代の所務のもとに、複雑な知行割を仕切ったのは庄屋層であり、蔵入地・知行地とも年貢徴収の実務はこの村請制に依存していたといえる。

また、明暦 3 年（1657）の棟附改で、「本百姓間人名子下人頭壱人ニ付弐歩宛ニ相定事」と改定されて、本百姓・間人・名子・下人という村における「身居(みずわり)」に関係なく、一律に農民 1 人あたり夫役である「弐歩役」を徴収し、負担 5 人を 1 人役とした[49]。立江村の場合には本百姓 35 人、奉公人 3 人、名子・下人・間人・兄弟共 149 人、15 歳より 60 歳までの人数合せて 187 人であるので、夫役は 37 人となる。

2. 家老賀島家の知行村と知行付百姓の階層

那東郡牛岐城代の初代賀島主水の慶長 2 年の知行高 8,910 石余のほとんど牛岐城周辺に集中していた。忠英からの寛永 5 年（1628）の宛行状[50]をみると、知行高 1 万石、34 ヵ村で、那東郡 25 ヵ村、那西郡 7 ヵ村、海部郡 1 ヵ村（赤松村）、以西郡 1 ヵ村（黒田村）で、淡路国には存在せず、那賀川

図 1-5　享保 16 年（1731）家老賀島伊織の知行村
賀嶋家文書 38C-2「賀嶋家譜」より作成。

表1-3 享保16年（1731）家老賀島伊織の那賀郡北中島村の名負人別知行地面積・高

	名負人	田 筆数	田 面積・畝	田 高・斗	畠 筆数	畠 面積・畝	畠 高・斗	計 筆数	計 面積・畝	計 高・斗
1	六郎兵衛	9	92.20	114.243	3	14.207	12.555	12	107.127	176.6546
2	治左ヱ門	9	130.25	142.7002	—	—	—	9	130.25	142.7002
3	伝三郎	9	102.03	110.9796	4	33.04	27.4196	13	135.07	137.4992
4	七兵衛	9	92.20	114.243	3	14.207	12.555	12	107.127	126.798
5	藤右ヱ門	14	87.28	99.9307	1	11.20	12.825	15	99.18	112.7557
6	万右ヱ門	16	97.19	108.918	1	2.00	1.95	17	99.19	110.868
7	善右ヱ門	13	88.22	81.054	2	10.20	7.354	15	99.12	88.408
8	伝左ヱ門	8	68.15	88.2787	—	—	—	8	68.15	88.2787
9	勘兵衛	7	31.22	87.0712	—	—	—	7	31.22	87.0712
10	実左ヱ門	9	61.20	76.1486	2	7.10	6.66	11	69.00	80.8086
11	六右ヱ門	3	45.24	44.9934	1	43.16	30.176	4	89.10	75.1694
12	清左江門	8	55.23	62.4908	1	9.05	6.66	9	64.28	69.1508
13	孫左ヱ門	5	45.10	61.722	—	—	—	5	45.10	61.722
14	伝右ヱ門*	3	43.26	54.373	—	—	—	3	43.28	54.373
15	長兵衛	3	36.20	38.425	1	9.20	6.896	4	46.10	45.321
15	伊ヱ門	6	38.12	36.205	1	7.25	6.35	7	46.10	45.321
17	覚兵衛**	1	3.00	32.002	1	11.20	9.93	2	14.20	41.932
18	孫左ヱ門	4	35.02	41.017	—	—	—	4	35.02	41.017
19	長次郎	3	28.195	35.90	—	—	—	3	28.195	35.90
20	庄兵衛	3	17.03	20.759	1	20.04	14.268	4	37.07	35.027
21	長治郎	3	32.039	33.8292	—	—	—	3	32.039	33.8292
22	九兵衛	3	27.10	24.27	1	11.20	7.50	4	35.17	31.77
23	清左衛門	3	23.15	29.5829	—	—	—	3	23.15	29.5829
24	助右ヱ門*	1	3.18	5.0436	3	21.18	23.5856	4	25.06	28.629
25	与右ヱ門	3	25.16	26.12	—	—	—	3	25.16	26.12
26	七郎左ヱ門*	3	17.20	23.10	—	—	—	3	17.20	23.10
27	五郎左ヱ門	1	14.10	17.22	—	—	—	1	14.10	17.22
28	徳左ヱ門	—	—	—	2	22.00	16.973	2	22.00	16.373
29	甚兵衛	3	12.17	15.0503	—	—	—	3	12.17	15.0503
30	次左ヱ門	1	10.00	12.00	—	—	—	1	10.00	12.00
31	善兵衛*	1	10.00	12.00	—	—	—	1	10.00	12.00
32	七右ヱ門	2	7.05	10.50	—	—	—	2	7.05	10.50
33	安兵衛	2	12.03	9.7086	—	—	—	2	12.03	9.7086
34	市兵衛	2	6.24	9.324	—	—	—	2	6.24	9.324
35	善三郎*	1	7.00	7.77	—	—	—	1	7.00	7.77
36	紀兵衛	1	2.03	2.786	1	4.20	3.854	2	6.23	6.64
37	四郎兵衛	1	4.06	5.412	—	—	—	1	4.06	5.412
38	甚右ヱ門	1	3.225	5.25	—	—	—	1	3.225	5.25
39	権兵衛	1	3.01	4.10	—	—	—	1	3.01	4.10
40	安右ヱ門	1	3.00	3.876	—	—	—	1	3.00	3.876
41	六兵衛	1	1.20	3.50	—	—	—	1	1.20	3.50
42	宝塚寺	1	1.24	2.344	—	—	—	1	1.24	2.344
計	42人	177	1,433.119	1,714.2408	29	256.034	207.5112	206	1,689.153	1,921.752

注）①「享保拾六年（1731）那賀郡北中嶋村賀嶋伊織様御水帳」（蜂須賀家文書27A-656）より作成、②* 中嶋浦、** 三栗村の名負人、③原本では、田畠合18町1反2畝16歩、高合197石3斗3升4合8勺。
奉公人役銀合75匁、壱家13軒、小家14軒、人数合67人（内庄屋壱家2人、庄屋小家忌懸之外共4人、山伏2人、百姓20人、先規奉公人38人）。

下流デルタ地域を存立基盤としていた。賀島は万治3年（1660）に3代の主水重玄の時に、家老仕置職に就いており、以後、藩政期を通じて家老職を勤めた。

享保16年（1731）の「賀嶋伊織様支配村々拝知差出水帳」[51]によれば、知行高5,999石、21ヵ村である。図1-5に知行村の分布を示した。寛永5年と同じく、淡路国にはなく、那西郡横井村、那東郡荒田野村・福井村を除いて、那賀川下流デルタ地帯に集中する。村高に対する占有率をみると、90％以上は石塚・刈屋・大京原（だいきょうばら）・日開野4ヵ村、70～90％は横見・北中島・匠地（たくみち）・原の4ヵ村、50％未満は七見（ななみ）・荒田野・中島浦・福井・三栗（みぐりう）・宮倉（みやぐら）・西方（にしかた）の7ヵ村浦で、50％以上が3分の2を占める。禄高3,000石以上の家老職の場合、阿波淡路両国に知行村が分散するのが原則であるが、賀島は阿波国のみで、しかも、那賀川下流域に集中しているのは例外的である。

次に、賀島の村落段階における知行状況をみよう（表1-3）。享保16年2月26日付の「那賀郡北中嶋村賀嶋伊織様御水帳」[52]の奥書には、「那賀郡北中嶋村庄屋和左ヱ門、同村五人組藤右ヱ門・同長治郎、御蔵所様」と記される。これは、6代賀島伊織に関する北中島村における個別の知行付百姓や夫役人数、1筆ごとの知行割や名負人の決定は村役人が行っており、その結果を御蔵所に上申している。表1-3には拝知水帳の賀島知行地206筆の1筆ごとに、小字・地目・等級・面積・高と、42人知行付百姓（寺院1を含む）が記されている。田畠合わせて、206筆／16町8反9畝15歩3厘／192.1752石が賀島の知行地である。寛文4年（1664）の「寛文郷帳」[53]で村高203.895石の96.8％を占めているが、明治元年の『旧高帳』[54]では賀島弥右衛門が94.6％を占めており、蔵入地高は2.5％、その他の2給人は2.9％に過ぎないので、賀島の一円知行に近い状態であった。また、知行地面積の84.8％と、知行高の89.2％を田が占める。

享保6年（1721）の北中島村棟附帳[55]では、家数は40であるが、享保16年の賀島家知行付百姓数42人の内、隣接村の百姓6人を差し引いた36人になるので、本村の高持百姓の約88％が賀島の頭入百姓であったことを示す。表1-3で賀島頭入百姓の階層構成を高と面積からみると、六郎兵衛・治左ヱ門・伝三郎・七兵衛・藤右ヱ門・万右ヱ門の上層本百姓7人が9反9畝～1町3反5畝／11.0～17.6石、善右ヱ門から孫左ヱ門の中層本百姓8人が3反1畝～9反9畝／5.4～8.8石、2反8畝～4反6畝／3.1～4.5石が7人、1反～2反5畝／1.2～2.9石が8人、1反未満／1石未満の下層が9人である。このように、賀島の知行付百姓は村役人層から下層小家までが対象であった。

さらに、享保16年の拝知水帳では、夫役銀対象は67人で、内、38人は先規奉公人（せんきほうこうにん）とある。これは賀島の知行付の頭入先規奉公人の意味で、元来、賀島の家臣であったが、帰農した者で、夫役が免除され、延宝5年（1677）の棟附帳から先規奉公人[56]として記載された。それ故、この38人から「行来不知」1人等を差し引いた28人に夫役銀75匁が懸かっていた。28人の内訳は、庄屋壱家2人、庄屋小家4人、山伏2人、百姓20人である。

3. 中小給人の軍役と夫役

次に、荒木清右衛門（高150石／海部下灘（しもなだ）代官）に対し、2代藩主忠英が寛永11年（1634）に与えた宛行状である「其方知行所人付之覚」[57]を紹介しよう。

一人数　弐拾壱人　高九拾八石三斗之所
　　　　　　　　　　　那西郡本庄村
　　内壱人　　本百姓
　　内弐人　　奉公人
　　同拾八人　右之名子下人間人子供
　一人数　七人　高五拾石六斗余之所
　　　　　　　　　　　同郡大埜村
　　内壱人　　本百姓
　　同壱人　　奉公人
　　同五人　　右之下人間人子供
　右弐口人数合二拾八人但六拾ヨリ拾五歳迄之間
　　其方役定ニ入レ人数如此也

　これによると、荒木家の知行村・知行高・百姓数が記載されて、荒木家が負担する夫役や軍役等の諸役負担の役付が記されている。知行高98.3石の本庄村では、15〜60歳の夫役対象者が21人、同50.6石の大埜村では7人合せて28人（前記規定では29.8人）で、6人を「御役」に入る「夫負百姓」としている。

4．天和3年（1683）の150石と100石以上の新知規定

　天和3年（1683）3月15日の御蔵奉行への「覚」[58]では、「一新知被下面々高百五拾石已上は御両国ニ而半分宛割可被下候、百五拾石ニ不足分は阿波之御国迄ニ而可被下之事、一本知御両国ニ而半分程宛拝領仕者、御加増高百石以上は御両国ニ而半分宛割可被下候、百石ニ不足之分ハ阿波御国ニ而可被下候、但、本知御両国ニ而半分宛より過不足有之節は、面々以了簡加増高相加、惣高御両国ニ而半分宛ニ成申様ニ割かへ可申事、（下略）」とある。すなわち、①150石以上の新知の場合は阿波淡路両国で75石ずつをあてがうとし、②150石に不足する場合は、阿波国であてがうこと、③加増100石以上は両国で半分ずつあてがう、④100石に不足分は阿波国であてがう、ただし、両国で半分ずつあてがうことに過不足が生じる場合は給人が了解の上、両国で半分ずつになるように割替えを行うこととしている。

　さらに、延宝3年（1675）の「御役改之御帳」[59]によれば、横井権右衛門（高500石役不詳）の新知150石（内新開22.2石）を阿波75石（阿波郡切畑村60石、12人／勝浦郡赤石村8.5石／名東郡早渕村6.5石）、淡路75石（三原郡北方村60石／同郡中村78.32石、新開／同郡赤行寺村7.168石）で、これに対する知行付百姓は12人、軍役は4人（定役3.987人）と細かく算定している。

　また、延宝3年の「御役改之御帳」にみえる武藤弥三右衛門知行150石（江戸在番役）で、軍役は3.5人である。知行村は阿波75石（切畑村60石／赤石村8.3石／早渕村3.9石／麻植郡上下嶋村2.7石）、淡路75石（三原郡北原村60石／同郡土井村8.4石／同郡要所中村6.6石）である。

5. 物頭尾関源左衛門の存在形態

1）知行宛行と知行村

　尾関源左衛門は「慶長二年分限帳」には、知行 1,000 石で、那東郡桑野村 229.5 石、板東郡吉成村 276.5 石、名東郡高輪村 541.1 石、板西郡大寺村 440 石と記される。また、『徳島藩士譜』[60]によれば、初代源左衛門は忠英代に高 200 石で、召し出され、その後、300 石が加増され、鉄炮組頭を勤めたとある。また、慶安 4 年（1651）の「御家中知行高役之帳」[61]によれば、「隠居留守居組外」に「五百石　五人　尾関源左衛門」とあり、享保 3 年（1718）の「家中地行高取名面」[62]には、「五百石　今源左衛門家尾関源左　右役十五人」とみえ、軍役が 5 人から加増により 15 人になっていた。また、18 世紀後半作成と推定される「徳嶋絵図」[63]には、「尾関源之助」とみえ、御堀縁（現徳島町 2 町目）に 828 坪の屋敷を拝領していることがわかる。

　尾関家に伝わる「御判物写」[64]と、正保 2 年（1645）7 月 3 日の「知行高人数役目録写」[65]等によれば、寛文 2 年（1662）には阿波国内に 11 ヵ村、高 500 石を拝領するが、知行村は吉野川中下流と那賀下流に配置され、淡路にはない。また、百姓数 54 人、軍役 15 人で、明治元年まで高・知行村に変更がなかった（表 1-4 と図 1-6）。

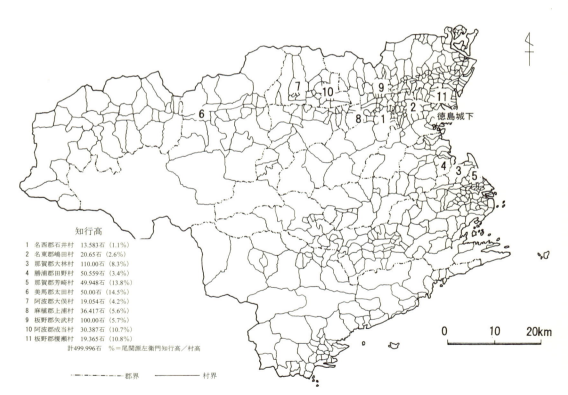

図 1-6　弘化 3 年（1846）尾関源左衛門の知行村
　注）ベースマップは阿波国分間絵図（9 万分の 1、谷家文書、徳島県立文書館蔵）。
　　　弘化 3 年「御判物写」より作成。

表1-4 弘化3年（1846）尾関源左衛門の知行村別状況

郡　村	村高（石）	蔵入地高（石）	知行高（石）	給人数（人）	尾関家知行高（石）	尾関物成（京枡）（石）	尾関免率（京枡）（％）	人数（人），夫銀（匁）	年貢取立請（斗）	知行筆数	尾関家知行田畑面積	知行田率（％）	知行畑率（％）	名負（人）
名西郡石井村	1,650.989	463.36	118.653	25	13.583	7.008	51.60	－，－	1.6	42	198畝27歩	97.5	2.5	25
名東郡嶋田村	1,075.365	294.326	781.039	23	20.65	6.767	32.77	2，－	1.0	43	405畝12歩	4.4	95.6	17
那賀郡大林村	1,668.779	345.115	1,323.664	22	110.00	55.334	50.30	11，－	3.0	97	836畝09歩	94.3	5.7	20
勝浦郡田野村	2,093.916	611.035	1,482.881	42	50.559	35.318	50.07	24，52.65	3.5	51	420畝03歩	90.7	9.3	17
那賀郡芳﨑村	463.454	102.265	361.189	13	49.948	22.005	44.05	－，32.5	3.0	46	404畝14歩	80.7	19.3	2
美馬郡太田村	369.620	24.700	344.92	5	50.00	27.816	55.63	31，121.55	1.5	74	420畝11歩	15.2	84.8	11
阿波郡大俣村	519.840	61.763	458.077	15	19.054	12.246	64.27	－，－	2.7	60	554畝07歩	4.2	95.8	30
麻植郡上浦村	678.039	37.686	640.053	8	36.417	16.169	44.40	27，30.0	3.0	36	451畝03歩	20.4	79.6	4
板野郡矢武村	852.521	255.786	596.735	13	100.00	50.515	50.90	29，195.91	2.0	82	1,148畝22歩	41.6	58.4	6
阿波郡成当村	337.774	57.017	280.757	8	30.387	9.459	31.13	－，－	2.0	43	315畝08歩	83.8	16.2	26
板野郡夏瀬村	268.219	88.686	179.533	7	19.365	5.745	29.67	7，－	無	54	468畝04歩	47.7	52.3	11
計	997.246	2,341.745 (23.5％)	7,636.501 (76.5％)	181	499.963	248.872	49.78	131，601.61	20.3	628	56町2反3畝00歩	50.9	49.1	169

注①村高・蔵入地高・知行高・給人数は『旧高旧領取調帳』による。②その他は尾関家文書「御判物」「名西郡石井村他拾ヶ村知行目録写」と、人数・夫銀は「弘化三年尾関源左衛門江被下置候拝知物成相改帳」（徳島県立文書館蔵写）による。

2）知行村の耕地条件と名負農民の階層

　弘化3年（1846）の「尾関源左衛門江被下置候拝知物成相改帳」[66]と、「御判物写」[67]から、給村11ヵ村における知行面積・耕地条件、物成、年貢手取率、年貢取立請、諸費用等をみよう（表1-4）。11ヵ村はすべて相給である。まず、弘化3年の尾関家の知行高は499.963石で、知行筆数628、知行田畑面積56町2反3畝00歩（1筆平均9畝）、名負農民169人、物成248.872石、京枡免率49.78％、年貢手取率39.82％である。

　11知行村とも蔵入地給知立合型で、給人は5人（美馬郡太田村）から42人（勝浦郡田野村）の相給分散形態である。尾関家の村高に対する知行占有率は大田村14.5％、芳崎村13.8％、成当村(なりとう)10.7％から嶋田村2.6％、石井村1.1％である。また知行高は大林・矢武(やたけ)・田野・太田・芳崎(ほうざき)村が50～110石で、この5ヵ村が存立基盤を形成している。

　弘化3年以前に尾関家が作成した「名西郡石井村他拾ヵ村知行目録」[68]には、各知行村について、知行する田畠1筆ごとに、所在小字・地目・等級・面積・高・名負人が記されて、末尾に田畠合面積、高合、免率、川成開帰(ひらきかえり)、荒地引、損田与内(よない)、定井料、定免、取立請等が細かく記載されている。これから、11ヵ村の耕地条件をみると、村の地形環境に大きく影響されていることがわかる。石井・大林・田野・芳崎・成当村は三角州低位面、旧河道、バックマーシュが発達するため、田卓越型であり、嶋田・太田・上浦・矢武・大俣村は吉野川筋の扇状地、洪積台地、自然堤防が発達するので、畑卓越型である。さらに、石井・大林・田野・芳崎村は等級の高い上田が、矢武・成当村は中田が、大林村は下田が中心である。これに対し、嶋田・大俣・上浦村は生産性の低い下畑が多い。

　11ヵ村の尾関家にかかる検地帳名負農民数は169人で、大林村20人、矢武村6人、太田村11人、大俣村30人、榎瀬村11人と多く、最小は芳崎村の2人である。その階層をみると、芳崎村の2人は高19石と31石、矢武村の6人は高39石・34石・33石のように庄屋層を形成する壱家本百姓にあたる大高持百姓を知行付農民としている。棟附帳に記載される壱家本百姓にあたる高10石以上の上層は6％、5～10石の中層は5％、1～3石層は23％、1石未満の下層が56％を占める。しかし、尾関家の資料では、複数の給人耕地を耕作する頭入百姓(かしらいり)や御蔵百姓との兼帯関係が不明であるので、この点に関しては、第4章～7章の名西郡白鳥村、名東郡観音寺村・日開村、美馬郡郡里村で詳述する。また、那賀川下流の大林村より徳島城下の嶋田村に移住してきた農民が2人おり、藩政期には農民の離村移住がかなりみられたことを示している[69]。

3）免率・年貢手取率・夫銀・取立請

　11ヵ村の物成には京枡で「請夏秋押合四ッ壱歩四厘八毛、延夫共」と記され、「四ッ壱歩四厘八毛」にあたる41.48％と物成の20％にあたる延米を合せた49.776％が免率となり、知行高499.963石×0.49776＝248.86石となる。村別では榎瀬村の30％、成当村の31％から、大俣村の64％までの幅がみられるが、中心は40～60％である。また、諸費用を差し引いた年貢率は全体で約40％になり、村によるばらつきがみられる。また、知行村で尾関家が負担する諸費用は、水損・旱損、川成、定井料、荒地引、年貢取立請、薮銀、堤床與内、寺社料、庄屋半紙料（事務費）等、多岐にわたり、これらが物成から差し引かれる。

　さらに、尾関家が年貢徴収の実務を村役人層や上層農民層に委託した費用である「庄屋取立請」、「取

立歩行請」等の費用は 11 ヵ村合せて 2 石 3 斗 3 升になる。計算上は総物成高の約 0.8％になり、かなり低率であるので、年貢徴収実務の一部を委託していた可能性も考えられる。

さらに、徳島藩では御蔵地からだけではなく、給知からも夫役の銭収である夫銀を徴収していた。夫銀は 5 ヵ村に記載があり、合せて 601.61 匁である。これは尾関家の頭入百姓である知行付百姓 131 人に対し、5 人当たり 1 人役で 26.2 匁になり、藩が定めた文化期の夫銀 25 匁と整合する。嶋田村の 32.25 匁から矢武村の 195.91 匁と開きがあるが、これは村別の 15～60 歳の夫銀負担農民数に基づいて算定されたものと考えられる。

4）尾関家知行地管理と村請制

また、尾関家の天明 5 年（1785）の「芳崎村拝知反高物成帳」[70]によれば、芳崎村の知行地 46 筆／4 町 5 畝 20 歩は名負 19 人である。名負人の内、最大は庄屋清次兵衛で、本帳を作成したのは清次兵衛で、尾関源之助手代田村左右衛門へ直接、提出している。本村の蔵入地・知行地の 1 筆ごとの百姓付け土地割付を仕切ったのは庄屋清次兵衛であり、尾関家が負担する夫役銀と軍役のみならず、個別百姓の御蔵・頭入百姓という身分付けと諸賦役負担を決めていた。徳島藩では蔵入地と家中知行地とも御蔵奉行の管轄下におかれ、その配下の代官・下代が庄屋を所務（領知）していた。また、蔵入地・知行地における年貢徴収や諸賦役等も村請制に依存していた。さらに、『阿波藩民政資料　上巻』に所収される「拝知手引草」[71]は、寛文 12 年（1672）から寛政 6 年（1794）にいたる諸法令をまとめた手引書である。藩として蔵入地と知行地の検見や免率等の管理するため、代官手代や給人に対する規定を示しているものである。

第 4 節　徳島藩の蔵米知行と軍役

1．享保 3 年（1718）の給人軍役

徳島藩における蔵米知行制に関しては、金沢静江[72]が明暦 2 年（1656）に稲田勘解由（禄高 2,000 石／士組頭）の加増分 300 石の知行が蔵米であてがわれたことを紹介している。また、寛文 3 年（1663）の軍役算定基準をしめす「覚」[73]には「御蔵米ニ而御知行被下御役改高百石ニ付五人宛被下、但、米ニ而引（下略）」とあり、高 100 石に付き、5 人の軍役負担であった。さらに、明暦・寛文期に新知・加増分を中心に慶安 4 年（1651）の「御家中知行高役之帳」[74]には、1 ヵ所のみ「三百石　御蔵米役不知」と記されており、慶安期にはすでに知行付百姓の不足により蔵米知行が始まっていたことがわかる。

また、享保 3 年（1718）の「家中知行高取名面」[75]によれば、総給人 580 人の内、103 人（18％）に蔵米知行が記載され、その内の 39 人（38％）の知行の全部が蔵米で宛行がわれている。さらに、享保期の阿波淡路両国の総知行高 20 万 989.9 石の内、3 万 1,314.9 石（16％）が蔵米知行を受けてい

る給人の地方地知行高を合せた知行高である。その内、3,993.9石が蔵米として明記されるが、他に、知行の全部が蔵米と推定できる記載が40人あり、その知行高は約1万2,200石（総地方知行高の6%）が蔵米給知と推定できる。

　一方、享保3年の軍役総数4,605人の内、506人（11%）が蔵米による役数である。蔵米と地方知行のある給人の知行高と軍役の関係をみると、「蔵米役不足」とある給人が23人あり、蔵米知行の場合、1人役約100石の基準に対して、知行高に対し軍役を負担できない状態と推定できる。いずれにしても、250石以下の中下層給人54中22人に関しては、軍役数が記載されていない。蔵米知行を支給される階層では、300石以上の中上層は27人と少数で、300石未満が76人（74%）と多数を占める。また、支給される蔵米が50石（半役）は19人、150石以上（2人役）が11人、200石（2人役半）が12人、250石（3人役）4人である[76]。

　以上のように、享保期ではすでに、新知や加増に対して知行を宛行う藩政村と頭入百姓（知行付百姓）が不足して、不足分を蔵米知行で対応しており、規定の軍役を負担できない状態になっていた。このように、給知高に対する軍役が不足する「役不足」が常態化していたと解釈するのが自然であろう。

2. 寛延3年（1750）の蔵米知行と軍役

　享保3年から32年後の寛延3年の「御家中知行高并御役高分限帳」[77]は、御蔵奉行が作成した高取藩士全員の617人に関する知行高と、軍役4,344人を記載した「分限帳」である。本帳には阿淡両国の総給知高は18万8,592.262石で、享保3年より約1万2,400石減知している。しかし、延宝4年の「御両国高物成并付夫役諸運上其外上銀品々帳」[78]にみえる18万8,845.9石とはきわめて近い数字である。給人総数は617人で、慶安4年の457人、享保3年の580人よりもかなり多く、この内、蔵米給人は204人（33%）と著しく増加している。蔵米を支給される給人知行高は5万2,449石で、総知行高の28%に及び、享保3年に対して急増している。また、寛延3年の軍役数は4,344人で、享保3年より261人少ない。高5,074石の家老長谷川越前は118人半（42石に付き1人）、高1,300.9石の鉄炮組頭・岩田七左衛門は29人半（44石に付き1人）、高300石の樋口内蔵助組・猪子七兵衛は9人（33石に付き1人）、高130石で高取諸奉行・生田弁左衛門は4人半（29石に付き1人）、高100石の児玉甚内は1人（100石に付き1人）とあり、役数1人にかかる石高は高取諸奉行・小姓のような下層では50〜100石、家老・中老・物頭の中・上層には33〜44石と、中・上層にいたる程、軍役が大きかった。

　また、蔵米を支給される給人の総軍役数は、役数の記載がないものを除いて944.7人で、この内、蔵米に相当する役数は少なく見積もっても274.8人である。1人役を約100石とすると、約2万7,480石に相当し、総知行高の約15%になる。すなわち、寛延期（1748〜50）ではすでに知行の約15%程度を蔵米知行に依存していた状況を読み取ることができよう。また、蔵米知行を支給された階層をみると、300石以上の中上層が31%、200〜300石層が27%、200石未満の下層が42%である。300石未満が約7割を占め、享保期と同じ傾向を示す[79]。

第5節　給人の免率決定権と年貢徴収・取立人

1．知行村免率のばらつき

　給人の地方知行権（領知権）は、年貢徴収権と裁判権に二大別されるが、裁判権は一般的には藩権力に帰属するとされる[80]。年貢徴収権に関して、租率（免率）の決定権について、延宝9年（天和元年1681）には、「従先規御家中へ被下候御知行割之儀、人柄ニより高下有之候得共、向後不依誰三ッ七歩之割ニ可被仰付候條、右様相心得可遂手配旨、御蔵奉行以趣意書申渡之（下略）」[81]と布達している。すなわち、免率は給人により免率がまちまちであったが、今後は「三ッ七歩」（37％）とすると御蔵奉行から給人に達している。前田拓也[82]はこの布達により藩により免率が一律に「三ッ七歩」に決定され、給人による恣意的な免率が排除されたとしている。果たして、そうであろうか。徳島藩から給人への宛行状には、知行村と知行高、夫役負いの知行付き百姓数が記載されているが、物成と免率は記載されていない。

　免率に関して尾関家の弘化3年（1846）の「拝知物成相改帳」[83]による11ヵ知行村の免率は第3節5（3）で論じたが（34ページ）、より詳述したい。すなわち、「請夏秋押合四ッ壱歩四厘八毛、但延夫米共、物成合弐百四拾八石八斗八升三勺九才」で、夏年貢の麦と秋年貢の米を合せた免率は41.48％であるが、「延夫米」合せて49.78％、物成は248.872石で、延宝9年の規定より高い。さらに、各村の「溜損田」「川成」「定井料」等を差し引いても、免率にはかなりの差がみられる（表1-4参照）。このように、成当村の「弐ッ六分九里」から、太田村の「四ッ六歩三厘六毛」、大俣村の「五ッ三歩五厘八毛」と「四ッ」代の6ヵ村が中心である。

　さらに、家老賀島家の享保16年（1731）の「那賀郡北中嶋村賀島伊織様水帳」[84]によれば、免率は「御請夏秋納 枡七ッ三歩四毛」（73.04％）と驚くほどの高率である。また、明治4年（1871）の阿波国内の稲田九郎兵衛の「拝知正税雑税取調帳」[85]によれば、文久3年（1863）からの6ヵ年の平均免率は三好郡毛田村50.2％、美馬郡半田村55.3％、麻植郡瀬詰村32.1％と格差が大きい。以上の史料だけで断定できないが、藩法令の免率と村現場でのそれとはかなりの乖離が存在する。

2．年貢徴収システム

　前田によれば淡路国津名郡塔下村の稲田九郎兵衛の年貢帳徴収は「取立庄屋」高津家が担当しており、村庄屋である富永家とは別の給庄屋が存在していた[86]。給庄屋の存在は尾張藩でもみられる（第10章参照）。また、前出の尾関家「拝知物成相改帳」においては、尾関家の年貢取立請負人か、取立庄屋の存在が確認できる。すなわち、蔵入地と給知の年貢徴収を一括して請け負った取立人が11ヵ村中の9ヵ村に存在する。矢武村と榎瀬村には取立料の記載はないが、前村は「辰年ヨリ川成」「文政四巳地味悪敷ニ付引」で、知行高100石に対し8.323石を、後村は「川成」「文化六巳秋川成愈上り」「文政八酉年ヨリ川成」で、知行高19.3石に対し10石を免除している事情等から、給人からの取立料をとらなかった可能性も考えられる。

さらに、板野郡板東村庄屋の近藤家文書の「仕上ル御請書物事」[87]によれば、同村の 12 給人の知行高 900.6899 石（村高の 46%）に対し、「同村御取立三次兵衛」「同近藤治右衛門」「寺沢主馬様御取立近藤治右衛門」「恵藤理平様同断分次郎」等、板東村の庄屋や壱家本百姓 12 人の取立人名が併記されている。以上のことから、給人は相給村の場合、年貢徴収の実務を村役人層である庄屋や壱家本百姓層に依存していたことに関しては、第 4 章の名西郡白鳥村で詳述する。

小　結

　徳島藩では藩政初期段階から地方知行制が行われており、慶長 2 年（1597）の給人 252 人の知行高は 14 万 3,062 石で、元和 3 年（1617）拝領高 18 万 6,750 石余の約 77% を占め、推定の蔵入地高は約 3 万 1,500 石で、約 17% に過ぎなかった[88]。藩領内の要地や藩境にはいわゆる「阿波九城」を置き、家老層である重臣を城番として支城駐屯制をしいた。すなわち、領国の軍事的支配体制を確立するために、徳島城を中格とし、一の宮・撫養・西条・川島・脇・大西（池田）・牛岐(うしき)（富岡）・仁宇谷(にうだに)・鞘の九城を配置し、各城には兵 300 人（脇は 500 人）をおき、給人の在郷制をしいた。また、慶長 2 年では 1,000〜5,000 石の大身層に知行高の約 60% が集中していた。同年の阿波国内 367 ヵ村の内、1 給村は 64%、2 給村は 15% で、近世後期に支配的であった分散相給村は少なく、一村一給体制が卓越していた。

　藩政初期では城番のような家老職の重臣層が一村一円知行で、主として郡域の知行圏を自己の存立基盤としていた。しかし、寛永 15 年（1638）頃の九城の破却により、徳島城下への家臣団の集住政策と、2 代藩主忠英による直仕置体制が強化され、先代藩主家政譜代重臣の影響力が排除されることに伴い、領主権力が確立する延宝〜天和期（1673〜83）以降は家老の賀島氏を除いて大幅な減知や知行替えを受けることになった。延宝・天和期の蔵入地高率は約 36〜38%、享保期（1716〜35）では約 49% であり、明治元年の約 59%、給知率は約 41% と、徳島藩では藩政期を通じて佐賀藩や尾張藩とともに、地方知行制が近世を通じて維持された藩領であった。

　徳島藩における藩主から給人に付与される宛行状（判物）には、①知行分としての知行村、②知行村における 15〜60 歳までの役負担百姓人数、③それに伴う軍役と夫役数（役銀）、④給人ごとの「拝知水帳」には知行村における 1 筆ごとの地字・地目・等級・面積・高・名負人が記載される。しかも、近世後期には蔵入・給知立合いの複数の給人による分散相給が卓越していたので、判物にはその前提として、知行村における知行高に対応する 1 筆ごとの知行付百姓とその地割を記載する必要があった。この煩雑な知行割という実務を仕切ったのは、個別村における農民と耕地の現状を知悉していた庄屋を中心とする村役人層であり、御蔵所配下の代官・下代等の藩当局や個別給人はこの村請制に依拠して、年貢徴収システムを構築していたと推定できる。

[注]

1) 峯岸健太郎（1961）：「軍役と地方知行制－阿波藩の場合－」「歴史評論」134 号，47 ～ 64 頁。
2) 金沢静江（1964）：「徳島藩の軍役算定法について」「日本歴史」193 号，37 ～ 57 頁。
3) 三好昭一郎（1972）：『徳島藩政史研究』新阿波国文庫，55 ～ 60 頁。
4) 高橋　啓（1999）：「稲田氏の支配と脇町」脇町史編纂委員会編『脇町史　上巻』745 ～ 775 頁。
5) 石踊胤央（1981）：「藩政の成立と構造」深谷克己編集講座日本近世史Ⅰ『幕藩制国家の成立』有斐閣，211 ～ 221 頁。
6) 高橋　啓（1989）：「徳島藩の藩財政の構造と展開」「徳島県立博物館開設準備調査報告　第二号」77 ～ 86 頁。
7) 前田拓也（1989）：「地方知行制の構造と展開」「鳴門史学」3 集，63 ～ 94 頁。
8) 松下師一（2000）：「幕末・維新期における給人知行地の村社会と政治意識－徳島藩家老稲田氏の知行地を事例として－」松本博先生徳島地域史研究 40 年記念論集・史料集刊行会編『近代徳島庶民的世界の形成』71 ～ 98 頁。
9) 引馬　学（1987）：「徳島藩の地方知行制について」前掲 6) 41 ～ 56 頁。
10) 金原裕樹（2002）：「地方の支配」那賀川町史編纂委員会編『那賀川町史　上巻』380 ～ 421 頁。
11) 山田洋一（2004）：「近世「領国」「非領国」社会比較論－京都府域関係古文書のアレンジメントの前提として－」「京都府立総合資料館紀要」32 号，61 ～ 83 頁。
12) 岸本　實（1953）：「農民多離村地域と高采地域」「地理学評論」26 巻 3 号，102 ～ 109 頁。同（1950）：「藩政時代に於ける阿波藩低地部の人口構成と土地利用」「地理学評論」23 巻 8 号，1 ～ 9 頁。同（1952）：「多離村地域の構造的解析　第 1 例－藩政後期に於ける入田村の場合－」「徳島大学学芸学部紀要社会科学」1 号，42 ～ 57 頁。
13) 拙稿（2003）：「近世前中期徳島藩における地方知行制の地域構造」「徳島地理学会論文集」6 集，57 ～ 80 頁。
14) 拙稿（2005）：「幕末期徳島藩における地方知行制の地域構造」「史窓」35 号，91 ～ 132 頁。
15) 前掲（序章注）15) の拙稿 a ～ h（11 ～ 12 頁）。
16) 「慶長二年分限帳」（徳島県立図書館蔵稿本・呉郷文庫）は写本であり，原本は勝浦郡多田家蔵とされる。同家写本と麻植郡石原六郎蔵本との校合を行ったものとされる（日本歴史地名大系 37（2000 年）『徳島県の地名』平凡社の「文献解題」736 頁）。さらに，本分限帳の奥付によれば，嘉永 6 年（1853）に市原栄寿が筆写し，その写本から安政 3 年（1856）に新しい写本を作成し，校合したと記される。現在の県立図書館蔵の写本は，大正 8 年（1919）に石原六郎から京都帝国大学文学部が借りて筆写したものであると記される。
17) 徳島県（1916）：『阿波藩民政資料　上巻』所収の「入国当時藩士禄高」，575 ～ 594 頁。
18) 山川浩実（1979）：「阿波藩家臣団の構成（二）－藩政中・後期における家臣団－」「徳島県立博物館紀要」10 集，1 ～ 34 頁。
19) 国文学研究資料館蔵「蜂須賀家文書 27A-467」、以下に注記する蜂須賀家文書はすべて徳島県立図書館蔵の同文書マイクロフィルムによる。
20) 「蜂須賀家文書 27A-679」。
21) 「蜂須賀家文書 27A-1197-4」。
22) 「蜂須賀家文書 27A-1196」の「正保三年（1646）阿波国絵図」による。
23) 日本歴史地理学会編（1913）：『阿波国徴古雑抄』1007 ～ 1038 頁。徳島県立図書館蔵稿本『渭水見聞録』。
24) 「祖山旧記」『阿波国徴古雑抄』所収，817 ～ 819 頁。
25) 徳島県史編纂委員会編（1964）：『徳島県史料　第一巻　阿淡年表秘録』所収，天正十三年八月の項，2

～3頁。
26) 前掲25)。
27) 前掲23) 100頁。
28) 木村 礎 (1953):「萩藩家臣団について－「下級武士論」の一問題－」「史学雑誌」62巻8号, 28頁。
29) 林 薫一 (1957):『尾張藩の知行制』一條社, 5頁。
30) 矢守一彦 (1958):「彦根藩における地方知行について－＜大名領国の歴史地理的研究＞目論見のうち－」「人文地理」9巻6号, 23頁。
31) 「蜂須賀家文書 27A-672」。
32) 高橋前掲6) に掲載表3「天保5年阿波10郡拝領高および古田出目新田高」による。
33) 前掲25)『阿波年表秘録』所収, 寛永十年二月廿五の項, 90頁。
34) 拙稿13) 68頁。
35) 拙稿14) 104頁。木村 礎校訂 (1978):『旧高旧領取調帳 中国・四国編』近藤出版社, 232～306頁。
36) 拙稿14) 104頁。
37) 「蜂須賀家文書 27A-692」。
38) 「蜂須賀家文書 27A-672」。
39) 「蜂須賀家文書 27A-675」。
40) 拙稿13) 95頁。
41) 高橋32)。
42) 「蜂須賀家文書 27A-675」。
43) 「蜂須賀家文書 27A-476-2」。
44) 「蜂須賀家文書 27A-926-1」。
45) 「蜂須賀家文書 27A-922-2」。
46) 「蜂須賀家文書 27A-926-3」。
47) 「蜂須賀家文書 27A-962-5」。
48) 藩法研究会編 (1974):『藩法集 (三) 徳島藩』創文社,「六八六・覚」221頁。
49) 徳島県発行 (1916):『御大典記念 阿波藩民政資料 (下巻)』「夫役銀定之事」, 1353頁。蜂須賀家文書 (「忠英様光隆様直任置御判物御書附 元和～寛文」27A-174)。高橋 啓 (2000):『近世藩領社会の展開』渓水社, 159～160頁。
50) 「蜂須賀家文書 27A-926-1」。
51) 「蜂須賀家文書 27A-525-1」。
52) 前掲51)。
53) 「蜂須賀家文書 27A-679」。
54) 木村35)。
55) 那賀川町教育委員会蔵 (現阿南市那賀川町)。
56) 高田豊輝 (2001):『近世阿波用語辞典』私家本, 202～204頁。
57) 「蜂須賀家文書 27A-467-1」。
58) 前掲48)『藩法集 (三)』「一五八二・覚」530頁。
59) 「蜂須賀家文書 27A-525-1」。
60) 前掲54)『徳島藩士譜 上巻』201～202頁。
61) 「蜂須賀家文書 27A-476-2」。
62) 「蜂須賀家文書 27A-467-2」。

63）拙稿（2000）:「徳島城下侍屋敷の復元的考察－徳島地区を中心に－」「徳島地理学会論文集」4集，170〜171頁。
64）尾関家文書（写・徳島県立文書館撮影）「御判物写」「弘化三年名西郡石井村他拾ヵ村知行目録控」。
65）前掲64）。
66）前掲64）
67）尾関家文書「御判物写」（知行高役目録，正保二年・承応二年・寛文二年・明和四年・弘化三年）。
68）前掲64）。
69）岸本12）。
70）那賀川町史編纂委員会編（2002）:『那賀川町史　上巻』465頁。
71）徳島県発行（1916）:『御大典記念　阿波藩民政資料　上巻』「御検地一巻」「諸見分一巻並雑禄」「拝知手引草」，989〜1,119頁。
72）金沢2）21〜42頁。
73）前掲48）『藩法集』221頁。
74）「蜂須賀家文書27A-476-2」。
75）「蜂須賀家文書27A-467-1」。
76）前掲75）。
77）「蜂須賀家文書27A-468-1」。
78）「蜂須賀家文書27A-692」。
79）前掲77）。
80）前掲48）「藩法集」「寛永17年（1640）「郡方　二一一五　覚」774〜775頁。同寛文7年（1667）「裁許処　五四七　定」174頁。
81）前掲48）『藩法集』「御蔵所勘定方林方御検見人　一五七八」529頁。
82）前田7）19頁。
83）前掲64）。
84）「蜂須賀家文書27A-656」。
85）「蜂須賀家文書27G-1402」。
86）前田7）53〜55頁。
87）徳島県立文書館蔵「近藤家文書」（コンド000355-5）。
88）他に毛利兵橘領1,082.382石と赤松家置塩領1万石、鉄炮之者取次衆56人、1,141石、寺社領1,005石、大工・船大工7人、490石等がある。

第2章　幕末期の阿波・淡路国における地方知行制の地域構造

第1節　『旧高旧領取調帳』と「淡路国三原郡反別戸数取調帳」「淡路国津名郡反別戸数取調帳」からの分析

　前章では、近世初期の阿波国における地方知行制の地域構造を、慶長2年の「分限帳」と慶安4年・延宝4年・天和2年・享保3年の蜂須賀家文書を素材として分析した。しかし、近世後期から幕末にいたる淡路国を含む全藩領における地域構造は、未解明のまま残された。そこで、本節では阿波国における地方知行制の実態を村別と、給人別に詳細に記録した明治元年の『旧高旧領取調帳』（以下、『旧高帳』とする）、淡路国内の状況を記録した蜂須賀家文書の「淡路国三原郡反別戸数取調帳」（以下「三原郡反別帳」とする）[1]と、「淡路国津名郡反別戸数取調帳」（以下「津名郡反別帳」とする）[2]等を中心として、幕末期における徳島藩領阿波・淡路国における全藩政村と給人を対象とした地方知行制の地域構造を明らかにしたい。

　『旧高帳』の校訂者の木村　礎[3]は「同書「阿波」には徳島藩士の知行地が村ごとに書上げられている。幕末に至るまで地方知行の存在していた藩は少なくないが、徳島藩以外においては、それらはすべて藩領として書上げられており、徳島藩のような事例はない。なぜ阿波についてのみかかる記載がなされたのかはわからない。（下略）」と述べていることからも理解できるように、幕末期阿波国における地方知行制の実態を知りうる史料としてきわめて重要である。

　『旧高帳』には阿波国585の村・山・浦・新田ごとの蔵入地（藩領）高と阿波国内に給知を拝領する519人の高取藩士別の村別知行高および、32ヵ所の寺領が記載されている。しかし、13の村・山・浦が欠落している。まず、美馬郡では口山村（a「天保五年阿波淡路郷村御高帳」[4]の村高44石）、郡里山（a1,625石）、曾江山（a150石）、岩倉山（a175石）、半田奥山（b「文化十年阿波国村々御高都帳」[5]の村高343石）、半田口山（c「美馬郡村々取調帳」[6]の村高356石）、半平村（c147石）が欠落する。また、麻植郡では川田山（a243石）、種野山（a69石）、東山（a243石）が、那賀郡では立江村（a3,919石）、延野村（b102石）が、海部郡では日和佐浦（a2,915石）がそれぞれ欠落している。

　さらに、美馬郡では筆頭家老稲田九郎兵衛の一円的な給知高が『旧高帳』では欠落している場合が多いので注意を要する。まず、三谷村については、d『旧高帳』では村高46石とあるが、明治4年（1871）のe「稲田九郎兵衛旧拝知正税雑税取調帳」[7]に記載される稲田氏の給知172石が欠落する。同様に

同郡猪尻村のdの村高37石に対し、eの469石が、同郡小島村のdの村高24石に対しeの367石が、穴吹村ではaの村高21石に対しeの521石が、三好郡毛田村ではdの村高4石に対し、eの375石がそれぞれ欠落している。

次に、約590前後ある阿波国の藩政村の村域の比定に関しては、文政から天保期の作成された「阿波国分間絵図」(縮尺約9万分の1の実測図、谷家文書)[8]や、明治3年「阿波国全図」(縮尺約4万5千分の1)[9]で確認補正した。一方、淡路国の「三原郡津名郡反別帳」の作成時期については、記載される給人名、村高を「天保郷帳」や『旧高帳』からみると、文化5年(1808)から文久3年(1863)頃と推定でき、三原郡では12組／134ヵ村が、津名郡では14組／134ヵ村が記載される。その内容は、①組頭庄屋・庄屋名、②村田畠・有高、③給人別田畠、高、④家数、男女人数、⑤文化度役齢人数、夫銀、延宝棒役数(夫役数)、⑥年切株、⑦薪林、⑧寺社名とその無年貢地等であるが、村別の物成・免率は記載されない。

さらに、淡路国の組村については、中世の「郷」または「庄」のような「歴史的領域」を継承したものが多いといわれる[10]。元和3年に幕府から淡路国7万180石余が加封された時、三原郡11組105ヵ村浦、津名郡14組137ヵ村浦が「蜂須賀治世記」[11]にみえるが、前記の三原・津名両郡の反別戸数帳よりも3組29ヵ村少ないが、近世前期より増加したものであろう。

第2節　幕末期の阿波国における地方知行制の地域構造

1. 村落規模とその分布

「慶長分限帳」では蔵入地は国高の約17%に過ぎないが、延宝4・天和2年では約36%、享保15年には約49%と、著しい増加をみせる。『旧高帳』から作成した明治元年の蔵入地は、阿波国全体で17万9,740石(58.6%)、給知は12万5,421石(40.9%)、寺領は1,571石(0.5%)で、広島藩や彦根藩と同じく給知が4割ちかくを占めている。蔵入地率を郡別にみると(表2-1)、海部郡が95.8%と最も高く、次いで、名東・名西・板野・美馬・三好・勝浦の6郡が58〜71%あるのに対し、那賀郡は45%、麻植・阿波2郡は33〜38%と低い。しかし、美馬郡は筆頭家老稲田氏の一円的な知行村の多くが欠落しているため、『旧高帳』では知行総高が4,212石ときわめて少なく、知行率が39%と低く表れていることに注意する必要がある。

『旧高帳』で確認できる579ヵ村の村落規模を矢守一彦[12]の紀ノ川流域4郡における村落規模分類を基準にして分類し、それを図2-1に示した。①村高700石以上の大村は151ヵ村(26.1%)、②村高300〜700石の中村は202ヵ村(34.9%)、③村高300石未満の小村は226ヵ村(39.0%)で、中小村が4分の3を占める。

次に、図2-1と表2-2(阿波国579ヵ村の規模別蔵入地率)でみると、2,000〜4,000石未満の巨大村(9ヵ村)は、名東郡下八万村、名西郡神領村、勝浦郡田野村、那賀郡立江村・坂野村・桑

表 2-1 明治元年（1868）阿波国郡別蔵入地高・給知・寺領高

郡名	郡高 (石)	村数	蔵入地高 (石)	蔵入率 (%)	知行高 (石)	給知高率 (%)	寺領高 (石)	寺領高率 (率)
名東	38,589.642	55	22,247.966	57.7	16,005.011	41.5	336.665	0.9
名西	28,819.508	38	17,602.428	61.1	10,995.075	38.2	222.015	0.8
板野	61,790.878	133	37,953.977	61.4	23,518.694	38.1	318.207	0.5
阿波	12,667.675	31	4,228.291	33.4	8,170.440	64.5	268.892	2.1
麻植	17,716.675	29	6,853.761	38.7	10,852.914	61.3	10.00	0.05
美馬	10,735.552	19	6,523.497	66.8	4,212.055	39.2	—	—
三好	22,985.844	22	14,894.163	64.8	8,062.761	35.1	28.29	0.1
海部	18,450.262	64	17,684.202	95.8	746.060	4.0	20.00	0.1
那賀	60,735.575	138	27,561.123	45.4	32,979.987	54.3	194.085	0.3
勝浦	34,241.177	46	24,191.059	70.7	9,878.043	28.8	172.085	0.5
計	306,723.177	585	179,740.461	58.5	125,421.029	40.9	1,571.249	0.5

注）①木村礎校訂（1978）『旧領旧高取調帳　中国・四国編』近藤出版社から作成。②本帳には立江村・日和佐浦をはじめ美馬・三好郡を中心とする山分を含め、13ヵ村・山・浦が欠落している。③村数585は本帳記載数。

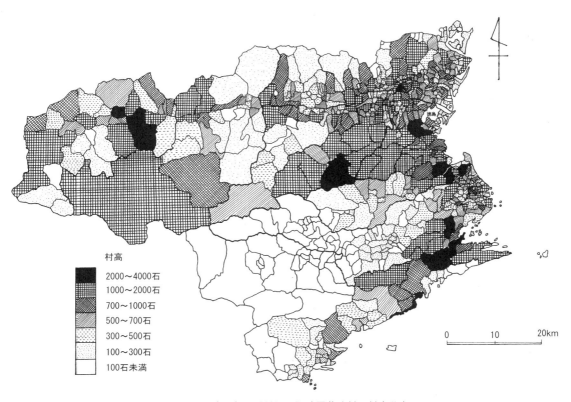

図 2-1 明治元年（1868）の阿波国藩政村の村高分布

注）①ベースマップは「阿波国分間絵図」（徳島県立文書館蔵谷家文書・縮尺9万分の1、幕末期作成）。
　②木村　礎校訂『旧高旧領取調帳　中国・四国編』による。
　③同帳に欠落する13村・浦・山（2村・10山・1浦）の高は、「天保五年阿波淡路郷村御高帳」（蜂須賀家文書27A-675）に依拠した。

野村・下福井村、海部郡日和佐浦、三好郡加茂村等で、おおむね稲作単作村が多い。1,000〜2,000石未満の村（73ヵ村）は板野・名東郡の新田・塩田地帯を除く吉野川と勝浦川下流域、名西郡の鮎喰川上流の大粟山、美馬郡岩倉山・重清村・祖谷山、三好郡山城谷・井ノ内谷等の上郡の「そら」と呼ばれる剣山地北斜面山村や、那賀郡の桑野川、海部郡に属する那賀川支流の赤松川流域等である。500〜1,000石未満の村（155ヵ村）は第十堰分派点下流の別宮川（現吉野川）、旧吉野川流域の板野・名東・名西のデルタ・氾濫原地帯と、那賀川下流デルタ地帯、麻植郡木屋平村、美馬郡一宇山、三好郡太刀野山・東山や海部郡の山間支谷に多い。さらに、300石未満（226ヵ村）は剣山地南斜面の勝浦山・那賀・海部郡一帯の広大な山村の小村と、板野郡北灘（播磨灘沿岸）の漁村、撫養塩方十二ヵ村、旧吉野川・別宮川、新町川（徳島城下）の新田地帯に分布する。

概して、「北方」（吉野川筋）に大規模村が、「南方」（勝浦川・那賀川・海部川筋）には一部を除いて小村が多く、吉野川・那賀川デルタの生産力の高い穀倉地帯は村域が小さいため、中・小村が多く、那賀川上流の仁宇谷筋には100石未満の小村が全域を占める。

2. 蔵入地率の分布と藩領・給知の配置

藩政村はその知行形態から、①一円蔵入（藩領）、②一円給知、③蔵入給知相給（立合）に分類される。明治元年の阿波国における状況を表2-2と図2-2でみよう。『旧高帳』に記される阿波国579ヵ村の内、①は244ヵ村（42.1％）であるが、その約75％は500石未満の中小規模の村が中心である。その分布は大粟山・祖谷山・山城谷・勝浦山・仁宇谷・海部山地等の広大な山分を占め、藩政初期における山間土豪の村落支配を排除するねらいがあった。さらに、阿波九城の所在地や讃岐・伊予・土佐国境の村、および板野・名東・勝浦・那賀郡の紀伊水道沿岸の漁村や浦（35ヵ村）、撫養の塩浜（12ヵ村）、新田村（15ヵ村）や、徳島城下周辺で淡路・讃岐・伊予・土佐街道筋の村（14ヵ村）である。

次に、蔵入地率80〜99％の地域は、山城谷、一宇山・木屋平山（美馬郡）と、那賀郡桑野川流域、さらに、板野郡東部の下板地方で藍作の核心地帯（現藍住町）である。蔵入地率40〜69％の地域は、板野郡西部の上板地方（現板野町・上板町）と名西郡の里分（現石井町）である藍・稲作地帯、さらに、

表2-2 明治元年の阿波国村落規模別蔵入地率

村規模 蔵入 地率	2,000〜 4,000石	1,000〜 2,000石	700〜 1,000石	500〜 700石	300〜 500石	200〜 300石	100〜 200石	50〜 100石	50石 未満	計（％）	
100％	1	16	18	27	31	27	36	34	54	244（42.1）	一円蔵入
80〜99％	2	10	8	7	7	6	7	3	2	52（9.0）	
60〜79％	2	6	8	6	8	4	1	2	0	37（6.4）	
40〜59％	1	10	13	12	18	7	0	1	2	62（10.7）	
20〜39％	1	21	11	20	28	13	5	1	2	102（17.6）	
1〜19％	2	9	10	14	24	8	5	3	1	76（13.1）	
0％	0	1	1	0	0	0	3	0	1	6（1.0）	一円給知
計（％）	9 (1.5)	73 (12.6)	69 (11.9)	86 (14.9)	116 (20.0)	65 (11.2)	57 (9.8)	44 (7.6)	60 (10.4)	579（100.0） (100.0)	

注）『旧高旧領取調帳』の記載村数は585ヵ村であるが、不明分6ヵ村を除く579ヵ村分を示した。

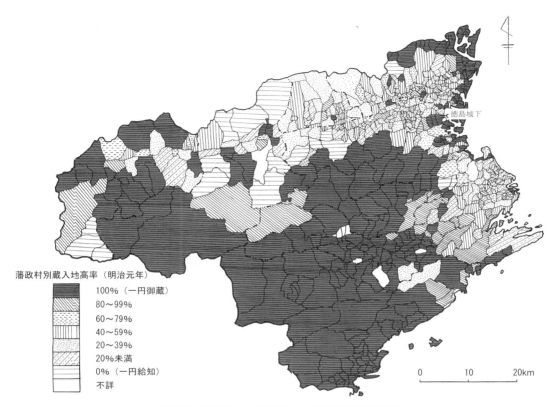

図 2-2　明治元年の阿波国における村別蔵入地高率
注）①『旧高旧領取調帳』。
②「稲田九郎兵衛旧拝知正税雑税取調帳」（蜂須賀家文書 29G-1402）。
③「美馬郡村々取調帳」（『新編美馬郡郷土誌』）。
④ベースマップは阿波国分間絵図（谷家文書、徳島県立文書館蔵）。

阿波郡の扇状地地帯（現阿波市）、那賀川中流の加茂谷である。20〜39％の地域は板野・名東・名西・麻植郡の藍作核心地帯や、阿波郡の扇状地の藍・麦・雑穀・甘藷栽培地域、名東・名西の鮎喰川下流地帯の藍・稲作地帯、美馬・三好郡の吉野川氾濫原の藍・麦・葉タバコ栽培村である。

さらに、20％未満は那賀川下流デルタの稲作地帯、麻植郡・美馬郡の吉野川氾濫原で藍・稲作・葉タバコ・楮・麦・雑穀栽培の村が多い。蔵入地率 0％の一円給知の村は、いずれも重臣の知行地である。すなわち、年寄役の生駒豊後[13]知行の勝浦郡沼江村、鉄炮組頭長坂三郎左衛門[14]知行の板野郡大坂村、西光寺領の板野郡別宮浦、海上方御用森甚五兵衛[15]知行の那賀郡椿泊浦、境目流木御用藤川儀蔵[16]知行の三好郡上名村・西宇村の 6 ヵ村しか『旧高帳』には記載されない。讃岐国境大阪峠番役の長坂氏、阿波水軍役で中老の森氏、土佐国境と吉野川流木の監視役の西宇氏・藤川氏のように、特別の役目を担っていた上級藩士や土豪層に世襲的に知行させていた。これ以外に、前述のように美馬郡曾江山・岩倉山・郡里山・半平山・一宇山・口山・半田奥山や、麻植郡種野山・川田山・東山等の 12 ヵ村が筆頭家老稲田氏の一円給知であった（図 2-6 参照）。

注目されることは、吉野川中下流の板野・名東・名西・麻植郡の藍作核心地帯を形成する村落と、

那賀川・勝浦川下流デルタ地帯の稲作地帯等の高生産力村における蔵入地率が20〜40%と比較的に低いことである。萩藩[17]をはじめ他藩では領内の重要地域の藩領への編入が一般的な傾向であったが、徳島藩ではなぜ藩領に組み込まなかったのかは不明である。

3. 村落規模と給人分散度

　579ヵ村の内、一円蔵入地村244ヵ村を除いた335ヵ村を規模別にした給人分散度をみよう。全体的には尾張藩[18]や萩藩・彦根藩[19]等と同じく分散相給が基本形態であり、9給以下の村が約66%を占め、10〜19給は約27%、20給以上は約7%である。また、1給は43ヵ村あるが、一円給知の6ヵ村(他に11ヵ村の稲田氏一円給知村がある。)は勝浦郡棚野村や板野郡東中富村(ひがしなかとみ)のように520〜1,750石の中・大村で、村高の89〜99%が藩領であり、残りを給知にあてがっている。また、1,000石以上の大村でありながら、2〜4給であるのは9ヵ村あるが、海部郡赤松村を除いていずれも藩領が95〜92%を占める。これに対し、20〜29給は21ヵ村あるが、1村を除いて1,000石以上の大村で、勝浦郡芝生村(しぼう)28給、同郡日開野村・那賀郡下大野村27給のように著しい分散相給型である。30給以上の2ヵ村は2,000石以上の巨大村で、勝浦郡田野村は42給で阿波国最大であり、次いで、那賀郡坂野村の37給がある。しかし、全体の約32%（108ヵ村）は5〜9給、約21%（71ヵ村）が2〜4給と、10給未満の村が半数を占める。

4. 給人の階層と給知分散度

　まず、給知を拝領する高取藩士519人（明治元年）の階層構成を表2-3でみよう。家臣団の階層区分には石高・家格・職制等を総合的に基準にする必要があるが[20]、ここでは拝領高を基準とする。まず、1,000石以上の最上級家臣は22人（4.2%）、200〜1,000石の中上級家臣は245人（47.2%）、200石未満の下級家臣は252人（48.6%）である。519人の内、阿波国内だけに拝領するものは232人（44.7%）、阿波国と淡路国の両国で拝領するものが287人（55.3%）、この外に、淡路国のみで拝領するものが34人いる。また、天和3年（1863）の家老賀島主水から御蔵奉行への布達[21]では、「新知被下面々高百五拾石已上は御両国ニて半分宛割可被下候、百五拾石ニ不足分は阿波之御国迄ニて可被下之事(下略)」とあり、150石以上の新知の場合は阿淡両国で半分ずつあてがうとする藩の方針により、約半数の家臣が阿波・淡路両国で拝領することになった。

　次に、給人の階層と給知分散度をみると（表2-3）、明らかに相関関係がみられる。藩は意識して分散相給政策を採っており、重臣層のみならず、200石未満の小禄者の約52%が5給以上の分散度であった。また、20給以上の16人はおおむね600石以上の大身である。この例として、池田　登（家老高4,776石、26給）、折下内匠(おりしもたくみ)（物頭高1,094石、25給）等がいる。さらに、2〜4給の中心は100〜200石未満層で、例えば、高198石で使番役の生駒八左衛門は2給、高25石で、徳島屋敷奥小姓役で高250石の今枝辰吉は2給である。5〜6給の中心も100〜200石層で、板野・名西郡代で高150石の赤川三郎右衛門は6給である。

表 2-3　明治元年の阿波・淡路国における給人階層別の給村数

給人石高＼給村数	阿波国							淡路国				
	1村	2～4村	5～6村	7～9村	10～14村	15～19村	20村以上	計	0村	1～3村	4～6村	7村以上	計
3,000石以上							3	3	1			2	2
2,000～3,000				2			4	6	2		1	3	4
1,000～2,000			1		3	4	5	13	3	2	3	5	10
800～1,000				1	2	4	2	9	1	1	3	4	8
600～800			3	5	1		1	10	2	5	2	1	8
400～600		3	5	7	12	2	1	30	4	10	6	2	18
300～400	2	7	12	14	17	3		55	20	14	20	1	35
200～300	2	29	33	50	26	1		141	50	56	33	2	91
100～200	5	71	61	45	11			193	98	74	19	2	95
50～100	6	16	9		2	1		34	24	7	3		10
50石未満	16	8	1					25	19	5	1		6
計（％）	31 (5.8)	134 (25.8)	125 (24.1)	124 (23.9)	74 (14.3)	15 (2.9)	16 (3.1)	519 (100.0)	232 (44.7)	174 (33.5)	91 (17.5)	22 (4.2)	287 (100.0)

注）①阿波国分は『旧高旧領取調帳』による。②淡路国分は「淡路国三原郡・津名郡反別戸数取調帳」（蜂須賀家 文書28G‐1400・1401）による。③全給人519人の内、阿波国内にのみ給知を拝領する者は232人、阿波 淡路両国に拝領する者は287人、淡路国内のみに拝領する者は34人である。

第3節　幕末期の淡路国における地方知行制の地域構造

1．淡路国の組村配置と村落規模

　図2-3に幕末期の淡路国における26の組村を示した。前述のように元和3年と比較すると、3組・29ヵ村が増加しているが、村浦の組村移動もみられる。三原郡阿万組、灘組や、津名郡柳沢組、志筑組のように全体として一円的に配置されているが、三原郡八木組・市組・榎並組・賀集組と、津名郡佐野組・机組・鳥飼組等は飛地的に配置がみられる。三原郡が12組／134ヵ村、津名郡が14組／134ヵ村で構成される。寛永8年（1631）に稲田氏が阿波九城の一つである美馬郡脇城代から淡路洲本城代に所替になるが、洲本城下の北は千草組、西と南は物部組に属している。板野郡撫養から淡路渡海の要衝である三原郡福良浦は市組に、播磨灘航路（西浦）の要衝三原郡湊浦は湊組に属している。さらに、寛永11年（1634）頃に洲本城に移すまで淡路統治の中心であった紀淡海峡に面する津名郡由良浦は物部組に、明石渡海の要衝の岩屋浦は来馬組に属している。

　次に、図2-4で村落規模別の分布をみよう。1,000石以上の大村は北部の津名山地の東海岸（東浦）、西海岸（西浦）に多い。三原郡では諭鶴羽山地の西と南に分布するが、津名郡に比べて少ない。三原平野は村域が狭いため、500石未満の中小村が多い。また、諭鶴羽山地南斜面は中央構造線に沿う断層海岸を形成し、灘地方と呼ばれる。沼島浦をはじめ、100石未満の小村は漁村となっている。

　「三原郡津名郡反別帳」[22]では268ヵ村の内、津名郡塩屋浦をはじめ、12ヵ村浦が無高として扱わ

50 第Ⅰ部 徳島藩の知行絵図と村落空間

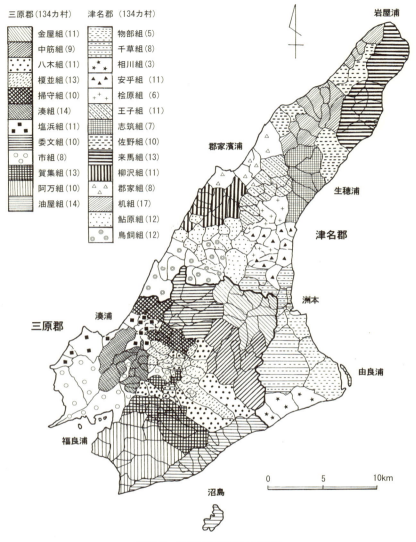

図 2-3 幕末期の淡路国の組村
ベースマップは嘉永 2 年「淡路国分間絵図」(徳島県立図書館蔵, 縮尺 9 万分の 1)。
蜂須賀家文書「淡路国三原郡津名郡反別戸数取調帳」(28G-1400・1401) より作成。

れている。例えば、塩屋浦は「無高　延宝頭拾七人半　加子役役銀三百五拾目」とあり、無高であるため無年貢であるが、加子役銀 350 匁が賦課されている。村落規模分布をみると、700 石以上の大村は 56 ヵ村（21.8％）と阿波国の 26.1％と同じであるが、300～700 石未満は 114 ヵ村（44.5％）で阿波国の 34.9％よりも高く、100 石未満の小村は 34 ヵ村（18.0％）で、阿波国の 15.2％とほぼ同じであり、阿波・淡路国で村落規模率に差異は少ない。

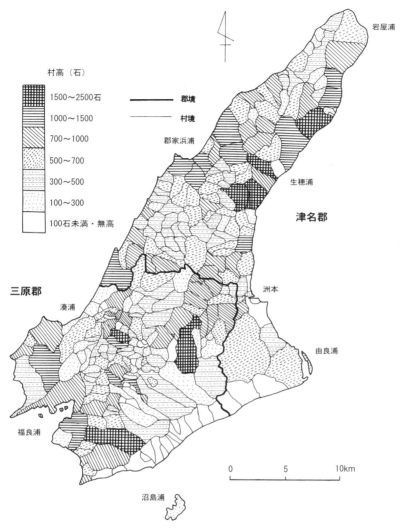

図2-4　幕末期の淡路国村高分布
注）①蜂須賀家文書「淡路国三原郡津名郡反別戸数取調帳」（天保〜嘉永期頃）より作成。
　　②「嘉永二年淡路国分間絵図」（徳島県立図書館蔵）に村名記載のない三原郡井野尻村、
　　　津名郡小路谷村・興隆寺村・舟木村・江井ノ浦・先ノ郷村の6村浦を除く。

2．蔵入地と給知の配置

　前出の「三原郡津名郡反別帳」によれば、幕末期の淡路国有高12万6,320石の内、蔵入地は7万4,260石（58.8％）、給知は5万2,060石（41.2％）で、阿波国の比率と酷似している。この内、有高5万5,870石の三原郡の蔵入地と給知の比率は45.0％：55.0％で、有高7万450石の津名郡のそれは69.7％：30.3％で、津名郡の藩領率がはるかに高い。これは、同郡が海を隔てて播磨・摂津・大坂・紀州との国境をなし、岩屋・志築・由良・沼島・郡家・洲本城下等の要地が多く、地政学的にも重要な位置を占めていたからであろう。

表 2-4 幕末期の淡路国における村落規模別蔵入地率

村高（石）〜蔵入地率	2,000〜2,500	1,000〜2,000	700〜1,000	500〜700	300〜500	200〜300	100〜200	100 未満	計（％）
100％（一円蔵入）	3	7	13	16	12	8	5	21	86 (33.6)
80〜100％未満		1	5	2	3	3	2	3	19 (7.4)
60〜80％未満			1	9	4	4	2	1	21 (8.2)
40〜60％未満		2	3	4	5	2	4	2	22 (8.6)
20〜40％未満	2	1	2	10	11	7	3	3	39 (15.2)
20％未満	1	4	10	16	21	8	4	3	67 (26.2)
0％（一円給知）					1			1	2 (0.8)
計（％）	6 (0.2)	15 (5.9)	34 (13.3)	57 (22.7)	57 (22.7)	32 (12.5)	20 (7.8)	34 (13.3)	256 (100.0) (100.0)

注）①「淡路国三原郡・津名郡反別戸数取調帳」(蜂須賀家文書 28G-1400・1401) より作成。②村数の 256 ヵ村は無高村浦 12 ヵ村を除いた数。

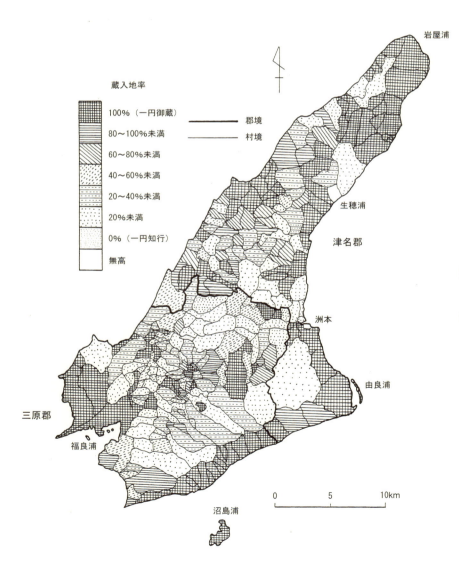

図 2-5 幕末期の淡路国における村別蔵入地高率

注）①蔵入地率「淡路国三原郡・津名郡反別戸数取調書」(天保〜嘉永期) による。
②ベースマップは嘉永 2 年 (1849)（徳島県立図書館蔵・縮尺 9 万分の 1)。
③絵図に記載のない三原郡井野尻村、津名郡小路村・興隆寺村・舟木村・江井ノ浦・先ノ郷村の 7 ヵ村浦は除く。
④一円給知は戒旦寺村・流川原村の 2 村。

表 2-4 と図 2-5 を比較して蔵入地率の村別分布をみよう。一円蔵入地村率は 86 ヵ村（33.6％）で阿波国の 42.1％よりも低い。この要因は何なのであろうか。淡路国が加封されたのは元和元年、阿波国拝領よりも約 30 年後である。天正 11 年（1583）頃には秀吉武将の脇坂氏に洲本城と津名郡 3 万石を、加藤氏に志知城と三原郡 1 万 2,045 石を与え、残りを豊臣氏の蔵入地とし、淡路国を本貫とする国人衆はいなくなったといわれる[23]。

前述のように、淡路国統治の中心は紀淡海峡に面する由良から、寛永 11 年頃（1634）に洲本に移されており（いわゆる「由良引け」）、天和 3 年（1683）の藩の給知割規定で 150 石以上の新知の半分については淡路国をあてがうとしている。徳島藩の家臣団は天正 13 年頃（1585）の 232 人から、寛文 11 年（1671）には 518 人に倍増していることから、家臣団の再編に伴い、阿波国内の知行不足を補うため、淡路国内での給知あてがいで補充したものと考えられる。この結果、淡路の地侍層は組頭庄屋か庄屋・小高取として藩政村の統治機構に組み入れられた。

さらに、淡路国高の約 59％が蔵入地であるが、一円蔵入地村率が阿波国の約 42％に対し、約 34％と低いのは一村一円単位で藩領化を進めていないことを暗示している。一円蔵入地村は三原郡の灘と福良浦、阿那賀浦、三原平野と津名郡東浦の岩屋、来島組、洲本城下周辺（物部組）、西浦の郡家等の海岸地帯に多く配置される。これに対し、一円給知村は阿波国では 6 ヵ村（1％）に過ぎなかったが、淡路国では稲田氏の給知が村高の 100％を占める津名郡の 2 村と 95〜99％を占める津名郡 5 村、三原郡 5 村の合わせて 12 村がある（図 2-7 参照）。また、阿波国では蔵入地高率 60％未満が約 27％であったが、淡路国では約 26％と極めて近似している（表 2-4）。

3. 給人階層と分散度

淡路国で拝領する給人は 287 人いるが、200 石未満の小身層が 111 人（38.7％）、200〜400 石層は 126 人（43.9％）、400 石以上は 50 人（17.4％）で、阿波国内での拝領者の階層率とほぼ同じ傾向を示す（表 2-3）。次に、村落規模別の給人分散度をみよう（表 2-5）。10 給以上の分散相給村は 12％であり、

表 2-5 幕末期の淡路国における村落規模別給人数

村高（石）＼給人数	0 人	1 人	2〜4 人	5〜6 人	7〜9 人	10〜14 人	15〜19 人	20 人以上	計（％）
2,000〜2,500	1								1（1.6）
1,500〜2,000	3						1	2	6（2.3）
1,000〜1,500	7	3	1	2		2			15（5.9）
700〜1,000	13	5	5		3	4	2	2	34（13.3）
500〜700	16	5	12	2	12	6	4		57（22.3）
300〜500	12	2	15	10	10	4	1		57（22.3）
200〜300	8	3	12	8	1				32（12.5）
100〜200	5	4	10	1					20（7.8）
100 石未満	21	8	5						34（13.3）
計（％）	86（33.6）	30（11.7）	60（23.4）	23（9.0）	26（10.2）	19（7.4）	8（3.1）	4（1.6）	256（100.0）（100.0）

注）①「淡路国三原郡・津名郡反別戸数取調帳」（蜂須賀家文書 28G-1400・1401）より作成。
②村落数 256 は 12 無高浦を除く。

阿波国の約20％の分散度ほどではなく、その中心は2～4給村の約23％で、阿波国の約26％に近似している。最大の分散度は津名郡志築中田村の27給と三原郡金屋村の26給である。

　ここで注目されるのは、「三原郡津名郡反別帳」によれば淡路国内にしか給知を拝領していない給人が34人（11.8％）存在することである。この内、在勤当時の役職が淡路国に直接関係するものが23人いる。その内、4人は津名郡相川村・志築浦・支築浜村と三原郡小榎並村の組頭庄屋（小高取）で、彼らの出自は地侍であった可能性が強い。また、17人は「文政十一年（1828）洲本御家中知行御役高帳」[24]に見える淡路在勤の家臣の可能性が強く、その役職[25]は津名郡江井浦番手（同屋敷輪番）9人、岩屋浦番手1人、洲本町御番・普請奉行4人、三原津名郡代1人である。

第4節　筆頭家老稲田九郎兵衛の知行形態

　徳島藩の筆頭家老稲田九郎兵衛の給知村の分布をみよう。稲田氏は寛永15年（1638）のいわゆる

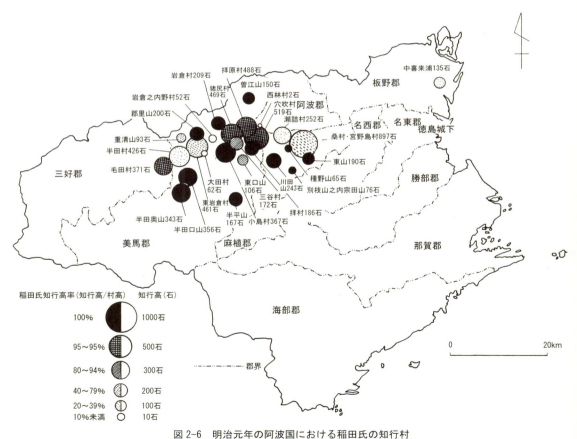

図2-6　明治元年の阿波国における稲田氏の知行村
蜂須賀家文書（28G-1402）「明治四年稲田九郎兵衛旧拝知正税雑税取調帳」による。

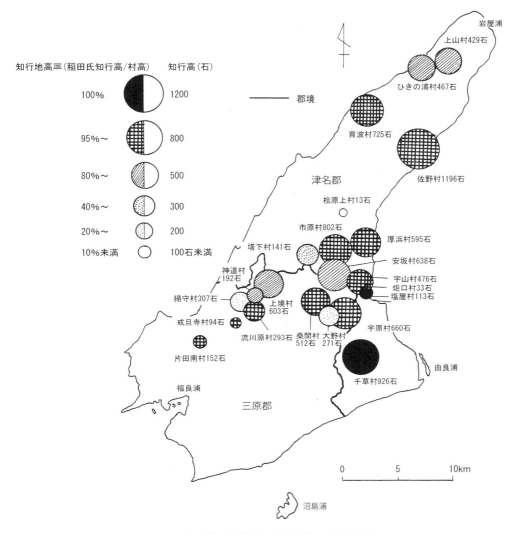

図 2-7　幕末期の淡路国における稲田氏の知行村

注）①蜂須賀家文書（28G-1440・1401）「淡路国三原郡反別戸数取調帳」「淡路国津名郡反別戸数取調帳」（天保～嘉永期頃）より作成。
　②津名郡舟木村（佐野組）100 石は「嘉永二年淡路国分間絵図」「明治三年淡路国全図」（徳島県立図書館蔵）に記載されていないので除く。

阿波九城破却前の同 8 年（1631）に脇城代から淡路へ所替えになり[26]、洲本城代と淡路の仕置職[27]を勤めた。稲田氏は所替えにより、阿波国内給知高 4,740 石余から淡路替地分 5,346 石余と、三好・阿波・板東 3 郡で 2,000 石余が加増され、さらに、板東郡中喜来浦 22 人の加子（水主・水夫）が与えられた。さらに、寛永 14 年頃に稲田氏知行の美馬郡郡里・重清・舞中島の 3 ヵ村が蔵入地に組み入れられた。「阿淡年表秘録」[28]によれば、万治 3 年（1660）には、阿波国知行 6,879 石余と淡路国知行 7,400 石余合せて 1 万 4,279 石余となり、家老職で知行 1 万石の賀島出雲や 5 千石の池田　登に比べても特別な地位と占めていた。年貢徴収権以外にも、行政権・裁判権等を掌握して、美馬・麻植

郡を中心に一円的な領域を支配していた。

　稲田氏の幕末期における知行村配置は、『旧高帳』[29]、「稲田九郎兵衛正税帳」[30]、「三原郡津名郡反別帳」[31]、『新編美馬郡郷土誌』[32]等でわかる。まず、幕末期の阿波国における知行村の分布をみよう（図2-6）。一円知行は稲田氏支配圏である美馬郡の山分である半田奥山・半田口山・郡里山・半平山・岩倉山・曾江山・宗田山と、麻植郡川田山・東山・種野山である。また、村知行高の95％以上を占めるのは平地村（在所）の美馬郡穴吹村・拝原村や稲田氏家中の会所が所在した猪尻村、麻植郡桑村・宮野島村と三好郡毛田村である。一方、淡路国（図2-7）では、一円知行村は洲本城下周辺の塩屋村・千草村、95％以上は洲本周辺の宇山村・市原村・厚浜村・宇原村・桑間村や、津名郡北部の要地である佐野村・育波村、三原郡の流川原村・戒旦寺村・片田南村等で、地政学的にも重要な地点に配置されていた。

小　結

　明治元年の阿波国における地方知行の村落別と給人別にその実態を知ることができる唯一の史料として『旧高帳』は貴重である。本帳には585ヵ村と519人の給人の知行内容が記載される。しかし、筆頭家老稲田氏の主要な知行圏である美馬郡を中心に13ヵ村・山・浦のデータが欠落しているが、明治4年の稲田氏の「拝知正税雑税取調帳」でこれを補足することが可能である。さらに、淡路国に関しては、幕末期の「三原郡津名郡反別戸数取調帳」から26組村・268ヵ村浦のデータを得ることができる。

　阿波国における明治元年の蔵入地・給知・寺領高の比率はそれぞれ、約59・41・0.5％である。知行地高率では徳島藩は、鳥取・紀伊・尾張・彦根等の領国型で、40％以上であり、明治維新期まで地方知行制が強固に存続した藩領の一つである。阿波国内における蔵入地高率が50％以上は海部・名東・名西・板野・三好・勝浦郡で、阿波・那賀郡は40％未満と低い。阿波国における一円蔵入村は約42％を占めが、四国山地と剣山地を中心とする広大な山分と、讃岐・伊予・土佐国境、紀伊水道沿岸の塩田地帯・新田地帯や、徳島城下周辺の淡路・讃岐・伊予・土佐街道筋の村々が中心である。また、稲田氏の一円知行村が美馬郡や麻植郡の山分に配置されて、強固な自治的支配領域を形成していた。また、三好郡の土佐国境にあり、吉野川筋の警備や土佐からの流木を監視した、いわゆる三名氏と呼ばれる西宇・藤川・大黒氏の存在、さらに、阿波水軍役で中老格森氏の根拠地である那賀郡椿泊を中心に、一円知行村は18ヵ村浦に過ぎない。これに対し、蔵入・給知立合の村は約57％を占める。板野・名東・名西・麻植郡の藍作核心地帯と、阿波郡扇状地、鮎喰川下流扇状地の藍作・稲作地帯、那賀川下流デルタの稲作単作地帯では蔵入地高率が10～50％とかなり低く、知行率が高い地域を形成している。しかし、藍・稲作の中心である高生産力地帯の多くの村が藩領に編入されていない理由は不明である。

　一方、一円蔵入地村を除く阿波国内335ヵ村では、萩・彦根・尾張藩とともに、蔵入・知行の分散

相給が基本形態である。すなわち、9給以下が約66％を占めるが、10〜19給が約27％で、20給以上は約7％である。分散度の最大は勝浦郡田野村の42給、次いで、同郡芝生村の28給があるが、いずれも村高2,000石以上の大村である。

　安政期の徳島における禄高50石以上の藩取藩士は628人で、無足藩士1,087人、無格奉公人（卒）3,846人を合わせた5,561人の約11％を占める [33]。藩士の一部に禄高の全部を蔵米知行取に依存していたため、『旧高帳』には519人の給人が記載されている。この階層構成をみると、拝領高1,000石以上の最上級家臣は約4％、200〜1,000石の中上級家臣は約47％、200石未満の下級家臣は約49％である。この内、阿波国内だけに拝領するものが約45％、阿波・淡路両国が55％、淡路国だけが約7％となっている。天和3年の藩法では、高150石以上の新知については阿波・淡路両国で半分ずつあてがうことになり、藩は恣意的に分散相給政策を採っていた。また、高200石未満の小身の約52％が5給以上であり、1,000石以上の大身は7〜26給と、知行村の分散度が大きく、この傾向は佐賀・萩・尾張藩と同じである。

[注]
1) 「蜂須賀家文書 28G-1440」。
2) 「蜂須賀家文書 28G-1401」。
3) 木村　礎校訂（1978）:『旧高旧領取調帳　中国・四国編』近藤出版社，8〜9頁。
4) 「蜂須賀家文書 27A-677」。
5) 徳島県物産陳列場（1914）:『阿波藩民政資料』621〜623頁。
6) 「美馬郡村々取調帳」美馬郡教育会編（1957）:『新編美馬郡郷土誌』431〜450頁。
7) 「蜂須賀家文書 28G-1402」。
8) 徳島県立文書館蔵「阿波国分間絵図」谷家文書，肉筆・手書き・彩色，84×119cm。
9) 徳島県立図書館蔵「阿波国全図」木版図，彩色，180×250cm。
10) 武田清一（1993）:『淡路史を見直す　村落の歴史』神戸新聞総合出版センター，33〜84頁。平凡社編（1999）:『日本歴史地名大系　二九　兵庫県の地名』1017頁。
11) 小杉榲邨編集復刻版（1914）:『阿波国徴古雑抄』臨川書房，1,000〜1,006頁。
12) 矢守一彦（1970）:『幕藩社会の地域構造』大明堂，117頁。
13) 宮本武史編（1970）:『徳島藩士譜　上巻』81頁。
14) 宮本武史編（1972）:『徳島藩士譜　中巻』345頁。
15) 宮本武史編（1973）:『徳島藩士譜　下巻』294頁。
16) 宮本15）150頁。
17) 矢守12）122〜132頁。
18) 林　薫一（1957）:『尾張藩の知行制』一條社，106〜157頁。
19) 矢守12）133〜135，153〜156頁。
20) 徳島藩の安政期の高取藩士は628人（高田豊輝（2001）:『阿波近世用語辞典』462頁）であるが、禄高と家格による階層区分は困難である。そこで、「文政十一年御家中知行高并御役高帳」（国立史料館編『徳島藩職制取調書抜　下』東京大学出版会，1984）や宮本武史編『安政四年徳島藩家臣団分限帳』、『近世阿波用語辞典』、および徳島市立徳島城博物館根津寿夫氏の御教示等から大まかな分類をすれば、①家老（5人）は1万4,561〜1,500石、②中老（39人）は2,560〜400石、③物頭（30人）は900〜300石、④平士（与士、505人）に540〜100石、⑤高取諸奉行（35人）は350〜50石程度である。本書では1,000石以上を最上層、1,000〜200石を上中層、200石未満を下層と区分した。

21) 藩法研究会編（1974）:『藩法集　3　徳島藩』項目番号六八六「覚」, 221 頁。
22) 前掲 1) 2)「蜂須賀家文書」。
23) 武田 10)。
24) 国立史料館編（1984）:『史料館叢書 6　徳島藩職制取調書抜　上』東京大学出版会, 561 〜 563 頁。
25) 宮本 13) 203, 96, 156, 404 頁。同 14) 130 頁。同 15) 227, 241, 276 頁。
26) 徳島県史編纂委員会編（1964）:『徳島県史料　第一巻　阿淡年表秘録』「寛永八年六月二十七日の項」86 頁。
27) 宮本 13) 4 代稲田九郎兵衛植儀, 97 頁。
28) 前掲 26)「万治三年六月廿三日の項」169 頁。
29) 木村 3)。
30)「蜂須賀家文書 28G-1402」。
31) 前掲 1) 2)。
32) 前掲 6)。
33) 高田豊輝（2001）:『近世阿波用語辞典』私家本, 456 〜 462 頁。

第3章　阿波国内の知行絵図とその史料的意義

第1節　阿波国内の知行絵図とその特徴

　著者が2014年7月時点までに管見している阿波国内の耕地絵図（検地絵図）は26ヵ村にかかる約38点である（表3-1）¹⁾。この内、名東郡観音寺村は2点、同郡早渕村3点、同郡島田村2点、板野郡徳命村4点、同郡姫田村2点、美馬郡郡里村6点がある。26ヵ村はいわゆる「北方」の吉野川中下流平野の村々で、とくに、鮎喰川下流扇状地に11ヵ村、板野郡の吉野川下流に7ヵ村、麻植・阿波郡の中流に7ヵ村、上流の美馬郡に1ヵ村が分布する。これに対し、「南方」にあたる勝浦・那賀・海部3郡では1点も管見していない（図3-1）。

　このうち、主として属地データである検地帳に記載される1筆ごとの字地・地目・等級・面積・石盛・名負人という内容と、属人データである蔵入地・給知・給人と給知農民との支配・所有関係の両方を記したいわゆる「知行絵図」は15ヵ村・23点²⁾である。この内、検地帳名負人と、絵図作成時点の耕作人である「当作人」「控」等の両方を記載するのが、名西郡高畠村（表3-1の2番）、同郡上浦村（同3番）、名東郡日開村（同6番）、同郡西黒田村（同7番）、同郡延命村（同8番）、同郡早渕村（同9番）、板野郡新喜来村（同20番）、同郡姫田村（同23・24番）、同郡の徳命村（同17・18・19番）の9ヵ村・12点である。

　また、「知行絵図」の作成目的が吉野川の氾濫に伴う耕地等の川成り愈上りのための仮検地に直接的に関係する可能性は、名西郡高畠村や美馬郡郡里村の事例をみれば十分に考えられる。しかも、幕末期の阿波国では約57％にあたる329ヵ村が御蔵・給知立合いの相給村であることから、村内の1筆土地に関する支配・所有・利用状況を把握するためには、26ヵ村より多くのこの種の絵図が作成されていた可能性がある。

　阿波国の「知行絵図」の第1の特徴は、作成主体や提出先が明記されているものがほとんどないことであろう³⁾。藩命を示唆する蜂須賀家文書や地方文書等はまったく管見していない。佐賀・萩・尾張藩では後述するように、藩命を受けて村方で耕地や知行区分を表現した絵図が作成されているのと大きな違いである。また、藩命で作成する場合は、作成主体、提出先（徳島藩では御蔵奉行）や村役人の奥書等がある。しかし、少なくとも観音寺村・日開村・早渕村・島田村・西名東村・竹瀬村・水田村の8点の絵図の現所蔵者は、庄屋または組頭庄屋系譜であることから、「知行絵図」の作成主体の多くは村役人層であると推定できる。

表3-1 阿波国内の耕地絵図と知行絵図

絵図番号	絵図表題	作成年紀	寸法 cm	作成主体	提出先	実測図見取図	縮尺	凡例有無給人数	御蔵・給人区別	検地帳内容記載	検地帳名負記載	名負・当作別記載	所蔵先	文書有無
◯1	*名西郡白鳥村絵図（表紙カバー表・口絵1）	文久二壬戌年正月(1862)	158×203	—	—	実	約1/600	◯(凡例項目数12) 6人(色分)	◯	地番・小字・地目品等・地積高・名負	◯	—	徳島県立博物館	白鳥文書
◯2	名西郡高富村絵図（口絵上り絵図）	寛保二年(1742)	281×251	藩検見役人5人	—	実	約1/600カ	なし 5人(文字)	◯	小字・地目等級・面積高・名負	◯	白付箋（作70人）	石井町教育委員会蔵	—
3	*名西郡上浦村耕地絵図	享保三年(1718)カ	312×147	—	—	見	約1/600カ	なし	—	小字・地目品等・面積高・名負・当作	◯	◯	個人蔵	—
◯4	*名東郡観音寺村絵図（口絵2）	近世後期	150×171	（観音寺村庄屋）	—	実	約1/600	◯(8) 7人(色分)	◯	地番・小字・地目・品等・名負	◯	—	個人蔵	坂東家文書
◯5	名東郡十一小区之内観音寺村細密図（口絵3）	明治初期	151×165	—	—	見	約1/600カ	◯(8) 7人(色分)	◯	地番・小字・地目・品等高・名負・新地番付箋	◯	—	徳島城博物館	坂東家文書
◯6	*名東郡日開村限絵図（表紙カ・一裏・本扉）	文久三年(1863)	290×227	—	—	実	約1/600カ	◯(17) 14人、(他12人上知)	◯	小字・地目・地積高・品等・名負・控（貼紙）	◯	◯(控貼紙)	個人蔵	—
◯7	*名東郡西田村絵図（口絵14）	文化十四年(1817)	233×146	諏訪地調書画	—	見	約1/600カ	◯(7) 6人(色分) 道筋・岸・水・馬場・籔	◯(御蔵上り地)	◯慶長9年・宝延宝3年・宝暦10年・寛政2年検地帳	◯	◯(当作を「控」)	個人蔵	—
◯8	*名東郡延命村絵図（口絵15）	近世後期	180×115	—	—	実カ	約1/600カ	◯(8) 4人(記号)	◯	◯慶長・寛永・正保・元禄御地帳	◯	◯(「控」下段記載)	個人蔵	—
◯9	名東郡早渕村鮎喰川堤外生地絵図(A)（口絵16）	享和四年子三月改(1804)	177×48	（早渕村庄屋）	—	見	約1/600程度カ	◯(4) 7人(名記載)	◯(御蔵上り地)	◯	◯	◯(当作人貼紙)	個人蔵	伊沢家文書

第 3 章　阿波国内の知行絵図とその史料的意義　61

								割賦人11人（名記載）					
○10	名東郡早渕村鮎喰川堤外畑地割賦絵図（B）	文化戊辰八月(1808)	164×30	(早渕村庄屋)	―	見	―	―	―	―	―	―	個人蔵	伊沢家文書
11	名東郡和田村堤内外鮎喰原絵図面控	近世後期	55×75	(早渕村組頭庄屋)	―	見	―	―	○寛永御帳	○	―	鳴門教育大学附属図書館	後藤家文書
12	*名東郡島田村鮎喰川堤外絵図(C)	文化三・十四年	82×153	(島田村庄屋)	―	見	―	―	○宝永・寛政御帳	○	―	個人蔵	―
13	*名東郡島田村鮎喰川堤外絵図（御鷹野場付近）	近世後期	96×178	(島田村庄屋)	―	見	―	―	○寛永・寛文・元文御帳	○	―	個人蔵	―
14	*名東郡西名東村鮎喰川堤外絵図	近世後期	67×184	(早渕村組頭庄屋)	―	見	―	○	○寛延・享保・文政御帳	○	―	鳴門教育大学附属図書館	後藤家文書
○15	板野郡竹瀬村御蔵給色分絵図（口絵17）	近世後期	144×96	(竹瀬村庄屋)	―	見	約1/1000程度	―	○	○	―	県立文書館	木内家文書
16	板野郡徳命村古図	近世後期	119×105	―	―	見	約1/600か	―	○	○	―	藍住町藍の館	―
17	*板野郡徳命村宇新居須絵図	明治初期	100×83	―	―	見	約1/600か	―	○	○名負・持主記載	明治初期の所有者	藍住町役場	―
18	*板野郡徳命村宇前須田絵図	明治初期か	115×196	―	―	見	約1/600か	―	○	○名負・持主記載	明治初期の所有者	藍住町役場	―
19	*板野郡徳命村宇元村絵図	明治初期か	85×99	―	―	見	約1/600か	―	○	○名負・持主記載	明治初期の所有者	藍住町役場	―
○20	*板野郡新喜来村絵図	近世後期	170×239	―	―	実か	約1/600	○(10)6人（色分）	○	○	○（上段名負・下段当作か）	個人蔵	―
21	*板野郡川崎村絵図	明治初期か	77×160	―	―	見	約1/600か	―	○地目・等級・地積・名負	○名負に朱点印有	―（2名併記箇所有）	鳴門市教育委員会	堀江文書

No.	絵図名	年代	寸法	備考	写/実	縮尺	記号等	備考	記載内容	名負	備考	所蔵	文書
22	*板野郡市場村絵図	明治初期カ	234×222	—	見	約1/600カ	—	—	○地目・等級・地積・名負	○名負に朱点なし	—	鳴門市教育委員会	堀江文書
23	*板野郡姫田村絵図（西分）	明治初期	166×161	—	見	約1/600カ	—	—	○地目・等級・地積・新地番	○	○（名負明治初期持主併記）	鳴門市教育委員会	堀江文書
24	*板野郡姫田村絵図（東分）（口絵21）	明治初期	166×160	—	見	約1/600カ	—	—	○地目・品等・地積・新地番	○	○（名負明治初期持主併記）	鳴門市教育委員会	堀江文書
25	*板野郡林崎浦古地図	文政十二年（1829）	180×127	—	見	約1/300程度カ	—	—	○郷町絵図 地目・地積・高	○屋号・名負記載	—	鳴門市教育委員会	—
○26	麻植郡鴨島村分間絵図（口絵19）	文化二年（1805）	179×268	—	見	約1/600程度カ	○（21）10人（記号）	○（御蔵無印）	○地番朱書・等級・地積・高	○	—	吉野川市教育委員会	—
○27	麻植郡喜来村惣絵図（口絵18）	天保十支年（1839）	135×208	—	見	約1/600程度カ	○（12）11人（記号）免率記載9人	○（御蔵無印）	○小字・地目・等級・地積・高無	○	—	個人蔵	—
○28	麻植郡上浦村慶長九年御帳分壱村絵図	元治二年（1865）	—	—	見	約1/600程度カ	○（色分）4人（興源寺領有）	○	○小字・地目・地積・高	○	—	吉野川市教育委員会	—
○29	阿波郡知恵島村絵図	近世後期	106×286	（吉野川旧河道沿いの開墾子定地・原氏開墾地色分）	実カ	約1/1300～1500程度	—	○給人4人	○等級・地積	○	—	個人蔵	—
30	阿波郡香美村分間絵図	文化期カ	180×200	—	実カ	約1/1600程度	—	—	○地目・等級・地積・高	○	—	個人蔵	市場文書
○31	阿波郡水田村指合筋絵図（口絵20）	嘉永西二年五月（1849）	55×119	（土成村庄屋）	実カ	約1/600程度	○（10）4人（3人色分、1人印）	○（黄色竿不当地）	○朱書地番・小字・地目・地積畦・藪	○	—	個人蔵	土成文書

第 3 章　阿波国内の知行絵図とその史料的意義　63

○32	美馬郡郡里村絵図（東轟西谷ヨリ）（D）（①図）（口絵5）	文化〜安政期頃カ	160×148	―	見	約1/600程度カ	○（13）11人（色分7人、記号4人）	○（御蔵・御積地・御知）	○朱書地番・明和〜寛政御帳・小字・等・地積・高	○名負記載	―	美馬市教育委員会	嘉永四年御蔵給知検地帳
○33	美馬郡郡里村絵図（健儷南北）（E）（③図）（口絵8）	文化〜安政期	202×150	―	見	約1/600程度カ	○（17）11人（色分・記号）	○	小字・品等地積・高・名負・寛政御帳・墨書地番	○名負記載	―	美馬市教育委員会	嘉永四年御蔵給知検地帳
34	美馬郡郡里村絵図（中須分仮検地・小長谷分仮検地）（F）（⑤図）（口絵10）	安政三年（1856）	73×244	―	見	約1/600程度カ	○（5、仮検地・古田御蔵地・給地・打出御蔵・丸川成）	○（給地色分け）	朱書番・小字・地目・品等・地積・高・名負	○名負記載	―	美馬市教育委員会	嘉永四年御蔵給知検地帳
○35	美馬郡郡里村絵図（中須古田川成母地）（G）（④図）（口絵9）	文化〜安政期	91×218	―	見	約1/600程度カ	○（15）給人10人（色分・記号）	○（御蔵・御積地・給地）	小字・地目・品等・地積・高・名負	○名負記載	―	美馬市教育委員会	嘉永四年御蔵給知検地帳
○36	美馬郡郡里村絵図（東王振谷）（H）（②図）（口絵7）	文化〜安政期	153×109	―	見	約1/600程度カ	○（15）給人12人（色分・記号）	○（御蔵・給知分）	墨書地番・小字・品等・地積・高・名負	○名負記載	―	美馬市教育委員会	嘉永四年御蔵給知検地帳
37	美馬郡郡里村絵図（表題欠／破損）（I）（⑥図）（口絵11）	文化〜安政期	129×71	―	見	約1/600程度カ	―	○（御蔵・給知分）	朱書壱永元様帳・小字・品等・地積・高・名負	○名負記載	―	美馬市教育委員会	嘉永四年御蔵給知検地帳

注①○印絵図番号は検地・知行内容を表現した「知行絵図」を示す。②＊印は絵図の名称が仮称であることを示し、A〜Iは絵図の表題を示す。A 享和四子年　山ノ神ヨリ延命村郷境迄早渕村堤外生地御年貢成荒川地御鍬下場所絵図（伊沢家文書）、B 文化五辰八月　野神堤外御下札畠地御鮎絵図（伊沢家文書）、C 文化十三子年四月西原村絵図面控（文化十四年霜月五月新田前再改絵図面控（委原家文書）、D 東ヘ鱸西谷ヨリ南新田大田境西ヘ王振谷ヨリ南ヘセンダンノ木迄、E 鍵懸南北馬場ヨリ南ヘ喜来名庄屋敷西ヘ重清村境、F 中須古田川成母地半御積地絵図／小長谷分仮御検地絵図、G 中須古田川成母地絵図、H 東ヘ王振谷ヨリ西ヘ中山路八幡宮社西ヘ都借室延村寺町付近（林照寺・安来寺・西教寺付近）。③作成主体欄の（　）は絵図を現在所蔵する庄屋・組頭庄居家譜の家を示す。I 表題欠で都借室延村寺町付近（林照寺・安来寺・西教寺付近）。

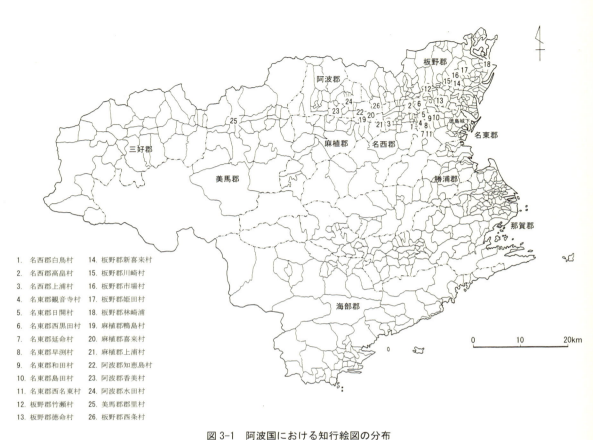

図 3-1　阿波国における知行絵図の分布

注）①ベースマップは「阿波国分間絵図」（谷家文書，縮尺 9 万分の 1，徳島県立図書館蔵）による。
　　②知行絵図の所在確認は 2014 年 7 月現在。

　第 2 は宮津藩でみられる「一筆耕地絵図」[4]では、対象区域が全村をカバーしている一村全図であり、1 筆ごとの検地データ等はわかるが、知行状況は記載されていない。また、萩藩の「宝暦小村絵図」[5]では、小字単位の検地・知行データはわかるが、一村全体の状況は不明である。第 3 には他藩の耕地絵図等と比較して、絵図に記載される属地・属人データだけでなく、村落景観が詳細に描かれている点である。属人データとして、給知は給人ごとに色分けか符号で区別されている。また検地帳記載内容と同じく朱書地番・地字・地目・品等・面積・石高・名負人が記されるが、絵図の朱書地番は検地帳の検地地番とはほとんどが一致せず、蔵入地か給人別にまとめて付された可能性が高い。また、絵図の給人数では、白鳥村 6 人、観音寺村 7 人、日開村 14 人、西黒田村 7 人、延命村 4 人、早渕村 7 人、新喜来村 6 人、鴨島村 10 人、喜来村 11 人、郡里村 10 〜 12 人が色分けか符号で区別されている（表 3-1）。しかも、絵図の給人名とその人数は、明治元年の『旧高帳』に記載される内容とほとんどが一致するので、近世後期か幕末期に作成されたことを示唆している。

第2節　作成目的と名負人・当作人

　徳島藩では慶長9年（1604）の打ち出し検地時の名負人が、地籍上の名義人として明治維新期まで継承されているが、知行絵図でも検地帳名負人がそのまま記載されていることが多い。さらに、名負人だけでなく、絵図作成時点での耕作農民であると考えられる「当作人」「控」が前述のように、9ヵ村の絵図にみられる。その記載形式は名負人を上段に、下段に「当作人」を示す例（新喜来村）、2名を併記する例（早渕・姫田・上浦・西黒田・延命・徳命・川崎村、但し、上浦・徳命・川崎・姫田村には御蔵・給人状況も付記）、貼紙で「控」「当作」を記す例（高畠・日開村）等がみられる。

　このように、知行絵図の一部には1筆ごとの検地名負人と、耕作者（年貢負担者）を把握することを作成目的としたわけである。時の経過とともに、農民層の分解や徳島藩では小家・下人層から壱家への自立である小農自立により、近世中期頃より耕地の所有者は大きく変化するのが一般的である。そのため、庄屋層は年貢徴収のみならず、賦役・村入用等の賦課のために、1筆や1枚ごとの土地が検地名負人子孫の持伝えの耕地か、徳島藩で一般化していた「五年切元米返」[6]による地主層への質地移動か、または売買による所有者の変更か、分筆による耕地の細分化や、潰百姓の発生による散田の入札による移動等の、土地所有・移動の現状や過去からの履歴を詳細に把握する必要に迫られていた。

　この点に関して給人の拝知水帳の記載状況をみよう。例えば、名西郡国実（くにざね）村の近世後期の写とされる「慶長九年（1604）　御帳之内寺沢主馬様御年貢御請帳」[7]によれば、「前田　一　上田　壱反四畝拾歩　弐石七合　孫太郎　当作人　〇周蔵」とある。この周蔵は後に書き入れられた可能性が強い。本筆以外に国実村における寺内主馬（高400石／鉄炮組頭）給知の89筆全部に「当作人」が記載されている。さらに、「天正十七年（1589）、元禄四年（1691）写　那賀郡之内仁宇（にう）村御検地帳」[8]によれば、「西ノ原　中畠弐百六拾歩　五斗七升七合四勺　甚吉」とあり、名負人「甚吉」のみで「当作人」は記されない。また、「文化二丑年（1805）九月写　慶長九年（1604）板野郡北村御検地御帳西尾翁助様御拝知田畠書抜帳」[9]では、「いわはな　弐畝拾弐歩　三斗六勺　名負助之丞　徳之助」とあり、「徳之助」は当作人と推定できる。このように、西尾翁助（高千石／仕組頭）の同村給知66石7斗9合1勺（6町6反5畝2歩）の全103筆について、名負人と当作人が併記されている。このように、阿波国の検地帳には名負人以外に、後に、当作人を追記した事例が多く見られ、この点に関しては、他藩の絵図では管見していない。

　さらに、絵図の各筆には検地年次が記載されている事例がある。例えば、文化14年（1817）の西黒田村絵図（口絵14）の場合、全筆に検地年次が記載される。大部分は慶長9年（1604）であるが、一部に、元和元年（1615）、寛永7年（1630）、延宝7年（1679）、元禄13年（1700）、安永5年（1776）と近世前・中期と幅がある。また、延命村絵図（口絵15）の場合、一部に、慶長9年・同17年（1612）、寛永21年（正保元年・1644）、元禄14年（1701）と記される。また、中世名主層系譜と推定できる「政所（まどころ）」「御蔵」もみえる。さらに、郡里村の場合には、寛永14年、明暦2年（1656）、元禄11年、享保19年（1734）と、近世前・中期の幅が大きい。このように、絵図記載の名負人の年代比定に関しては慶長期の総検地のみならず、近世前・中期とかなりの幅を考慮する必要がある。

第3節　作成時期・凡例・縮尺と文書史料

　絵図の内、作成年紀が明記されているもので最古は、「寛保二年（1742）名西郡高畠村愈上り絵図」である（表3-1の2番）。本村は第十堰南岸に位置し、吉野川の旧河道である神宮入江川の氾濫の後の川成愈上り絵図で、藩の検見役人5人が御蔵奉行に、蔵入・給知の状況を1筆ごとに上申したものである。「知行絵図」の内、年紀のあるものは11点で、享和1、文化4、文政1、天保1、嘉永1、安政1、文久2点で、近世後期の享和・文化・文政・天保期と、安政・文久の幕末期が多い。さらに、26点に年紀はないが、給人の系譜から、文化〜安政期の作成と推定されるものが9点（観音寺・延命・早渕・新喜来・郡里村等）ある。また、観音寺村2点の内の「徳島城博本」は大区小区制が実施された明治2〜10年（1869〜77）であり、川崎・市場・姫田村は、同じく地租改正期の作成と推定できる。

　凡例がある11点では、御蔵は白、給知は6人までは色分けで、7〜12人は色分けと記号の併用が多い。「文久二年（1862）名西郡白鳥村絵図」（表紙カバー表・口絵1）では給知以外は、「朱筋／道　青／水　黄／山　御蔵／白　右同色御給知藪　絵図面一分一間（縮尺約600分の1）」とある。延命村絵図（口絵15）では稲田・黒部・團・森田の4人拝知の色分け区別のほかに、「上樋用水掛　尼用水掛　畠地并居屋敷床　御藪」の区別が記され、鮎喰川の伏流水を水源とする以西用水の支線である2本の用水路懸り（名西溝）の水田が色分けで示されている[10]。

　また「文化十四年（1817）名東郡西黒田村絵図」（口絵14）の凡例では、御蔵・給知・御藪の別と、給人である兼松熊蔵・山岡太蔵・足助幾太・三矢茂免蔵・植嶋茂兵衛・笹部直之丞拝知の色分けのほかに、「赤地ハ道筋志るし、黄色ハ岸のかたち又ハ馬場筋としるべし、水ハ薄色の流を溜りとしるへし、社地辻堂庚申石ハ其土地土地にしるし阿り、其余の白地ハ御蔵給知悉く色分のしるしを見てわかつ遍し」と記される。本図では里道・岸・神社への馬場道・川・水路・神・堂宇・石碑・藪等の宗教施設を含む村落景観が細かく描かれている。さらに、「嘉永二年（1849）阿波郡水田村指谷筋絵図」（口絵20）では、御蔵古田と給人の郷司伊兵衛・林益太郎・猪子折作・安宅傳兵衛拝知のほかに、「御竿不当地　青色谷池井筋　萌黄堤藪草渡　朱番順道」とあり、家屋とともに、指谷筋の無高地・流作場とか築堤、井筋・荒地、検地の順番等が精密に表現されている。

　次に、縮尺をみると、「絵図面一分一間」（約600分の1）と凡例に明記されるのは、白鳥村と日開村絵図の2点のみである。竹瀬村（口絵17）は約1,000分の1程度、林崎浦（郷町撫養の一部）は約300分の1程度、知恵島村は約1,300〜1,500分の1程度、香美村の約1,600分の1程度を除いて、他はすべて約600分の1程度と推定できる。また、白鳥村と観音寺村・日開村の3点は実測図と考えられ、他は手書きの見取り図と推定できる。実測図3点はその仕上がりの美麗さと表現内容の精緻さ、保存状態の良さ等から、藩絵図方の絵師による製図と推定でき、かなりの費用を要したものと思われる。村内の土地把握のための実務用として常時、使われた村用絵図であれば、磨耗や折り目のいたみ、欠損等があるのが普通であるが、それだけの費用をかける必要はなかったのではないかとも考えられる。

　藩政村における地方知行制の空間構造や社会構造の分析に欠かせないのが、関連する地方文書との比較分析である。23ヵ村の内、約半数の12ヵ村に現存する。文書史料との分析で問題となる点は、絵図と検地帳・給人拝知水帳（名寄帳）[11]・棟附帳[12]や農民系譜を示す「系（景）引帳」[13]、田畠

段別改帳等との作成年代のずれである。絵図は近世後期・幕末期の作成が中心であるが、文書は近世中・後期作成が多く、給知替えや上知による給知の召し上げ等の変化を把握するのが容易ではない場合が多い。また絵図に記載される名負人や当作人と検地帳名負人、棟附帳の百姓名との系譜をたどることが困難である。さらに絵図に1筆ごとの字地が記載されていない場合には、検地帳1筆耕地の所在場所を特定することも困難である。

小　結

　著者が阿波国の検地・耕地絵図として管見しているものは、2014年7月時点で吉野川中下流域を中心とする26ヵ村にかかる約38点である。しかし、検地帳の属地データに加えて、阿波国内の藩政村の約57％にみられた蔵入・知行立合いである相給村における1筆土地の領主・高取藩士・農民による支配・所有・利用状況等の属人データを記載したいわゆる「知行絵図」は15ヵ村・23点ある。さらに、近世初期の検地名負人と絵図作成時点の耕作農民と推定できる「当作人」「控」が記載されるものが、9ヵ村・12点現存する。阿波国に現存する「知行絵図」の史料的意義として挙げられるのは、第1に佐賀・萩・尾張藩のような領国型藩領や、河内国古市郡のような非領国型村落においては、1筆単位の検地帳属地データか、蔵入・給知立合いの属人データの一方だけを表現した耕地絵図であるが、阿波国の場合は、この属地・属人データの双方が表現されていることである。

　第2に、上記の3藩や古市郡が藩命による作成であったのに対し、徳島藩の「知行絵図」には作成主体名・提出先・奥書等はなく、また、藩命をうかがわせる文書を現時点では全く管見していないこと、村政現場で日常的に利用されてきた痕跡が多数あること等から、本絵図類は庄屋層が自村内における土地の支配・所有・移動の現状を1筆単位で把握するために作成したと、著者は推定している。

　第3点は、村内における土地の支配・所有状況だけでなく、萱葺・瓦葺屋根の区別や長屋門をもつ庄屋層の家屋、屋敷林、街道、里道、川、用水、堤、墓地、藪地、寺院、神社、小社・祠等の宗教施設等の村落景観を構成する諸要素が克明に表現されていることである。

　このことから、「知行絵図」を給人の拝知水帳と、検地帳や棟附帳、田畠高辻帳等の文書史料と比較分析する作業から、藩政村の空間構造のみならず、その背景にある社会構造を明らかにできる、重要な史料と考える。

［注］
1) 本書脱稿後の2014年7月に、「板野郡西条村絵図」（口絵12、阿波市立吉野笠井図書館蔵、123 × 489 cm）の現存を確認した。本図は「知行絵図」で、蔵入地を白、18給人の給知を記号で表現している。本図には「阿波九城」の1つである「西条城」跡部分（東城跡）と1筆ごとの検地データや徴細な村落景観が描かれている。作成年紀は給人の系譜から文政〜天保期（1818〜1843）と推定できる。表3-1に本図は収録していない。
2)「板野郡西条村絵図」を含めると15ヵ村・23点である。
3) 作成主体や提出先が明記されていないのは、本絵図類が村内の1筆ごとの土地に関して属人・属地的な現

状を把握するために村用図として作成したものであり、あえて作成主体等を記載する必要がなかったためと推定できる。

4) 宮津藩の「一筆耕地絵図」については、松尾容孝の「地方絵図」(宮津市史編さん委員会編 (2005):『宮津市史　絵図編 (解説)』所有，191〜121頁) に詳しい。

5) 萩藩の宝暦小村絵図の1例として、山口小郡宰判192「宝暦十三年吉敷郡矢田堀両村之内篠川靭負殿知行所田畠小村絵図」(山口県文書館，46×32cm) 等がある。

6) 拙稿 (1983):「藍作地帯における地主制の展開」石躍胤央・高橋啓編『徳島の研究5　近世・近代編』清文堂，204〜218頁。同 (1974):「幕末・明治初期の藍商経営と村落」徳島地方史研究会「史窓」5号，16〜25頁。

7) 近藤家文書 (コント00001，徳島県立文書館蔵)。

8) 秋本家文書 (アキモ00310，徳島県立文書館蔵)。

9) 木内家文書 (キノウ01730，00830-2，徳島県立文書館蔵)。

10) 以西用水に関しては、拙稿 (2009):「名東郡早渕村組頭庄屋後藤家文書中の地方絵図について」「史窓」39号，36〜42頁、平井松午・藤田裕嗣 (1995):「吉野川の支流の鮎喰川扇状地における土地開発と灌漑システムの成立」「徳島大学総合科学部人間社会文化研究紀要」2巻，40〜51頁がある。

11) 名西郡白鳥村では4給人水帳は慶安4年、寛保2年、延享2年、安永5年が現存する。鳴門市立図書館蔵の堀江文書では各給人の拝知水帳が多数現存する。

12) 白鳥村正徳5年棟附帳 (徳島県立文書館蔵・白鳥文書)・観音寺村正徳2年棟附帳 (徳島市国府町坂東家文書・個人蔵) 等が現存する。

13) 板野郡竹瀬村の「景引帳」(キノウ00032，徳島県立文書館蔵)。

第 4 章　名西郡白鳥村の知行絵図と村落空間

第 1 節　鮎喰川下流扇状地の地理的環境と知行状況

　名西郡白鳥村は鮎喰川下流扇状地[1]の北西部にあり（図4-1参照）、名東・名西郡境に位置し、徳島城下より約 8km 西の村である。1964 年撮影の空中写真（図4-2）に示したように、伊予街道（現国道 192 号）と JR 徳島本線が本村を東西に走り、村の西隣の名西郡石井村境には渡内川低地部と、名東郡敷地村境には鮎喰川の旧河道がそれぞれ南北に連なる。縮尺 2,500 分の 1 の徳島市全図[2]によれば、村北部の市楽村境（字北おち・沖前）付近では海抜 6.3～7.7m、中央部の屋敷地部分（字居屋敷・い内）付近では 6.8m、南部の「白鳥大明神」真下の山麓（字岩さき・宮ノ下）では 7.5m で、旧河道低地部の氾濫沖積面と集落部の微高地からなる。

　村総地積 45 町 6 反 3 畝 4 歩[3]の約 60％が田畑で、南部の山林（里山）が約 36％を占める平地農村型の村である（表紙カバー表）。名西郡石井村にある気延山（海抜 212.3m）は本村の南にある里山で、その北側にある茶臼山（海抜 74.2m）には、文久 2 年（1862）の白鳥村絵図にみえる「古城跡」があり、鎌倉初期の阿波国守護であった佐々木経高が拠った「鳥坂城（茶臼山城）」である[4]。山麓部に絵図で描かれる「白鳥大明神」は、『三大実録』の清和天皇貞観 3 年（861）3 月 6 日条[5]の「阿波国正六位上白鳥神に従五位下授けき」にみえる「阿波国白鳥神」で、現在も石井・白鳥・市楽村一帯の氏神である。

　本村ノ東から西には天正 17 年（1589）の「下羅井番水定書」[6]にみえる「下羅井用水」が流れる。名東郡観音寺村絵図（表 3-1 の 4・5 番、口絵 2・3）には「舌洗勝間池」が描かれ、以西郡観音寺村→敷地村→名西郡尼寺村→同郡白鳥村→以西郡池尻村→同郡櫻間村→名西郡櫻間村→同郡加茂野村→同郡市楽村へ朝の四時から夕刻の六時までの 9 ヵ村の番水が定められていた。

　慶長 2 年（1597）の村高は約 243 石余、正保 3 年（1646）の阿波国絵図[7]では 245 石、寛文 4 年（1664）「阿波国十三郡郷村田畠高辻帳」[8]では村高は 245.52 石で、田方 93.54 石、畠方 151.98 石で、藍作を中心に畠作卓越型で、「芝山」とあり、村の南部の里山は半草山であった。さらに、天和 2 年（1682）の「阿波淡路御両国御蔵入高村付御帳」[9]によれば、蔵入地高は 70.83 石で、寛文 4 年村高の約 29％であった。また、宝暦元年（1751）の「白鳥村御拝知反高物成帳」[10]によれば、知行高は 71.29 石で変化がない。また、文化 10 年（1813）の村高[11]は 330.72 石、明治元年（1868）[12]は 331.90 石である。元文 5 年（1740）の藍作[13]は辻（平均）で反 17 貫、上 22 貫で、名西郡の平均値を示す。明治元年

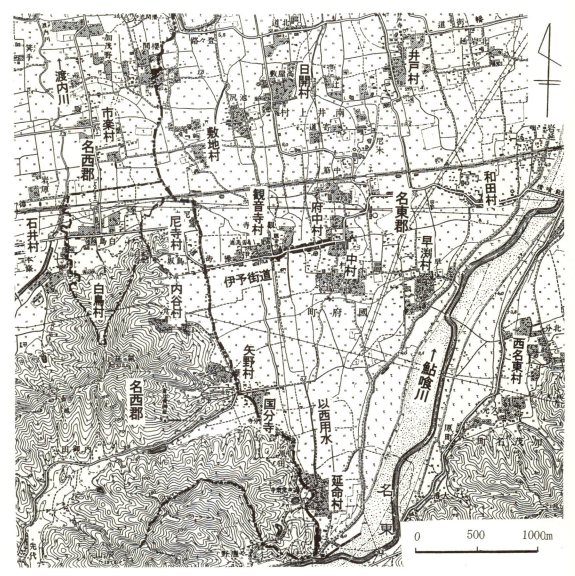

図 4-1　鮎喰川下流扇状地の地形図（1934 年）と藩政村
明治 29 年測図の縮図，大正 6 年測図，昭和 9 年第 2 回修正測図「石井」

の村高 330.72 石の内、蔵入地は 140.71 石（42.3％）、給知 191.90 石（57.6％）で、給人は 6 人である。
　徳島藩領で政治・経済の中核地域を構成した吉野川下流平野における明治元年の村別知行率分布をみよう（図 4-3）。まず、一円蔵入村（知行率 0％）は紀伊水道沿岸の新田地帯と、徳島城下西方の伊予街道出口筋や、城下南方の土佐街道出口筋、および新町川河口の塩田地帯に配置されており、城下周辺は藩領としたことが読み取れる。さらに、知行率 80 〜 90％の村は鮎喰川下流扇状地と吉野川デルタ地帯、麻植郡東部に多く分布するが、知行率 90 〜 96％の村は、鮎喰川下流扇状地の名東郡田宮・中村・観音寺・西高輪・桜間村と名西郡尼寺村である。また、別宮川（現吉野川）や吉野川北岸の板

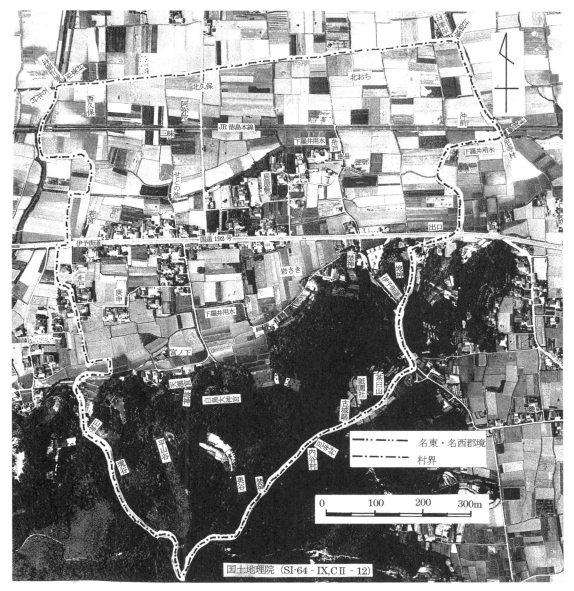

図 4-2 白鳥村の空中写真（1964）

野郡一帯は、東部の新田地帯を除き、近世中期〜明治後期まで藍作地域の中でも核心地帯を形成していたが、現藍住町以外は知行率 60 〜 70％で、蔵入地率は低い。このように、吉野川下流平野は藍作・稲作の発達した高生産力地域であるにもかかわらず、城下周辺・新田・塩田地帯を除いて、蔵入地率が低いことは注目されるが、その理由は不明である。

名西郡白鳥村（図 4-3 の S）の明治元年では蔵入地と給知の比率はほぼ 4 対 6 で、やや給知卓越型であった。同村周辺の村では、東の尼寺村の給知率 92.8％、西の石井村の 71.2％、北の市楽村の 73.7％よりもやや低い。「慶長二年分限帳」[14]によれば、「白鳥徳里、三右衛門百七十二石余、今田四郎右衛門七十一石余」とあり、大部分が給知であったことをうかがわせる。

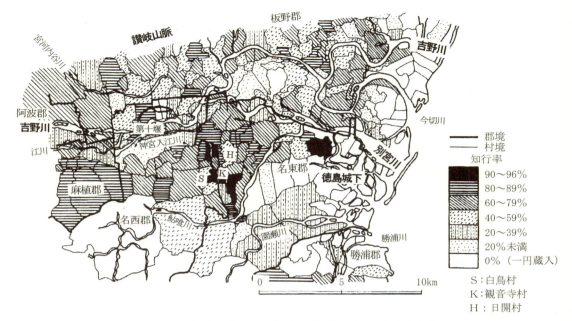

図 4-3　明治元年の吉野川下流平野の藩政村における知行率分布

注）①明治元年『旧高旧領取調帳』より作成。
　　②ベースマップは「阿波国分間絵図」（縮尺9万分の1、谷家文書、徳島県立文書館蔵）による。

第2節　文久2年（1862）名西郡白鳥村絵図

1．凡例・表現内容と分間村絵図とのちがい

　徳島県立博物館蔵の「文久二年名西郡白鳥村絵図」（表3-1の1番、表紙カバー表、口絵1）の凡例には、「朱筋／道　青／水　黄／山　御蔵／白　御藪／朱書入　平瀬新三郎様御拝知／桃　疋田武兵衛様御拝知／鼠　中山弥平太様御拝知／黄緑　渋谷力太郎様御拝知／臙脂　増田鶴右衛門様御拝知／橙　沢瀬勝之丞様御拝知／茶　右同色／御給知藪　絵図面一分一間　文久二壬戌年正月」とある。縮尺は約600分の1の彩色・手書きの実測図で、仕上がりが美麗で、表現手法が極めて精緻な絵図である。おそらく、藩絵図方の絵師作製のものと考えられる。絵図の表現内容は1筆ごとの地割りと、蔵入地と給知との区別、里山、古城跡（茶臼山城）、伊予街道、里道、下羅井用水、藪地、家屋（萱葺・瓦葺の区別）、橋、白鳥大神宮・八幡宮・庚申・阿弥陀・若宮・舟戸・権現・埜神・地神・山神等の宗教施設、三昧（墓地）等の景観要素やランドマークが緻密に描かれている。

　まず、具体的な表現内容を絵図の中央部でみよう（図4-4、口絵1）。下羅井用水が中央部を東から西に流れ、河跡湖である「せとの池」がみえる。蔵入地が64筆、平瀬新三郎拝知34筆、渋谷力太郎拝知12筆、中山弥太郎拝知13筆、疋田武兵衛14筆、増田鶴右衛門拝知0筆、沢瀬勝之丞拝知2筆

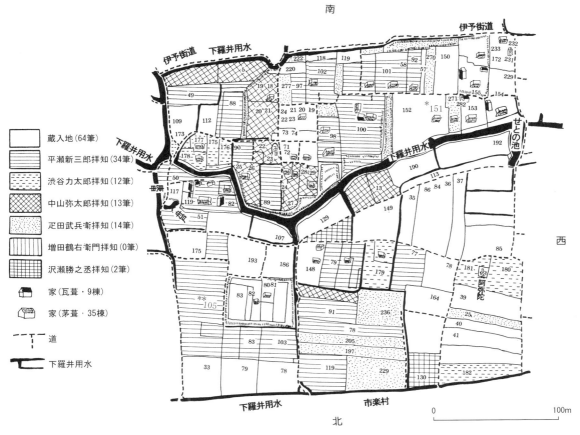

図 4-4　文久 2 年名西郡白鳥村絵図（中央部）
注）①図中のアラビア数字は絵図中の朱書地番（漢数字）を示す。
　　②合筆されている 7 地に地番は付されない。

である。家屋は 44 棟で、瓦葺 9 棟、萱葺 35 棟を数え、権現・庚申・舟戸・阿弥陀の 4 ヵ所の小祠が描かれる。さらに、御蔵藪と給知藪が「定請御藪」として 5 ヵ所みえる。下羅井用水の南側には家屋が 30 棟集まり集落部分を形成している。

具体的な 1 筆耕地をみよう。下羅井用水の北に接する蔵入地で「朱書地番百五十一」（*印）は石盛・名負人が記されるが、絵図作成時点である文久 2 年の当作人（耕作農民）はない。分筆されている場合をみよう。平瀬新三郎拝知の朱書番号百五（**）は「堂ノ北　中畠弐反弐畝拾四歩　壱石五斗弐升五合四勺　忠太夫　内　壱反壱畝弐拾弐歩　七斗六升弐合七勺」と記され、中畠 2 反 2 畝 14 歩の内、1 反 1 畝 22 歩が分筆部分で名負人は忠太夫であることを示している。しかし、注意しなければならない点は、本図から得られる 1 筆ごとの検地データは、慶長期の初期名負人で、これに対し、御蔵・給知の属人データは幕末の文久期であることである。絵図には「文久三年（1863）名東郡日開村限絵図」（表 3-1 の 6 番、表紙カバー裏）のように、絵図作成時点と推定される当作人は記されていない。村役人層としては絵図作成時点における当作人を把握していたはずであるが、絵図に記載しなかった理由は不明である。おそらく「名寄帳」で当作人の状況を把握していたと考えられる。

白鳥村絵図のような「知行絵図」と、徳島藩で文化〜文政期に藩の絵図方である岡崎三蔵らを中心に作成された藩用で実測図系の「分間村絵図」（口絵22・23）を比較しておく。「分間村絵図」は一定の様式で作成され、凡例は同一形式の一般図であり、1筆ごとの検地データや知行データを表現した絵図ではない。例えば、「文化十年勝浦郡八重地村市宇村分間絵図」（口絵23）[15]の凡例をみると、「六尺　一間／六十間　一丁／五十町　一里／絵図面二寸　一丁／黒筋　郡境／朱筋　道／薄墨　地面畠／薄黄　田／積数　一外周四里十八町二十間（*24,146m）」とある。縮尺は約1,800分の1で、山地、田・畠（地面畠）はそれぞれ黄・薄緑（絵図上の色）・茶色（絵図上の色）で彩色されており、土地利用界ごとにまとめて区別されており、「知行絵図」のように1筆ごとの地割はなされていない。

2. 白鳥村検地帳と名負人・朱書地番の検証

白鳥村には最初の総検地である「慶長九年検地帳」は現存していない。しかし、徳島県立文書館が所蔵する30点の「白鳥文書」[16]がある。それによれば、検地や土地に関しては、①「延享元子年（1744）二月　名西郡白鳥村慶長九年（1604）御検地御帳地拂帳」[17]、②「寛延二年（1749）一月十三日　阿波国名西郡白鳥村打直御検地帳」[18]、③「宝永二年（1705）・享保三年（1718）・享保七年（1722）・享保十八年（1733）・元文四年（1739）・寛政四年（1792）・寛政八年（1796）阿波御国名西郡白鳥村新開御検地帳」[19]、明治11年（1878）頃の④「阿波国名西郡白鳥村反別帳」[20]、⑤「明治十三年（1880）十一月　阿波国名西郡白鳥邨山林原野實地丈量絵図」[21]、がある。

さらに、6給人の内、4人の「拝知水帳」が現存する。すなわち、⑥「慶安四卯年（1651）正月十日平瀬所兵衛様水帳、写寛保弐戌年（1742）正月」[22]、⑦「寛保四子ノ年（延享元年・1744）中山九郎右衛門様拝知水帳写」[23]、⑧「延享弐巳ノ年（1745）渋谷安之丞様御拝知水帳写」[24]、⑨「安永五年（1776）十月名西郡白鳥村増田鶴右衛門様御拝知水帳控」[25]がある。「控」の増田を除いて、平瀬・中山・渋谷は「写」で絵図作成の文久2年とは約100年のタイムラグがある。

「白鳥文書」を個別に検討しよう。前記の①には「弐株合七畝拾四歩　八斗弐升壱合四勺　此分貞享三年（1686）御打直御検地入左之通ニ成ル」とある。本村における検地・新開を時系列的にみよう。まず、慶長9年に打出しの総検地が実施され→貞享3年にその打直検地があり→その後、宝暦2年新開検地→享保3年新開検地→享保7年新開検地→享保18年新開検地→元文4年新開検地→延享2年検地地拂修正→寛延2年打直検地→寛政4年新開検地→寛政8年新開検地→地租改正期（1874〜1880）丈量のような1筆耕地（土地）に関する検地・丈量を実施したようである。①には後欠があるが、約381筆が記載され、地租改正期の筆数589の約65％にあたる。

徳島藩では慶長期の総検地に記載される1筆単位の名負人（名請人）が、当該地所の名義上の所有者として地租改正時まで継承された[26]。実態としての土地所有や、分筆等の変遷履歴は検地帳下の貼り紙である「腰貼帳」や、庄屋自身が作成する「名寄帳」に記載された。本図に記載される名負人は慶長9年検地の名負人をそのまま継承しているようで、文久2年当時の当作人は記載されていない。本図に記される名負人は延133人（実数104人）で、蔵入地77人、平瀬4人、疋田25人、渋谷3人、沢瀬13人、増田4人である。「正徳五（1715）乙未歳十月晦日　名西郡白鳥村棟附人数御改帳」（表4-1）[27]によれば、家数70軒、人数168人（男のみ）、高325.556石とあり、家数70軒は絵図にみえ

る実数名負人の約半分であるが、15～60歳の男は168人で、これより多い。

さらに、本村検地は慶長9年検地を基本として、「延享元年地拂帳」の筆数376筆（後欠あり）は、地租改正期の反別帳筆数597筆の約63％にあたり、貞享3年の打直しと延享元年の地拂に基づく地積データを修正したものと推定できる。さらに、寛延2年の打直し検地は272筆で地租改正期の約

表4-1　正徳5年（1715）白鳥村棟附帳による階層構成

番号	名前	年齢（歳）	身居	高（石）	出自・身居・奉公人等	壱人（人）	小家（人）
1	嘉兵衛	33	壱家百姓	61石164	庄屋役→貞享元年百姓	1	0
2	新兵衛	60	壱家本百姓	44石801		15	7（山伏2）
3	利兵衛	47	壱家本百姓	41石801		9	4（1人平瀬→中山拝知）
4	源次	48	壱家本百姓	20石077		11（下人2）	5
5	作之丞	60	壱家庄屋	18石774	元禄7年庄屋役、御蔵奉公人	3	2
6	善左ヱ門	78	壱家百姓	14石85	天和2年小家→壱家百姓	1（山伏1）	0
7	宅兵衛	39	壱家百姓	13石45	小家→壱家、伏屋駆出奉公人	2（1人伏屋駆出奉公人）	1
8	太兵衛	44	壱家百姓	13石4		5	0
9	八右ヱ門	54	壱家百姓	12石923	伏屋新右ヱ門奉公人→御蔵奉公人	3	0
10	安右ヱ門	60	壱家百姓	10石6511		3	0
11	権内	46	壱家百姓	10石4	小家→壱家百姓	2	1
12	丹兵衛	40	壱家百姓	9石976	小家→壱家百姓	2	1
13	善六	31	壱家本百姓	9石36		2	4
14	左一右ヱ門	37	壱家本百姓	8石902	先規奉公人筋、横井重兵衛奉公人	2	2
15	伝右ヱ門	60	壱家奉公人	8石702		2	2
16	清六	46	壱家奉公人	8石352	伏屋与三右ヱ門先規奉公人筋日雇	1	0
17	市右ヱ門	33	壱人百姓	8石182	小家→壱家百姓（天和2年）	3	1
18	加次右ヱ門	59	壱家奉公人	7石941	小家→壱家奉公人（平瀬角右ヱ門）	2	1
19	藤左ヱ門	62	壱家奉公人	7石165	平瀬所兵衛奉公人	4（2人平瀬角右ヱ門奉公人）	1
20	権左ヱ門	49	壱家百姓	6石712	小家→壱家（天和2年）	3	1
21	所左ヱ門	60	壱家奉公人	5石201	伏屋与三右ヱ門先規奉公人筋	1（伏屋与三右ヱ門奉公人）	0
22	間兵衛	28	壱家百姓	4石9219	小家→壱家（天和2年）	3	1
23	権十郎	65	壱家百姓	4石601	小家→壱家百姓	1	0
24	伊兵衛	50	壱家奉公人	3石53	小家→壱家、平瀬先規奉公人筋	1	0
25	左一右ヱ門	51	壱家百姓	2石852	小家→壱家（天和2年）	3	1
26	善七	33	壱家百姓	2石704		1	0
27	宅右ヱ門	56	壱家百姓	2石5	小家→壱家百姓	4（1人田地売放、城下商人）	0
28	仁兵衛	44	壱家百姓	2石452	小家（鍛冶）→壱家百姓	1	0
29	加次兵衛	67	壱家	2石447	小家→壱家百姓	2（1人江戸人足）	0
30	金右ヱ門	44	壱家百姓	1石922	小家→壱家（天和2年）	3	0
31	丹治郎（絶家）	25	壱人奉公人	2斗52	平瀬角右ヱ門奉公人→石井村	0	0
計	家数70軒　人数168人（15～60歳の男子）村高325石5斗5升6合（外ニ牢人作高1石1斗3升6合）壱家30人　小家40人　庄屋1人　庄屋忌懸り之者6人　先規奉公人20人百姓129人　作所ヨリ不居申者1人　後家2人　片輪病人7人　壱家本百姓5人壱家百姓15人　壱家奉公人4人　奉公人2人　小家→壱家百姓8人小家→壱家7人（天和2年4人）					96	40

注）①「正徳五乙未歳名西郡白鳥村棟附人数御改帳」（徳島県立文書館蔵，シロト00020000））より作成。②原本では14番と25番が左一右ヱ門として同名になっているが、原本のまま記載した。

表 4-2 文久 2 年（1862）白鳥村蔵入地給人別田畑等級面積および石高

	名負人	筆数	分筆	上田	中田	下田	上畠	中畠	下畠	居屋敷	面積／高	総拝領高
蔵入地	77 人	208	30	227 畝 15 歩 25 448 斗 20 合 2（面積） （高）	289 畝 29 歩 341 斗 60 合 7	—	274 畝 11 歩 5 266 斗 42 合 4	218 畝 28 歩 175 斗 36 合	133 畝 02 歩 32 斗 23 合	16 畝 07 歩 19 斗 00 合	1159 畝 0975 1282 斗 82 合 3	
平瀬新三郎 (神田 帯刀 組/3 村)	4	82	58	71 畝 18 歩 84 斗 02 合 5（面積） （高）	187 畝 04 歩 187 斗 93 合 1	—	141 畝 15 合 151 斗 91 合	303 畝 03 歩 244 斗 96 合 3	77 畝 28 歩 35 斗 56 合 5	—	781 畝 08 歩 704 斗 39 合 1	*136.221 石
中山弥平太 (勧農方奉 行/5 村)	7	43	8	108 畝 10 歩 698 236 斗 42 合 8（面積） （高）	—	—	79 畝 13 歩 112 斗 68 合	8 畝 12 歩 5 斗 88 合	4 畝 06 合 1 斗 72 合	10 畝 12 歩 13 斗 52 合	210 畝 23698 370 斗 22 合 8	*170.00 石
定田武兵衛 (町奉行/10 村)	25	88	2	101 畝 09 歩 156 斗 4 升（面積） （高）	50 畝 09 歩 82 斗 04 合	2 畝 18 3 斗 44	100 畝 14 歩 160 斗 87 合	23 畝 18 歩 19 斗 47 合	93 畝 20 歩 57 斗 5 升	5 畝 6 歩 9 斗 04 合	377 畝 04 歩 488 斗 76 合	*325.684 石
渋谷力太郎 (中村主馬 組/6 村)	3	17	4	51 畝 24 歩 105 斗 69 合（面積） （高）	—	—	26 畝 08 歩 23 斗 54 合	—	17 畝 06 歩 13 斗 92 合	3 畝 12 歩 4 斗 42 合	98 畝 20 歩 147 斗 57 合	*150.000 石
増田鶴右衛 門（裁許目 付役/11 村）	4	14	4	33 畝 12 歩 72 斗 34 合（面積） （高）	6 畝 00 歩 12 斗 00 合	—	14 畝 23 歩 16 斗 27 合	1 畝 01 歩 0 斗 99 合	10 畝 18 歩 4 斗 14 合	1 畝 00 歩 1 斗 30 合	66 畝 24 歩 107 斗 04 合	*243.590 石
沢瀬勝之丞 (西の丸番 /4 村)	13	17	0	32 畝 00 歩 17 斗 20 合（面積） （高）	—	—	24 畝 32 歩 17 斗 86 合	4 畝 10 歩 2 斗 72 合	—	1 畝 82 合	62 畝 04 歩 39 斗 60 合	*101.318 石
計	133 人 実数 104	469 筆	106	625 畝 28 歩 948 1,120 斗 28 合 5（面積） （高）	533 畝 12 歩 623 斗 57 合 8	2 畝 18 3 斗 44	661 畝 16 歩 5 749 斗 55 合 4	559 畝 12 歩 1 449 斗 38 合 3	336 畝 20 歩 145 斗 07 合 5	37 畝 09 歩 49 斗 10 合	27 町 56 畝 03 歩 548 ***3140 斗 41 合 5	*1,126.813 石
				田計 11 町 61 畝 28 歩 9 厘 4 毛 8 糸 174 石 7 斗 30 合 3 勺			畠計 15 町 57 畝 18 歩 6 厘 134 石 4 斗 01 合 2 勺					

注：①文久二年名東郡白鳥村絵図（徳島県立博物館蔵）より作成。②＊は各給人の総拝領高を示す。③給人名の（ ）内の括弧内は『徳島藩士譜』による役職名の一部を示す。④給人の村数は給村数を示す。⑤＊＊＊面積・高には定請敷・墓地・溜池・社地・川成地等は含まない。⑥給人（ ）内の村数は給村数を示す。給人の職名は宮本武史編『徳島藩士譜上・中・下巻』による。

46％にあたる。

　絵図に付される朱書地番は、本筆分のみに付され、分筆（絵図では 106 筆あり、「内」と記される）には付されない。本筆は 469 筆を数え、蔵入地 208 筆で、6 給人 261 筆の内訳は平瀬 82、疋田 88、中山 43、渋谷 17、沢瀬 17、増田 14 である（表 4-2）。また、本筆には蔵入地と各給人別にまとめて地番が付されているようである。この地番は地租改正期作成の「白鳥村反別帳」に付される朱書地番とは一致しない。

3. 藪開・畠新開と蔵入地への編入

　本村では宝永 2 年に藪開、享保 3 年に畠新開、同 7 年に畠新開、同 18 年に畠新開、元文 4 年に畠新開があり、合わせて 22 筆、3 反 7 畝 18 歩、6 斗 6 升 6 合である。斗代は「麦高石ニ付」1 升 4 合から 3 斗 6 升懸かりと極めて低いが、開墾の翌年には「年貢成」になっている。その内の藪開 2 筆、1 畝 21 歩は伊予街道と下羅井用水に沿う字野屋敷で、絵図に記される「定請御藪」「六畝九歩七厘」に比定できるようである。畠の新開は 20 筆、3 反 5 畝 27 歩で、茶臼山城跡付近の標高 20 ～ 50 m の里山である字茶臼山・小丸・野神ノ西や、その西の下付近である。字野屋敷・茶臼山・小丸の藪畠開は蔵入地に、字宮ノ下は沢瀬と野神ノ西は平瀬の給知になっている。

第 3 節　白鳥村絵図の蔵入地・給知の分散相給状況

1. 田畠等級別と小字分布

　絵図と明治 13 年の「山林原野実地丈量見取絵図面」[28] から集計すると、白鳥村の総地籍（804 筆）は 45 町 6 反 3 畝 4 歩である。内訳は田 11 町 6 反 1 畝 28 歩、畠 15 町 5 反 7 畝 18 歩、居屋敷 3 反 7 畝 9 歩、定請藪 1 反 4 畝 17 歩、三昧（6 筆・墓地）7 反 2 畝 22 歩、溜池（10 筆）1 反 3 畝 14 歩、社地山林（10 筆）6 反 1 畝 9 歩、山林（194 筆）16 町 2 反 6 畝 27 歩、村中持山（5 筆）1 反 2 畝 11 歩、草地（1 筆）27 歩、川成地（1 筆）4 畝 10 歩である。居屋敷面積がきわめて過小であるが、家屋が描かれる屋敷地であっても、絵図には畠と記される場合が多いからである。

　さらに、絵図には 469 筆について田畠の等級が記されている（図 4-5）。まず、田畠合わせて 27 町 5 反 6 畝 03 歩（314.0415 石）で、上田は 6 町 2 反 5 畝 28 歩（23.0％）、中田は 5 町 3 反 3 畝 12 歩（19.6％）、下田は 2 畝 18 歩（0.1％）、上畠は 6 町 6 反 1 畝 16 歩（24.3％）、中畠は 5 町 5 反 9 畝 12 歩（20.6％）、下畠は 3 町 3 反 6 畝 20 歩（12.4％）である。面積では上田と上畠が合わせて約 47％を占め、中田・中畠は約 40％、下田・下畠は約 12％である。耕地面積は田が約 43％、畠が約 57％で、やや畠卓越型で、概して生産性の高い耕地に恵まれている。文化期の藩撰地誌である『阿波志』[29] では「中等陸田十分の五、下等水田十分の五」とあるが、幕末期までには土地改良等により生産性が向上したのであろう。

78　第Ⅰ部　徳島藩の知行絵図と村落空間

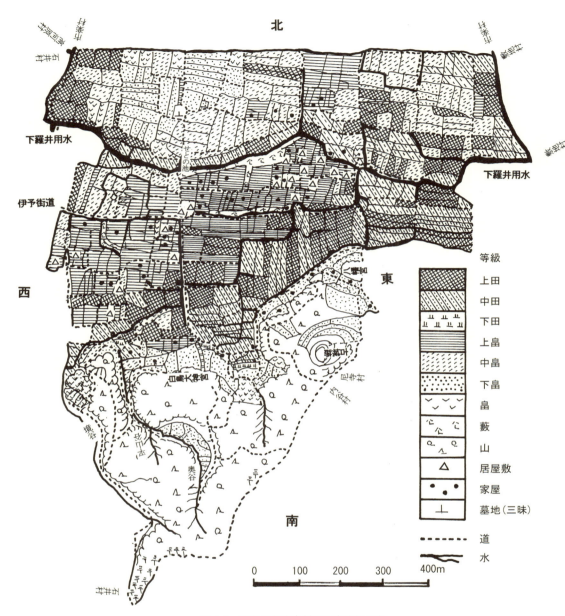

図4-5　文久2年白鳥村の田畠等級分布
文久二年白鳥村絵図（徳島県立博物館蔵）より作成。

　生産性の空間的分布をみよう。上田は下羅井用水と山麓との間に多く、字みたけ・出口・山下・城ノ下・岩さき・柿ノ木・山路・はざかのように、市楽村境の西久保の微高地に多く分布する（図4-5・6参照）。上畠は家屋が集まる集落微高地に多く、下羅井用水南側の字居屋敷・原屋敷・南屋敷・東畠から渡内川左岸（南西部）の字北浦・井内・北屋敷・前屋敷に多く分布する。下羅井用水北側は中畠が多く、字北おち・沖屋敷・北久保・せとの池が中心である。下畠は字せとの池から阿弥陀の南の「三昧」（墓地）、字鎌田地の低地部に集団を形成する。

第 4 章　名西郡白鳥村の知行絵図と村落空間　79

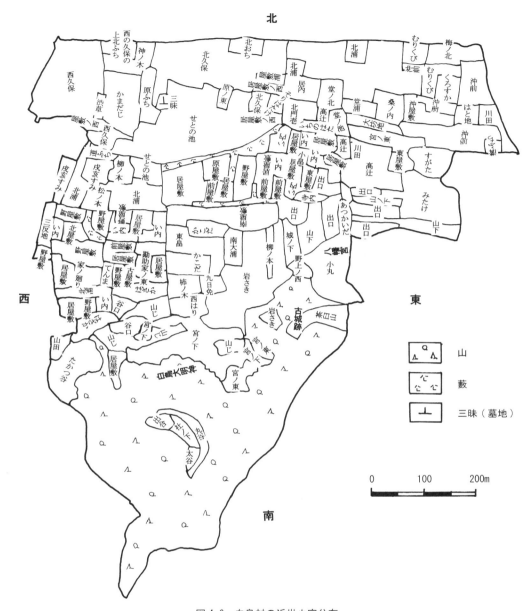

図 4-6　白鳥村の近世小字分布
文久二年白鳥村絵図（徳島県立博物館蔵）より作成。

　本図に 1 筆ごとの耕地や屋敷地に最小地名である小字名 75 が付されている。図 4-6 は 1 つの小字ごとのまとまるエリアを区切って示したものである。この小字は慶長検地帳に記載された近世の小地名を継承したものと推定できる。地租改正により 75 小字が字沖ノ前・西久保・北浦・高辻・宮ノ下の 5 つの小字に統合されている。いずれも旧小字名を踏襲しているが、小字の占めるエリアの大きさからすれば、せとの池・北久保・岩さき・北おち・かまだじ・みたけ等が新小字になってもおかしくなく、新小字の決定が極めて恣意的になされたことを示す。この点に関して佐藤甚次郎[30]は、地租改正によ

る旧小字から明治新小字への編成過程で、全国的には、①旧来の近世地名から小字をかなり踏襲した事例、②5～10の旧小字を統合し、最も適切な旧小字を代表として選んだ事例、③旧来の小字を分合・統合して、まったく新しい小字を付した三つを挙げており、本村はおおむね②に該当するようである。

2. 蔵入地・給知の存在形態

白鳥村絵図を素材として1筆ごとに蔵入地と6給人別に田畠の等級別面積・高や居屋敷地をみよう（表4-2）。総筆数は469で、その外に106筆の分筆がみられ、分筆の面積・石盛は本筆に含まれている。実際は屋敷地であっても絵図の地目では、田と畠である場合が大部分で、地目が居屋敷と記載されるのは3反7畝9歩（1.3％）、4.910石（1.6％）に過ぎない。

名負人は延133人を数えるが、実数は104人である。蔵入地は208筆、面積で全体の42.1％、石高では41.1％である。これに対し、給知は、面積で57.9％、高では58.9％である。6給人をみると、拝領高325石余で物頭格／淡路番役の疋田武兵衛、243石で物頭格／裁許目付役の増田鶴右衛門、170石で物頭格／勧農方奉行役の中山弥平太、150石で平士格の渋谷力太郎、136石余で平士格の平瀬新三郎、101石余で平士格の沢瀬勝之丞で、いずれも徳島藩の幕末期高取藩士628人の中ではやや中下級家臣層にあたる[31]。

絵図から蔵入地と6給人の給知を1筆ごとに分布状態を示した（図4-7）。分散相給に特徴があるが、6人給知は2～3筆が団塊状にかたまって配置されており、極端な分散相給ではない。表4-2・3と図4-7をクロスさせて分析を行う。まず、蔵入地は43.2％が上田・畠で、全村にわたって分布している。

絵図からに面積・石高ともに把握できる96人の階層構成をみよう（表4-3）。まず、①2～3町／20～30石の初期本百姓層2人は嘉兵衛・忠太夫で、嘉兵衛の1筆（6畝／1.2石）を除いて平瀬の頭入百姓である。②1～2町／10石以上の上層の本百姓壱家層3人は、御蔵主体1・平瀬主体1・疋田主体1である。③5反～1町／5～20石の壱家本百姓層9人は御蔵主体2・平瀬主体1・疋田主体3・中山主体3・増田主体1である。④3～5反／3～10石の壱家本百姓層12人は、平瀬・中山・疋田・渋谷主体の頭入百姓で御蔵の比率は低い。⑤1反未満／1石未満の零細小家・下人・奉公人層

表4-3 文久2年（1862）白鳥村名負人の階層構成

	2～4町	1～2町	0.7～1町	5～7反	3～5反	1～3反	1反未満	計
20～30石	2							2
10～20石		3	3					6
5～10石		1	4	2	8			15
3～5石				1	4	5		10
1～3石						12	3	15
0.5～1石						2	18	20
0.5石未満						2	26	28
計	2	4	7	3	12	21	47	96

注）①文久二年名西郡白鳥村絵図（徳島県立博物館蔵）より作成。②名負人は面積と石高の両方が判明するもの。

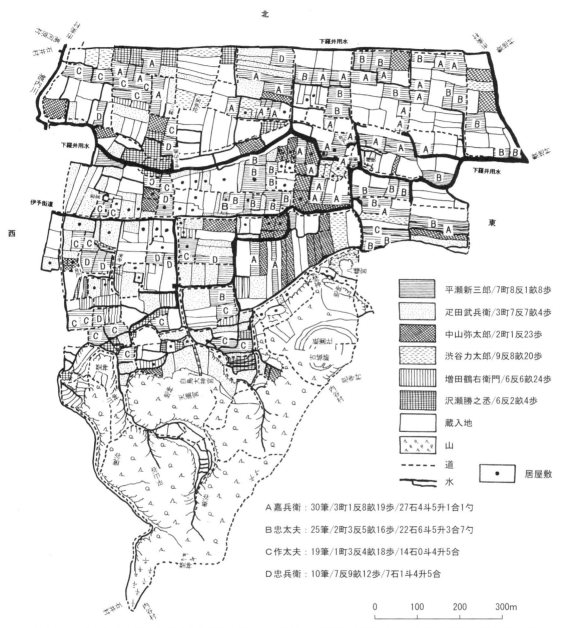

図4-7 文久2年白鳥村における蔵入地と6給人の知行地、平瀬新三郎拝知4人の初期本百姓名負地（A～D）
「文久二年（1862）名西郡白鳥村絵図」と「慶安四年（1651）名西郡白鳥村平瀬所兵衛様水帳，寛保二年（1742）写」より作成。

44人の大部分が御蔵百姓専属である。このように、村落上層の壱家本百姓層の多くは、給人主体の頭入百姓で占められるが、村落下層の零細小家・下人層は御蔵百姓主体になっている傾向が読み取れる。

次に、蔵入地を絵図で集計すると、①蔵入地の1筆平均面積は6畝6歩で、給知の9畝2歩に比べるとかなり小さく、②平均反収は1.06石で、給知の1.043石と差はない。また、蔵入地の知行付百姓

は徳島藩では御蔵百姓と呼ばれるが、蔵入地をもつ名負人77人の内、御蔵百姓専属は62人で、15人は御蔵＋頭入百姓の兼帯である。蔵入地をもつ百姓の約46％は1石未満の零細層、1〜5石層は約49％で、比較的零細な小家層が中心である。

下羅井用水北側の字せとの池・北久保・沖ノ前・北おち付近には、給人別の知行地が団塊状に分布する。6給人の内、本村で最も多く拝領するのが平瀬（70.439石）で総拝領高の51.7％が本村にあり、本村を存立基盤としている。絵図には初期本百姓である頭入百姓にあたる「嘉兵衛」「忠太夫」「作太夫」「忠兵衛」の4人の名負人のみが記されるが、前述の「慶安四年、寛保二年写平瀬所兵衛水帳」[32]にはこの4人配下の32人（延43人）の知行付百姓が記される。32人全部が平瀬専属の頭入百姓で占められる。平瀬の場合、1石未満の零細層は7人と少なく、半数が中間層である。また、平瀬は本村以外に、他に阿波郡2村（郡村・西林村）に65石余を拝領している。本村給知面積の48.9％を平瀬が占めるが、その61.2％が中田・畠で、上田・畠は42.0％であり、平瀬の給知は全村に万遍なく分布している。

疋田の拝領高は阿波国6ヵ村と、淡路国2ヵ村でほぼ半分ずつを占め、本村は約15％に過ぎない。疋田の名負人（知行付百姓）は25人で、疋田専属14人、御蔵＋疋田3人、御蔵＋疋田＋平瀬3人、疋田＋沢瀬5人である。疋田の給知は上級の田畠高が約65％を占め、生産性の高い耕地が中心であり、村南部の「白鳥大明神」の北側耕地付近で、字宮ノ下・かこだ・山じ・北浦を中心に、分布にかたよりがみられる。

中山の拝領高比率は、阿波国55：淡路国45で、本村ではその約22％であるが、生産性の高い上級の田畠が94％を占める。名負人は7人で、中山専属4人、御蔵＋中山＋平瀬が3人である。村中央部の字山下・城ノ下・南屋敷・前屋敷付近が中心である。渋谷の拝領高は阿波（2村）と淡路（3村）が半分ずつで、本村はその1割に過ぎない。知行地の87％が生産性の高い耕地で占められ、字居屋敷・北久保・西久保・せとの池にあり、分散している。

増田の拝領高は阿波8村と、淡路2村でほぼ半分ずつで、本村はその4％に過ぎず、名負人は勘左ヱ門・実右ヱ門・助右ヱ門・分右ヱ門の4人（増田専属）である。拝領高の82％を上級の田畠が占め、南部の字野屋敷・てんまを中心として、分散している。沢瀬の拝領高は阿波国4村のみで、本村は約4％に過ぎず、その87％は上級田畠である。名負人は13人で、沢瀬専属5人、御蔵＋沢瀬が3人、御蔵＋沢瀬＋疋田が3人、沢瀬＋疋田が2人である。南部の字宮ノ下・岩さきと北部のせとの池付近に分散している。

第4節　延享元年（1744）「地拂帳」、正徳5年（1715）「棟附帳」の分析

1.「地拂帳」

文久2年以前の本村における蔵入地・給知の状況を示す文書として「延享二子年二月　名西郡白鳥

第 4 章　名西郡白鳥村の知行絵図と村落空間　83

村慶長九年御検地御帳地拂帳」[33]がある。本帳は慶長 9 年の打出し検地の後、貞享 3 年（1686）に打直し検地があり、延享 2 年（1745）に改めて「地拂」して 1 筆ごとに、地字・地目・等級・面積・石盛・名負人と蔵入・給知の区別を再調査したものと推定できる。例えば、

　　おちあい
　　　一弐畝匹歩　中田　弐斗三升四合七勺　　え一
　　同所
　　　一五畝拾歩　中下田　五斗八升六合七勺　　同人
　　弐株合七畝拾四歩　八斗弐升壱合四勺
　　　此分貞享三年御打直御検地入左之通ニ成ル
　　西くぼ
　　　上下田　六畝拾弐歩　壱石弐斗壱升六合　　与一右ヱ門
　　　　　　御蔵
　　　差引　壱畝弐歩　不足

　地字が「おちあい」から「西くぼ」に変更され、名負人が「え一」から「与一右ヱ門」に変わり、地積も再丈量により 1 畝 2 歩減歩し、御蔵になっていることがわかる。本帳を集計したものが表 4-4 である。本帳には若干の後欠がある。文久 2 年絵図データと比較すると、本帳総筆数 376 は絵図の約 80％であるが、耕地・屋敷地面積は約 92％、石高は約 98％に相当するので、文久期より約 120 年前の状況を知る史料として貴重である。

　まず、第 1 に蔵入地が文久期の面積・石高に対し約 30％・33％ときわめて低率なことが注目される。第 2 に文久期の平瀬・中山・疋田・渋谷・増田・沢瀬の 6 給人の内、増田・沢瀬は存在せず、伏屋与三右衛門と松倉数馬が記されることから、増田と沢瀬は延享 2 年以降の本村における新知であると推定できる。延享期と文久期の知行高の変化を比較すると、平瀬と渋谷は増知しているが、中山と疋田は減知している。また伏屋は高 150 石余で中北 郡 奉行（名東・名西・麻植 3 郡奉行）を勤め、伏屋家 3 代であったが、後に後継がなく家が断絶している[34]。また、松倉は高 700 石で鉄砲組頭を勤めた松屋家の 4 代目であったが、安永 3 年（1774）に 5 代目左源太の出奔により家廃絶の処分を受けている[35]。

　延享 2 年の伏屋の給知は 5 町 2 反 5 畝 24 歩（64 筆）、56 石 3 斗 8 升 2 合で平瀬に次ぐ。全村に分布しており、東部の字沖ノ前・みたけ・出口、南部の字西久保・北久保・せとの池やはざか・岩さきが中心で、名負人（知行付百姓）は 16 人いた。沢瀬に編入された中畠（山路 150 番、7 畝 5 歩）と平瀬に編入された中田（出口 76 番、8 畝 2 歩）以外は文久期には蔵入地に編入されている。注目される点は、同じ地筆であっても、延享期と文久期の名負人記載に変化がみられることである。例えば、字東屋敷 129 番の中畠 9 畝 17 歩／高 8 斗 1 升 3 合は「源四郎」から「兵右ヱ門」になり、蔵入地に編入されており、文久期では名負人を再確認しているようであり、伏屋で 16 筆確認できる。

　松倉の延享期の給知は 1 町 4 反 7 畝 16 歩（23 筆）／19 石 9 斗 2 合で、文久期にはすべてが蔵入地に編入された。名負人は 7 人いるが、伏屋とは重複しないので、松倉と伏屋の名負人は他の給人と兼帯しない専従の知行付百姓であったと推定できる。また、松倉給知の内の居屋敷 1 筆（1 畝）で、名負人が「加右ヱ門」から「安左ヱ門」に変化している。松倉の給知は北部の字西久保・せとの池・北おち、南部の字岩さきが中心である。全体をみると、伏屋と松倉の給知 6 町 7 反 3 畝 23 歩と、中

84　第Ⅰ部　徳島藩の知行絵図と村落空間

表 4-4　延享元年（1744）白鳥村慶長 9 年（1604）御検地掛帳による蔵入地・給知の状況

	筆数	上田	中田	下田	上畠	中畠	下畠	居屋敷	面積計	高計
蔵入地	63	133畝22歩20　244斗56合	30畝27歩5　33斗84合	—	71畝02歩15　71斗06合4	48畝15歩7　39斗16合	54畝24歩8　27斗03合	13畝16歩8　16斗42合	344畝16歩8	432斗34合4
平瀬新三郎	87	—	192畝24歩23　213斗89合5	13畝27歩3　12斗908	147畝10歩23　166斗63合46	256斗07歩27　184斗78合3	100畝14歩11　45斗83合2	—	710畝22歩	630斗28合66
中山弥平太	52	190畝18歩23　392斗21合	—	4畝27歩1　9斗31合	93畝23歩19　191斗82合	10畝21歩2　10斗24合	7畝15歩1　3斗75合	10畝12歩6　13斗52合	317畝26歩6	622斗25合
足田武兵衛	74	131畝06歩19　217斗84合9	75畝07歩10　127斗50合	75畝07歩10	102畝03歩24　106斗01合1	41畝21歩6　35斗15合	48畝13歩8　24斗08合	9畝09歩　12斗09合	408畝17歩	523斗5 1合
渋谷力太郎	13	51畝24歩6　95斗69合	—	—	18畝24歩2　21斗96合	—	19畝15歩3　13斗74合	3畝12歩2　4斗42合	93畝15歩	135斗81合
伏尾与三右衛門（*高150石）	64	11畝08歩1　18斗57合	201畝08歩23　304斗72合98	33畝13歩5　33斗17号2	72畝05歩11　82斗05合6	186畝19歩21　148斗55合42	22畝01歩2　9斗91合5	—	525畝24歩	563斗82合5
中北郡奉行・後家断絶										
松倉数馬（*高700石　鉄砲）	23	60畝02歩8　119斗36合	—	—	31畝18歩7　34斗68合	51畝24歩5　38斗92合	—	4畝15歩3　6斗11合	147畝29歩	199斗07合
組頭・安永3年家断絶										
計	376	11町3反1畝21歩　182石4斗4升3合3勺8才	5町0反0畝　06歩61	52畝25歩10	5町3反6畝　25歩101	5町9反5畝　27歩69	2町5反2畝　22歩33	4反4畝16歩25	25畝4反8畝　29歩	310石70升9合5勺6才
		108石8斗2升9升3合9勺	67石9斗4升9升6合4勺8才	5石6斗2升3合	67石4斗2升2合5勺6才	46石3斗0升4合1勺2才	12石4斗4升6升1合7勺	5石2斗5升6才		
田計				148筆	畠計		203筆	25筆	376筆	
					13石8反2畝14歩　126石1斗8升8合3勺6才					

注 ① 延享元子年二月　名西郡白鳥村慶長九年御検地御掛地掛帳（白鳥文書シロト 00028000、徳島県立文書館蔵）より作成。② 田・畠・居屋敷欄の上段は面積、下段は石高を示す。③ 上段面積数字の後の数字は筆数を示す。④ * は宮本武史編（1973）『徳島藩士譜　下巻』160, 395頁による。

山と定田の減知分の 1 町 3 反 2 畝 4 歩が蔵入地に組み込まれたことになる。

　延享 2 年「地拂」の 5 年後の寛延 2 年（1749）1 月 13 日付の「白鳥村打直御検地帳」[36] によれば、田畠合わせて 272 筆（文久絵図記載の約 58%）、田畠面積 14 町 1 反 7 畝 21 歩（同約 57%）、高 194 石 5 斗 9 升 9 合（同約 62%）が再検地を受けている。その内容をみると、延享「地拂」と文久絵図に記載された 1 筆ごとの朱書地番・小字・地目・等級・面積・石盛・名負人とほぼ一致するが、一部の名負人において違いがみられる。その理由は不明である。また、本帳には蔵入地・給知の区別は記載されていない。

2.「棟附帳」と村落の階層構造

　正徳 5 年の本村棟附帳から本村農民の階層構造をみよう（表 4-1）。家数 70 軒、人数 168 人（男のみ）、村高 325.556 石の小村である。70 軒の内、自立した本百姓または百姓である壱家が 30 人、壱家の支配下にある血族の小作人や分家である小家が 40 人、庄屋（同表の 5 番作之丞）が 1 人、庄屋の従兄弟までの小家である忌懸りが 6 人、百姓 129 人（文久絵図の名負人 133 人）である。1～5 番の嘉兵衛・新兵衛・利兵衛・源次・作之丞は本村草分けの初期本百姓出自と推定できる。

　壱家 30 人の 3 分の 2 にあたる 20 人が給人の頭入の先規奉公人筋（駆出奉公人）[37] の出自であることは注目される。伏屋与三右ヱ門の先規奉公人筋が 4 人（同表の 7 番宅兵衛・9 番八右ヱ門・16 番清六・21 番所左ヱ門）、平瀬角右ヱ門（平瀬新三郎の先代）[38] が 3 人（同 18 番加次右ヱ門・19 番重兵衛・24 番伊兵衛）、横井重兵衛が 1 人（同 14 番左一右ヱ門）で、給人の伏屋与三右ヱ門が廃絶のため、その頭入百姓は御蔵百姓となり、身居（身分）は御蔵百姓奉公人（同 9 番八右ヱ門）として記載されている。このように、御蔵奉公人が 2 人、給人奉公人が 9 人あり、本村は徳島城下に近接するため、農民の約 3 分の 1 が奉公人として駆り出されていたことが読み取れる。さらに、小家から独立して小農が自立して壱家百姓となったものが 11 番の権内（10.4 石）から 30 番の金右衛門（1.92 石）までに 15 人を数える。また、天和 2 年（1682）の壱家昇格が 5 人あり、本村でも近世中期段階で隷属する小農自立が家数 70 軒の内の 20 人にも及んでいた。

　さらに、1 番の嘉兵衛は高 61.164 石で、村内最大の大高持の本百姓で庄屋役を勤めていたが、「不届御座候申ニ付役義被召上、貞享元年（1684）ヨリ百姓ニ被仰付候」とあり、百姓に格下げされており、隷属する小家はなくなっている。これに対し同じ初期本百姓筋の 5 番で高 18.774 石の作之丞が元禄 7 年（1694）に庄屋役を拝命しており、小家 2 と壱人 3 人を配下にしている。また、2 番で村内 2 番目の大高持の新兵衛（44.801 石）は従兄弟を中心に 15 人の壱人と山伏 2 人を含む小家 7 人の一族集団を、壱家本百姓の 4 番源次（20.077 石）は下人 2 人を含む 11 人の壱人と 5 人の小家をそれぞれ配下に隷属させている。

　図 4-8 に文久 2 年本村における絵図の石高 1 位の嘉兵衛（28.7378 石）から 10 位の清左衛門（9.595 石）の所有地を示し、さらに、表 4-5 には高 28.738 石の嘉兵衛から 32 位で 3.261 石の八兵衛までの高 3 石以上の名負人の田畠内訳と、給人割合を示した。これを比較分析すると、名負人 10 人の所有地分布は給知分布ほどの分散はみられず、一定のまとまりがみられる。すなわち、嘉兵衛（30 筆／3 町 1 反 8 畝 19 歩）は下羅井用水北側に、忠太夫（25 筆／2 町 3 反 5 畝 16 歩）は村中央部の伊予街道沿いに、

表 4-5 文久 2 年（1862）白鳥村における高 3 石以上の名負人別田畑等級別面積・高および御蔵・給人別比率

番号	名負人	筆数	田 上田	田 中田	田 下田	畑 上畑	畑 中畑	畑 下畑	居屋敷	面積	高	御蔵 %	平瀬 %	中山 %	厄田 %	渋田 %	増田 %	沢瀬 %
1	嘉兵衛	30	6畝00歩 12斗00合	97畝12歩 110斗346	—	9畝18歩 10斗244	140畝11歩 131斗873	55畝08歩 22斗915	—	318畝19歩 287斗378		4.2	95.8					
2	忠太夫	25	—	95畝24歩 103斗683	—	43畝10歩 51斗064	—	96斗12合 71斗458	—	235畝16歩 226斗205			100					
3	孫左ヱ門	17	47畝03歩 89斗81合	—	—	23畝23歩 19斗84合	29畝10歩 25斗48合	33畝15歩 13斗92合	—	133畝21歩 149斗05合		11.9			83.6			4.5
5	作太夫	19	—	57畝25歩 59斗25合7	—	42畝10歩 44斗45合2	34畝23歩 24斗03合7	—	—	134畝18歩 127斗746			100					
6	作之丞	16	30畝12歩 58斗20合	16畝06歩6 20斗12合	—	11畝07歩5 12斗66合	6畝00歩 6斗45合	36畝10歩 20斗79合	2畝00 2斗20	96畝05歩5 120斗42合		97.1						2.9
3	次右ヱ門	16	49畝24歩 89斗88合	—	—	42畝16歩 49斗50合	4畝10歩 2斗72合	7斗15合 3斗75合	2畝15	84畝14歩 139斗10合		14.7		80.0	3.4			3.0
7	安右ヱ門	20	28畝21歩 39斗29合	30畝16歩 21斗54合	1畝19歩 1斗18合	21畝25歩 22斗82合	16畝12歩 13斗12合	6畝23歩 4斗98合	3斗25	103畝16歩 102斗93合		87.3			10.6			5.6
8	勘左ヱ門	10	42畝12歩 90斗34合	—	—	8畝03歩 8斗23合	1畝01歩 0斗99合	2畝09歩 0斗92合	—	53畝25歩 100斗48合		17.8					82.1	
9	権左ヱ門	17	26畝09歩 49斗38合	3畝27歩 6斗66合	—	33畝02歩 33斗74合	—	16畝09歩 5斗82合	1畝00 1斗30	80畝17歩 96斗37合		33.5			57.3			9.1
10	清左ヱ門	23	24畝09歩 49斗38合	2畝10歩 1斗10合	3畝14歩 5斗12合	13畝24歩 15斗08合	8畝15歩 7斗65合	54畝11歩 17斗62合	2畝15	106畝23歩 95斗95合		9.8			90.2			
11	源左ヱ門	10	30畝27歩 61斗61合	—	—	16畝20歩 27斗93歩5	4畝03歩 2斗87合	—	1畝00 1斗30	52畝20歩 93斗71合5		31.2		68.8				
12	万右ヱ門	12	15畝15歩 22斗00合	22畝00歩 38斗04合	—	12畝22歩 11斗83合	—	5畝00歩0 2斗00合	—	67畝22歩 92斗39合					99.9			0.1
13	徳兵衛	13	20畝18歩 42斗63合	8畝09歩 14斗94合	—	15畝10歩 20斗15合7	8畝15歩 14斗18合	14畝18歩 6斗85合	09歩 0斗35	60畝04歩 84斗92合7		82.1			17.8			
14	忠左ヱ門	9	26畝03歩 53斗02合	—	—	16畝21歩 27斗32合	4畝03歩 —	6斗85合 —	2畝15	45畝09歩 83斗59		42.2		57.8				
15	仁左ヱ門	7	32畝24歩 68斗34合	—	—	3畝18歩 4斗32合	4畝09歩 3斗01合	—	3畝25 12歩	41畝03歩 76斗19合		18.7		81.3				
16	幾兵衛	8	27畝15歩 57斗75合	—	—	13畝08歩 14斗56合	—	—	2畝00 2畝60	42畝23歩 74斗91合		52.9		47.1				

17	忠兵衛	10	—	7畝15歩	—	46畝17歩	25畝10歩	—	79畝12歩		99.1	0.9	
18	弥次右ヱ門	5	—	7斗67合	—	46斗81合	17斗59合5	—	71斗07合5				
19	左次右ヱ門	8	6畝21歩	8畝06歩	—	27斗18合	2斗18合	0斗10	45畝13合	100			
			23斗01合	13斗94合		30斗36歩	1斗82合	0斗18	69斗31合				
			25畝 22018	—	—	7畝24歩	—	2斗00	35畝1618	45.3	54.7		
			51斗7592			9斗08合		2斗60	63斗4392				
20	新兵衛	8	24畝06歩	—	3畝03歩	6畝11歩	—	2斗00	35畝20合			1.0	99.0
			49斗73合	—	4斗86合	5斗64合	—	2斗60	62畝83合				
21	与次右ヱ門	6	20畝00歩	—	—	20畝12歩	—	—	40畝12合				97.8	1.3
			40斗00合	—	—	18斗50合	—	—	58斗50合				
22	兵右ヱ門	7	—	22畝27歩	—	4畝25歩	25畝22歩	—	53畝14合	100			
			—	27斗55合	—	5斗46合6	20斗78合3	—	53斗79合9				
23	彦左ヱ門	7	14畝00歩	—	—	16畝19歩	17畝26合	—	48畝15合	100			
			14斗08合	—	—	19斗20合	19斗79合	—	53斗07合				
24	所左ヱ門	12	12畝06歩	2畝24歩	0畝18歩	7畝02歩	—	12畝13歩	36畝18歩	2.3	95.1		1.0
			25斗62合	4斗76合	0斗84合	7斗70合	—	8斗74合	49斗61合				
25	八蔵	9	15畝21歩	—	4畝12歩	6畝15歩	9畝09歩	1斗76合	27畝22歩	100			
			30斗47合	—	1斗43合	7斗80合	6斗51合	1斗43合	47斗97合				
26	与左ヱ門	8	15畝0893	—	15畝03歩	1畝20歩	—	1畝12	33畝1319	36.7		2.4	60.9
			32斗13合	—	9畝06歩	1斗08合	—	1斗82	44斗09合				
27	宅兵衛	4	—	28畝17歩	—	10畝20歩	—	—	39畝07歩	100			
			—	31斗04合	—	12斗363	—	—	43斗403				
28	武兵衛	11	7畝29歩	—	—	5畝03歩	31畝05合	6畝07	50畝14合	100			
			8斗77合7	—	—	4斗35合4	22斗69合	5斗00	40斗821				
29	伊勢	5	7畝18歩	9畝27合	—	16畝03歩	0畝03歩	—	33畝15合	100			
			9斗65合	10斗98合	—	17斗71合	0斗01合	—	38斗44合				
30	源四郎	2	—	20畝14合	—	—	—	—	20畝14歩	100			
			—	36斗24合	—	—	—	—	36斗24合				
31	嘉右ヱ門	4	13畝03歩	—	—	1畝12歩	4畝09歩	1畝06	20畝27合	100			
			26斗20合	—	—	1斗68合	3斗44合	1斗56	32斗88合				
32	八兵衛	5	9畝15合	—	4畝27合	9畝24合	—	—	24斗07合	100			
			19斗95合	—	2斗94合	9斗72合	—	—	32斗61合				

88　第Ⅰ部　徳島藩の知行絵図と村落空間

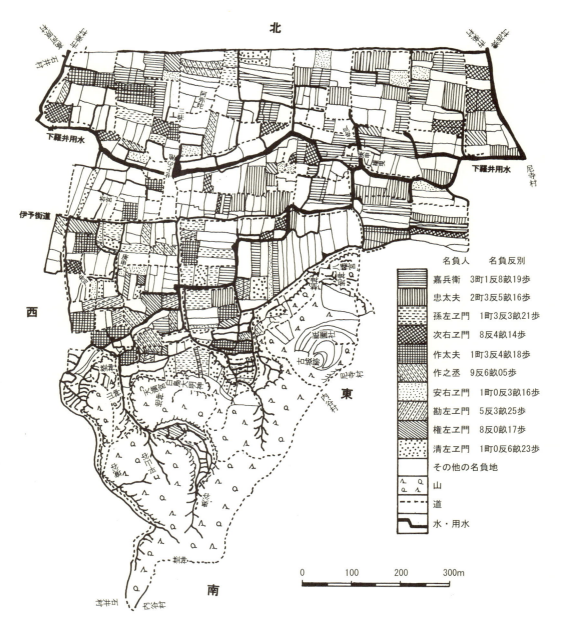

図4-8　文久2年白鳥村上位名負人所有地
文久二年名西郡白鳥村絵図（徳島県立博物館蔵）より作成。

孫左衛門（17筆／1町3反3畝21歩）は伊予街道南の村南部に、作太夫（19筆／1町3反4畝18歩）は石井村境の村西部に集中して所有している傾向がみられる。

　また、表4-5の2位忠太夫と5位作太夫は給人平瀬専属の頭入百姓であり、さらに、1位嘉兵衛と17位忠兵衛は1～4％の蔵入地を有するが、ほぼ完全な平瀬の頭入百姓といえる。さらに、3位の孫左ヱ門と18位の弥次右ヱ門は疋田武兵衛の、4位の次右ヱ門は中山弥太郎の、20位の新兵衛は渋谷

力太郎のほぼ専属の頭入百姓である。また32人の内、9人が御蔵百姓専属で、4人が蔵入地率50％以上、12人が50％未満で、半数が御蔵百姓と頭入百姓の兼帯である。同表の32人の内、25人が蔵入地を所有しており、頭入百姓専属は7人に過ぎなく、22位の兵右ヱ門以下のほぼ高5石以下の層は御蔵百姓専属を示す。このように、村全体で蔵入地高は約41％であるが、百姓の存在形態としては、上位層は御蔵＋頭入百姓兼帯、中層以下は御蔵百姓専属といえよう。

第5節　給人平瀬・中山・渋谷・増田の知行付百姓の存在形態

1．平瀬新三郎（所兵衛）知行付百姓の存在形態と年貢徴収体制

　平瀬所兵衛の慶安4年「拝知水帳」（寛保2年写）によれば、給知高は71.29石で、これは明治元年『旧高帳』記載の71.298石と同高で、近世初期から明治維新期まで減知を受けていない。文久2年の絵図には平瀬の名負人は嘉兵衛・忠太夫・作太夫・忠兵衛の4人しか記載されないが、嘉兵衛以下の3人は慶長9年検地帳に記載される初期本百姓と推定され、絵図では慶長期の初期名負人のみを記載したものと考えられる。

　また、慶安4年の「拝知水帳」では、嘉兵衛は「壱家・本百姓・歳弐拾」で「古百姓」とあり、嘉兵衛の兄弟・伯父・従兄弟・甥等の血縁集団から構成される9人の「壱人」の内2人は「下人」で、平瀬が嘉兵衛に課していた43匁の夏秋の夫役銀がある。恐らく、正徳5年の棟附帳の筆頭にみえる高61.164石の「嘉兵衛」と同じ系譜と推定される。

　また、忠太夫は「壱家・間人百姓・歳三十六」で、この「間人百姓」とは近世初期に帰農した武士の子孫が来村して本百姓になったか、または、近世初期の小家の子方百姓・小作を意味するかは定かではない[39]。忠太夫は3人の子を「壱人」（他に子で下人1人）がおり、平瀬に対し夫銀35匁を負担した。作太夫は「壱家・奉公人・歳三十三」とあり、弟・親・伯父10人を「壱人」とし、他に親・弟下人2人がいた。この「奉公人」が何を意味するかは定かでないが、近世初期には帰農した武士の子弟で戦争のたびに従軍した者を「奉公人」や「御奉公人」と称しており、おそらく、給人平瀬の頭入百姓となったことを意味すると推定される[40]。作太夫には弟・親・伯父からなる10人の「壱人」と親・弟下人2人がいた。

　また、慶安4年拝知水帳（寛保2年写）には、嘉兵衛分として善六～源次郎までの13人の名負人（知行付百姓）の29筆／27.4511石、忠太夫分として11人の25筆／22.6537石が、作太夫分として11人の19筆／14.0450石、忠兵衛分として8人の9筆／7.1415石のあわせて延べ43人（実数32人）の82筆／71.29石が記載される。

　そこで、表4-6に嘉兵衛分の名負農民13人の状況を示した。13人の名負地は延38筆であるが、この内の9筆は面積が9畝～1反5畝ある広い田畠で、これを分筆しており、2人の名負人が記載されているので、実数は29筆である。検地帳では1地1作人主義であるので、1地に複数の名負人は

表 4-6　慶安 4 年（寛保 2 年写）平瀬新三郎拝知水帳（嘉兵衛分のみ）

拝知水帳名負人	筆数	面積	石高	絵図地番	絵図小字	等級	面積	石高
善六	4	61畝02歩	36斗48合3	74	神木	下畠	28畝28歩	8斗97合
				52	高辻	中畠	3畝25歩	4斗18
				82	高辻	中畠	9畝13歩	8斗02
				84	北おち	中畠	8畝01歩	7斗84
弥兵衛	3	49畝25歩	17斗10合1	*75	神木	中下畠	10畝25歩	7斗47合3
				*76	はしふち	下々畠	10畝02歩	6升5合8
伝兵衛	2	26畝23歩	21斗01合8	53	梅の又	中田	15畝28歩	13斗54合5
				*75	北おち	中下畠	10畝25歩	7斗47合3勺
権右ヱ門	6	63畝04歩	53斗69合6	46	山下	中田	8畝18歩	10斗36合
				48	宮ノ東	中田	13畝28歩	16斗72合
				76	はしぶち	下々畠	10畝02歩	6升5合8勺
				79	北久保	中畠	13畝20歩	11斗62合
				80	宮ノ東	中畠	8畝10歩	7斗08合4勺
				86	北おち	中畠	8畝16歩	7斗25合4
孫四郎	3	29畝17歩	30斗33合	44	岩崎	中田	9畝00歩	10斗80合
				77	原ノ東	中下畠	11畝04歩	7斗26合6
				92	野屋敷	上畠	9畝13歩	12斗26合4
兵助	3	33畝00歩	28斗05合4	*79	北久保	中畠	13畝20歩	11斗62合
				78	北久保	中畠	10畝24歩	9斗18合1勺
				85	北おち	中畠	8畝16歩	7斗25合4
甚六	2	23畝11歩	21斗53合3	*46	山下	中田	8畝18歩	10斗36合
				49	出口	中田	9畝21歩	9斗91合3
源八	5	46畝00歩	48斗90合3	45	岩崎	中田	12畝07歩	14斗68合
				81	宮ノ東	中田	8畝03歩	8斗32合2勺
				87	桑の内	中田	11畝25歩	9斗73合5勺
				88	東屋敷	上畠	6畝28歩	8斗56合6勺
				89	居屋敷	上畠	6畝27歩	7斗60合
紋兵衛	1	12畝08歩	15斗08合	47	みたけ	中田	12畝17歩	15斗08合
与右ヱ門	2	22畝08歩	23斗80合4	*48	宮ノ東	中田	13畝28歩	16斗72合
				*80	宮ノ東	中田	8畝10歩	7斗08合4勺
紋二郎	3	40畝13歩	40斗29合5	50	高辻	中田	3畝15歩	4斗20合
				*53	梅ノ又	中田	15畝28歩	13斗54合5
				83	北おち	中畠	21畝00歩	22斗55合
源次郎	1	7畝28歩	8斗43合4	51	堂ノ池	中田	7畝28歩	8斗43合4勺
平六	3	20畝07歩	22斗10合8	90	小百田	上畠	2畝21歩	2斗64合4勺
				91	居屋敷	中畠	8畝03歩	7斗20合
				*92	野屋敷	上畠	9畝13歩	12斗26合4
計13人	38						3町18畝19歩	27石4斗51合1勺

注）＊は重複分（分筆）の9筆を示す。

いないが、弥兵衛・伝兵衛・兵助・甚六・与右ヱ門・紋二郎・平六の7人が重複している。このことは、第1章第3節で述べたごとく、徳島藩では拝知水帳では個別の農民と、それに属する耕地・屋敷地の属人的な知行割りが行われたことを反映している。さらに、嘉兵衛名負人の内、伝兵衛は4人の初期本百姓の内の作太夫、源八は忠太夫、権右ヱ門は忠太夫・作太夫、紋兵衛は作太夫、源次郎は忠太夫のそれぞれ配下の名負人になっている。このように、平瀬の慶安4年の名負人は延43人であるが、

重複が 11 人あり、実数は 32 人である。本村における 1 筆ごとの知行地割は、個別の知行付百姓が所有する土地に基づいて行われたため、給人平瀬→慶長期の初期本百姓→慶安期の名負人→ 1 枚の所有土地割というシステムで実施されたと推定できる。

また、水帳記載の知行付百姓は近世前期の慶安 4 年（1651）頃の夫役が賦課された耕作農民と推定でき、慶長期には 4 人は 32 人の知行付百姓を配下におき家父長的経営を行っていたのではないか。水帳が作成された慶安期には小家が壱家となる宝暦期に比べて、作方農民が自立する段階になっておらず、水帳には 4 人の本百姓に隷属する夫役負担の 32 人の小家百姓が自立した段階ではなかったため、このような並列の記載方式になったのではないかと推定する。

さらに、図 4-7 に示した 4 人（A 〜 D）の所有地は分散状態ではなく、かなり団塊状の分布である。A 嘉兵衛分は北東部の下羅井用水沿いに、B 忠太夫分は北東部と中央部の「い内」「屋敷」付近に、C 作太夫分は西北部の墓地（三昧）・「せとの池」付近に、D 忠兵衛分は西部の「庚申」付近にそれぞれ集まっている。また、平瀬水帳の末尾には「改所　忠兵衛」とあり、この「忠兵衛」は 4 人の中で最小の石高であるが、「改所」[41]として、慶安期には平瀬の給知管理体制の中核を担っていたのではないか。平瀬は白鳥村が拝領高の 53％を占める存立基盤であったため、忠兵衛を「御取立」（改所）として年貢徴収役にあてて、村請システムではなく地頭直納体制を構築していたことも考えられる。

例えば、明和 6 年（1769）の「平瀬所兵衛様御拝知高物成辻斗代合毛帳」[42]によれば、給知の免率は夏請が「壱ッ九里七毛四拂」（10.974％）、秋請が「四ッ八歩弐厘壱毛五拂」（48.215％）である。あわせて「夏秋納升五ッ九歩壱厘八毛九拂」（59.189％）で、物成は知行高 71.29 石に対し 42.19584 石になる。このうち、28.1654 石は麦（米 9.38847 石相当分）で上納している。これに、「延米」[43]分の 8.43917 石を含めて、「元延」合わせて 50.6351 石となり、免率は 71.026％の高率となる。延宝 9 年（天和元年／ 1681）の御蔵奉行より給人への布達[44]によれば、給人の恣意的な年貢徴収を排除するために「免率」を「三ッ七歩」（37％）に決めている。しかし、これに公称年貢である成米に対し、2 割の「延米」（37％× 1.2 ＝ 44.4％）と 6 分（6％）の「夫米」を加算すると 50.4％となる。延宝 9 年の布達がどれほどの拘束力を有したかは不明であるが、第 1 章第 3 節 5 の高 500 石の物頭尾関源左衛門や、第 2 章第 4 節の筆頭家老稲田九郎兵衛の免率をみると、給村により区区であり、その幅も 40 〜 60％と大きい。

2. 中山弥太郎（九郎右衛門）知行付百姓の存在形態

中山は明治元年拝領高 170 石のうち、本村に 36.288 石（21.3％）をもつが、知行高の約 45％は淡路国にある[45]。本村知行は寛保四年の「拝知水帳」[46]では 57 筆／ 3 町 1 反 4 畝 21 歩／ 53.366 石から、文久 2 年には 43 筆／ 2 町 1 反 0 畝 23 歩／ 37.022 石と、14 筆、面積で 33.1％、石高で 30.6％の減知を受けている。明治元年は 36.744 石であるので、文久期とは変化がない。水帳が現存する平瀬・中山・渋谷・増田で減知されたのは中山だけで、他の 3 人には変化はない。寛保期の 57 筆から文久期の 41 筆で、16 筆／ 6 反 4 畝 5 歩が減知され、居屋敷 2 畝 15 歩と下田 4 畝 27 歩を除く 5 反 6 畝 23 歩はすべて上々田・上畠であり、御蔵奉行が生産性の高い田畠を恣意的に蔵入地に取り込んだ意図がうかが

える。これらは字高辻・北浦・おきのまえ・志が田付近に集中している。中山の知行付百姓は絵図7人・水帳8人で、名前がすべて一致する。

　減知の対象地は忠右衛門・幾兵衛・左次右衛門・仁左衛門の田畠である。このうち、忠右衛門の4筆／2反5畝24歩すべてが減知となっている。これは経営個体である農民を単位とした属人システムに依存して、藩政村の知行割りを行っていたためである。中山知行地の分布をみると、村中央部の字岩崎・西ノ久保・せとの池・宮ノ下・山下・いうち・南屋敷と下羅井用水本線沿いに一円的に分布する。平瀬給知が畠中心（68％）であったのに対し、中山は田が約66％をしめる。中山の水帳作成者が「白鳥村肝煎多左衛門」と記されることから、平瀬のように本百姓忠兵衛を介した年貢の地頭直納システムではなく、本村では村肝煎多左衛門を中心とする村請システムに年貢徴収を依存していたと推定できる。

3. 渋谷力太郎（安之丞）知行付百姓の存在形態

　明治元年の高150石（6ヵ村）の渋谷の本村給知は15石（10％）と少ないが、淡路国で50％を拝領する[47]。本村では延享2年（1745）の14.998石、文久2年15石、明治元年15石と変化がなく、減知がなかった。延享2年の「渋谷水帳写」[48]によれば、知行付百姓の新兵衛7筆・与左ヱ門4筆・五郎右ヱ門1筆・与次右ヱ門5筆・銀右ヱ門1筆で、4人、田畠合わせて18筆／1町7畝06歩／15.00石である。これに対し、絵図では初期本百姓の新兵衛7筆・与左ヱ門5筆・与次右ヱ門6筆の18筆で、高は14.998石、面積は1町7畝06歩で変化がない。

　渋谷の知行地は中央部の字高辻・小丸・い内・出口と西部の字せとの池・西ノ久保付近に一円的に分布する。「渋谷水帳写」には「白鳥村肝煎多左衛門」と記され、中山と同じく、村肝煎による村請システムに年貢徴収を依存していたと考えられる。

4. 増田鶴衛門知行付百姓の存在形態

　明治元年の高243.59石増田の本村給知は10石（4％）と少ないが、阿波国に51％（6ヵ村）、淡路国に49％（5ヵ村）と分散度は大きい[49]。絵図と安永5年（1776）の「増田拝知水帳控」[50]にみえる知行付百姓は勘左衛門・実衛門・分左衛門3人で同じである。水帳は14筆、絵図は13筆で、絵図には水帳にある勘左衛門名負の居屋敷1筆／0.13石だけがなく、絵図は面積で1畝／0.13石少ない。知行地は東部の下羅井用水沿いの庚申・舟戸がある付近と北部の阿弥陀付近に一円的に分布し、知行高の78％が田で占められる。免率は「四ッ成」（40％）で、延米と夫米を加算すると55.2％となり、平瀬より高く、渋谷より低い。水帳の末尾には「白鳥村肝煎多左衛門、同村五人組喜八郎・貞右衛門・曾右衛門・勇右衛門」の連署があることから、肝煎・五人組の中山・渋谷とともに村請システムに年貢徴収を依存していたと考えられる。

小　結

　幕藩制社会の歴史的領域としてのマクロスケールである藩領を構成する基礎的な単位であるミクロスケールの藩政村、さらに、1筆土地はその細胞というべき最小空間において、地方知行制がどのように投影しているかをみる試論を行った。その分析史料として、縮尺約600分の1の実測図である「文久二年白鳥村絵図」は、1筆単位で耕地・屋敷地等の属地的な検地情報と蔵入地・給知・給人の別を色分けして示している「知行絵図」であり、村落景観や空間構造と、その背景となる社会構造をミクロな単位で明らかにできる近世の地籍図（Cadastral Map）というべきものである。

　さらに、30点からなる「白鳥文書」と「白鳥村絵図」とをクロス分析することにより、土地をめぐる藩・武士・農民という視点から、空間的・時系列的にその社会関係をかなり明らかにできたと考える。幕末期の文久2年の絵図に記載された名負人は、慶長9年検地帳記載のそれを踏襲したものであり、その系譜や存在形態に不明な点が残された。しかし、現存する6給人の内の4給人の「拝知水帳」は、近世前期の慶安期から中期の寛保・延享・安永期の知行付百姓別の所有状況を記載しており、絵図と比較すると時系列的な変化を部分的にたどることが可能である。6給の白鳥村では分散相給形態を基本としているが、一定の一円性をもつ知行割りがみられた。藩政の一環として、地方支配や家臣団統制策、藩財政をふまえて、御蔵奉行が地方知行の実務を担当したが、村落段階の「拝知水帳」では村役人が属人主義に基づき経営個体である農民を単位として実施したと考えられる。すなわち、蔵入地（藩）・知行地（給主）→知行付百姓（御蔵百姓・頭入百姓）→知行地（1筆1枚土地）という流れで知行割が実施されたと考えられる。

　白鳥村における知行付百姓の存在形態をみると、御蔵百姓専属は約38％、御蔵百姓と頭入百姓兼帯は約18％、頭入百姓専属は約44％で、頭入百姓専属の81％が1給人専属で、2～3人は19％である。また、給人の年貢徴収システムをみると、本村を存立基盤とする平瀬のみが、初期本百姓を取り立て人（改役）とする地頭（給人）直納方式をとるが、他の3人は村役人層を中心とする村請システムに依存していたと考えられる。また、知行付百姓の階層からみると、村落上層の壱家本百姓層の多くは給人主体の頭入百姓で占められるが、下層の零細小家、下人層は御蔵百姓主体になっている。

[注]
1) 古田　昇（2005）：『平野の環境歴史学』古今書院，216～225頁。太田陽子・成瀬敏郎・田中眞吾・岡田篤正編（2004）：『日本の地形6　近畿・中国・四国』東京大学出版会，318～320頁。
2) 1980年測量，徳島市全図24・25。
3) 白鳥文書（徳島県立文書館蔵），「阿波国名西郡白鳥村反別帳（明治初期，シロト00030000）・明治13年11月阿波国名西郡白鳥邨山林原野實地丈量絵図」（シロト00029000）の集計による。
4) 大類　伸監修（1967）：『日本城郭全集12』人物往来社，276～277頁。徳島県教育委員会編（2011）：『徳島県の中世城館　徳島県中世城館総合調査報告書』260～263頁。
5) 訓読者武田祐吉他（1986）：『訓読日本三代実録』臨川書房，三代実録巻五，清和天皇貞観三年二月十三日の項，122頁。
6) 徳島県史料刊行会（1981）：『大正三年物産陳列所版　御大典記念　阿波藩民政資料』所収「天正三年下羅

井用水番水定書」(原本は徳島市国府町観音寺坂東家所蔵文書)。
7) 国文学研究資料館蔵「蜂須賀家文書1196, 正保阿波淡路国絵図・阿波国」355 × 420cm。慶長2年は「慶長二年分限帳」(徳島県立図書館蔵, 稿本)による。
8) 「蜂須賀家文書27A-679」。
9) 「蜂須賀家文書27A-672」。
10) 白鳥文書「宝暦元年未ノ十一月二日白鳥村御拝知反高物成帳」(シロト00013000)。
11) 前掲6)『阿波藩民政資料』586頁。
12) 木村礎校訂(1978):『旧高旧領取調帳 中国・四国編』近藤出版社, 243頁。
13) 徳島県発行(1916):『阿波藩民政資料 下巻』1,740〜1,741頁。
14) 徳島県立図書館蔵稿本呉郷文庫「慶長二年分限帳」。
15) 上勝町教育委員会蔵。拙稿(2011):「近世阿波の実測分間絵図と山村景観」「徳島地理学会論文集」12集, 3〜4頁。分間絵図は手書き, 彩色, 280 × 244cm。
16) 徳島県立文書館蔵(検地・新開・知行・地租改正関係の文書が中心)。
17) 白鳥文書(シロト00028000)。
18) 白鳥文書(シロト00011000)。
19) 白鳥文書(シロト00010000, 5冊)。
20) 白鳥文書(シロト00030000)。
21) 白鳥文書(シロト00029000)。
22) 白鳥文書(シロト00006000)。
23) 白鳥文書(シロト00012000)。
24) 白鳥文書(シロト0009000)。
25) 白鳥文書(シロト0004000)。
26) 徳島藩における打出検地は慶長期に実施されたが, その検地帳が土地台帳として明治9〜13年の地租改正作業に使用された。その際, 慶長名負人が1筆地所の名義人として扱われた。
27) 白鳥文書「正徳五年未ノ十月晦日名西郡白鳥村棟附御改被就仰付候同村面々小家ヲ放シ申書抜御帳」(シロト00014000)。
28) 白鳥文書(シロト00029000)。
29) 佐野之憲編・笠井藍水訳復刻(1977):『阿波志』歴史図書社, 132頁。
30) 佐藤甚次郎(1996):『公図 読図の基礎』古今書院, 139〜143頁。
31) 宮本武史(1973):『徳島藩士譜 下巻』(私家本)160, 102, 109, 332頁,『中巻』91, 104頁。高田豊輝(2001):『近世阿波用語辞典』私家本, 462頁。
32) 白鳥文書(シロト00006000)。
33) 白鳥文書(シロト00028000)。
34) 宮本30)『下巻』158〜159頁。
35) 宮本30)『下巻』395頁。
36) 白鳥文書(シロト00011000)。
37) 高田31) 202〜204頁。高橋 啓(2000):『近世藩領社会の展開』渓水社, 145, 160頁。
38) 宮本31)『下巻』108〜109頁。
39) 高田31) 359頁。高橋37) 94, 168, 169頁。
40) 高田31) 334頁。高橋37) 149, 150, 151頁。
41) 「改所」は「政所」の誤写でないかとも取れるが, 「政所」は近世初期の村落支配層を意味しており, 本

書は給人平瀬の水帳であり、忠兵衛は平瀬の年貢徴収ための取立て役である「改役」と考える。

42) 白鳥文書（シロト 00007000）。
43) 高田 35) 282 頁。公称年貢（成米）と夫米（ぶまい）に対し、2 割余分に徴収した米。
44) 藩法研究会編（1974）:『藩法集（三）徳島藩』創文社,「御蔵所勘定方林方御検見人」(「一五七八」) 529 頁。
45) 「淡路国三原郡・津名郡反別戸数取調帳」(「蜂須賀家文書，28G-1400・1401」)。桑井　薫編（1990）:『阿波徳島藩蜂須賀家家臣　所領地並石高控』私家本, 88 頁。
46) 白鳥文書（シロト 00012000）。
47) 桑井 45) 67 頁。
48) 白鳥文書（シロト 0009000）。
49) 桑井 45) 126 ～ 127 頁。
50) 白鳥文書（シロト 00004000）。

第5章　名東郡観音寺村絵図と村落空間

第1節　観音寺村の歴史的環境

　観音寺村は大矢雅彦[1]の地形分類による鮎喰川デルタファンと、古田　昇[2]の地形分類では鮎喰川デルタの沖積Ⅰ面にあたる微高地と氾濫原に立地し、標高は7.2～10.0mである。空中写真[3]からは名東郡日開村東部から府中村・中村中央部と観音寺村西部を南北に走る鮎喰川の2筋の旧河道が明瞭に読み取れる（図5-1）。また、集落部分は古田分類の沖積Ⅱ面の微高地（自然堤防）に立地する。本村は徳島城下の西約8kmに位置し、下羅井用水と以西用水に恵まれ、稲作と藍作を中心としていた。

　また、四国霊場十六番札所観音寺を核として、伊予街道沿いに街村状に集落が形成され、北10度西の古代名方郡条里遺構が道や地割に残る。古代阿波国府域の一部が字石田付近と推定されているが、観音寺遺跡出土の木簡に「国府」と「政所」と記された墨書土器が出土している[4]。また、観音寺境内には「惣社大御神」「八幡　大神宮」が鎮座し、古代阿波の政治・文化の中心地の一角を形成していた。さらに、鎌倉時代の京都円楽寺領の観音寺庄域にも比定されている[5]。

　また、天正17年（1589）の「下羅井定書」[6]によれば、観音寺村にある下羅井用水の水源地である「舌洗池」（観音寺村絵図では「舌洗勝間池」）から以西郡敷地村→名西郡尼寺村→同郡白鳥村→以西郡池尻村→同郡櫻間村→名西郡櫻間村→同郡加茂野村→同郡市楽村へと朝の4時から夕方の6時までの9ヵ村の番水が決められていた。坂東家所蔵の「観音寺村絵図」では、「舌洗池」のほかに、「井尻池」「龍ノ池」「堂ノ本池」「吉万池」等が描かれる。本村は以西用水懸十六ヵ村井組に属し、村内の西から東に「名西俣」「大溝俣」「五ヵ村用水」が南北に走る[7]。以西用水の起源については後藤家文書[8]によれば、明和8年（1771）頃までさかのぼることができる。

　村高の変化をみると、慶長2年（1597）[9]では434石余で、稲田四郎左衛門236石余、このほかに3人の給知がみえるが、明治維新期まで領知が存続したのは稲田だけである[10]。正保3年（1646）[11]では436石余、寛文4年（1664）[12]は436.367石（内田方87.1％、畠方12.9％）である。文化3年（1806）の「名東郡中地高物成調子帳」[13]によれば、観音寺村は中村・和田村・南岩延村・櫻間村・敷地村とともに中村組に属している。村高431.545石、内蔵入地分12.211石（2.8％）、給知分419.331石（97.2％）で、徳島城下近郊の村としては名東郡中村（御蔵分1.4％）、田宮村（同6.9％）、西高輪村（6.2％）とともに給知卓越の村である[14]。

　さらに、正徳2年（1712）の棟附帳[15]によれば、村高469.204石、壱家19軒、小家63軒、家数83軒、

98　第Ⅰ部　徳島藩の知行絵図と村落空間

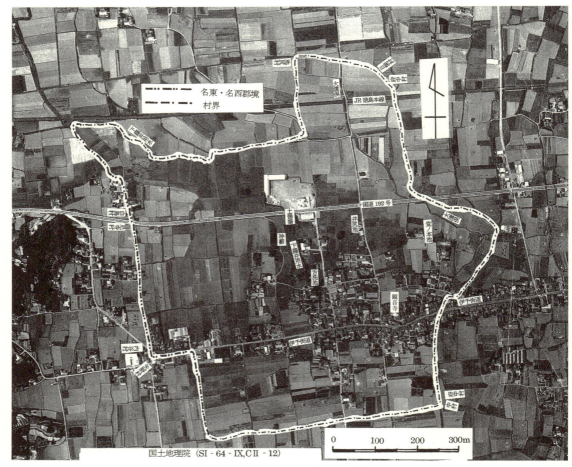

図5-1　観音寺村の空中写真（1964）

人数251人（内、15～60歳の男100人）である。文化期の藩撰地誌である『阿波志』[16]では「中等水田十分の八、下等陸田十分の二」とあり、肥沃度は中程度である。また、文政4年（1821）の「名東名西両郡高家数等指上帳」[17]では、村高468.852石（内、御蔵分3.5%、給知分96.3%）、家数110軒である。同帳の給知内訳は、①稲田播津（中老、高2,011石余）184.732石、②立木彦蔵（御蔵奉行、高258石余）106.664石、③内海三平（295石余）68.029石、④先山彦十郎（医師、高150石）55石、⑤大塩豊吉（250石）23.292石、⑥松井悦郎（高200石）1.059石、⑦立石新左衛門（大工頭、高100石）1.059石の7給人である[18]。

また、天保5年（1834）の「阿波淡路郷村御高帳」[19]では、村高467.726石で、慶長7年（1602）新田高10.058石、天和元年（1681）改出高21.301石とあり、天和段階で天保期の村高に達しており、本村の耕地開発は近世初期には飽和状態になっていた。また、明治元年の『旧高帳』[20]では、村高469.419石、7給人の知行高は松井の13石をのぞいて、他の6人は文政4年と同高である。

第 2 節　観音寺村絵図「坂東家本」と「徳島城博本」の比較分析

　観音寺村絵図に関しては、「坂東家本」（口絵 2、以下 A 図とする）[21] と「徳島城博本」（口絵 3、以下 B 図とする）[22] が現存する。A・B 図はいずれも十六番札所観音寺と伊予街道付近を示している。両図を比較すると、B 図の標題に「名東郡十一小区之内観音寺村細密図」とあり、B 図は徳島県において大区小区制[23]が実施された明治 5 年から 11 年（1872 〜 78）頃の作成と推定される。さらに、凡例の 7 給知が「上知」とあるので、明治 2 年以降に禄制改革に伴う 7 給人の拝知が藩領へ編入されたことと整合する。

　これに対し、A 図は年紀を欠くが、凡例の 7 給人の系譜[24]等から文政 10 年（1827）〜安政 5 年（1858）頃の作成と推定できる。凡例にある給人をみると、①稲田勘解由（A 図、以下同）→稲田忠兵衛（B 図、以下同）、②立木孫兵衛→立木直之進、③内海達五郎→内海兵次郎、④先山太兵衛→先山弓弦、⑤大塩平勝→大塩平勝、⑥松井又右衛門→松井豊次郎、⑦立石儀右衛門→立石儀右衛門とあるように、7 給人は同一家の系譜であるが、当主に若干の世代差がみられる。最も基本的なちがいは、A 図が極めて精緻な筆致で精密に描写しているのに対し、B 図は描写技法が粗く、字体や家屋表現等が稚拙なことである。

　さらに、両図には検地または検見順位を示すと推定できる同一の朱書地番が付されている。B 図に多くみられる白い付箋には一連の新地番が付されているが、この地番は地租改正時に新たに付されたものとは一致しない。また、B 図には当作人と推定される 10 ヵ所程度に、甚太郎→友二、源助→いと、所兵衛→久吉、安右衛門→次郎右衛門等のように朱線で訂正している。また、A 図には 13 筆に書き込みのない空白がみられたが、B 図には地目・品等・地積・石高・当作人を記した白い貼り紙で補正している。以上の比較から、A 図が基本図としての知行絵図で、B 図は A 図の写図であり、地租改正作業や地券交付のための作業絵図として作成されたものと推定される。坂東家本には縮尺は明記されていないが、縮尺 5,000 分の 1 の国土基本図[25]と部分距離を比較すると、誤差は 0.4 〜 5.9％と比較的に少ないので、実測図とみなしてよい。以下、坂東家本（A 図）をもとに分析をすすめる。観音寺村絵図に関しては、田中耕市一と平井松午[26]が B 図を対象として GIS を援用した幾何補正を試みて、1 筆ごとの面積や土地利用の変化を計測しているが、1 筆ごとの面積が極めて精度が高いことを報告している。

第 3 節　観音寺村絵図の分析

1．凡例と 7 給人、表現内容

　本図（坂東家本）の凡例は、「御蔵／白、稲田勘解由様御拝知／萌墨、立木孫兵衛様御拝知／黄、内海達五郎様御拝知／紫、先山太兵衛様御拝知／桃、大塩平勝様御拝知／萌緑、松井又右衛門様御拝

知／朱、立石儀右衛門様御拝知／萌橙」とあるが、道・水や白鳥村や日開村絵図にあるような縮尺は記載されない。また、萱葺家屋116棟、瓦葺家屋68棟が1棟ごとに描かれる。さらに、観音寺と、秋葉社・天満社・若葉社・神藪・張明社の5小社が描かれる。また、鮎喰川の湧水池である舌洗池勝間井・井尻池・龍ノ池・堂ノ本池・吉万池がみえ、字ふけには下羅井用水のための土揚場があり、字北屋敷（朱書地番309）には上畠5畝／高6斗5升の論所がみえる。

　7給人の状況をみよう[27)]。①稲田勘解由は高2,011石（35給）の中老で、本村知行は184.732石（拝領高の9.1％、以下同）、②立木孫兵衛は高258石余（6給）の城山番で、本村は106.664石（41.1％）、③内海達五郎は高295石余（10給）の奥小姓役で、本村68.595石（23.1％）、④先山太兵衛は高200石（6給）の作事奉行で、本村55石（27.5％）、⑤大塩平勝は高200石（6給）の広間番で、本村23.292石（11.6％）、⑥松井又右衛門は高200石余（6給）の神田帯刀(たてわき)組で、本村13石（6.5％）、⑦立石儀右衛門は高200石余の大工頭で、本村1.559石（0.8％）と、重臣の稲田を除いて200～300石層が中心である。

2．検地帳名負人と当作人の検証

　本図には名負人不明分15筆（7反7畝2歩／7石5斗2升1合）と、字北屋敷地番303にある論所分3筆（上畠5畝／6斗5升）を除いて、704筆（本筆379、分筆325）39町3反1畝7歩／468.353石、検地名負人と推定される79人（「正徳二年棟附帳」家数は87軒、表5-1参照）であるが、分筆に記載される名負人（当作人と推定される）を含めると延490人を数える。

　ここで問題となるのは、検地帳記載の名負人（名請人）の決定基準である。徳島藩では天正17年（1589）の検地帳を基本として、「慶長九年（1604）検地帳」が作成され、小字・地目・等級・地積・石高（斗代）・名負人等が明治維新期までそのまま継承されたといわれる[28)]。近世初期には百姓株を持つ検地帳名負人が実際の土地耕作農民であり、年貢諸役負担者であるかどうかは歴史学でも太閤検地論として議論されている。すなわち、長谷川裕子[29)]、原田誠司[30)]、牧原成征[31)]等は検地帳や名寄帳は年貢賦課帳簿であって実際の土地所有を体現していないことや、太閤検地には名請人決定基準がみられず、領主権力にとって検地帳は村の土地把握を目的としたものであるとしている。領主が十分な時間をかけて名請人を決定する状況ではなく、名請人の決定は村方に委ねられていた。さらに、最も重要な名請人決定に関する検地条目が存在しないことと、中世以来の系譜を引く名主的な大高持百姓が名請人として登録されており、その下に隷属する小農民や譜代下人が存在するとして、いわゆる「小農民自立論」そのものに疑問を投げかけている。

　この点に関して、幕法・藩法においても名負人と現実の土地所有（耕作）者であり、年貢負担者である当作人・控人等に関する定義（決定基準）は一切存在しないのは、領主権力にとり年貢諸役の徴収が担保される限りにおいて、これを村方に任せたのではないかとも考えられる。ちなみに、『地方凡例録　巻之二上　検地之事』[32)]や、『徳川幕府県治要略　検地に関する例規』[33)]および、『阿波藩民政資料　上巻』[34)]、『阿波藩民政資料　御検地御見地』[35)]、『検地凡例　御検地検見方式』[36)]、「御両国御検地作法之事」（出原家文書）[37)]等においても、名負人に関する記述は一切存在しない。

　以上のような状況を踏まえて、名負人の記載様式を検証したい。知行絵図では検地名負人は必ず記されるが、絵図作成時点における当作人が記されないものが多い。前述のように、日開村絵図では付

箋で、西黒田村絵図（口絵14）は「控」、延命村絵図（口絵15）は名負人の下段に「当」「当作人」と、早渕村絵図（口絵16）は貼り紙で、板野郡新喜来村絵図では、上段に名負人、下段に当作人、姫田村絵図（口絵21）では名負人と明治初期の所有者名が当作人（地券交付対象者）として記される。

観音寺村絵図で検証しよう。まず、坂東家本の立木孫兵衛知行の字大溝の「三十八」（朱書）は、

A．大溝　　　　　　　　　　　　　　　　　　甚太郎
　　上々田壱反壱畝拾五歩　　壱石七斗二升五合之内
　　　　六畝弐拾七歩　　　　壱石三斗五合　　儀三郎
　　　　壱畝拾八歩　　　　　二斗四升　　　　鶴次
　　　　三畝　　　　　　　　四斗五升　　　　彦太

本地である打出し慶長検地記載の甚太郎名負地が、絵図作成時点までには当作人であると推定できる儀三郎・鶴次・彦太に3分筆されていることがわかる。

さらに、内海達五郎知行の「二十九」（朱書）字石田は、

B．石田　　　　　　　　　　　　　　　　　　次郎左衛門
　　上々田反弐畝拾五歩　　三石三斗七升五合　弥七郎

次郎左衛門が名負人で、弥七郎が当作人であると考えられる。

さらに、大塩平勝知行の字井尻の「二百四十二」（朱書）は、

C．井尻　　　　　　　　　　　　　　　　　　彦太夫
　　中田四反壱畝　　　　　　四石六斗六升之内
　　　八畝　　　　　　　　　九斗六升　　　　万兵衛
　　　六畝七歩　　　　　　　七斗九升　　　　藤次
　　　弐畝拾六歩　　　　　　三斗四合　　　　嘉蔵
　　　壱畝合壱歩六厘七毛　　四斗六合七勺　　伊太郎
　　　三畝拾壱歩六厘七毛　　四斗六合五勺　　安次
　　　壱反　　　　　　　　　壱石弐斗　　　　玄采
　　　六畝拾七歩　　　　　　七斗九升　　　　與兵衛
　　　弐拾五歩六厘五毛　　　壱斗弐合六勺　　熊蔵

本地の名負人は彦太夫で、8筆に分筆されて万兵衛以下の8人は当作人と推定できる。

しかし、立木孫兵衛知行の字宮ノ本の「三十一」（朱書）は、

D．宮ノ本　　　　　　　　　　　　　　　　　助左衛門
　　上々田壱反八畝弐拾五歩　弐石八斗弐升五合

名負人の助左衛門だけで、当作人が記載されていない。

以上、本図からは名負人と当作人の記載関係に若干の疑問が残るが、このような区別に基づき、名負人と当作人の区別が一応なされているとの前提に立ち、分析を進める。絵図から確認できる79人の名負人別に所有高を集計すると（表5-1）、上位20人が筆数の約75％、面積の約86％、村高の約83％を占める。最大の大高持百姓である源助に属する当作人が58人、甚太郎が59人、太郎ヱ門が45人、三郎左ヱ門が42人、次いで20石代の3人が11～35人、10石代が5～11人、5～9石代が1～7人である。これは、慶長から文久期までの約260年間に壱家本百姓に隷属する小家や下人層の

表 5-1 名東郡観音寺村における高 5 石以上の上位 20 人の名負人

	名負人	筆数	延当作人数	面積	石高
1	源助	99	58	4町47畝09歩5	55石2斗3升5合5勺
2	甚太郎	84	59	4町72畝29歩	53石6斗1升2合2勺
3	太郎右エ門	61	45	4町07畝07歩	49石1斗5升1合9勺
4	三郎左エ門	53	42	3町56畝24歩	39石9斗6升6合8勺
5	助左エ門	40	26	2町41畝17歩	26石6斗3升1合8勺
6	源右エ門	51	35	3町76畝24歩	24石5斗6升6合8勺
7	安右エ門	16	11	1町18畝16歩	20石4斗9升7石3勺
8	弥七	23	17	1町42畝22歩	18石9斗0升0合4勺
9	次郎左エ門	19	5	1町48畝21歩	18石4斗8升0合4勺
10	彦太夫	34	25	2町30畝10歩	16石0斗8升0合
11	松千代	12	11	9反4畝03歩	12石5斗1升3合
12	幾右エ門	7	6	4反4畝18歩	9石0斗2升4合
13	権十郎	8	6	4反3畝08歩	8石8斗1升3合
14	左兵衛	7	6	3反6畝29歩	7石7斗5升8合
15	融左エ門	4	1	2反9畝01歩	7石4斗1升5合
16	源左エ門	10	7	6反0畝15歩	7石1斗8升8合2勺
17	太郎左エ門	3	3	4反0畝04歩	5石5斗8升2合2勺
18	兵吉	2	2	3反9畝01歩	5石4斗6升0合
19	所兵衛	6	7	3反9畝11歩	5石2斗7升7合
20	安左エ門	4	2	2反5畝16歩	5石2斗6升7合
	計	543 (77.1%)	368 (75.1%)	33町3反1畝15歩5厘 (86.4%)	389石6斗0升7合5勺 (83.2%)

注)①名東郡観音寺村絵図（坂東家本）より作成。②（%）は村全体に対する割合。

小農が自立したことを示している。

3. 村絵図小字と田畠の等級・家屋分布

　観音寺村絵図には 157 の小字名が記載されている（図 5-2 参照）。この小字は慶長検地帳記載を継承したものと推定されるが、徳島県では明治 9 〜 14 年の地租改正作業により多くの近世小字が消滅している[38]。それ故、近代小字に関して、その起源についての大まかな検証（資料批判）をする必要があるが、地理学の村落空間論においても、近代小字を民俗資料として扱っている論文[39]もあるが、小地名の継続性と断絶性を検証することなしに、歴史資料として扱うことには大きな問題点がある。
　本村の地租改正による近代の公称小字は横枕・大溝・四反地・井ノ尻・二反地・西かうじ・沖ノ前・梨ノ木・矢三田・屋敷・居屋敷・明神・石田・カウケの14小字で、現在も使われており、約11の近世小字を一つの新小字に統合したことになる。集落部分は居屋敷・北屋敷・い内・野屋敷・かじ屋敷等の屋敷名がつく小字が多く分布する。観音寺と秋葉社周辺には宮ノ本・宮ノ東・宮ノ前・大門等の小字があり、家屋が集中する集落部分には居屋敷・かじ屋敷・い屋敷・居内・北分屋敷等の屋敷にちなむ小字が集中する。南西部と西部の字かうけ・七反田・えんめい・矢三田・三反田・尼寺まえがあ

図 5-2　観音寺村の近世小字分布
注）①×印は絵図に小字名が記載されていないか、文字の判読が不能の場合を示す。
　　②名東郡観音寺村絵図（坂東家本）より作成。

り、条里地割が残る。また、阿波国府や観音寺・伊予街道に関すると推定される小字である表門・門・坊屋敷・出コ表門・大道ふち・殿屋敷・寺屋敷・城ノ堀・尼寺まえ等の小字が消滅している点には注意を要する。

　図 5-3 に絵図に記載される田畠の品等（地味）の分布状態を示した。本村は鮎喰川下流扇状地中央部の氾濫原と微高地（標高 7.2 〜 10.0 m）に立地するが、元文 5 年（1740）の「御国中藍作見分記録」[40]では「辻二十貫、上二十八貫」で、周辺村の平均反収である。本村の西部には名西俣、中央部は下羅井用水、西部は大溝俣（おおみぞまた）が北流するため、水利条件に恵まれる。そのため、全体的に上田・畠の比率が高い。中央部の集落部分（標高 8.0 〜 8.7 m）は上畠・上田、北東部（標高 8.0 〜 8.7 m）は上田が大部分を占めるが、条里地割が残る西部には下田（標高 6.3 〜 7.2 m）と西南部（標高 7.7 m）には中田が多い。

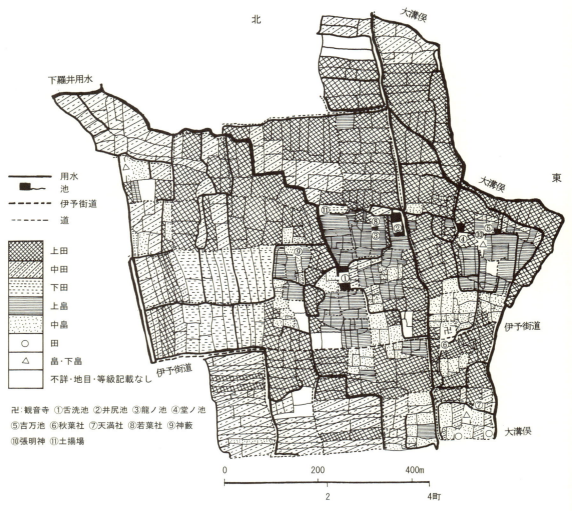

図 5-3　観音寺村の田畠等級分布
観音寺村絵図（坂東家本）より作成。

　本村は国府域の一部を占め、北方筋（吉野川南岸）の主要交通路である伊予街道沿いに立地するため、集落の起源は古代に遡るとみられる。同街道筋の字宮ノ北の絵図地番80には高野山真言宗十六番札所観音寺がある（口絵2）。絵図では境内には本堂・大師堂・鎮守等の10棟の建物が描かれ、観音寺の宿坊的な機能が考えられるが、字石田29番には長屋門を伴う瓦葺きの22棟の家屋群がみられる（口絵3の弥七郎名負地の上田弐反弐畝拾五歩・三石三斗七升五合）。家屋分布図（図5-4）によれば、観音寺境内を除く184棟の内、萱葺が116棟、瓦葺が68棟で、正徳2年（1712）棟附帳の家数87軒、文政4年（1821）の110軒と比較すると、萱葺家屋数と文政4年がほぼ同数である。これに、農民ごとの母屋や納屋の間数や坪数が判明する資料があれば、近世後期の農民の居住環境がわかるが、そのような資料は管見していない。
　図5-5は明治20年ごろ作成と推定される観音寺村の地籍図（一村全図）[41]である。凡例には縮尺

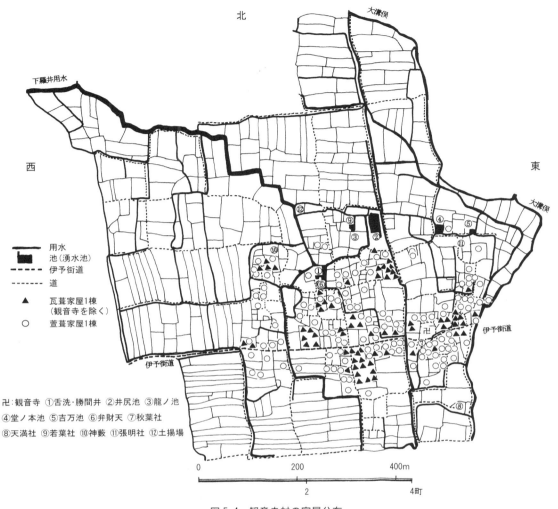

図 5-4　観音寺村の家屋分布
名東郡観音寺村絵図（坂東家本）より作成。

はないが、ほぼ約1,200分の1程度と考えられる。徳島県では明治初期作成の地籍図は縮尺約600分の1で、「地面明細図」[42]と称され、小字ごとの字限図が中心である。例えば、明治20年頃作成の第1号大字名東郡島田村第1号字大西地面明細図[43]では字大西の1筆ごとの地番、田畑、宅地、荒地、道、堤、河流、畦畔、神社、井溝、墓地、大字界が示されている。しかし、観音寺村地籍図のように、一村単位で1筆ごとの土地利用区分図は稀である。

　地籍図からみる地割、田畑、家屋、道、用水、伊予街道等は村絵図とほとんど変わらない。ただ、村絵図では、北西端の字沖ノ前ぶけを出発点として、南東端の字寺屋敷に向かって地番が順番に付されているが、地籍図では、逆に南東端の1番から、北西端の704番へと地番が付されている。このように、地租改正作業では属人的な近世地番を修正して機械的に属地地番を付したと考えられる。

106　第Ⅰ部　徳島藩の知行絵図と村落空間

図 5-5　観音寺村の地籍図（坂東家蔵）

4. 蔵入地・給知の相給分布

　絵図から御蔵・知行状況をみよう（図 5-6）。絵図の総筆数は 704 筆で、その内、本筆（本地）379 筆、分筆 325 筆である。名負人は 79 人、延当作人は 490 人で、面積は 39 町 3 反 1 畝 7 歩 8 厘、468.35392 石である。その内、蔵入地は 7 反 5 畝 26 歩 7 厘（1.9％）、13.639 石（2.9％）で、圧倒的な給知卓越村であった。7 給人の内、稲田勘解由知行をみると、その拝領地は全村に及んでおり、その名負人数は 39 人、本筆数は 127、14 町 5 反 5 歩／148.449 石で、村面積の約 37％、石高の約 34％と

図 5-6　観音寺村の蔵入地・知行地分布
注）①観音寺村絵図（坂東家本）より作成。
　　②村高・給知・蔵入地高は文政 4 年「反高家数人数帳」による。

　圧倒的な地位を占める。また、稲田の知行地の面積 1 町以上、高 10 石以上にあたる名負人の三郎左衛門から 6 位の源助までが、その面積の 68.6％、石高の 70.0％を占める。これを、本村上位 20 人（高 5 石以上、表 5-1）の名負人と比較すると、源助までの 6 人は本村における上位である 12 ～ 47 石の大高持本百姓に相当する。5 ～ 10 石は 4 人に対し、1 石未満層は 17 人（約 44％）おり、上層から最下層までの全層に及んでいた。また、稲田知行地の内、観音寺が 2 筆／1 反歩／8 斗 5 升を保持していることは注目される。
　また、稲田・立木・内海・先山の給知は全村に分布し、田畠の等級に規定されないが、大塩は分散的で、松井も分散的であるが、上田に集中する。立石は村落中央部の上畠に集中する。このように、上位 20 人の名負人所有地は面積の 86.4％、石高の 83.2％、当作人の 75.1％に及んでおり、近世初期段階では壱家本百姓を中心と村落上層が圧倒的な地位を占めていたことがわかる。

5. 天保7年（1836）の状況と絵図名負人所有地の分布

さらに、坂東家が村内の土地状況を把握するために作成したと推定される帳簿「天保七申年七月吉日　名東郡観音寺村反高相改帳　取立人曾七郎」[44]をみよう。曾七郎は天保7年当時の坂東家の当主と推定され、給知年貢徴収を請け負っていたと考えられる。本帳記載の筆数は516（絵図は704筆）で、34町8反3畝27歩（絵図39町3反1畝7歩）／447.328石（同468.353石）で、絵図集計や文政4年（1821）の「反高家数人帳」[45]にみえる村高485.995石と近い数値である。

本帳記載の名負人132人の内、名東郡中村・池尻村・名西郡尼寺村から各1人が観音寺村に出作りしている。しかし、132人の内、近世初期の名負人と名前が一致するものは4人しかいない。本帳名負人の階層は10石以上が7人、5～10石が16人、1～5石が45人、1石未満が64人で、半数は1石未満の零細な小家・下人層である。とくに、御蔵百姓専属は1人、御蔵百姓と頭入百姓の兼帯は4人に過ぎない。これに対し、頭入百姓は全体の96.2％を占めるが、給人数不明が38ある。給人1人は44人、2人は24人、3人は18人で、最多で6人で、本村では蔵入地が2％弱と少ないため、頭入百姓で構成される。しかし、本帳では給人名が記載されない百姓が38人も存在することにも留意すべきであろう（表5-2）。

次に、絵図にみえる名負人79人の内、10石以上の11人（源助から安右衛門まで）と、5～10石の2人（幾右衛門・為右衛門）、1～3石の2人（丞左衛門・留也）の合わせて16人の所有地を図5-7に示した（表5-1は20人）。16人の筆数は507（全体の72.0％）、当作人は延342人（69.8％）、面積は31町1反4畝11歩（79.2％）、高350.9242石（74.9％）である。村内最大の源助は99筆、当作人58、4町4反7畝09歩5厘、55.2355石と、中世名主層の系譜を引く初期本百姓と考えられが、所有地は分散的で、上中田と上畠が多い。2位の甚太郎は所有地の一部が観音寺付近にかたまるが、北部の字四反地・久保田・婆ぶけ付近に集中し、上田が多い。3位の太郎右衛門所有地は北部の字弐反田・小ふけ居屋敷にかたまり、上田畠が多い。これに対し、38位の幾太郎は字尼寺前の中田で1筆1反9畝16歩／2.24石を有するにすぎない。このように、村落上位の大高持本百姓層は上田畠を一円的に所有する（図5-7）。

表5-2　天保7年（1836）名東郡観音寺村における名負人と御蔵・給人との関係

御蔵・頭入百姓の区分／名負人石高	御蔵百姓専属	御蔵百姓＋頭入百姓兼帯			頭入百姓専属						計
		給人1人	給人2人	給人3人	給人数不明	1人	2人	3人	4人	5人	6人	
15～20石							1					1
10～15石						1	1	3	1		1	6
7～10石			1	2			3	4				10
5～7石						1	1	4				6
3～5石		1					2	6	4			13
1～3石	1				10	15	4	1		1		32
0.5～1石					5	5	4	2				16
0.5石未満					23	20	5					48
計	1	1	1	2	38	44	24	18	1	1	1	132人
		4			127							

注）①「天保七年名東郡観音寺村反高相改帳」（坂東家文書）より作成。②給人数不明は絵図に給人名が記載されないもの。

第 5 章 名東郡観音寺村絵図と村落空間 109

図 5-7 観音寺村の初期名負人所有地
観音寺村絵図（坂東家本）より作成。

 さらに、前述の天保 7 年「反高相改帳」から、名負人の階層別に御蔵百姓と頭入百姓の関係をみよう（表 5-2）。本村の蔵入地高率が 3.4％と低率であることを反映して、御蔵百姓専属は 132 人中、ただ 1 人で、頭入百姓専属が 127 人（96.2％）と圧倒的であり、御蔵・頭入百姓兼帯は 4 人（3.0％）に過ぎない。階層別にみれば、10 石以上の 7 人は 1〜6 人の給人であるが、階層が下がるにしたがって、1〜2 人と少数給人の頭入百姓となっている。

6. 正徳 2 年（1712）棟附帳にみる村落構造

 本棟附帳[46]は肝煎八郎兵衛と五人組 4 人、名東郡南新居村与頭庄屋連名で、藩郡（こおり）奉行代官の笹部忠助（高 200 石）に提出したものである。その内容（表 5-3）は、①村高 469.204 石、②家数 83 軒、

表 5-3 正徳 2 年(1712) 名東郡観音寺村棟附帳分析表

壱家	石高	役職	年齢	履歴	壱人				小家			給人奉公	五年売・給人駆出奉公	牛馬
					数	伯父	親兄弟	従弟	鍛冶・紺屋・補屋等	壱人数	村不任数			
1 八郎兵衛	78石4888 馬1	肝煎	47		5人(弟3・養子従弟、内1稲田勘解由駆出奉公人)	13(忌懸12)			11	鍛冶1 紺屋2	32	7	5(稲田1)	2(中村・一宮村五十年切売)	牛5 馬3
2 幾右衛門	81石495 馬1	五人組	63	市楽村先規奉公人より婿養子	2人(内1人先山朝十郎駆出奉公、村不在)	7	1			6(紺屋1)	8	2	1(稲田)	2(十年切売江戸遣)	馬5
3 孫兵衛	23石556	五人組	30		1人(子供)	8(稲田1)	2		5	紺屋1・鍛冶屋1	24	3(市中大工町新町2)	2人	2(給人大塩善太兵衛散田耕作勝瑞村頭人百姓)	馬1
4 市郎兵衛	86石0777 馬1	五人組	49		2人(弟1)	11(立木2)		1	10	桶屋1	32	5(江戸2)	立木2	2(七・十年切江戸売商売参)	馬6 牛4
5 伝右衛門	29石975 馬1	五人組	30		1人(子供)	2			4		6	2	壱年奉公2	給人内海孫十郎駆出奉公2	—
6 五郎右衛門	38石9168 馬1牛1	五人組	62		3人(子供2、下人1)	7	1	1	6	紺屋1 座頭1	19	1(市中)		給人内海駆出奉公1	馬4 牛1
7 七兵衛	17石8275 馬1	本百姓	33		1人(弟)	2(稲田1)	1			1(下人2 放本家小家)	2(下人1)	1(市中)	給人稲田駆出奉公	馬1
8 新兵衛	6石0925 馬1	龍王鍛冶	76	龍王鍛冶役銀毎年14匁	1人	2(鍛冶2)		1(男)			3人(下人1)	2(市中1)	2(市中1)	十年切売商売江戸参	馬1
9 六之助	32石4522	本百姓	55		1人(子供)	4(稲田)	1		3(入婿1)		9人	2人		稲田駆出奉公不在村	馬2

第 5 章　名東郡観音寺村絵図と村落空間

No. 名前	石高	身分	備考	入婿	子供等					家畜等
10 清右衛門	23 石 4522 馬 1	本百姓	55		1 人（子供）			4 人		馬 1
11 千十郎	21 石 604	御見懸紺屋	21	他国者紺屋見懸銀 3 匁	1 人（一宮村ヨリ養子商売ニ付江戸へ参不在村）	1（弟）		1 人		1（八年切売不在村）
12 甚平	19 石 3218 馬 1	本百姓	27	名西郡高川原村御蔵百姓倅、元禄 14 年養子参 壱人 2 人	1		1			
13 観音寺	1 石 317	札所	39							
14 清助	8 石 5837	本百姓	67	稲田勘解由諧代者百姓市右衛門娘入婿　2 人（二年切奉公）	2	2 弟・妹				牛 1
15 七兵衛	無高	塩売商人	40		1 人（子供）					
16 名不明	無高	塩売商人	40	市中新町ふきや倅当村籠拔壱年奉公塩売仕　1 人（子供）						
17 曾平	無高	日用	40	坂野郡住吉村百姓下人→本村百姓へ入婿→観音寺村日用						
18 庵尼		庵尼								
19 与作（壱人）	21 石 604	本百姓	21	佐古郷鉄砲→本村百姓へ入婿 1 人（弟壱年切奉公任村）						
壱家 19（内高持壱家 14）壱人 1・小家 63 469 石 2 斗 0 升 4 合		肝煎 1・五人組 5・本百姓 6・龍王鍛冶 1・見懸紺屋 1・塩売商人 2・寺 1・庵尼 2・日用 1・夫役 51 人 15～60 歳男 100 人		59	2	9	41	15	140 人	25 人	14 人	五年切売 8・給人駅出奉公 8	馬 37 牛 13 計 50

壱家 19（肝煎 1・五人組 5・本百姓 6・龍王鍛冶 1・見懸紺屋 1・塩売商人 2・観音寺 1）、小家 63、壱人 140 人である。高持壱家 14 軒の階層は 70〜90 石 3 軒、30〜40 石 2 軒、20〜30 石 5 軒、10〜20 石 2 軒、5〜10 石 2 軒である。これに対し絵図名負人階層は 50〜60 石 2 人、30〜40 石 2 人、20〜30 石 3 人、10〜30 石 3 人、5〜10 石 10 人と比較すると、6 人（軒）の差はあるが、棟附帳の壱家本百姓 14 軒とほぼ対応する。

　本村肝煎の八郎兵衛（高 78.488 石）は中世からの名主系譜の大高持本百姓で大農経営である。小家の 13 人（内、忌懸[47] 12 人）と 37 人の壱人を配下に有するが、給人稲田勘解由　駆出奉公人[48] 5 人、さらに、壱人には一種の人身売買にあたる労働力の売買である 2 人の五年切売があり、名東郡一宮村と中村で働いている。さらに、八郎兵衛配下の壱人 37 人は絵図名負人で 1 位の源助の当作人 47 人とほぼ照合しているので、正徳期の八郎兵衛は慶長期の源助の系譜と推定できる。さらに、81.495 石で五人組の幾右衛門は名西郡市楽村の先規奉公人からの婿養子であり、小家 7 人の給人である稲田勘解由の奉公人 1 人、壱人の内、2 人が十年売りとして江戸人足として遣わされている。このように、壱家本百姓の配下にある壱人の下人等を対象とした一種の人身売買にあたる 5 年〜10 年の労働力の年切売りが行われていた。棟附帳からは 12 人、給人奉公が 14 人、村不在 25 人の内、徳島城下商売が 6 人、江戸人足が 2 人みられる。この農民の徳島城下への労働力の移動は、藍作地帯における藍作地主（藍商）と藍作農民間の五年切米売形態の質地移動による、藍作農民の分解現象も影響している[49]。

小　結

　観音寺村は蔵入地率が 2.9% と給知高分が 97.1% を占める 7 給人の村である。徳島城下の西の近郊にあり、古代の阿波国府域にも村の一角が比定され、伊予街道と四国霊場十六番札所観音寺が所在し、村の南西部を中心に名方郡条里地割が残る。村中央部の鮎喰川の湧水池である舌洗池を水源とする下羅井用水と、明和期までには開設されていた以西用水が南北に走り、米・藍作を中心として、上田畠が多い農業生産力の高い村で、伊予街道沿いと観音寺・舌洗池を中心とする塊村を形成する。観音寺村絵図にみえる地割と土地利用区分は明治初期の地租改正期に作成された全村の地籍図とほとんど表現内容が同一である。

　7 給人の階層は、中老格で年寄役の稲田勘解由が村高の 39.4% を占め、次いで、物頭格で奥小姓役の内海達五郎が 22.6% で、他の 5 人も高 200〜400 石の中級家臣である。村絵図にみえる初期名負人は 79 人で、絵図作成時点での耕作農民である当作人は延 490 人である。初期名負人の階層構成は 10〜60 石の初期本百姓は 12 人で、正徳 2 年の棟附帳にみえる高 19 石以上の壱家本百姓 12 軒に照応している。「正徳棟附帳」にみえる小家 63 軒は絵図名負人にみえる 5 石未満層 58 人とも対応している。本村の場合、村絵図（知行絵図）以外に文献史料として天保 7 年村反高改帳や正徳 2 年棟附帳が現存していることから、絵図の表現内容と摺り合せを行うことにより、村の階層を中心とする社会構造を明らかにできる。

[注]

1) 大矢雅彦他（1994）：「吉野川（四国）の河川地理学研究」「早稲田大学大学院教育学研究科紀要」4 号，51 ～ 53 頁。
2) 古田　昇（2005）：『平野の環境歴史学』古今書院，218 ～ 225 頁。
3) 国土地理院（SI-64-ⅠXCⅡ-12）。
4) 徳島市教育委員会（1993）：「阿波国府跡発掘調査報告書」1 ～ 2，22 頁。同（2003）：『観音寺木簡－観音寺遺跡跡出土木簡概要』第 2 集，10 ～ 15 集。同（2000）：『観音寺遺跡Ⅰ（観音寺遺跡木簡編）－一般国道 192 号徳島市南環状道路改修に伴う埋蔵文化財発掘調査－』193 ～ 203 頁。
5) 日本歴史地名大系 37（2000）：『徳島県の地名』平凡社，485 頁。
6) 国府町観音寺坂東家文書「定　下羅井分事」。徳島県物産陳列場発行（大正 3 年版）：『阿波藩民政資料』895 ～ 896 頁。
7) 以西用水に関しては、平井松午・藤田裕嗣（1995）：「吉野川の支流の鮎喰川扇状地における土地開発と灌漑システムの成立」「徳島大学総合科学部人間社会研究」2 号，40 ～ 51 頁の論考がある。
8) 名東郡早渕組頭庄屋を勤めた後藤家文書（鳴門教育大学附属図書館蔵）の「明和八年卯二月、名東郡早渕村御蔵分古田辻斗代合毛帳（整理番号 01-086）には「田壱町四反八畝廿五歩五厘以西定用水懸御願上御座候御分」と記され、明和 8 年には以西用水が存在していたことを示している。
9) 徳島県立図書館蔵・稿本呉郷文庫『慶長二年分限帳』。
10) 木村　礎校訂（1978）：『旧高旧領取調帳　中国・四国編』近藤出版社，239 頁。
11) 国文学研究資料館蔵・蜂須賀家文書（27-A，1196-2）「正保三年阿波淡路両国絵図・阿波国」。
12) 前掲 11）蜂須賀家文書（27A-679）「阿波国十三郡郷村田畠高辻帳」。
13) 四国大学附属図書館蔵・凌宵文庫（125381）。
14) 木村　礎校訂（1978）：『旧高旧領取調帳　中国・四国編』近藤出版社，233，237，240 頁。
15) 坂東家文書（個人蔵）。
16) 佐野之憲編・笠井藍水訳『阿波誌』1976 復刻版，歴史図書社，72 頁。
17) 徳島県名東郡国府尋常高等小学校編（1917）：『国府町史資料』78 ～ 79 頁。
18) 7 給人の職・禄高は宮本武史編（1970・71・74）：『徳島藩士譜　上・中・下巻』による。
19) 蜂須賀家文書（27A-677）「天保五申午年 7 月公儀へ御指出ニ付相成候帳面写　阿波淡路郷村御高帳」。
20) 前掲 14）239 頁。
21) 坂東家文書，手書き・彩色，150 × 171cm。
22) 徳島市立徳島城博物館蔵，「名東郡十一小区之内観音寺村細密図」，手書き・見取り図・彩色，151 × 165cm。
23) 徳島県で大区小区制が実施されたのは明治 5 年 5 月から同 11 年末までである。
24) 宮本武史編（1970・72・73）：『徳島藩士譜　上・中・下巻』私家本。
25) 国土地理院 1965 年発行，Ⅳ-GG02。
26) 田中耕市・平井松午（2006）：「GIS を援用した近世村絵図解析法の検討」「徳島地理学会論文集」9 集，41 ～ 54 頁。
27) 宮本 18）、稲田勘解由は『上巻』99 頁。立木孫兵衛は『中巻』227 頁。内海達五郎は『上巻』160 頁。先山太兵衛は『中巻』77 頁。大塩平勝は『上巻』212 頁。松井又右衛門は『下巻』204 頁。立石儀右衛門は『中巻』228 頁。
28) 宇山孝人（1992）：「表高の成立過程に関する一考察－阿波蜂須賀氏の天正・慶長検地帳を素材として－」「鳴門史学」6 集，20 ～ 32 頁。

29）長谷川裕子（2004）：「太閤検地論と土地所有史」『中世・近世近土地所有史の再構築』青木書店, 12〜14頁。
30）原田誠司（1995）：「近世初期権力と百姓・下人」広島史学研究会「史学研究」209号, 5〜10頁。
31）牧原成征（2004）：『近世の土地制度と在地社会』東京大学出版会, 30〜34頁。
32）大石慎三郎校訂（1975）：『地方凡例録　上巻』近藤出版社, 65〜103頁。
33）安藤　博編（1971）：『徳川幕府県治要略』柏書房, 152〜163頁。
34）徳島県発行（大正5年）：『阿波藩民政資料　上巻　』所収「検地一巻」989〜1022頁。
35）徳島県物産陳列場版（大正3年）：『阿波藩民政資料』514〜528頁。
36）国文学研究資料館蔵・蜂須賀家文書（28G・1408）「検地凡例」（徳島県立図書館蔵のマイクロフィルムによる）。
37）出原家文書（テハラ00093, 徳島県立文書館蔵）。
38）拙稿（2005）：「徳島藩領「検地小字」の復原的考察」「徳島地理学会論文集」8集, 75〜93頁。
39）関戸明子（1995）：「民俗資料としてみた村落の土地利用と環境認識」「歴史地理学紀要」37巻1号, 6頁。
40）徳島県発行（大正5年判）：『阿波藩民政資料　下巻』1744頁。
41）坂東家文書, 手書き・彩色, 98×93cm。
42）拙稿（2010）：「勝浦郡上勝町樫原の棚田景観と実測分間村絵図・地租改正地面明細図について」「史窓」40号で, 樫原村の明治9年地面明細図を示した（92〜98頁）。
43）桑原家文書（個人蔵, 徳島市北島田町）。
44）坂東家文書,「天保七年名東郡観音寺村反高相改帳」による。
45）前掲44）坂東家文書。
46）坂東家文書,「正徳二巳年名東郡観音寺村御棟附家数人数御改帳」。
47）阿波藩の棟附帳には, 村内で壱家本百姓に属する小家の区別で, 壱家当主の従弟までの血縁関係にあるものを「忌懸」と称した（高田豊輝（2001）：『阿波近世用語辞典』教育印刷, 21頁）。
48）藩士の知行地で帰農した武士の子孫筋にあたる壱家・小家の農民を「先規奉公人（せんき）」と称し, 大部分が給知頭入先規奉公人で, たんに奉公人, 御奉公人とも称され, 夫役は当主1人だけ免除された。先規奉公人の内, 常に給人屋敷に出仕していた者もいた（正徳棟附帳には肝煎の八郎兵衛伯父で小家の直右衛門屋は「此者御給人稲田勘解由様駆り出シ奉公仕も屋敷ヘ相詰所ニ居」とある）。正徳棟附帳には稲田勘解由・先山朝十郎・大塩善太兵衛・内海孫五郎等の先規・駆出奉公人が8人みられる。御蔵百姓の場合は御奉公人・駆出奉公人ともいわれる（高田豊輝『阿波近世用語辞典』202〜204, 334頁）。正徳棟附帳には壱家本百姓幾兵衛（63歳）配下の小家伝兵衛（44歳）に隷属する壱人平兵衛（41歳）は伝兵衛の「買人」と記される。また, 八郎兵衛従弟半の小家忠左衛門（55歳）の弟は「名東郡中村村役人重太郎方ヘ五年切に売置所」と記される。
49）阿波国内藍作地帯における藍作地主と藍作農民との質地形態に土地移動に関しては, 拙稿（1983）：「藍作地帯における地主制の展開」石躍胤央・高橋　啓編『徳島の研究　第5巻近世・近代編』清文堂出版, 199〜218頁。同（1974）：「吉野川下流平野における藍作と地主制」「徳島市立高等学校研究紀要」8号, 18〜24頁。戸谷敏之（1949）：『近世農業経営史論』日本評論社, 395〜431頁。

第6章　名東郡日開村限絵図と村落空間

第1節　日開村の環境と文久3年（1863）日開村限絵図

1. 地形的環境

　鮎喰川下流扇状地は、鮎喰川左岸の標高約15mの名東郡延命村を扇頂として、飯尾川南岸の標高4.6mの同郡川原田村付近までの南北約5km、東西4km、平均傾斜約480分の1の三角州状扇状地をなしている。本地域においていわゆる知行絵図が現存するのは、名西郡白鳥村、名東郡観音寺村・西黒田村・早渕村・延命村・島田村・西名東村である。1964年撮影の空中写真（図6-1）にみる村落景観は近世後期と基本的に大きな変化はない。現在は主要地方道徳島鴨島線が村中央部を東西に走り、同県道沿いに住宅・商業施設が集まり、村域全部が徳島市の近郊商業住宅地となっている。

　空中写真をみると本村の東部には鮎喰川の旧河道である東大堀川が、西側には池尻村から北流する西大堀川が北にのびる。東大堀川の低地部は北の西・東高輪村境付近で標高4.6m、南の府中村境では5.6mを示す[1]。本村一帯は吉野川・飯尾川・鮎喰川の氾濫に苦しめられた地域で、「井戸・日開は鯰の巣、雨の三粒も降れば水がでる」[2]といわれ、慶応2年（1866）の「寅の大水」では36軒の被災した難渋民がでた[3]。

　中心集落のある高屋敷は標高5.1～6.7mの自然堤防上に立地し、「日開村限絵図」（表3-1の6番、表紙カバー裏）に描かれる真言宗法光寺と地蔵・庚申は現存し、アキワ社・弁天社・森長社は現存しない。北部の北道には一本社・埜神・地神（現存せず）、南井上小学校・幼稚園・JA徳島市南井上があり、標高は4.9～5.5mである。南西部の辻には本村氏神の天神社と地蔵・妙見社が鎮座し、標高は4.9～5.5mである。さらに、府中村境の寄道には蔵王社（現存せず）があり、中世の土豪である鎌田采女正・宗休兄弟が拠ったとされる鎌田塁跡[4]がある。また、絵図に記載された屋敷数は146を数える（図6-2）。文政5年（1822）の記録[5]では戸数は149戸であるので、絵図屋敷数は正確であることが判明する。絵図屋敷地は中央部の高屋敷と南西部の寄道・辻と、北の八幡街道沿いの北道などの微高地に集中する。

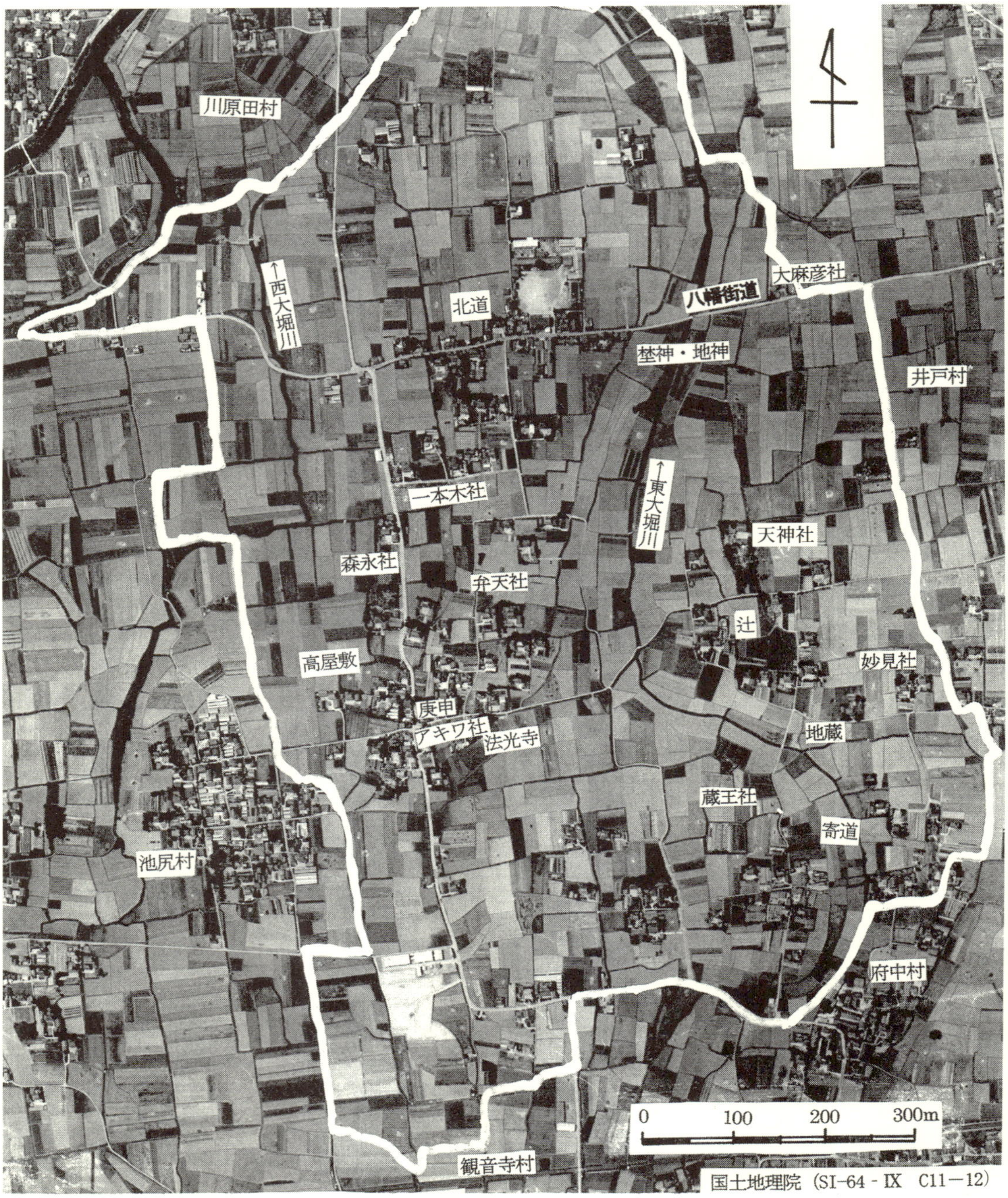

116　第Ⅰ部　徳島藩の知行絵図と村落空間

図 6-1　日開村付近の空中写真（1964 年）

第 6 章　名東郡日開村限絵図と村落空間　117

図 6-2　日開村の居屋敷分布
文久 3 年日開村限絵図（個人蔵，徳島県立文書館寄託）より作成。

2. 文久 3 年日開村限絵図の表現内容

　本図は縦 290cm、横 227cm の大図で、標題・作成主体・宛先等はない。収納箱には「名東郡日開村限絵図」と墨書されており、本村の庄屋筋榎本勝氏の所蔵であるが、現在は徳島県立文書館に寄託されている。
　本図は手書きの彩色で、縮尺は約 600 分の 1 の実測図である。蔵入地（絵図村高の 38.9％）を白で示し、数川源太兵衛以下の 14 給人の給知の内、数川・西尾新平・酒部丹後・森田吉之助・長

浜修五郎・牧道之助の6人は色分けで、坂部主税・馬詰三四郎・林能登・立石儀右衛門・神田帯刀・佐野武兵衛・大塩平勝・山岡上之助の8人は姓の頭文字で区別している（口絵4参照）。さらに、三浦・西尾・若林・生田・坂部・吉益・近藤・和田・長谷川・猪子・賀島の11給人の上知（蔵入地への編入地）を姓の頭字で示している。上知以外の蔵入地として本村傍示・西傍示・北傍示の三つの組（共同体）を本・西・北で示し、さらに、「御蔵」「宝暦御帳」「享保御帳」に区分している（表6-1参照）。また、白鳥村と観音寺村絵図では家屋は一棟ごとに描かれるが、本図では屋敷地を白△で示している（図6-2）。

本村の中心集落である高屋敷にある法光寺付近をみると（本扉参照）、寺の西隣にはアキワ社、北に地蔵があり（現存）、水路は以西用水である。寺の東隣地をみよう。本図には1筆ごとの地番が付されていない。1例を示そう。

　　ひるちかた　　　　　　　　　　名左近
　　本地上田弐反七畝拾五歩
　　　三石八斗五升
　　　　内壱反三畝弐拾弐歩五厘
　　　　壱石九斗弐升五合
　　　　内壱反三畝弐拾弐歩五厘
　　　　壱石九斗弐升五合
　　　　　　　　　　　　　　　助左衛門（＊白貼紙）

すなわち、分筆前の本地上田2反7畝15歩／3.85石で、検地名負は左近であるが、1反3畝22歩5厘／1.925石に2分筆され、助左衛門が文久3年当時の当作人と推定できる。本図の蔵入地339筆と、給知818筆数を合わせた総筆数は1,157で、分筆228を除いた本地である本筆数は929である。この内、検地名負人と、貼紙に当作人とされるものが併記される筆数は726（83.3％）で、最初から貼紙がないか、剥がれて欠落している筆数は203（17.7％）である。すなわち、本図では当作人の8割強が判明するため、史料的価値は大きい。その結果、名負人と当作人の関係とその階層構成、所有する田畠分布と給主との関係を明らかにできる。

このように、本図からは1筆ごとに①属地的な検地データである地割・小字・地目・品等・面積・石高・名負人と、②属人的な知行データである藩領・給人・当作人や隣村からの入作、③微視的な村落景観を復原することができる。

第2節　蔵入地・給知分布と給人と名負人の階層

1．小字と田畠の等級分布

本図には1筆ごとに119の小字が記されている（図6-3）。ひる地・沼田・久保田・尼木久保・すが

図 6-3 日開村の近世小字
文久3年日開村限絵図（個人蔵，徳島県立文書館寄託）より作成。

等は旧河道筋に、いやしき・やしき・い内・せんたんの木等は微高地の集落部分にあたる。また、大溝・大ミそは以西用水の幹線にあたる。集落部分の小字のエリアは小さく細分化されているが、田畠部分のエリアは広い。また、小字のエリアは必ずしも連続しておらず、飛び地的に分布している場合もあり、ひる地・このこう・寄道・赤松の本などである。明治以降の日開村の通称小字は中・東・西・南・北の5つであるが、絵図では本村・北・南・西の4傍示である。しかし、現在は大字日開のみで、行政小字は存在しない[6]。

次に、田畠の等級（生産性）の分布をみよう（図6-4）。一見して明らかなことは村の西半に生産

120 第Ⅰ部　徳島藩の知行絵図と村落空間

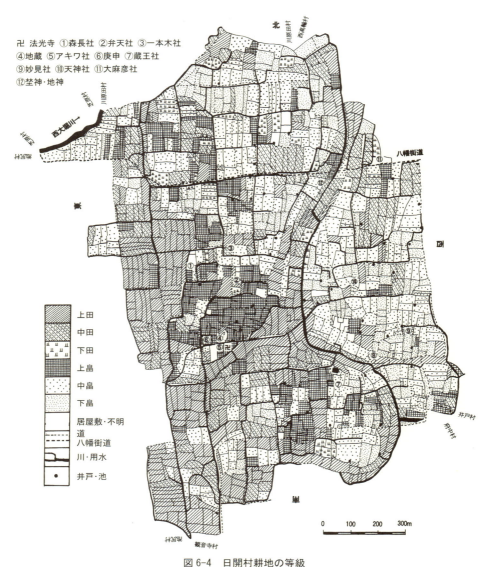

図 6-4　日開村耕地の等級
文久 3 年日開村限絵図（個人蔵，徳島県立文書館寄託）より作成。

性の高い上田・畠が、東半には生産性のやや低い中田・畠と下田・畠が多い。とくに村の北部の川原田村境から東大堀川の東側には下田と中・下畠が多く、旧河道を形成している。また、高屋敷・寄道と北道の集落部分の大部分は上畠である。

2. 蔵入地の内容と上り知

　本図には居床（屋敷地）が 146 ヵ所みえるが、居床はすべて畠として扱われており、地目では田と畠以外は存在しない。田畠面積は合わせて 1,157 筆／89 町 5 反 3 畝 13 歩、田は 41 町 7 反 5 畝 27 歩

(46.6％)、畠は47町8反1畝26歩（53.4％）で田畠均衡型である。元文5年（1740）の「御国中藍作見分記録」[7] によれば、反収は平均（辻）18貫で、名東郡中の平均にあたる。本図からの集計村高は1,023.375石で、その内、田高は638.239石（62.4％）、畠高は385.125石（37.6％）である。

蔵入地と給知の割合をみると、蔵入地は339筆／26町9反3畝12歩（30.1％）／397.489石（38.8％）である。14人の給知は818筆／62町6反0畝01歩（69.9％）／625.882石（61.1％）である。文化3年（1806）の「名東郡中地高物成調子帳」[8] によれば、名東郡全体の御蔵分は石高の50.3％で、日開村は40.3％、観音寺村は2.8％であった。明治元年（1868）[9] では日開村高1,131.715石に対し、蔵入地高は474.176石（41.9％）で、文久3年より約77石減少している。

次に、蔵入地の状況をみよう（表6-1）。注目されるのは、蔵入地の63.7％にあたる126筆／17町1反6畝28歩、石高の56.6％にあたる225.150石が11人の給知からの上り知（地）、すなわち蔵入地へ編入によるものである。しかし、上り知の年紀は記されていない。ちなみに、文化〜安政期の作成と推定される「美馬郡郡里村知行絵図」（表3-1の32番、口絵5）[10] の集計によれば、蔵入地面積の約40％、石高の約29％を6給人からの上り知が占めており、日開村は郡里村よりもこの傾向が強いことがわかる。また、徳島藩では慶長2年（1597）のは蔵入地率[11] は約17％で、天和2年（1682）[12] に約46％に、さらに、明治元年（1868）[13] では約59％を占める。このように、給知の蔵入地への編入策は藩政が確立するに従い、地方政策や家臣団統制策、藩財政と連動して加速化された。

さらに、上り知された11給人の内、坂部と西尾を除いて三浦・生田・若林・長谷川・和田・吉益・賀島・近藤・猪子の9人は、本村の拝領地をすべて失っている。9人の上り知面積は最小の猪子の3畝25歩14歩／0.147石から、最大である三浦の3町5畝25歩／52.419石までの幅がみられる。役職と拝領高[14] をみると、生田（大北郡奉行／高130石）、三浦（奥小姓役／250石など2家）、若林（御膳番／101石）、長谷川（池田登組／200石から士組頭1,000石までの4家）、和田（江戸住／200石）、吉益（医師／100石）、賀島（士組頭／800石、家老／1万石の2家）、近藤（江戸浦番役／200石）、猪子（御広間御番／150石〜異国船警護役／300石まで8家）と推定できる。このように、蔵入地への編入は最上級の家老から下級の高取諸奉行クラスまで及んでおり、領主権力の意図が読み取れる。

これに対し、旧来からの蔵入地は反別で約36％、石高の約44％を占める。この内、高屋敷付近の本村傍示は65石、北道付近の北傍示は56、西傍示は30石の蔵入地が所在する。さらに、8石の「御蔵」と、12石の「宝暦御帳」と1斗の「享保御帳」が何を意味するかは不明であるが、宝暦・享保期の新開と推定できる。

図6-5で蔵入地の分布をみると、蔵入地は村反別の約30％を占めており、村の全域に3〜10筆ぐらいの塊状に分布している。とくに、寄道や高屋敷・北道・辻付近は多い。田畠の等級との有意な関係はみられないが、石高では約39％を占めるので、給知よりもやや生産性の高い田畠が宛がわれていたようである。反別では田が約13町6反2畝、畠が約10町3反5畝であるが、石高では田が約291石、畠が約106石である。

3. 給知分布と給人の階層

14人の給知は村面積の約70％、村石高の約61％で（表6-2）、蔵入地と給知は分散相給分布（図

122　第Ⅰ部　徳島藩の知行絵図と村落空間

表6-1　文久3年（1863）名東郡日開村の蔵入地・上り知状況

		筆数	田 面積	田 高	畠 面積	畠 高	計 面積	計 高
元蔵入地	木村傍示	39	2町6反8畝02歩8	60石5斗4升1合9勺	4反0畝04歩5	4石8斗3升8合5勺	3町0反8畝07歩3	65石3斗8升0合4勺
	北傍示	36	2町9反8畝19歩	47石3斗4升9合	6反6畝21歩	8石6斗2升4合8勺	3町6反5畝10歩	56石0斗1升3合8勺
	南傍示	1	9畝16歩	1石4斗3升	—	—	9畝16歩	1石4斗3升
	西傍示	21	1町3反3畝00歩	28石3斗6升6合3勺	1反3畝18歩	2石0斗0升9合	1町4反6畝18歩	30石3斗7升5合3勺
	御蔵	11	3反6畝29歩	6石0斗4升0合8勺	2反2畝08歩	2石2斗2升5合	5反9畝07歩	8石2斗6升5合8勺
	宝暦御帳	17	7反6畝18歩	10石9斗9升6合2合	9畝21歩	1石2斗1升6合4合	8反6畝09歩	12石2斗1升2合6合
	草保御帳	1	1畝06歩	1斗5升6合	—	—	1畝06歩	1斗5升6合
	小計	126	8町2反7畝08歩6	154石8斗8升9升3合8勺	1町5反2畝12歩5	18石8斗4升1合3勺	9町7反6畝13歩3	173石7斗4升7合3勺
上り知	*三浦上り知	26	1町7反9畝08歩	21石4斗8升9升3合7勺	1町2反6畝17歩9	12石9斗9升6合4合	3町0反5畝25歩9	52石4斗4升1升9合6勺
	*生田上り知	45	2町3反0畝22歩8	42石3斗8升5升2合勺	7反9畝04歩	9石6斗3升4合4合	3町0反9畝26歩8	51石7斗1升9合2勺
	*若林上り知	44	1町4反8畝13歩5	16石5斗5升3升4合勺	2町8反9畝00歩1	24石5斗3升2合03	4町3反8畝13歩6	41石0斗8升5合4勺3
	*長谷川上り知	7	2反2畝27歩	5石4斗3升2合	1反7畝18歩	2石0斗0升2升1合5勺	3反8畝05歩	7石4斗5升3合5勺
	*和田上り知	34	4反7畝04歩	10石6斗0升8合	1町5反3畝16歩	15石6斗9升8升1合	**2町0反2畝00歩7	26石5斗8升9合
	*吉益上り知	18	6反9畝10歩469	11石7斗5升2合	3反6畝00歩	6石2斗7升3合	1町0反5畝10歩469	18石0斗3升5合
	坂部上り知	11	7反2畝07歩15	16石9斗1升7合	1反0畝27歩	1石2斗5升6合	8反3畝07歩715	18石1斗7升3合
	西尾上り知	23	5反4畝08歩3	8石5斗4升4合6勺	1町5反7畝06歩6	14石4斗4升4升2合68	2町1反1畝14歩9	22石9斗8升7合2勺8
	*賀嶋上り知	2	3畝06歩	9斗2升4合	6畝00歩	5斗7升0合	9畝06歩	1石4斗9升4合
	*近藤上り知	2	6畝27歩	1石5斗1升8合	3畝06歩	9斗2升4合	9畝23歩	2石4斗4升2合
	*猪子上り知	1	—	—	3畝14歩7	1斗4升7合	3畝14歩7	1斗4升7合
	小計	213	8町3反5畝21歩9	136石5斗2升7合9勺	8町8反3畝2歩20	87石2斗0升4合51	17町1反6畝28歩27	223石7斗4升2合1勺
合計		339	13町6反2畝9歩9	291石4斗1升3合9勺	10町3反5畝13歩	106石0斗0升6合91	26町9反6畝12歩084	397石4斗8升9合8勺1

注①文久3年日開村限絵図（個人蔵、徳島県立文書館寄託）より作成。②*は絵図では給知を持たない給人を示す。③***は藪開地1畝10歩7重（1筆・高不明）を含む。

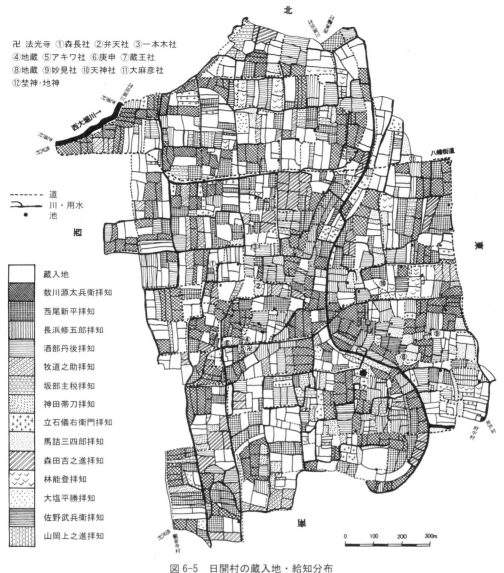

図 6-5　日開村の蔵入地・給知分布
文久3年名東郡日開村限絵図作より作成。

6-5) を示す。しかし、白鳥村や観音寺村の場合と同じく、細部をみると、小団塊状にまとまりがみられる。また、蔵入地・給知分布ともに土地の生産性は大きく影響していない。14給人の内、反別でみると、最大は数川源太兵衛の約20町5反、次いで、西尾新平の約10町、酒部丹後の約7町8反、長浜修五郎の約5町5反、森田吉之助の約3町2反で、最小は佐野武兵衛の約4反と、幅が大きい。

14給人の藩領内拝領高・職名・給知村をみよう（表6-3）。階層構成をみると、酒部丹後・林能登・西尾新平・坂部主税・数川源太兵衛が、高500〜1,300石の上級家臣で、佐野武兵衛・森田吉之助・大塩平勝・牧道之助・長浜修五郎・立石儀右衛門・山岡上之助は高100〜250石の中下級家臣である。

124 第Ⅰ部　徳島藩の知行絵図と村落空間

表6-2　文久3年 (1863) 名東郡日開村の給知状況

給人名	名負人人	当作人人	筆数	田 面積	田 高	畠 面積	畠 高	面積	高	①	計 高	②
1 数川源太兵衛	41	97	256	732畝12歩3	997斗09合7	1,319畝10歩6	1,096斗50合61	2,051畝22歩9	2,093斗60合31	7.9	8斗1升	
2 西尾新平	34	54	122	433畝24歩5	571斗53合36	566畝08歩	446斗01合5	1,000畝02歩5	1,017斗54合86	8.2	8斗3升	
3 酒部丹後	25	37	78	267畝15歩6	323斗55合91	514畝15歩9	339斗24合02	782畝00歩69	662斗79合93	10.0	8斗5升	
4 長浜修玉郎	20	32	62	187畝29歩9	212斗24合4	364畝26歩5	298斗80合61	552畝26歩4	511斗05合01	8.9	8斗2升	
5 神田帯刀	7	8	17	133畝02歩2	402斗18合8	6畝27歩	9斗88合	139畝29歩2	412斗06合8	8.2	2石4斗2升	
6 坂部主税	17	19	40	177畝10歩	275斗73歩6	86畝28歩	112斗46合7	264畝08歩	388斗20合3	6.6	9斗7升	
7 森田吉之助	15	14	32	131畝21歩	173斗97合6	197畝09歩5	155斗90合87	329畝00歩5	329斗88合47	10.3	1石0斗3升	
8 牧道之助	15	24	37	139畝16歩	171斗95合47	162畝11歩	140斗86合8	301畝27歩	312斗82合27	8.2	8斗4升	
9 立石儀右エ門	27	20	52	133畝15歩	104斗37合	135畝26歩4	35斗25合	269畝11歩4	139斗62合	5.2	2斗7升	
10 山岡上之助	6	5	11	61畝08歩4	124斗79合	—	—	61畝08歩	124斗79合	6.0	1石1斗3升	
11 林能登	9	16	21	41畝13歩	28斗26合	124畝12歩	57斗05合8	165畝25歩	85斗31合8	7.9	4斗0升	
12 馬詰三四郎	29	33	72	24畝04歩	14斗44合	219畝00歩	67斗35合5	243畝04合	81斗79合5	3.4	1斗1升	
13 大塩平勝	7	7	9	38畝19歩5	56斗32合2	13畝13歩6	15斗31合3	52畝03歩1	71斗63合5	5.8	7斗9升	
14 佐野武兵衛	7	6	9	11畝07歩	11斗78合8	35畝06歩	15斗92合7	46畝13歩	27斗71合5	5.1	3斗0升	
計	255人(延)131人(実数)	372人(延)	818	2,513畝08歩	3,468斗25合84	3,746畝13歩69	2,790斗56合41	6,260畝01歩69	6,258斗85合25		①1筆平均面積7.7畝 (約231坪)	②1筆平均面積7斗7升(反当1石0斗1升2合)

注　文久3年日開村限絵図（個人蔵、徳島県立文書館寄託）より作成

表6-3 文久3年（1863）名東郡日開村給人の階層と阿波・淡路両国内知行村

番号	絵図給人名	拝領高（石）	役職（『徳島藩士譜』）	絵図給知高（石）	日開村を除く阿波・淡路国内の主な知行村（『旧高旧領取調帳』）（石）
1	数川源太兵衛	500	普請奉行・本〆役鉄炮組頭	209.603	名西郡下浦村50.832、名西郡瀬部村53.372、麻植郡上下島村145.222、那賀郡島尻村50.0、計名東・名西・麻植・那賀郡5ヵ村
2	西尾新平	1,000余	士組頭・宗門改奉行	101.754	名東郡佐藤塚村135.72、同郡上八万村27.971、同郡井戸村130.215、名西郡中島村143.341、勝浦郡飯谷村123.172、計阿波国19ヵ村
3	酒部丹後	1,500	宗門改奉行・年寄	66.279	名東郡東黒田村57.741、板野郡矢武村203.454、麻植郡川田村93.985、那賀郡坂野村136.789、勝浦郡日開野村264.485、計阿波国24ヵ村
4	長浜修五郎	250	江戸警備役	51.105	名東郡芝原村97.12、名西郡石井村50.00、勝浦郡本庄村50.084、計阿波国8ヵ村
5	神田帯刀	1,000	士組頭・年寄	41.206	板野郡乙瀬村150.0、三好郡足代村96.855、三好郡西山村100.0、三原郡2ヵ村199.915、津名郡4ヵ村300.0、計阿波淡路国12ヵ村
6	坂部主税	700	中老・寄合	38.820	板野郡高尾村58.899、三好郡足代村51.662、阿波国内12ヵ村、三原郡5ヵ村132.693、津名郡4ヵ村170.804、計阿波淡路国22ヵ村
7	森田吉之進	315.2	作事奉行・奥小姓役	32.952	名東郡延命村43.397、板野郡西貞方村77.956、那賀郡中庄村116.814、計阿波国6ヵ村
8	牧道之助	250	御伴小姓・城山番	31.282	名東郡池尻村51.39、名西郡国実村40.00、那賀郡2ヵ村、淡路2ヵ村50.0、計阿波淡路7ヵ村
9	立石儀右エ門	100	大工頭	13.952	阿波郡上喜来村57.583、名東郡祖母ヶ島村10.422、名東郡7ヵ村、阿波郡2ヵ村、計阿波国10ヵ村
10	山岡上之助	100	東御殿番・長久館槍術指南	12.479	板野郡檜村25.0、阿波郡伊月村18.75、同郡村31.25、計阿波国内4ヵ村
11	林能登	1,303余	宗門改奉行・士組頭	8.531	名東郡2ヵ村21.992、名西郡2ヵ村134.359、板野郡7ヵ村398.192、阿波郡2ヵ村110.21、那賀郡2ヵ村134.185、三原郡12ヵ村615.731、計阿波淡路28ヵ村
12	馬詰三四郎	417余	作事奉行・城山番	8.177	名東郡4ヵ村38.678、板野郡4ヵ村166.387、阿波郡2ヵ村140.327、名西郡国実村23.338、三原郡1ヵ村42.024、計阿波淡路12ヵ村
13	大塩平勝	250	御広間番役	7.163	名東郡3ヵ村60.096、板野郡勝瑞村47.871、勝浦郡坂野村50.0、同郡中郷村40.0、阿波6ヵ村
14	佐野武兵衛	350	京都守護御用・鉄炮組頭	2.771	板野郡川崎村100.618、三好郡中庄村55.052、那賀郡勝浦郡2ヵ村、三原郡1ヵ村50.142、津名郡2ヵ村50.306、計阿波淡路13ヵ村

注）①給人名・絵図石高は文久3年名東郡日開村限絵図による。②拝領高・役職は宮本武史（1970～73）『徳島藩士譜』による。③知行村は木村 礎校訂（1978）『旧高旧領取調帳』近藤出版社と桑井 薫（1990）『阿波徳島藩蜂須賀家家臣所領地並石高控』による。

この内、知行圏分布（村）をみると、8人が阿波国内型、6人が阿波淡路両国分散型を示す。酒部・西尾は阿波国内最多分散型（19・24給）、神田・林・坂部・馬詰・佐野・牧は阿波淡路両国分散型、西尾・立石は阿波国内分散型（10・19給）、数川・長浜・森田・山岡・大塩は阿波国内分3・4郡集中型（5～8給）である。

また、天和3年(1683)の「新知被下面々高百五拾石已上は御両国ニて半分宛割可被下候（下略）」[15]には、150石以上の新知の場合、阿波淡路両国で半分ずつあてがうとした藩の方針がみられる。この規定により幕末期の高取藩士579人の内の256人（44.2％）が淡路国内にも給知を有することになった[16]。また、村内における1筆単位の「拝知水帳」の作成（知行割）という実務は御蔵奉行が関与したのではなく、属人的に個々の農民が所有する1筆ごとの田畠や屋敷地の面積・石高を計算し、村役人層がこれを給人別高に配分して行ったものであると推定できる。例えば、普請奉行数川源太兵衛の天保期の知行高は500石であるが、明治元年の知行高は日開村201.274石、名西郡下浦村50.832石とあるように、5ヵ村で500.77石となり、各給村高に端数がみえる（表6-3）。これは属人主義に基づき個別農民ごとに知行割した結果を反映している。

数川の本村給知高は本村知行地筆数の約31％、反別の約33％、石高の約34％を占める最大の給人で、図6-5の蔵入地と給人別図をみても、全村にわたって配置されている。ただ、1筆平均反別は7畝27歩と14給人の平均値であるが、平均反別は8斗1升で、給人平均の1石よりもやや少ない。数川の拝領高の約42％が本村にあり、本村を存立基盤としていた。数川は本村以外に名西郡2村、麻植郡・那賀郡各1村のあわせて5給のやや狭い知行圏をもつ。また、給人名負人の約32％、当作人（延数）

表6-4　名負人左近の当作人（数川源太兵衛分のみ）

番号	当作人	筆数	面積（畝）	高（斗）
1	利兵衛	4	39.08	49.59
2	繁右エ門	1	14.29	20.953
3	亀蔵	2	16.29	15.325
4	伴蔵	1	10.22	15.027
5	庄五後家	1	8.00	11.20
6	吉五郎	1	8.00	11.20
7	竜助	1	15.08	10.426
8	法光寺	2	9.03	10.01
9	久兵衛	1	7.10	8.67
10	丈之助	1	10.00	8.50
11	与三郎	1	10.00	8.50
12	権助	1	7.17	8.324
13	甚太郎	1	9.00	7.65
14	吉太郎	1	8.27	7.565
15	嘉五郎	1	5.00	6.50
16	幸蔵	1	11.15	5.175
17	吉蔵	1	3.20	5.134
18	助右エ門	1	3.05	3.489
19	鶴吉	1	2.03	2.13
20	鶴太	1	1.16	1.994
21	藤八	1	1.16	1.994
22	半三郎	1	1.13	1.576
23	留蔵	1	1.00	1.30
24	竹次	1	2.17	0.99
	不明		2	16.00	22.40
計	24人	31	232.12	244.876

注）文久3年日開村限絵図（個人蔵、徳島県立文書館寄託）より作成。

の約31％と圧倒的な地位を占めており、多数の頭入百姓を配下においた。給知分布の中心は高屋敷・北道・辻・寄道と大堀川の低地部にあつまる。また、数川の名負人41人の内訳は、1位の左近から11位の又右衛門にいたる8石以上が面積の66.7％、石高の67.5％を占め、これらは壱家本百姓層で村役人や五人組にあたると推定できる。この左近が関係する24人の当作人の内、給人数川源太兵衛分のみを抽出したのが表6-4である。左近の当作人35人の内、この24人が数川分で占められて、約5石で最大の利兵衛から最少の約1斗の竹次まで幅がみられることがわかる。また、2位の采女は前述の鎌田塁主である鎌田采女の子孫にあたると考えられる。さらに、名東郡和田村にある西福寺と明井寺（現存せず）の名負地が11筆／9反2畝25歩ある。数川の名負人が御蔵百姓と他の給人との頭入百姓とどのように兼帯していたかは、第3節の2で述べる。

　次いで、西尾は阿波国内19給と分散型である。本村知行高は拝領高の約7％と低いが、約10町／101.75486石を保持し、知行地は全村に分布する。酒部は阿波国内24給と最大の分散型で広い知行圏を有する。長浜は拝領高の約20％を本村にもつが、寄道付近に集中する。神田の本村給知は拝領高の約4％に過ぎないが、阿波淡路両国12給で、知行圏は広い。坂部は阿波国13ヵ村に約57％、淡路国9ヵ村に約43％を知行圏とし、14人中、林（阿波淡路28給）に次いで知行圏は広い。森田は阿波国6給で、数川・山岡・大塩とともに狭い知行圏である。

4. 名負人の階層構成と所有地分布

　絵図に記載される名負人は208人（実数）である。この数字は文政5年の家数149軒に比べて大きく乖離している。徳島藩では慶長期の打出し検地を嚆矢として、17世紀後半の貞享期にはほぼ終了しており、慶長名負人は各土地の名義人として地租改正期の土地基本台帳として利用される時まで存続した。その後における子孫相続や分筆、売買、質入、散田等により、実際の耕作農民（当作人）は大きな変化がある。

表6-5　文久3年（1863）名東郡日開村名負人の階層構成

石高＼田畠面積	5〜6町	3〜5町	2〜3町	1〜2町	5反〜1町	3〜5反	1〜3反未満	1反未満	計
50〜70石	2								2
30〜50石		3	2						5
20〜30石			4	1					5
10〜20石				6	5	2			13
5〜10石					6	10	3		19
3〜5石					4	1	11		16
1〜3石						11	32	21	64
0.5〜1石							4	22	26
0.5石未満							13	45	58
計	2	3	6	7	15	24	63	88	208

注）文久3年名東郡日開村限絵図より作成。②総筆数1157の内、名負人不記載は4筆。

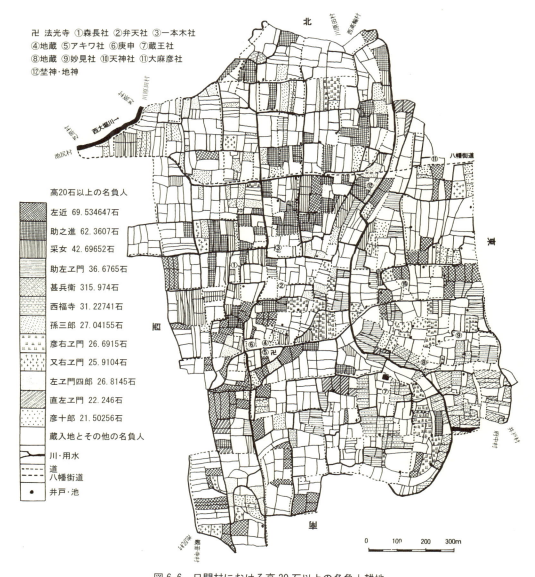

図 6-6 日開村における高 20 石以上の名負人耕地
文久 3 年日開村限絵図（個人蔵，徳島県立文書館寄託）より作成．

　名負人の階層構成（表 6-5）をみると、50〜70 石／5〜6 町の左近と助之進は村草分け的な初期本百姓、または中世名主の出自と考えられる。さらに、30〜50 石／2〜5 町の采女・助左衛門・甚兵衛・西福寺・孫三郎も西福寺を除いて大高持本百姓で、前記 2 人とともに村役人層を形成していたと推定できる。このように、5〜70 石／5 反〜6 町の 29 人（約 14％）が壱家本百姓層であろう。これに対し、正徳 2 年（1712）の観音寺村[17]では家数の約 16％が壱家であった。さらに、1〜5 石／1〜5 反の 80 人（約 38％）は壱家に従属する小家層で、1 石／3 反未満の 84 人（約 40％）は壱家に従属する小家や奉公人・下人層で最下層を構成していた[18]。
　次いで、高 20 石以上の名負人で、1 位の左近から 13 位の彦十郎にいたる 13 人の所有地分布をみ

表 6-6 文久 3 年（1863）名東郡日開村における上位名負人の田畠所有と給主の状況

番号	名負人	筆数	給人	当作人	面積（畝）	高（斗）	蔵入地 面積（畝）	蔵入地 高（斗）	知行地 面積（畝）	知行地 高（斗）	給人の割合（知行地高%） 数川	西尾	酒部	長浜	神田	坂部	森田	牧	立石	山岡	林	馬詰	大塩	佐野
1	左近	68	8	35	594.26	695.3464	22.28	23.652	571.28	671.694	36.0	25.2	6.6	16.3	—	—	3.3	7.6	1.5	—	—	—	2.6	—
2	助之進	70	9	41	690.097	623.607	163.00	164.367	535.097	459.24	29.4	36.1	8.8	2.4	—	1.3	6.8	11.6	—	—	—	0.6	3.0	—
3	采女	37	6	24	364.009	426.9652	30.18	33.83	333.129	393.0852	45.9	14.2	4.6	4.2	—	—	10.4	8.1	—	—	—	—	—	—
4	助左エ門	46	10	22	361.09	366.765	46.019	30.825	315.071	335.94	58.5	10.8	7.1	1.2	—	1.9	4.9	8.6	0.9	—	—	5.0	1.0	—
5	甚兵衛	35	8	28	316.2799	315.974	65.171	71.981	251.1089	243.993	28.2	10.7	14.8	26.9	—	6.3	12.6	—	0.2	—	—	0.4	—	—
6	西福寺*	31	4	10	257.015	312.2741	53.02	91.98	203.295	220.0294	48.1	3.0	35.6	13.3	—	—	—	—	—	—	—	—	—	—
7	孫三郎	37	5	22	310.131	270.4155	10.26	11.935	299.171	258.4805	46.7	23.2	23.6	5.7	—	—	—	—	—	—	—	—	—	—
8	左エ門四郎	31	6	19	241.154	268.145	71.214	76.644	169.214	191.501	46.1	12.3	14.2	—	—	—	14.0	9.5	4.1	—	—	0.1	—	—
9	彦右エ門	34	6	25	273.015	266.915	41.08	49.399	232.133	217.516	53.0	13.0	—	29.3	—	—	—	0.3	0.2	—	—	1.3	—	—
10	又右エ門	30	7	17	247.036	259.104	—	—	247.036	259.104	42.2	17.6	30.5	—	—	—	4.0	—	—	—	—	0.6	4.6	0.4
11	金兵衛	11	5	6	111.10	228.48	101.20	208.68	9.20	19.80	—	—	—	—	—	100	—	—	—	—	—	—	—	—
12	直エ門	12	1	4	107.21	222.46	63.24	115.62	43.27	106.84	—	—	—	—	100	—	—	—	—	—	—	—	—	—
13	彦十郎	30	6	19	285.205	215.0256	38.20	17.651	247.055	197.3746	43.7	30.9	0.3	14.9	—	—	8.7	—	0.1	—	—	—	1.5	—
14	源一郎	22	6	14	196.197	183.007	19.097	21.268	177.10	161.739	73.2	9.5	—	7.0	—	—	—	7.6	9.1	—	—	2.6	—	—
15	孫九郎	13	3	10	153.224	151.404	80.21	89.866	73.014	61.538	49.9	41.1	—	—	—	—	—	—	—	—	—	—	—	—
16	源十郎	15	7	6	141.183	144.9926	22.20	31.734	118.283	113.2586	18.2	21.6	21.2	3.5	—	—	19.1	12.6	3.9	—	—	—	—	—
17	重右エ門	14	3	10	93.17	143.77	33.19	56.96	59.28	86.81	52.8	22.7	24.5	—	—	—	—	—	—	—	—	—	—	—
18	弥兵衛	6	2	3	54.21	127.788	24.12	42.89	30.09	84.898	—	—	—	—	93.6	—	—	—	—	—	—	—	—	6.4
19	小玉郎	14	6	9	108.298	117.616	3.209	3.98	105.089	113.636	22.9	30.0	11.7	—	—	—	32.6	2.6	0.1	—	—	—	—	—
20	源之進	5	1	4	47.232	113.32	36.03	86.64	11.202	26.68	—	—	—	—	100	—	—	—	—	—	—	—	—	—
21	次郎左エ門	13	5	10	91.12	104.053	2.12	2.04	89.00	102.013	31.0	20.6	34.5	—	—	—	—	10.6	3.4	—	—	—	—	—
22	左エ門次郎	3	13	17	106.19	100.5116	32.088	56.302	89.04	76.5116	56.0	13.8	—	—	100	—	—	—	30.2	—	—	—	—	—
23	善右エ門	3	3	7	52.09	88.61	—	—	52.09	88.61	—	—	64.9	—	70.0	8.5	—	—	—	—	—	—	—	—
24	弥吉郎	11	2	7	50.29	87.78	46.09	85.47	4.20	2.31	—	56.2	—	43.8	—	—	—	—	13.0	—	—	87.0	—	—
25	四郎左エ門	5	2	4	72.25	87.095	27.05	23.163	45.20	63.932	—	—	—	—	—	—	—	—	—	—	—	—	—	—
26	夫左エ門	10	1	7	48.148	87.07	32.088	56.302	16.06	30.768	—	—	—	—	—	—	—	—	—	—	—	—	—	—
27	重兵衛	6	2	5	62.20	79.874	34.14	50.78	28.06	28.094	—	—	—	—	—	—	—	—	—	—	—	—	—	—
28	六郎四郎	6	4	10	77.002	70.8	27.112	34.717	49.19	36.083	38.9	25.4	—	—	—	—	—	24.3	—	—	—	32.6	—	21.5
29	助太夫	5	1	3	36.06	65.76	17.06	22.78	19.00	42.98	—	—	—	—	—	—	—	—	—	100	—	11.3	—	—
30	源四郎	4	1	2	36.12	62.25	6.15	15.60	29.27	46.65	—	—	—	—	—	100	—	—	—	—	—	—	—	—
31	亀太郎	4	1	3	32.00	55.12	17.15	32.10	14.15	23.02	—	—	—	—	—	—	—	—	—	100	—	—	—	—
32	作左エ門	5	1	3	30.057	51.467	24.057	38.267	6.00	13.20	—	—	—	—	—	—	—	—	—	100	—	—	—	—

注）文久 3 年（1863）日開村限絵図（個人蔵、徳島県立文書館寄託）より作成。*西福寺は日開村ではなく、名東郡和田村にある。

よう（図6-6）。12人の合計高424.298石で、村高の41.5％、面積40町4反9畝29歩は45.2％を占めており、その分布は全村に及んでいる。給人ごとに分布は分散相給形態をみせるが、上位12人の名負地は一円的なエリアを形成することである。これは、個別の知行付百姓の所有地と、その石高を細分して給人に割地したことを意味している。

まず、1位の左近所有地（68筆／5町9反5畝26歩／69.53467石）は、高屋敷・北道・辻付近に集まる。2位の助之進（70筆／6町9反9歩／62.607石）は北道から北部に集中し、日開墾主とされる3位の采女（37筆／3町6反4畝0歩9里／42.69652石）は北道を中心とする北部に、4位の助左衛門（46筆／3町6反1畝9歩／36.6765石）は辻付近にかたまる。また、6位の西福寺（31筆／2町5反7畝1歩5厘／31.22741石）は寄道付近に集中するが、本寺は東隣の名東村和田村にある。

第3節　御蔵百姓と頭入百姓の存在形態

1.　御蔵百姓と頭入百姓の階層構成

名負人208人と蔵入地と給知の関係をみよう。蔵入地のみを所有する御蔵百姓専属は83人（39.9％）で、給知のみを持つ頭入百姓専属は74人（35.6％）、残りの51人（24.5％）は御蔵百姓と頭入百姓の兼帯で構成される。最大部分を構成する御蔵百姓専属の階層構成は3反未満／1石未満の下層が49人（59.0％）を占めるのに対し、5反以上／5石以上の中上層は4人（4.8％）に過ぎない。すなわち、御蔵百姓専属は小家や下人層を中心とする下層農民であった。また、頭入百姓専属は、3反未満／1石未満の下層が42人（56.8％）で、5反～1町／3～10石は4人（5.4％）に過ぎない。これに対し、御蔵百姓と頭入百姓兼帯の階層は2～6町／30～70石の壱家初期本百姓6人（11.8％）と、これに続く5反～5町／10～20石の村中核を形成する壱家本百姓が15人（29.4％）おり、3反未満／3石未満は7人（13.7％）と少ない。以上を要約すると、御蔵百姓・頭入百姓兼帯は名負人の約4分の1を占め、その階層は村落上層約3分の2を占める。これに対し、御蔵百姓と頭入百姓専属は下層の小家・下人層が約6割を占めていた。

2.　上位名負人と給人・当作人との関係

名負人で3反／5石以上で、1位の左近から32位の作左ヱ門の蔵入地・知行地と、個別給人に対する割合をみよう（表6-6）。本村における蔵入地と蔵入地高率が約39：61であることを反映して、頭入百姓専属は10位又右衛門、23位善右衛門の2人であるが、御蔵百姓専属は0である。また、所有田畠の内、蔵入地高率10％未満で、大部分を知行地であるものは、1位の左近、3位采女、4位助左衛門、7位孫三郎、13位彦十郎、18位小五郎、21位次郎左衛門の7人で、上位を中心としている。

給知率90％以上が11位金兵衛・24位弥吉郎の2人、10～50％未満は14人、50～90％未満は3人で、蔵入地高が半分を超えるのは5人に過ぎない。

まず、左近の状況をみよう。左近の蔵入地高は3.4％と低く、96.6％が知行地高で占められる。さらに、本村14給人の内、数川・西尾・長浜・牧・酒部・大塩・森田・立石の8給人の知行付百姓でもある。また、4位助左衛門は10給人、2位助之進は9人、5位甚兵衛は8給人である。左近の給人をみると、数川分が32筆／2町3反2畝12歩／24.487石で、左近の知行地高の36.0％を占め、西尾・長浜の3人では約78％になる。

1位の左近から13位の彦十郎にいたる高20石以上の名負人所有地の分布（図6-6）をみると、分散傾向が強い。その中で、左近と2位助之進は全村にわたるが、3位采女は北道に、4位助左ヱ門は辻・寄道に、甚兵衛と西福寺は寄道にそれぞれ分布する。采女は高屋敷に集まるが、数川の45.9％から西尾・森田・牧・酒部・長浜の6給主と関係する。助左衛門は辻に集まるが、数川が58.5％で、10給主の、5位甚兵衛は寄道を中心に、数川・長浜以下の8給主の、それぞれ知行付百姓である。

上位名負人の内でも、数川知行高率が73～42％と高いのは14位源一郎、4位助左衛門、22位左衛門次郎、9位彦右衛門、17位重右衛門、6位西福寺、15位孫九郎、7位孫三郎、8位左衛門四郎、10位又右衛門等である。このように、本村知行高の約33％を占め、最大の給主である数川の存在の大きさを反映している。さらに、1給主のみの頭入百姓は、坂部では11位の金兵衛、神田では12位の直左衛門、20位の源之進・26位の夫左衛門、山岡では29位の助太夫、31位の亀太郎、32位作左衛門で、7人のみである。

次に、絵図に記載される左近とその当作人との関係をみると、不明分を除き当作人は24人である（表6-4）。最大は利兵衛の4.959石で、1石以上が8人で、5斗～1石未満が9人、5斗未満が7人である。本村には棟附帳や系引帳類が現存しないので、慶長期の名負人の系譜をトレースすることは不可能である。恐らく、左近は日開村における中世名主系譜の壱家初期本百姓と推定でき、文久3年（1863）の絵図作成時点では、自立した小家・下人層が本百姓である24人の当作人として記載されたものと考える。また、法光寺の名請地が2筆／9畝3歩／1石1合みられることは注目される。

明治元年の『旧高帳』には、慈光院・持明院・瑞願寺・聖憧寺・薬師寺（以上徳島城下寺町に所在）の寺領として、さらに、本村に近接す名東郡井戸・芝原・東高輪・花園・北岩延・田宮村等の11ヵ村に合わせて336.665石があるが、法光寺領は記載されない[19]。

このように、給主数川→慶長期の名負人（頭入百姓）左近→文久期の当作人利兵衛以下24人の耕作地という、1筆ごとの知行割がみえてくる。すなわち、反別でみると、給主数川源太兵衛拝知256筆／20町1反5畝22歩の内→数川41人の名負人の1人であり→最大の名負人である左近所有地68筆／5町9反4畝26歩の内→数川分は32筆／2町3反2畝12歩（39.1％）→左近の当作人24人の内、最大の利兵衛分4筆／3反9畝8歩／4.959石のルートで示される知行割の手順である。この複雑な拝知水帳の作成作業を担当したのは、村役人層と考えられる。

3．当作人耕地の分布と給主との関係

前述のように、村絵図には約83％にあたる1筆土地に、文久3年当時の耕作人である当作人222

表6-7 文久3年の日開村における上位当作人の所有田畠面積・石高および給人別割合

	当作人	筆数	給人	面積 畝・歩	高 石	知行地 高・石	蔵入地 高・石	数川%	西尾%	酒部%	長濱%	神田%	坂部%	森田%	牧%	立石%	山岡%	林%	馬詰%	大塩%	佐野%
1	利兵衛	64	9	613.236	77.76387	33.80017	43.902	44.4	15.2	─	─	1.3	12.4	10.3	5.1	3.4	─	─	0.2	0.6	─
2	丈之助	51	9	453.041	44.22748	29.46145	14.76603	33.7	23.2	20.9	6.9	─	0.3	─	4.1	1.3	─	3.5	7.6	─	─
3	彌五郎	32	9	277.0498	37.0118	16.0563	20.9555	4.6	16.9	─	─	38.8	20.7	─	─	0.7	8.3	4.4	─	2.1	4.0
4	岡右エ門	32	8	403.2499	32.16715	18.39765	13.7695	10.8	9.7	8.0	─	─	─	53.1	3.4	─	11.4	─	0.4	─	3.8
5	助右エ門	33	7	292.11	28.7827	28.1239	0.6588	40.8	16.3	─	16.0	─	11.5	9.3	─	2.8	─	─	1.3	─	─
6	民吉	19	6	161.224	23.70555	14.41825	9.2873	─	33.8	─	2.2	─	38.2	─	─	18.9	15.7	─	6.4	─	─
7	兼三郎	21	4	165.0111	21.2432	15.6952	5.548	80.0	─	11.0	─	─	1.3	─	─	7.8	─	─	─	─	─
8	笑右エ門	30	6	255.1179	19.05533	18.47933	0.576	56.1	30.9	3.4	3.2	─	─	─	─	0.8	─	─	4.4	─	─
9	丈助	12	5	165.229	18.7459	7.5466	8.4283	50.8	20.6	─	─	─	─	─	20.0	─	─	8.7	─	─	─
10	亀蔵	17	2	135.13	17.638	9.3269	8.3113	65.6	─	─	─	─	─	─	─	34.4	─	─	─	─	─
11	竜助	16	5	199.065	17.4585	9.435	8.0235	43.1	─	7.2	─	─	29.0	6.5	11.3	─	─	─	─	─	─
12	助三郎	22	7	159.129	17.2833	15.4878	1.7955	27.7	20.6	8.1	32.4	─	─	─	─	7.4	─	─	0.6	8.7	─
13	又兵衛	16	5	101.14	15.7453	12.4153	3.33	─	─	─	─	─	85.4	10.5	7.4	─	─	─	1.8	─	─
14	麻助	19	8	175.148	14.8504	12.1976	2.6528	6.8	14.3	26.0	9.3	─	─	2.1	40.3	1.5	─	─	1.2	─	─
15	伴蔵	16	5	136.205	14.7912	15.7912	─	66.0	19.4	─	6.8	─	─	─	─	─	─	─	0.1	7.8	─
16	宇蔵	28	8	173.035	14.7311	10.2911	4.44	13.8	16.0	36.6	─	─	10.4	─	5.0	─	─	─	5.1	6.6	3.6
	計	428	103	3869.0207	415.19875	266.9237	146.44423	62.6	16.1	6.7	5.4	2.5	11.0	6.8	4.1	4.4	2.1	0.9	2.0	1.2	0.6

注)文久3年名東郡日開村限絵図より作成。

図 6-7 日開村の上位当作人の所有地
文久 3 年名東郡日開村限絵図より作成。

人が記載されている。しかし、当作人別に田畠・石高を集計しても 8 割強しか把握できないという限界あるが、その階層構成（表 6-7）をみよう。4〜6 町／44〜77 石の中世名主系譜の 2 人（利兵衛・丈之助）と 1〜4 町／14〜37 石の 14 人が壱家本百姓を構成している。これに対し、表 6-7 にはないが 1〜5 反／1〜5 石の小家層は 107 人（約 48％）、3 反／1 石未満の小家・下人層は 80 人（約 36％）で、あわせて約 84％ いるが、名負人の場合の約 78％ よりも多い。

次に、当作人の 1 位の利兵衛から 16 位の宇蔵の状況をみよう（表 6-7）。16 人の総石高は 413.36793 石の内、蔵入地高は 35.4％、給知高は 64.6％ で、本村総耕地の蔵入地・給知高比率の 30：

70とほぼ同じ比率を示す。これは、上位当作人の場合、頭入百姓としての存在形態が強いためである。個別にみると、御蔵百姓専属はなく、5位助右衛門、8位実右衛門は蔵入地高率が2～3%と低く、これに対し、1位利兵衛、3位輝五郎、10位亀蔵、11位竜助、9位丈助のみが蔵入地高率が44～56%と高い。

1位利兵衛は9給主の知行付百姓であり、2位丈之助、3位輝五郎とともに最多である。利兵衛の反別は64筆／6町1反3畝23歩／77.7638石で、蔵入地と知行高率は約57:43であり、9給人の内、数川が44%と高く、西尾・坂部・森田・牧・立石・神田・馬詰・大塩等は0.2～15%である。利兵衛から宇蔵の内、1給主専属はなく、亀蔵の2人、7位兼三郎の4人を除いて5～9給主である。次いで、16人全体に対する給主の率をみると、数川が約63%と、名負人の場合と同じく、圧倒的な地位を占める。次いで、西尾の約16%、坂部の約11%、他は1～7%と影響力は低い。

次に、上位当作人16人の田畠分布をみよう（図6-7）。上位12人の名負人の場合と同じく、分散形態より一円的団地を形成する。個別にみると、利兵衛の所有地は東大堀川より東の北道・辻・道に、丈之助（51筆／4町5反3畝4歩）は高屋敷・北道に、4位岡右衛門（32筆／4町3畝24歩）は川原田村境に、3位輝五郎（32筆／2町7反7畝4歩）は東大堀川より東の井戸村境にそれぞれ集中的に分布する。さらに、5位助右衛門（33筆／2町9反2畝11歩）は池尻村・府中村境に、16位宇蔵（28筆／1町7反3畝3歩）は北道に、8位実右衛門（30筆／2町5反5畝11歩）寄道付近にそれぞれ集中する。このことは、近世初期の名負人の土地所有形態や配置状態・給人との関係において、幕末期の当作人の場合と同じであることを意味している。

小　結

「文久三年名東郡日開村限絵図」が白鳥村や観音寺村絵図と違う点は、絵図作成時点における当作人と推定できる名前を記した貼紙が部分的な剥落を除いて、全筆の約83%に存在することである。これにより、近世初期の打出検地時の名負人と、約260年後の幕末期における当作人との比較が可能となる。しかし、この名負人と当作人との系譜等については各年次の棟附帳や代続帳等が現存していないので、トレースすることが困難である。慶長期の名負人所有地の経年移動は、文久期までには、①名負人子孫の所有（持伝分）、②本地の分筆による細分化に伴う耕作人の移動、③潰百姓の散田に対する村内入札による移動、④壱家本百姓に隷属する小家や下人層の自立化による移動、⑤五年切本米返等による質地移動など、きわめて複雑化している。

また、禄高500石で普請奉行の数川源太兵衛は、淡路国では拝領せず、阿波国のみの知行であるが、日開村では約42%にあたる209石を有し、本村を存立基盤としていた。数川は本村知行筆数の約31%、反別の約33%、石高の約33%で、名負人の約31%、当作人の約26%を占める圧倒的な支配力を有する給人である。数川の名負人の上層は本村草分け的な初期本百姓層を中心としている[20]。

さらに、絵図集計からカウントできる本村の208人の名負人の階層を大まかにみると、御蔵百姓専

属は83人であるが、中下層を中心とする。これに対し、御蔵百姓と頭入百姓兼帯の51人と、頭入百姓専属の74人は中上層が中心を形成する。さらに、本村の場合、蔵入地・給人別給知や名負人・当作人の所有地分布は一円的でなく、分散傾向が強い。また、名負人と当作人の存在形態をみると、上層は1給主の専属の頭入百姓ではなく、一部に蔵入地を有するが、おおむね、4〜9人という多数の給人の知行付百姓層を形成している。これに対し、下層は1人の給人専属が多数である。

　本村には地方文書が現存していないので、主たる分析素材とする知行絵図から、村落の社会構造を精密に復原することに中心をおいた。その1方法として、知行絵図に内包された属地・属人データをトレース図化して、そのクロス分析から、村落の土地をめぐる空間構造や社会構造を明らかにすることに努めた。

[注]
1) 徳島市全図（25,000分の1地形図，17・18・24・25，1980年測量）による。
2) 角川日本地名大辞典編集委員会編（1986）:『36　徳島県』596頁。
3) 名東郡自治協会発行・飯田義資編（1960）:『名東郡史』481〜483頁。
4) 徳島県教育委員会編（2011）:『徳島県の中世城館　徳島県中世城館跡総合調査報告書』208頁。
5) 徳島県物産陳列場発行（1914）:『阿波藩民政資料』所収「文政五年　名東郡村浦男女人数改差上帳」806頁。
6) 徳島市総務課の資料。
7) 徳島県（1916）:『御大典記念　阿波藩民政資料　上巻』1744頁。
8) 「文化三寅年五月改　天保三辰年弐月写之　名東郡中高物成調子帳　後藤善助」四国大学附属図書館蔵寥宵文庫（125381）。
9) 木村　礎校訂（1978）:『旧高旧領取調帳　中国・四国編』近藤出版社，239頁。
10) 「美馬郡郡里村絵図／東ハ轟西谷ヨリ南新田太田境西ハ玉振谷ヨリ南センダンノ木迄」（美馬市教育委員会蔵）。拙稿（2009）:「郡里村「検地・知行絵図」を読む」「阿波学会紀要」55号，195〜197頁。
11) 徳島県立図書館蔵呉郷文庫（稿本）「慶長二年分限帳」による。将軍秀忠からの阿波国拝領高18万6,750石余の約17%であった。
12) 蜂須賀家文書27A-672（国文学研究資料館蔵）「天和二年阿波淡路御国御蔵入高付御帳」による。
13) 拙稿（2004）:「徳島藩領の藩政府と地方知行－「文久二年名西郡白鳥村給知絵図」と「白鳥文書」を中心に－」「徳島地理学会論文集」7集，2頁。
14) 宮本武史編（1970・72・73）:『徳島藩士譜　上・中・下巻』による。
15) 藩法研究会編（1974）:『藩法集3　徳島藩』項目番号686，「覚　御普請奉行　附　道御奉行共」221頁。
16) 拙稿（2005）:「幕末期徳島藩領における地方知行制の地域構造」「史窓」35号，104〜106頁。
17) 坂東家文書「正徳二巳年名東郡観音寺村御棟附家人数御改帳」。
18) 徳島藩における壱家－小家関係については、高橋　啓（2000）:『近世藩領社会の展開』渓水社に詳述されている（52，168，171頁）。
19) 桑井　薫編（1990）:『阿波徳島藩・蜂須賀家家臣　所領地並石高控』私家本，174〜175頁。
20) 中世的名主系譜の初期本百姓層については、高橋18)を参照（139頁）。

第 7 章　美馬郡郡里村絵図と村落空間

第 1 節　郡里村の歴史的環境

　郡里村は吉野川中流左岸の讃岐山脈の南麓に位置し、北の中央構造線と南の吉野川本流との間にあり、東西約 3.5 km、南北約 1 〜 1.5 km と村域の大きな村である。中央構造線は 100 m の等高線にほぼ沿っているが、それより上の 100 〜 250 m は上位・中位・下位段丘面を形成している。東宗重の標高約 80 m 段丘面には横穴式石室をもつ国指定史跡「段の塚穴」があり、付近には円墳を中心とする多くの古墳群が集中する。また、東の野村谷川と西の鍋倉谷川との間約 3.5 km には、東から西に西の谷・轟谷・吉田谷・玉振谷・棋穀谷・姥ヶ谷が南流して、吉野川の氾濫原である郡里島（シマ）付近で合流して吉田谷となり、吉田谷樋門で吉野川に流入する[1]（図 7-1）。

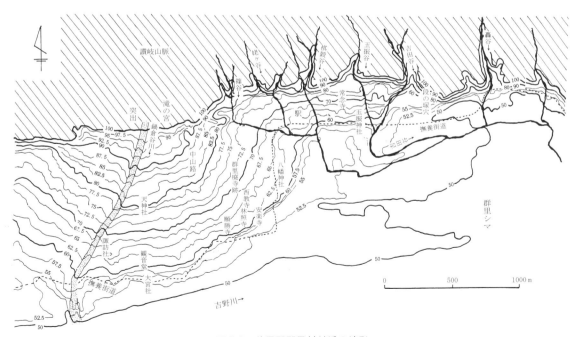

図 7-1　美馬郡郡里村付近の地形
ベースマップは美馬町全図（縮尺 10,000 分の 1）

村域のほぼ半分を占める鍋倉谷川扇状地は標高約110 mの突出・滝の宮付近を扇頂とし、標高約55 mの喜来付近を扇端とする南北約2 km、東西約2.5 kmの扇状地で、平均勾配は約4度である。扇状地東部の標高約70 mの中山路には、白鳳期に創建され阿波国最古の一つの寺院で、国指定の史跡である「郡里廃寺跡」があり、その南の扇端一帯は「寺町」と呼ばれ、願勝寺（真言宗御室派）、安楽寺・西教寺・林照寺（ともに浄土真宗本願寺派）があり、宗教的なエリアを形成している。また、中山路付近は古代美馬郡の郡役所の所在地に比定されており、土ヶ久保付近には「駅」の地名が残り、古代交通路である吉野川ルートの駅家との説もある[2]。さらに、宗重から中山路付近には古代美馬郡の条里遺構がみえる。

第2節　嘉永4年（1851）美馬郡郡里村御蔵分・給知分検地帳

1. 嘉永4年検地帳の作成目的

郡里村には嘉永4年検地帳[3]と、文政〜安政期頃（1818〜59）に作成されたと推定される村絵図6点（1点は大部分が破損）[4]が現存し、美馬市教育委員会が所蔵している。検地帳は御蔵分と給知分の2冊からなる。この検地帳には1筆ごとに分筆・譲渡・川成等の移動履歴が克明に記載されるのみならず、所在小字・地目・等級・地積・石盛・名負農民等の属地データを明らかにしてくれる。また、6点の村絵図からは検地データだけでなく、1筆ごとに御蔵と、給知・給人の区別や、給知の御蔵への編入である「上り知」等の属地データがわかり、藩・給人・農民との土地をめぐるクロス分析から、村落の空間構造や、土地支配の実態を明らかにできる。この検地帳と村絵図は、吉野川筋の大洪水である天保14年（1843）「七夕水」[5]と、嘉永2年（1849）の「酉の水」[6]による「川成愈上り改」との何らかの関連を窺がわせる。すなわち、検地帳と村絵図は、一対のものとしてほぼ同じ時期に作成されたと考える。検地帳の作成目的は、村役人層が川成愈上り改（仮検地）や、長年月における開墾、分筆、譲渡等に伴う村内の錯綜した土地の所有・移動関係に関する状況を、1筆単位で属人的・時系列的に把握するためであると推定できる。

まず、検地帳の全体像をみると、全体では2,807筆／田畠面積162町6畝10歩／村高1,266.458石／総名負人657人／13給人という大部な帳簿である。その内訳をみると、御蔵分面積は46町7反5畝6歩（28.8％）、石高は410.185石（32.4％）、給知分面積は115町3反1畝4歩（71.2％）、石高は856.272石（67.6％）である。明治初年の『旧高帳』[7]による村高1,402.38石に対して、検地帳村高は約90％で、御蔵分（33.8％）、給知分（66.2％）とほぼ同じ比率を示す。田畠面積をみると、近世阿波国の吉野川筋における土地利用の特徴である畠卓越型を示す。田は32町2反13歩（19.9％）あるのに対し、畠は129町8反5畝26歩（80.1％）である。鍋倉谷川扇状地と吉野川北岸に発達する自然堤防や下位氾濫原等の微高地では、畠作に依存せざるをえない状況を示している。

本帳を詳細にみると、「甚兵衛小家太郎右衛門」のように、「甚兵衛」に隷属する小家で高持ちが5

人あり、合せて5反6畝6歩を名負している。「甚兵衛」は本帳では1町9畝7歩をもつ壱家本百姓である。さらに、願勝寺・西教寺・安楽寺・常念寺の寺領が合せて6町5畝16歩あり、総面積の3.6%、石高の4.9%を占める。また、隣接村の農民の本村への入作(にゅうさく)状況をみると、18人/2町2反8畝7歩で、面積の1.4%、石高の0.6%を占めるが、吉野川南岸の貞光村徳兵衛1人分を除いて、18人が西隣の重清(しげきよ)村農民である。

検地帳の1部を図7-2に示した。図にみえる朱書地番「百廿三」(中上田1反9歩/1石1斗8升5合)と同「百廿四」(下畠5畝24歩/1斗4升5合)は、字土ヶ久保ノ前にあり、仁左ヱ門名負地で、中老・長江刑部(ぎょうぶ)の知行地である。「百廿三」番の記載内容をみると、天明元年(1781)12月、名負人子孫が郡代の裏判を以って譲渡→安政3年(1856)10月、代米50石の五年切売り質地、内5畝4歩5厘・5斗9升2合5勺を文久3年(1863)10月、代米返し請戻し→慶応2年(1866)10月、伊セ蔵より茂五郎へ譲渡などの複雑な移動履歴が克明に記されている。

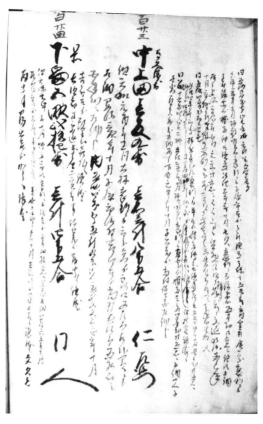

図7-2　嘉永4年(1851)郡里村検地帳給知分
(123・124番，長江刑部給知部分)

2. 御蔵分とその移動記載

本検地帳は、検地の順番に従って記載される通常のものとは異なり、御蔵分と給知分とに別冊にしており、奥書には作成目的が記される。それによると、「右者当村御蔵御分田畠売譲之砌、御検地御帳写腰張無之、後年行縺等之節取調之目当無之ニ付已後腰張いたし候様、御帳写相厚申談之上御検地極置所件如」とある。すなわち、検地帳の下部の貼紙部分に所有関係の移動履歴を時系列的に克明に記したいわゆる「腰張」[8]を付した原本を紛失したので、田畠の売り譲り渡し等の際に、後年の紛争を避けるため検地帳を借用し、写しを作成したとしている。作成者である郡里村五人組の二宮喜郎・西岡長次郎・田中喜三郎・又三郎・徳左ヱ門、および、同村与頭庄屋の曽我部宗兵衛・曽我部道右衛門が連署し、作成年紀は嘉永5年4月である。

本帳には御蔵分1,127筆について、1筆ごとに検地名負人から子孫へ、または他人への譲渡や分筆等、その所有に関する移動履歴等が年月を明記して、時系列的に克明に記されている。前半には、5給人の袖岡瑞庵・津田伊保之助・筒井与右衛門・下條成助・佐和瀧三郎からの「上り知」(御蔵への編入した437筆)が、後半には「元禄十一年(1698)御帳」、「明和二年(1765)藪開御帳」、「安永四年(1775)藪開御帳」、「天明五年(1785)御帳」、「天明七年(1787)御帳」、「寛政三年(1791)

御帳」、「天保八年（1837）藪開御帳」分の690筆が記される。元禄11年の「御帳」では、約15％にあたる川成地が3町2反9畝22歩もあるので、水害による仮検地を意味しているのであろう。寛政3年には打ち直し検地が、明和2年、安永4年、天保8年には未墾地である藪開検地が行われたようである。

次に、記載内容を本帳の冒頭部分である袖岡瑞庵からの上り知を中心に土地の移動履歴のパターンをみよう。

　　　　　袖岡瑞庵様上り知
　　　　　十二御帳之内
　　　　　芝行
①九百二十三（朱書）　中下畠三畝拾四歩　壱斗四合　　　孫太郎
　　　　此株文久四子年正月御手代御裏判ヲ以伊セ蔵ヨリ佐市ヘ譲ル
　　〆内　壱畝弐拾弐歩高五升四合元治二丑年（＊慶応元年）四月御手代御裏判ヲ以佐市ヨリ幸吉ヘ譲ル
　　　　壱畝弐拾弐歩高五升四合慶応二寅年四月御手代御裏判ヲ以勘兵衛ヘ譲ル
　　　　木屋之内
②九百二十四（朱書）　下畠九畝拾八歩　　四斗弐升五合　忠左衛門
（中略）
　　　　弐町畠
③九百三十六（朱書）　下々下畠四畝　　　八斗六升　　　久作
　　　内弐畝四升三合　右名負子孫配分ニ當リ藤兵衛倅佐太郎相控居申候
　　　内壱畝拾九歩高四升四合三勺名負子孫ときヨリ明治弐巳五月文蔵ニ譲ル
（中略）
　　　　居屋敷
④九百四十一（朱書）　下々下畠三畝七歩　　　　　　　　新兵衛
　　　右株者新兵衛先名負地之所先年売地と相成居申候、嘉永二酉年
　　　藤蔵孝蔵両人ヨリ請返新兵衛相控居申候
　（中略）
　　　居屋敷本地壱反弐拾歩九斗弐升壱合之内拾弐歩三升四合道引残り
⑤九百七十七（朱書）　中畠壱反八歩　八斗八升六合　　　久作
　　　　a 内廿歩四厘壱毛六払六升壱合弐勺八才　右名負子孫伊佐蔵相控居申候（aは著者注記、以下同）
　　　　b 同壱畝拾歩九リン四払壱斗壱升五合三勺八才■■■弘化二巳年口山（＊吉野川南岸の美馬郡半田口山ヵ）熊太ヘ譲地
　　　　c 同壱畝十三歩壱斗壱升七合八勺　右名負子孫清蔵娘七相控申候
　　　　d 同拾弐歩弐厘三升六合九勺　善右ヱ門配分ニ當リ儀右ヱ門相控居申候
　　　　e 同拾弐歩八厘三六合九勺　右名負子孫善蔵子孫佐太郎相控居申候
　　　　f 同弐畝六厘七毛壱斗四升合五勺　右名負子孫配分ニ當リとら相控居申候
　　　　g 同壱畝十歩九厘弐毛四払高壱斗壱升五合三勺弐才　右名負子孫国蔵ヨリ弘化三午年六月清久永右ヱ門殿御裏判ヲ以同村岩吉ヘ譲地相成右岩吉ヨリ嘉永五子年五月口山熊太ヘ譲ニ候　右名負配分ニ當

リとら相控居申候　天保十四卯年十一月右とらヨリ清久永右ヱ門殿御裏判ヲ以同村岩吉へ壱畝廿壱歩弐厘高壱斗四升七合弐勺譲渡相控居申処右岩吉ヨリ嘉永五子年九月口山熊太へ証文譲地ニ成候

　すなわち、①の孫太郎名負地は、郡代の手代裏判型の移動である。文久4年に伊セ蔵→佐市への譲渡があり、分筆されて内1畝22歩は慶応元年に佐市より幸吉へ譲渡、1畝22歩は慶応2年に佐市より勘兵衛に譲渡されている。②は名負人忠左衛門の子孫が嘉永4年までの持ち伝え型である。③は名負人久作子孫から2畝は相続仕分け時に藤兵衛が、1畝19歩は子孫「とき」より明治2年に文蔵に譲渡されている。本帳の作成年紀は嘉永4年であるが、明治2年の移動履歴が記載されているので、嘉永4年以降の履歴が追記されているようである。④は質地売買型で、嘉永2年質取主藤蔵・孝蔵から再び新兵衛へ請返している。徳島藩の質地移動である五年切売り代米返型であろう。

　また、⑤の中畠1反8歩は7筆に分筆され、その履歴が詳細に記されている。すなわち、7筆の内、a20歩4厘1毛6払は名負子孫の待ち伝え。b1畝19歩9厘4払は半田口山の熊太に譲渡、1畝13歩は名負子孫清蔵娘七が持ち伝え。c12歩2厘は名負子孫が持ち伝え。d2畝6厘7毛は名負子孫配分(仕分時)に「とら」が相続。e1畝19歩9厘2毛は名負子孫から郡代裏判を以って弘化3年に同村岩吉へ譲渡。さらに、fは岩吉より嘉永五年に半田口山の熊太に譲渡。また、gは天保14年に1畝21歩2厘は「とら」より岩吉に譲渡したが、嘉永5年に口山(半田口山ヵ)の熊太に再び譲渡している。

　次に、知行の「上り知」をみると(表7-1)、5給人から19町9反9畝25歩／146.0303石が上り

表7-1　嘉永4年(1851)美馬郡郡里村検地帳御蔵分

田畠 上り知御帳	田			畠			田畠計			川成		
	筆数	面積(畝)	高(斗)	筆数	面積(畝)	高(斗)	筆数	面積(畝)	高(斗)	筆数	面積(畝)	高(斗)
袖岡瑞庵上り知	18	23.12	108.717	57	316.10	200.765	75	339.22	309.482	—	—	—
津田伊保之助上り知	29	137.07	199.54	89	584.06	483.017	118	721.13	682.557	—	—	—
筒井与右衛門上り知	1	7.03	9.29	12	38.12	51.314	13	45.15	60.604	—	—	—
下條成助上り知	5	6.00	3.45	122	130.09	168.28	127	530.09	171.73	—	—	—
佐和瀧三郎上り知	3	2.09	2.52	101	360.175	233.41	104	362.265	235.93	—	—	—
小計	56	176.01	323.517	381	1,429.245	1,136.786	437	1,999.255	1,460.303	—	—	—
元禄11年(1698)御帳	92	395.23	902.56	333	1,782.03	1,346.23	425	2,177.26	2,248.79	72	329.22	261.332
明和2年(1765)藪開御帳	2	12.03	13.94	1	3.00	2.70	3	15.03	16.64			
安永4年(1775)藪開御帳	—	—	—	1	3.09	9.29	1	3.09	9.29			
天明5年(1785)御帳	9	36.18	27.45	149	473.05	117.47	158	509.23	144.92			
天明7年(1787)御帳	—	—	—	65	179.13	109.9	65	179.13	109.9			
寛政3年(1791)御帳	—	—	—	37	183.15	111.77	37	183.15	111.77			
天保8年(1837)藪開御帳	—	—	—	1	0.12	0.24	1	0.12	0.24			
小計	103	444.14	943.95	587	2,624.27	1,697.60	690	3,069.11	2,641.55	72	329.22	261.332
合計	159 14.1%	620.152 13.3%	1,267.467 30.9%	968 85.9%	4,054.215 86.7%	2,834.383 69.1%	1,127	4,675.065	4,101.853	72 6.4%	329.22 11.4%	261.332 6.4%

注)「嘉永四年美馬郡郡里村御検地帳御蔵御分」(美馬市教育委員会蔵)より作成。

知となり、御蔵に編入されている。この「上り知」には川成地が皆無であり、水害の対象になりにくい条件のよい田畠が対象となったことを物語る。また、下條成助（高250石／大北郡奉行）は宝暦6年（1756）と、佐和瀧三郎（高250石／海部・那賀郡代）は文化元年（1804）にそれぞれ在役中の不心得により「家格禄召上放」で御家断絶の処分を受けている[9]。また、津田伊保之助（高800石／洲本仕置御用）の本村知行高100.63石に対し、68.255石が、筒井与右衛門（高250石／御児小姓役）は本村25.63石に対し、6.06石がそれぞれ上り知を受けている。

3. 給知分と知行地分布

前述のように、給知分は面積・石高のそれぞれ約71%・68%を占める。また、表7-2でみるように、本村給人は蜂須賀安芸（家老／仕置）、長江刑部（中老／士組頭）、稲田筑後（中老／年寄役）、津田監物（須本仕置）等の重臣と、これに次いで、森平馬（鉄炮組頭）、井村卯次郎（使番役）、村上伊和蔵（安宅目付）のような物頭・寄合席・平士等の上級家臣、さらに、井村吉右衛門（御次小姓役）、筒井春五郎（西の丸御番）、猪子直吉（西の丸御番）は小姓格・高取諸奉行等のやや下級の家臣で構成される[10]。

また、稲田・蜂須賀・長江・井村（卯）の知行村は23～35ヵ村にも及び、尾張藩とほぼ同じの分散度を示し、阿波・淡路両国で拝領している。井村（吉）のみが那賀郡甘枝村・南荒田野村・郡里村の阿波国内3ヵ村集中型であるのに対し、他は分散型をみせる。とくに、井村（吉）・村上・広田・猪子の4人は本村に知行の20～30%が集中し、存立基盤をなしていた（表7-2）。

次に、本村における給知の状況をみよう（表7-3）。田畠反別は、田が22.5%、畠が77.5%、石高では田が40.2%、畠が59.8%で、御蔵分よりも田の比率が高く、畠の比率が低い。注目されることは、川成地が総筆数の15.4%、面積の19.5%、石高の17.7%にも及ぶことである。この川成地の分布については、本章第3節の3の3）と5の1）で詳述するが、吉野川沿いの氾濫原と、吉田谷川の郡里島地区や鍋倉谷川沿いに多く分布する。さらに、土手床引が1畝18歩、新道床引が1反9畝11歩みら

表7-2　美馬郡郡里村給人の禄高・役職・給知状況

給人名	禄高・石	格・役職	『旧高帳』	本村高	給知郡・村（％）
1 長江刑部	2,500	中老・士組頭	23村	212.935石	阿波25.4, 名東19.4, 那賀14.1, 麻植10.5, 三原7.6
2 津田監物	800	須本仕置	12村	100.632	三原65.3, 美馬20.0, 板野14.7
3 井村吉右衛門	200	御次小姓役	3村	91.012	那賀52.3, 郡里村47.7
4 森 平馬	766	鉄炮組頭	9村	100.050	名東郡上八万村36.1, 津名21.4, 板野11.8, 郡里村15.2
5 村上伊和蔵	450余	安宅目付	10村	105.163	三原29.2, 津名19.4, 郡里村27.4, 麻植21.8, 那賀4.4
6 広田喜官太	250余	御蔵奉行	8村	67.117	板野33.2, 勝浦郡渋野村32.3, 郡里村27.1, 那賀7.7
7 長井満吉	543	岩屋在番	15村	48.921	麻植32.3, 那賀16.1, 津名11.1, 郡里村11.0, 名西8.6
8 井村卯次郎	500	使番役	23村	43.908	那賀26.2, 板野18.6, 三原17.2, 名東14.4, 那賀8.4
9 蜂須賀安芸	4,000	家老・仕置	29村	58.252	三原30.0, 津名13.8, 板野10.1, 名東8.0, 麻植7.9
10 稲田筑後	2,011	中老・年寄役	35村	18.401	名東39.7, 津名13.6, 三原13.4, 三好6.4, 板野6.2,
11 筒井春五郎	200	西の丸御番	9村	25.392	勝浦52.0, 郡里村11.9, 那賀9.0, 三原9.5, 津名9.4
12 猪子直吉	150	西の丸御番	6村	39.538	三原27.2, 郡里村24.3, 津名18.1, 板野15.4, 勝浦15.3
13 鵜飼万吉	200余	御次小姓役	11村	16.95	美馬48.2（内郡里村7.8）, 那賀23.9, 三原23.0, 三好4.8

注）①『旧高旧領取調帳』、②『徳島藩士譜上・中・下巻』、③桑井薫編『阿波徳島藩蜂須賀家臣所領地并石高控』による。

第 7 章　美馬郡郡里村絵図と村落空間

表 7-3　嘉永 4 年（1851）美馬郡郡里村検地帳給知分

番号	給人	田				畠				田畠計				川成				土手床引		新道床引	
		筆数	面積（畝）	高（斗）		筆数	面積（畝）	高（斗）		筆数	面積（畝）	高（斗）		筆数	面積（畝）	高（斗）	面積（畝）	高（斗）	面積（畝）	高（斗）
1	長江用部	90	657.08	699.64		449	3,526.01	1,405.74		539	4,183.09	2,105.38		89	658.06	370.96	1.18	1.95	16.33	8.59
2	津田監物	40	261.13	397.97		104	640.10	614.66		144	901.23	1,011.73		28	161.07	230.21	―	―	―	―
3	井村吉右衞門	43	313.23	487.73		107	673.09	513.28		150	987.02	1,001.1.01		4	11.06	8.41	―	―	―	―
4	森　平馬	25	323.08	528.233		113	670.19	470.15		138	993.27	998.383		30	168.04	166.382	―	―	―	―
5	村上伊和藏	39	265.01	366.669		113	741.04	570.051		152	1,006.05	936.72		51	319.03	322.1423	―	―	―	―
6	広田喜官太	37	228.00	357.15		87	464.24	370.557		124	692.24	727.707		23	117.03	176.01	―	―	2.08	6.65
7	長井満吉	33	176.15	257.07		47	360.05	265.82		80	536.20	522.89		16	54.14	53.86	―	―	―	―
8	井村卯次郎	27	266.02	225.675		61	431.29	279.3368		88	698.01	505.0118		15	173.115	180.866	―	―	―	―
9	蜂須賀安芸	5	15.26	5.68		177	925.27	415.81		182	941.23	421.49		―	―	―	―	―	―	―
10	稲田筑後	1	15.06	13.84		25	166.20	56.35		26	181.26	70.19		―	―	―	―	―	―	―
11	筒井春五郎	9	42.018	65.7630		14	106.192	68.692		24	148.21	134.4556		2	2.1118	3.641	―	―	―	―
12	猪子直吉	10	35.15	38.16		5	23.09	31.60		15	58.29	69.76		―	―	―	―	―	―	―
13	鵜餇万吉	―	―	―		19	100.09	58.00		19	100.09	58.00		1	7.24	4.29	―	―	―	―
	計	359	2,599.288	3,442.6806		1,321	8,931.052	5,120.0468		1,680	11,531.04	8,562.7274		259	1,672.2968	1,516.7713	1.18	1.95	19.11	15.24
		22.5%	40.2%			77.5%	59.8%			100.0%	100.0%			15.4%	19.5%	17.7%	2筆		11筆	

注①「嘉永四年美馬郡郡里村御検地帳御給知分」（美馬市教育委員会蔵）より作成。②田・畠欄の%は田畠計に対する比率、③川成欄の%は田畠計に対する比率。

れる。このように、田畠面積の約2割に水損がみられるという地形的環境が、6点の知行絵図作成の大きな要因の一つであったと考えられる。

最多の給知を有するのは中老の長江で、本村知行地面積の36.3%、石高の24.6%にも及び、長江の拝領高の約8%にあたるが、その知行圏の中心は阿波郡と名東郡である。しかし、給知面積の約16%は川成地である。続く津田と井村（吉）、森の本村知行高は約100石で、井村は本村が、津田は淡路国三原郡、森は名東郡がそれぞれの存立基盤を形成している。

4. 名負人の階層構成と給人との関係

検地帳に登録される名負人の657人の階層構成をみよう（表7-4）。まず、高30～80石の最上級層は6人、次いで、10～30石の上層は24人あるのに対し、5～10石未満の中間層が26人と少ない。これに対し、1～5石が122人（18.6%）、1石未満の最下層が399人（60.7%）と圧倒的多数を占める。このように、本村では上層と下層・最下層に分解し、中間層を欠いていることがわかる。また、最上層で中世名主層の系譜を有すると推定できる壱家本百層である仁右衛門・半右衛門・七兵衛・徳右衛門から13位の長兵衛までの高20石以上の大高持が、所有する面積は51町8反8畝22歩（35.0%）、石高は442.821石（32.0%）で、本村のそれぞれ3分の1を占めている。

次に、検地帳の名負人を階層別に23人を抽出して、御蔵分と各給人との関係をみよう（表7-5）。まず、仁右エ門から五郎右エ門までの高10石以上の上層、8石の惣兵衛から2.5石の庄右エ門を中間層、1.8石の清兵衛から2斗の忠蔵を下層とする。上層は徳右エ門と五郎右エ門を除いて御蔵分比率が低く、七兵衛と作右エ門は御蔵分のない知行分のみに属する頭入百姓専属で、与九郎もほとんど同様である。また、最上位の仁右エ門は給主8人の頭入百姓である。また、1給の小右エ門・徳右エ門を除いて、願勝寺5給、七兵衛・六右エ門4給、半右エ門・作右エ門・長兵衛3給のように、複数の給人の知行付百姓となっており、上層は頭入百姓中心である。これに対し、甚右エ門と庄右エ門を除いて、中下層は御蔵百姓専属になっている。

5. 中老長江刑部と名負人の階層構成

本村最大の給人である長江の知行圏は23ヵ村にまたがる。明治初年では名東郡中村（なかむら）、阿波郡東林村（ひがしばやしむら）、那賀郡坂野村と本村をはじめ、板野・麻植・三好郡、淡路国三原郡と広大であるが、本村は約8%に過ぎず、中心基盤ではない（表7-2）。また、本村において長江配下の名負人は116人を数え、本村総名負人657人の約18%に達する。20石以上の本村上位12人の名負人のうち、与九郎・孫兵衛・

表7-4 嘉永4年（1851）郡里村御検地帳による名負人の階層構成

石高	50～80石	30～50石	20～30石	10～20石	5～10石	3～5石	1～3石	5斗～1石	1～5斗	1斗未満	計
人数	2 0.3%	4 0.6%	7 1.1%	17 2.6%	26 4.0%	27 4.1%	95 14.5%	80 12.2%	238 36.2%	161 24.5%	657 100.0

表 7-5 検地帳にみる郡里村の名負人の階層と給人との関係

	名負人	筆数	面積(畝)	石高(%)	御蔵分(%)	長江	津田	井村吉	森	村上	広田	長井	井村卯	蜂須賀	稲田	筒井	猪子	鵜飼
1	仁右エ門	106	844.06	748.54	2.8	21.2	13.6	22.7	17.2	1.4	10.3	0.9	—	1.1	—	—	—	—
2	半右エ門	74	733.11	576.311	15.3	36.6	—	—	—	25.5	—	—	10.2	—	—	—	—	—
3	七兵衛	46	391.24	384.96	—	16.2	—	4.6	67.4	—	10.0	—	—	—	—	—	—	—
4	平兵衛	46	319.01	323.34	27.5	70.1	—	—	0.2	—	—	—	—	—	—	—	—	—
5	作右エ門	48	309.09	320.09	—	3.2	0.8	—	—	—	—	96.0	—	—	—	—	—	—
6	与九郎	36	265.07	284.44	0.4	—	—	99.6	—	—	—	—	—	—	—	—	—	—
7	六右エ門	55	448.05	276.54	17.2	16.4	—	—	—	65.1	—	—	0.4	—	—	—	—	—
8	孫兵衛	44	270.235	266.822	25.2	56.6	75.1	—	—	—	—	—	—	0.7	—	—	—	—
9	小右エ門	32	235.17	246.77	1.2	98.8	—	—	—	—	—	—	—	—	—	—	—	—
10	願勝寺	32	231.25	226.176	5.1	38.2	18.2	—	10.2	18.4	—	—	9.1	—	—	—	—	—
11	徳右エ門	43	562.24	210.085	59.5	—	—	—	—	—	—	—	—	—	—	40.5	—	—
12	長兵衛	39	273.18	208.534	19.4	6.3	0.1	—	—	—	—	—	69.8	—	—	—	—	—
13	西教寺	23	148.23	176.24	31.2	56.6	—	—	5.0	—	—	7.2	—	—	—	—	—	—
14	五郎右エ門	18	149.20	111.50	70.0	26.2	4.3	—	—	—	—	—	—	—	—	—	—	—
15	惣兵衛	12	74.21	80.10	100.0	—	—	—	—	—	—	—	—	—	—	—	—	—
16	甚右エ門	26	140.25	51.43	16.2	79.3	—	4.2	—	1.1	—	—	—	—	—	—	—	—
17	藤右エ門	8	48.21	39.06	100.0	—	—	—	—	—	—	—	—	—	—	—	—	—
18	庄右エ門	9	39.14	25.25	3.6	—	—	—	—	—	—	—	97.4	—	—	—	—	—
19	清兵衛	3	14.15	18.37	100.0	—	—	—	—	—	—	—	—	—	—	—	—	—
20	松兵衛	3	13.27	12.08	100.0	—	—	—	—	—	—	—	—	—	—	—	—	—
21	宅右エ門	3	22.00	9.27	100.0	—	—	—	—	—	—	—	—	—	—	—	—	—
22	仁助	2	13.21	5.54	100.0	—	—	—	—	—	—	—	—	—	—	—	—	—
23	忠蔵	2	2.24	2.09	100.0	—	—	—	—	—	—	—	—	—	—	—	—	—

注①「嘉永四年美馬郡郡里村御検地帳御蔵御分」「嘉永四年美馬郡御検地御給知分」より作成。②御蔵分・給人別割合は石高に対する％を示す。

徳右ヱ門を除く9人が長江の名負人である（表7-5）。最大の仁右ヱ門は石高の約21％、2位半右ヱ門は約37％、4位平兵衛は約70％、9位小右ヱ門は約99％、10位願勝寺は約38％が長江の知行で占められる。このように、長江は上位名負人の多数を自己配下の知行付百姓としていたが、配下農民の内、1反未満／1石未満層が約46％を占めることからも、上位だけでなく、最下層も対象としていたことがわかる。本村だけでも116人の知行付百姓を抱える長江の場合、その年貢徴収体制をどのように構築していたかが問題となる。本村では棟附帳が現存しないので、大高持ちの村役人層の系譜をトレースすることができないが、仁右ヱ門から小右ヱ門にいたる最上層の本百姓を中心とする村請制に依存していたか、または、長江家臣による年貢の地頭直納システムをとっていたかは不明である。

　ちなみに、名西郡白鳥村[11]では初期本百姓忠兵衛が給人平瀬所兵衛の「改所」としている。また、板野郡板東村[12]では同村11給人の知行高900.690石の内の92.831石の年貢徴収に対し、12人の庄屋・本百姓を「村御取立」としている。さらに、禄高500石で鉄炮組頭であった尾関源左衛門[13]は知行11ヵ村の年貢徴収を庄屋・本百姓層を「取立請」として、物成の1〜2％程度を支払っている。

第3節　郡里村知行絵図と土地支配

1. 村絵図の表現内容と名負人の階層構成

　村絵図6点を一覧表にして表7-6に示した。6点ともに折り目部分に磨耗等による傷みがかなりあり、また絵図の一部が欠けていることから、庄屋層が日常的に利用したことをうかがわせる。その内、3点の表題には「美馬郡郡里村絵圖」と記される（表7-6の①・②・③図、口絵5・6・7・8）。この3点は本村域を東・中・西の三つに区分して、1筆ごとに検地帳と御蔵・知行に関する属地・属人データを克明に表現したいわゆる知行絵図である。さらに、吉野川北岸の氾濫原である「中須」付近の川成地を対象とした2点（表7-6の④・⑤図）には「美馬郡郡里村中須（分）」とあり、中須地区の水損から復旧した畠の「川成愈上り改（かわなりいえあがりあらため）」のための仮検地絵図である（口絵9）。さらに、⑤図の右端には岩倉村境の野村谷川ぞいの字小長谷の水損復旧のための仮検地絵図も描かれる（口絵10）。また、⑥図は本村の古代・中近世の宗教的エリアを形成する寺町・中山路付近を描くが、3分の2近くが欠損している（口絵11）。しかし、部分的ではあるが、本地区の知行状況や景観復原に重要な手がかりを与えてくれる。また、6点の絵図のほかに、縮尺1,800分の1である実測図の「美馬郡郡里村分間絵圖」が『郡里町史』と『美馬町史』にその一部が紹介されているが、現在はその所在が不明である[14]。

　図7-3に6点の絵図が表現する区域を現行小字図に示したが、村域の約70％程度をカバーしていると考えられる。①図（口絵5・6）の区域は字高畑・川縁・境石元・東宗重・鵜飼口・東岸ノ下、②図（口絵7）は字宗重・玉振前・助松・七反地・高野・宮南・宮東・蛭子・駅、③図（口絵8）は字井出縁・天神北・天神・大宮西・谷ヨリ西、④図（口絵9）と⑤図（口絵10）は字中須、⑥図（口

第7章　美馬郡郡里村絵図と村落空間　147

表7-6　郡里村知行絵図一覧表

	標題	法量(cm)	作成年紀	実測・見取図	縮尺	凡例	検知データ	給人名	村落景観・開墾・名負人・筆数
①	美馬郡郡里村絵図／東ハ轆西谷ヨリ南新田大田境西ハ玉振谷ヨリ南セッダンノ木迄（口絵5・6）	169.5×147.5	無	見取図・手書き彩色／一部に欠損有・折り目磨耗有	約600分の1	黄／御積地／給人区別・色分・記号	有り、上知	井村吉右衛門以下11人	①轆丙谷・玉振谷・吉田谷・川②竹藪・松林・荒地・大藪③玉振神社・吉田社・一里松
②	美馬郡郡里村絵図／東ハ玉振谷ヨリ西ハ中山路八幡宮社西手南北道切（口絵7）	13.0×109.0	無	見取図・手書き彩色／一部に欠損有・折り目磨耗有	約600分の1	白／御蔵御分給人区別／色分・記号	有り、上知	井村吉兵衛以下12人	①吉田谷・玉振谷・川②竹藪・松林・柳林③常念寺・八幡宮・玉振明神・撫養街道・一里松
③	美馬郡郡里村絵図／鍵掛南北馬道ヨリ南ハ喜来名庄蔵居屋敷西ハ重清村境（口絵8）	201.8×218.0	無	見取図・手書き彩色／一部に欠損有	約600分の1	黄／御積地／給人区別・色分・記号	有り、上知	蜂須賀駿河以下11人	①鍋倉谷川・河原・水刎②大宮社・観音堂・諏訪社・天神社
④	美馬郡郡里村中須古田川成母地并御積地絵図（口絵9）	91.3×218.0	無	見取図・手書き彩色	約600分の1	黄／御積地給人区別／色分記号	有り、／当作（一部）	猪子直吉以下11人	①御蔵検地・吉田川積地検地
⑤	安政三(1856)辰三月出来／美馬郡郡里村中須分古田御検地絵圖（口絵10）	72.5×244.4	安政三年	見取図・手書き彩色	約600分の1	白／仮検地茶／古田御蔵地黄／給知之地	有り、／当作	給人名無	①川成地の開き帰りの仮検地②古田御蔵地／給知上り知等の区別③開墾地短冊状
＊	美馬郡郡里村小長谷分御検地絵図	⑤に含む	無	見取図・手書き彩色	約600分の1	白／仮検地黄／高付古田	有り	給人名無	①郡里村最東端の岩倉村境小字小長谷分の川野村谷川治り川成地の仮検地
⑥	標題無／郡里村寺町付近絵図（仮称・破損図）（口絵11）	129.0×71.1（最大部分、約2/3が破損）	無	見取図・手書き彩色	約600分の1	欠	有り	津田監物以下10人	①願勝寺・林照寺・安楽寺・西教寺②道・川・用水③松林・竹藪地の仮検地

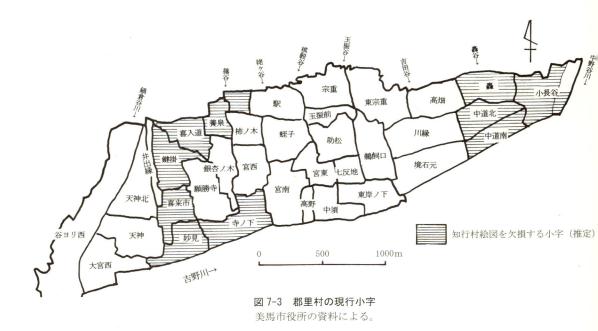

図 7-3　郡里村の現行小字
美馬市役所の資料による。

表 7-7　郡里村知行絵図による名負人の階層構成

石高	30～50石	20～30石	10～20石	5～10石	3～5石	1～3石	5斗～1石	1～5斗	1斗未満	計
人数	1 0.2%	2 0.4%	12 2.6%	30 6.5%	30 6.5%	96 20.8%	76 16.5%	133 28.9%	81 17.6%	461 100.0

絵11）は字願勝寺・銀杏ノ木・宮西・柿ノ木の範囲をそれぞれカバーしていると考えられる。

　まず、6点の絵図から田畠面積を集計した（表7-8参照）。総田畠面積142町4反8畝3歩（中須分の一部を除く）は、検地田畠面積の約88%、総石高863.805石は検地帳の約68%にあたる。

　さらに、絵図記載の名負人461人は嘉永期の当作人ではなく、検地帳記載名負人の約80%で、その名負人は近世初期である慶長期の総検地のそれを継承していると考えられる。次に、絵図6点に表現される2,071筆（検地帳では2,807筆）に記載される名負人名が判明する461人の階層構成をみよう（表7-7）。20～50石の最上層は3人、10～20石の上層は12人、3～10石の中間層は60人、1～3石の下層は96人（約21%）、1斗未満の最下層は290人（約63%）で、最下層は検地帳では約61%を占めたが、絵図の場合も同じ傾向である。

2.「美馬郡郡里村絵圖／東ハ轟西谷ヨリ南新田太田村境西ハ玉振谷ヨリ南センダンノ木迄」（①図）

1）絵図の特徴と景観

　本図（口絵5）は1965年撮影の空中写真（図7-4）に示したように、東の轟西谷から西の玉振谷・センダンノ木、南は大藪（自然堤防、標高約50m）にいたる区域をカバーしているが、図の左上

第7章　美馬郡郡里村絵図と村落空間　149

図 7-4　郡里村東部の空中写真（1965年）
図中の①〜⑥は表 7-6 の絵図の番号を示す。

端の玉振神社付近に破損箇所がみられる。図北部には国指定史跡の「段の塚穴」が下位段丘面にあり、段丘崖下には撫養街道が東西に走るが、同街道沿いには街村状の集落が形成されている。ちなみに、本図には全部で88棟の家屋が描かれるが、瓦葺は21棟、萱葺は67棟みえる。西端の玉振神社付近の北には「えんま堂藪開」「御蔵御藪」「吉六やしき」などの小字がみえ、その西には吉田谷、吉田社・玉振神社、一里松がみえる。さらに、「三十郎屋敷」付近から吉田谷川が南流して字公傳（くでん）・八反地・高畠付近はいわゆる郡里シマと呼ばれる低地部（標高約50 m）を形成するが、空中写真にみえるように、戦後の区画整理事業の結果、歴史的な地割りは消滅して、東西に細長い矩形をもつ整然とした水田地帯となっている。また、絵図の「口傳」「辻」「八反地」付近には古代美馬郡条里の地割がみえる。

凡例には、御蔵（白）と井村吉衛門（青）から猪子直吉（鼠）にいたる11給人の給知が色分けと記号で1筆ごとに示される。在勤系譜から文化〜安政期頃（1804〜59）の作成と推定できる。図からは205人の名負人に係る677筆の36町7反5畝7歩／305.274石が絵図データとして得られる。まず、御蔵と給人別の分布状況をみよう（図7-5）。分散相給を基本としているが、細かくみると3〜6筆が団塊状に配置されている。とくに、字高畠・山根・六反地・撫養街道沿いの居屋敷・大藪・二丁畠・木屋之内付近では団塊状をみせる。

面積では御蔵と給知の割合は49対51である。給人別では井村吉右衛門が60筆／3町8反1歩、長江刑部が56筆／3町1畝、津田監物が51筆／2町6反1畝1歩、村上伊和蔵が46筆／2町7反1畝29歩、森平馬が61筆／2町5反9畝27歩で、この5人で筆数の約36％、面積の約41％、石高の約43％を占める。5人の内、高200石の井村を除いて、4人は高450〜2,500石の中上級家臣である。

2）絵図と検地帳の比較分析、土地移動

次に、絵図データとこれに対応する検地帳の文字データを1筆ごとに摺り合わせて、その配置と土地移動の履歴を対比した結果をみよう。図7-5に示したA〜Mの13筆を検地帳で比べると、絵図と検地帳の地番は一致していないが、小字・名負人・地目・等級・面積・石高・給人等を精査することにより、特定が可能である。

個別にみよう。字はすりにある御蔵A（下畠1反3畝／5斗6升9合）は、名負は仁兵衛で、津田伊保之助からの上り知で子孫持ち伝えである。次いで、字えんま堂にある御蔵B（下々下畠6畝15歩／6升5合）は名負助太夫の子孫の持ち伝えである。字大藪南にある御蔵C（中畠1反1畝／6斗9升）は名負子孫兵左エ門から郡代裏判を以って所有移動している。字西せんたんノ木にある筒井春五郎給知で作右エ門名負のD（中畠8畝25歩／7斗6升2合）については、内4畝25歩5厘は寛延4年（宝暦元年・1751）に郡代谷口幸作の裏判証文を受け、名負徳右エ門子孫左エ門から藤次郎に譲渡された。さらに、元治元年（1864）藤次郎子孫彦次より周蔵へ1ヵ年、元銀返900匁で質地移動されている。また、字六反地にあるE（7畝／7斗5升4合）名負平兵衛は津田監物給知で、文化12年（1815）に郡代裏判を以って八郎右衛門へ譲渡し、元治元年に売主茂五郎が元銀500匁で質地を請返して、慶応2年（1866）に與五郎より八郎兵衛へ譲渡している。

さらに、字段ノ上にある長江刑部給知で小右エ門名負のF（上畠1反1畝／2斗3升7合）には付箋があり、内2畝22歩5厘が慶応3年（1867）に多郎助より紋蔵へ質地移動している。字山根にあ

図 7-5 ①図における蔵入地・給知の分布
「東ハ轟西谷ヨリ南新田太田境西ハ玉振谷ヨリ南センダンノ木迄」、図中のA〜Mは本文のA〜Mに対応している。

る井村吉右衛門給知で与九郎名負のH（下水田6畝／5斗9升3合）は、一毛田で、内3畝が安永4年（1775）に三右ヱ門が入札で取得し、その子孫重三郎より安政6年（1859）に喜三郎に譲渡している。さらに、字松田屋敷にある廣田喜官太給知で郡里村寺町にある西教寺名負のI（上々畠1畝21歩／2

斗）は、嘉永6年（1853）に西教寺より郡代裏判を以って美馬郡貞光村谷弥平に譲渡されている。また、字からとのはし南にある猪子直吉給知で清之丈名負のJ（中上畠2畝27歩／2斗2合）は、子孫持ち伝えで当代貞蔵所有である。また、字口傳にある村上伊和蔵給知で理右ヱ門名負のK（上水田7畝10歩／1石2斗7升7合）は、内2畝20歩が川成となり、4畝20歩が生地として残ったことが記される。また、字とどろきにある長井満吉給知で作右ヱ門名負のLは子孫持ち伝えである。字芝床にある蜂須賀駿河給知で与惣右衛門名負のMは、内2畝2歩5厘が安政7年（万延元年／1857）に子孫源吉より石蔵に譲渡され、さらに、文久2年（1862）に石蔵から重蔵に譲渡されている。

　以上のように、給人の変化はないが、年貢負担者である名負人所有地は、①名負人子孫への持ち伝え（A・B・J・k・L）、②代米・代銀による質地移動（徳島藩では五年切売元銀返など、D・E・F）、③藩公認の郡代裏判等による譲渡（C・D・E・Ｉ・H）、④水損による川成と生地（ikiti）（k）等の移動がみられる。子孫からの持ち伝と質地移動が多く、1筆全部の移動は少なく、分筆による部分移動が多くみられる。

3）御蔵百姓と頭入百姓の存在形態、検地帳との比較

　本図にみえる名負人の実数は205人で、御蔵百姓専属が155人（57％）、御蔵百姓・頭入百姓兼帯が118人（43％）である。このうち、最上位の平兵衛（18筆／1町6反1畝15歩／11.93石）から10位の孫助（11筆／6反8畝8歩／5.33石）所有地の分布と給人との関係をみよう（図7-6）。まず、平兵衛持高の74％は津田監物給知で、残りは蔵入地である。津田専属の頭入百姓＋御蔵百姓兼帯型で、所有地は撫養街道北の字銀兵衛屋敷と南部の字川原縁に二分される。2位の与九郎（10筆／1町1反6畝8歩／12.42石）はすべて井村吉右衛門専属の頭入百姓専属型で、所有地は北東部の字高畠・六反地・田中付近に集中する。

　さらに、3位の仁兵衛（14筆／1町1反5畝4歩／12.33石）は御蔵百姓専属で、内85％が津田からの上り知で占められ、所有地は南部の字北溝・八反地と大はすり付近に分散する。4位の平左ヱ門（14筆／1町1反7畝27歩／12.07石）はすべて村上吉右衛門専属の頭入百姓専属型であり、所有地は南西部の字くるみの木と、北西部の字川成付近に分散している。さらに、吉野川南岸の微高地に貞光村の徳兵衛所有地で、太田村境の字境石本ある15筆／1反6畝18歩は本村への入作である。また、この9人を検地帳高名負人と摺り合わせると、本図で1位の平兵衛は本村4位の大高持本百姓であり、仁右ヱ門は本村1位で74石8斗5升4合の中世名主系譜と推定できる。また、孫右ヱ門は本村33位で8石9斗7升に比定できる。

4）「上り知」と大藪の開墾

　絵図には給知の御蔵への編入である「上り知」が多くみえる。すなわち、御蔵面積の約40％を占める。この内、津田伊保之助（高800石、津田監物家七代、安永年間）が38筆／2町9反1畝2歩、続いて、袖岡瑞庵（高300石）が28筆／1町7反5畝1歩である。また、佐和瀧次郎（高250石／目付役）からは15筆／3反22歩あるが、文政7年（1824）に家禄が召し上げられている。さらに、下條成助（高250石／大北郡奉行）も3反6畝18歩があるが、宝暦6年（1756）に「格録召放し」になっている[15]。このように、藩財政の窮迫化に伴う給知の御蔵地への編入や、藩士処分による「上り知」を反映している。

第 7 章　美馬郡郡里村絵図と村落空間　153

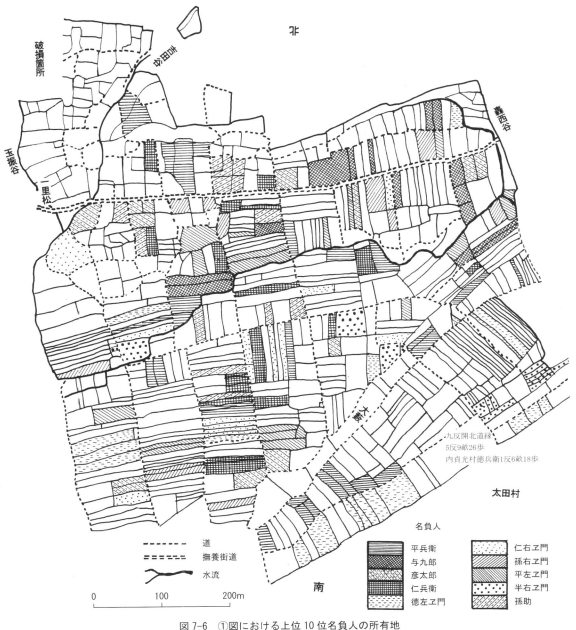

図 7-6　①図における上位 10 位名負人の所有地
「東ハ轟西谷ヨリ南新田太田境西ハ玉振谷ヨリ南センダンノ木迄」より作成。

　太田村・貞光村境の自然堤防地帯を占める字中道南・大藪南・川原縁付近はすべて御蔵地で、細長い短冊状の畠地群がひろがる（図 7-4・7-5 参照）。全体で 192 筆／9 町 9 反 7 畝 5 歩もある。開墾の最古は明暦 2 年（1656）で、元禄 11 年（1698）が最多で 4 町 9 反 4 畝 12 歩、続いて享保 6 年（1721）の 2 町 1 反 29 歩、天明 7 年（1787）の 1 町 1 反 29 歩で、寛政期にも開墾がみえる。また、「九反開北道縁」には 43 筆／5 反 8 畝 26 歩の畠開がみえるが、絵図に記載される名負人は 14 人で、貞光村
きたみちぶち

の徳右ヱ門・徳兵衛と、本村の次郎右ヱ門・銀左ヱ門・藤助・万左ヱ門・金右ヱ門・助太夫等の開主農民が記される。徳兵衛が本図内で所有するのは、15筆／1反6畝18歩で、この「九反開太道縁」における開墾地と推定できる。

3.「美馬郡郡里村絵圖／東ハ玉振谷ヨリ西ハ中山路八幡宮社西手南北道切」（②図）

1）微地形的環境

 標題に記されるように、東の玉振谷・玉振神社から、西では南北に走る撫養街道と八幡神社にいたる区域で、図右上端の字坂ノ下に破損箇所がみられる（口絵7、図7-4）。撫養街道より北（標高60～90m）は街村状の町並みを形成する。本図には12人の給人がみえるが、その系譜から文政～文久期頃（1818～63）の作成と推定できる。

 郡里小学校と八幡神社いたる鍋倉谷川扇状地の扇端部（標高55～65m）付近は、地割が激しく乱れている。ここは字夷子・池ノ内の区域で、姥ヶ谷下流の氾濫原を形成し、その旧河道筋にあたるためである。検地帳をみると、一毛湿田である「下水田」「下々水田」が大部分を占める。さらに、郡里小学校から南一帯（字下助松・上助松・七反地・横田付近）は、空中写真（図7-4）では水田は見事に区画整理された水田が広がるが、絵図では北10度西方位を示す美馬郡条里地割がみえる。

2）名負人と給人との関係と開墾年代

 本図の553筆には、名負人不明42筆を含む。その面積1町6反3畝20歩／高20.14石で、絵図全体のそれぞれ約9％と6％を占め、内、御蔵が約58％である。まず、本図で上位10人の名負人の所有地をみると（図7-7）、仁左ヱ門は南西部の八幡北・蛭子・鳩の内、四郎右ヱ門は南西部の忠兵衛屋敷、平兵衛は南東部のせんたんノ木付近にかたまるが、喜右ヱ門・七兵衛・平左ヱ門は分散型である。また、高6石以上の上位10人では、最上位の仁左ヱ門が8給、2位の喜右衛門と12位の西教寺が4給であるのに対し、6位の吉右ヱ門が御蔵百姓専属、5位の与九郎は井村吉兵衛の、9位の三右ヱ門は

表7-8 嘉永4年郡里村検地帳と知行絵図との名負人数・田畠面積・石高の比較

		名負人数	筆数	田畠面積	石高
嘉永4年検地帳		657	2,807	162町6畝10歩5厘	1,266石4斗5升8合0勺4
知行絵図	①図東轟谷～西玉振谷（口絵5・6）	205	677	36町7反5畝07歩	305石2斗7升4合9勺
	②図東玉振谷～中山路（口絵7）	182	553	29町9反2畝10歩6厘	326石1斗3升4合6勺
	③図鍋倉谷川扇状地（口絵8）	135	404	24町6反1畝04歩4厘	98石7斗7升6合2勺
	④⑤図中須・古田川成（口絵9・10）	96	318	44町6反1畝06歩5厘	71石9斗4升6合
	⑥図寺町付近（口絵11）	46	119	6町5反8畝05歩	61石6斗7升4合
	計	525	2,071	142町4反8畝03歩6厘	863石8斗0升5合7勺
	対検地帳比	80.0％	73.8％	87.9％	68.2％

注）④⑤図の集計には一部分（仮検地）を欠いた数である。

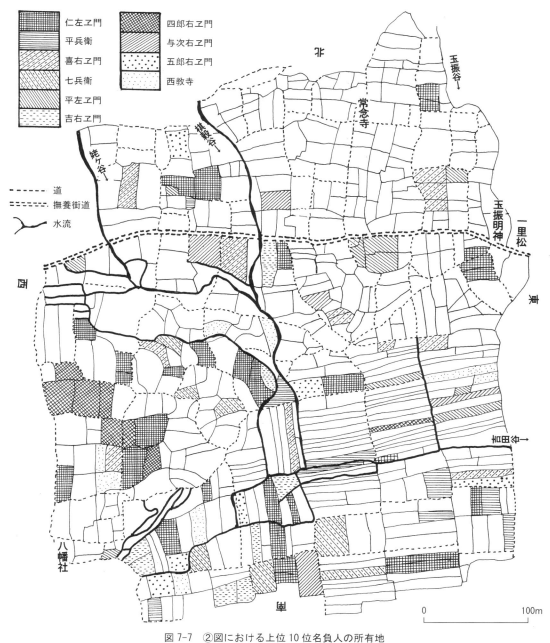

図 7-7 ②図における上位 10 位名負人の所有地
「東ハ玉振谷ヨリ西ハ中山路八幡宮社西手南北道切」より作成。

頭入百姓専属である。このように、上位の名負人は御蔵百姓と頭入百姓を兼帯する事例が多いのが特徴である。また、名負人所有地は分散型でなく、かなり一円的に分布している。

給人ごとにみよう（図 7-8）。最大は長江刑部の 66 筆／4 町 3 反 5 畝 27 歩、次いで森平馬 38 筆／2 町 6 反 2 畝 6 歩、廣田喜宮太 38 筆／2 町 2 反 9 畝 21 歩、井村吉兵衛の 25 筆／1 町 7 反 8 畝 4 歩、

156　第Ⅰ部　徳島藩の知行絵図と村落空間

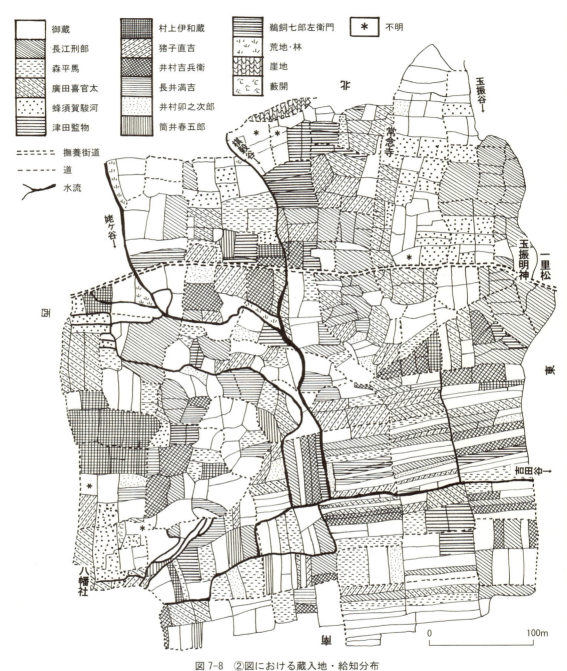

図 7-8　②図における蔵入地・給知分布
「東ハ玉振谷ヨリ西ハ中山路八幡宮社西手南北道切」より作成。

蜂須賀駿河 32 筆／1 町 7 反 11 歩、猪子直吉 22 筆／1 町 5 反 26 歩、津田監物 21 筆／1 町 4 反 20 歩、村上伊和蔵 17 筆／1 町 1 反 4 畝 2 歩、井村卯之次郎 13 筆／7 反 15 歩、長井満吉 14 筆／5 反 5 畝 8 歩で、最小は筒井春五郎 5 筆／3 反 1 畝 6 歩である。さらに、「上り知」の面積は 4 町 9 反 8 畝 9 歩／石高 53.111 石で、全体のそれぞれ約 17％、16％になる。この内、津田が最多で、袖岡・下條・筒井・

図 7-9 ②図における郡里村川成地の分布（東玉振谷，西八幡神社道）
美馬郡郡里村絵図／「東ハ玉振谷ヨリ西ハ中山路八幡神社西手南北道切」及び「嘉永四年美馬郡郡里村御検地帳御蔵御分御給知分」より作成。図中の1～44は川成の対象地を、地名は小字名を示す。

佐和と続くが、下條と佐和は前述のように家禄全部を召し上げられている。

　本図には王保から正徳にいたる「御帳」記載のある土地が119筆／4町7反7畝21歩／60.57石も存在する。これは、水損や開墾による仮検地や新開検地を意味するものと考えられる。最大は元禄

11年（1698）で全体の面積で約73％、高で約82％を占め、本年に本村で打直し検地があったと推定される。さらに、天和3・貞享元年（1683・84）、元禄12・13・16年（1699～1703）、宝永4・6年（1707・09）、正徳4・享保元年（1714～16）、天明5年（1785）等に「御帳」とあり、藪や雑木林の開墾に関係するものと推定できる。

3）川成地の分布

嘉永4年検地帳には1筆ごとに川成と、その内の生地（いきち）面積が記されている。しかし、検地帳地番と絵図地番は多くは一致しないが、検地帳に記載される小字や御蔵・給人、地目・反別・石高等と絵図の記載内容を摺り合せる作業により、該当する各筆を確定することが可能である。このようにして作成したのが図7-9である。②図中には44筆の川成（水損）があるが、川成対象地反別3町5反7畝1歩は全体の約4％に相当する。この内、1町3反4畝5歩（37.5％）／18.274石が実際の川成で、2町2反4畝5歩（62.7％）が生地として川成を逃れている。川成の内、蔵入地は9筆／2反1畝27歩（15.9％）で、給知が35筆／1町1反2畝8歩（83.6％）と、川成の中心は給知であった。

具体的な例として、絵図・検地帳に共通する地番の64番（図7-9の川成6番）をみると、字玉振にあり、中下畠2反6歩／7斗7升の宮三郎の名負で、長江の給知である。この内、1反6歩が川成になり、1反歩が生地として残ったことが記される。川成地は玉振谷右岸の字玉振り・下助松、姥ヶ谷下流の字寺田・上助松・上川・横田・鳩ノ内に集中している。とくに、長江・井村（吉）の給知に川成が多い。

4.「美馬郡郡里村繪圖／鍵掛南北馬道ヨリ南ハ喜来名庄蔵居屋敷西ハ重清村境」（③図）

1）微地形と景観

本図のエリアは鍋倉谷川扇状地の中央部で、扇頂部の標高98mから扇端部の標高50mの吉野川北岸に至る（口絵8、図7-10、図7-11図参照）。絵図には11人の給人がみえるが、①・②図と同じく文政～文久期頃の作成と推定できる。図中央部には鍋倉谷川の川原が広い面積を占め、両岸には雑木林や藪地・荒地（草渡地）が多い。吉野川に突き出した2列の水制が描かれ、一部には石垣護岸がみえる。

扇端部の撫養街道沿いには「御積地」が2ヵ所、「新御林」「新御株」が4ヵ所、「開」が扇央部に4ヵ所みえる。これは草渡地（くさわたりち）・藪地・雑木林等の開墾を意味している。絵図には近世前期の寛永9年（1632）、明暦2年（1656）、天和3年（1683）等がみえるが、絵図で「藪開」の中心は近世後期の寛政6年頃（1794）である。また、扇端部の撫養街道沿いには27棟程の家屋があり、街村を形成して、付近には大宮社・観音堂が、字諏訪堂には諏訪社が、字天神ノ西には天神社が鎮座し、宗教的景観がみられる。さらに、鍋倉谷川左岸の扇央部の標高75m付近から「天神堂谷」とよばれる旧河道が流下して、細長い雑木林が形成されており、絵図には雑木林を開墾した「開」が2ヵ所みえる。

2）「藪開」と団塊状の御蔵・給知分布

本図の左上部には破損箇所がみられ、404筆の内、名負人不明が21筆あり、面積でも約3％（7反6畝）

図7-10　鍋倉谷川扇状地付近の空中写真（1965年）
破線は絵図の推定境を示す。図中の③～⑥は表7-6の絵図の番号を示す。

160　第Ⅰ部　徳島藩の知行絵図と村落空間

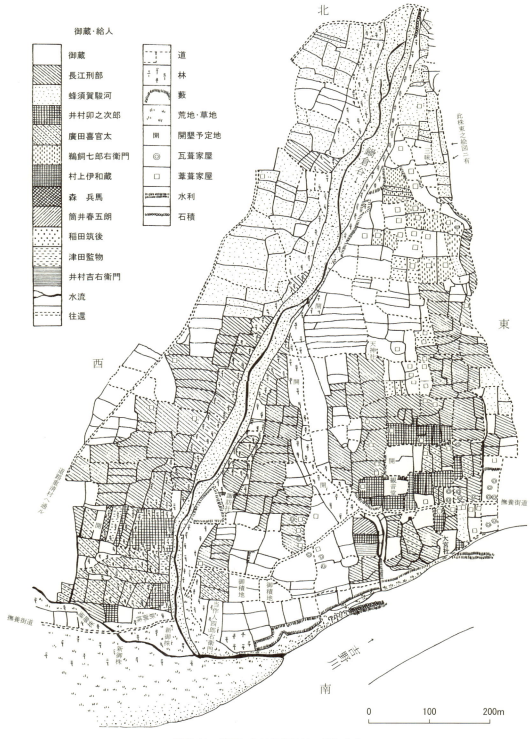

図 7-11　③図における蔵入地・給知分布
美馬郡郡里村絵図／「鍵懸南北馬道ヨリ南ハ喜来名庄蔵居屋敷西ハ重清村境」美馬市教育委員会蔵より作成。

にあたる。御蔵は面積の約22％（5町3反8畝26歩）、石高の約21％（20.929石）を占め、その内、下條成助からの「上り知」が5.79石もあり、御蔵高の約24％を占める。下條以外にも、一部に袖岡瑞庵・津匡伊保之助からがある。御蔵には寛永9年（1632）・正保（1644～47）・明暦2年・元禄11・16年（1698・1703）・享保19年（1734）・天明5年（1785）・寛政6年（1794）等の「御帳」「開」「新御株」等の記載があり、近世前期から藪や雑木林・草渡地の開墾が行われたことをうかがわせる。

　本図の御蔵・給知の分布（図7-11）が①②図と大きく異なる点は、分散相給ではなく、団塊状に分布することである。最大は長江刑部で、鍋倉谷扇状地の扇央部から扇端部の全域にわたり広範に配置される。長江の知行は本図の給知面積の約58％（11町1反4畝23歩）、石高の約59％（45.945石）に及ぶ。主な名負人は半右ヱ門（同人高11.767石の71％が長江分、以下同）・六右ヱ門（9.329石の36％）・甚右ヱ門（3.945石の91％）である。大部分が正保期の「御帳」とあり、この時期の開墾か水損の愈上り（開帰り）と推定できる。

　次いで、蜂須賀駿河の知行地（3町2反9畝12歩）は、鍋倉谷川右岸の字西ノ谷・諏訪堂、左岸の井手縁付近に集中し、大部分は寛政6年の「御帳」と記される。また、茂助（高2.955石）をはじめ、本図内の高が1石未満である六之助・庄蔵・亀作では、すべてが蜂賀の知行付百姓である。さらに、広田喜官太の知行地（1町4反9畝12歩）は西扇端部の字泉縁に集中し、六右ヱ門が約56％を占める。また、井村卯之次郎の知行地（8反9畝17歩）は東扇端部の観音堂付近に集中するが、字とうふやには「右三株井村卯之次郎様御分但シ御水帳ニハ下ノ通ニ御座候」の貼紙とある。これは名負庄右ヱ門の3筆／4畝3歩に該当し、寛政2年の「藪開」と推定できる。

5.「美馬郡郡里村中須古田川成母地幷御積地絵圖」（④図）

1）川成地の「愈上り改仮検地」

　本図（口絵9）は、吉野川の自然堤防帯を形成する中須分の畠地一帯が吉野川の洪水で川成となったが、その後の災害復旧の「愈上り改仮検地」に伴い、元地（母地）を再び丈量するための積地（仮検地）のための絵図であると推定できる。図7-12にトレースを示した。このような「愈上り絵図」としては、寛保2年（1742）の「名西郡高畠村愈上り絵図」[16]を管見している。前述のように本村の川成は天保14年（1843）に吉野川筋に大きな被害をもたらした「七夕水」か、嘉永2年（1849）の「酉の水」と何らかの関係があるものと考えられる。また、1965年撮影の空中写真（図7-4）と、④図にある狭長な短冊型の地割が発達しており、地割上の特徴から近世における畠地開墾であることは明白である。

　本図の区域は現行小字（図7-3）で見ると、吉野川北岸の微高地にあたる字東岸ノ下・中須・高野・宮南・寺ノ下の東西約1,300m、南北最大約400mの区域に比定できる。ここには水害防止用の竹薮がひろがり、東は美馬郡大田村、西は同郡貞光村と境を接する。

2）当作人の記載と積地（御蔵）・給知分

　本図の御積地には名負人の「請」と、「当作人」の両方が記載されている。凡例には白／御蔵、黄／御積地とあり、猪子直吉（鼠）以下10人の給知が色分けと記号で示される。最大部分は「愈上り改」

の対象なった御積地（御蔵）である。合わせて198筆／34町6反6畝21歩で、石高は記載されていない。例えば、A（図7-12、以下同）で示した下々下畠は108株あり、留蔵から與右ヱ門にいたる53人持ちの開墾畠である。しかし、本図では地割が記載されていないが、名負人の内、宇之助・次太郎は5～8株を所有している。また、Bの名負人道右ヱ門の畠には貼紙があり、「川成愈上り畠十五町五反四畝七歩の内、十町三反八畝二十三歩御年貢、同二反四畝十九歩、天保十三年（1842）御積り入、同四町九反二十五歩諸植木■■（植付カ）、〆十五町五反四畝七歩」と記される。すなわち、15町5反4畝7歩の内の約67％は愈上りで年貢成となり、約2％は天保13年に実測を行い、残りの約31％には洪水防止用の竹か柳を植林していることがわかる。また、図西端の畠6反3畝23歩で、忠右ヱ門請（名負）で当作人道右ヱ門の「草渡地」（C）がみえ、Dの畠5反1畝は文兵衛の名負である。また、太田村境の徳右ヱ門名負（E）の「中須地尻竹木共南道幅弐尺　下々下畠十七株／二町六反二畝二十歩」がある。Fは御積地の中にある猪子直吉の給知（3筆／1町3反6畝21歩）である。

また、自然堤防帯の北側には旧河道をなす水路があり、「麦田」（二毛田）が多く、御蔵と給知が混在している。御蔵は元禄11年の開墾と津田・袖岡からの上り知が多い。給知分は合わせて44筆／3町6反5畝8歩あり、長井・井村卯・森・長江が中心である。

6．「安政三辰年三月出来、美馬郡郡里村中須分仮御検地絵圖」（⑤図）

本図（口絵10）は中須分の「川成愈上り改」に伴う仮検地絵図である。安政3年の「出来」と記されるように、同年以前から本図の作成にとりかかっていたことが読み取れる。前述のように、天保14年（1843）の「七夕水」との関係が考えられる。

まず、凡例をみよう。白／仮御検地（絵図筆数110筆、以下同）、古田御蔵地（20筆、G）、黄／御給知之地（46筆）、茶／御打出御蔵（17筆）、青／池地丸川成引当テ（2筆、H・1反6畝3歩）である。本図の作成目的は、図④の御積地を1筆ごとに仮御検地に確定することであると推定できる。前述のように中須分の旧河道と道筋には古田御蔵と給知が混在する様子は、図④と比較しても変化はないが、新たに御蔵に組み入れられた「打出御蔵」がみえる。また、仮検地の76筆の内、④図と比べて面積が増加しているのが17、減少が43、不明が26で、減少が多いことは丈量にあたり農民の意識が働いていたことも考えられる。しかし、その変化は概ね面積の2割内外である。

さらに、図④と図⑤の一部に記載のちがいがみられる。例えば、地割株数の変更（図7-12のA、以下同／108株→54株）、地積と形状の変更（C／6反3畝23歩→8反6畝12歩）、名負・当作の変更（C／忠右ヱ門請・当作道右ヱ門→忠右ヱ門・熊五郎・市蔵分・当作道右ヱ門）、共有畠から吉野川草渡地への変更（I／54株・26人持→草渡地）などがみられる。

7．標題欠「郡里村寺町付近絵圖」（⑥図）

本図（口絵11）は鍋倉谷川扇状地と氾濫原にあたる現行小字土ヶ久保・養泉・喜入道・鍵掛・喜来市・妙見・寺ノ下部分を欠くと推定できる。願勝寺・林照寺・安楽寺・西教寺の4寺からなる寺町が集まる宗教的景観がみられる。津田監物以下10人の給人がみえ、仁右ヱ門（8反8畝24歩）・願勝寺（7

第 7 章 美馬郡郡里村絵図と村落空間 163

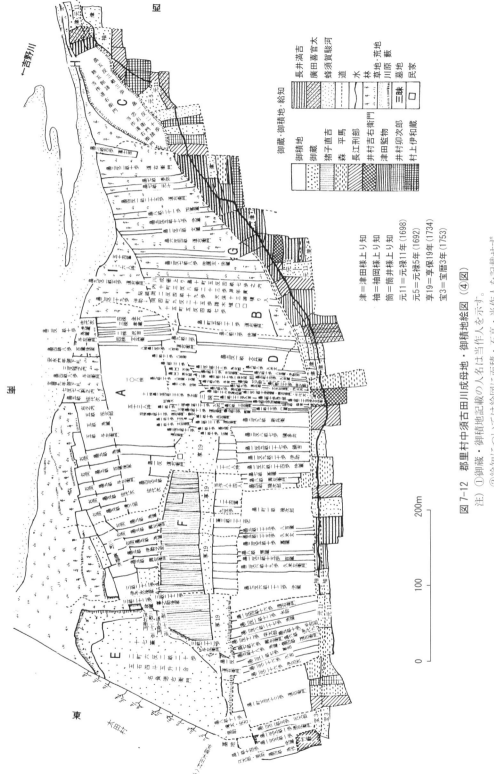

図 7-12 郡里村中須古田川成母地・御積地絵図（④図）
注）①御蔵・御積地記載の人名は当作人を示す。
　　②給知については絵図に面積・石高・当作人を記載せず。
　　③図中のA〜Iは本文のA〜Iと対応している。

反 1 畝 3 歩)・作左ヱ門 (4 反 2 畝 13 歩)・西教寺 (3 反 4 畝 26 歩) 等がみえ、寺領が集中する。名負人不明も 5 反 9 畝 28 歩ある。

小　結

　絵図史料論の立場から、残された課題を挙げておこう。まず、嘉永 4 年の郡里村検地帳では、本村の約 2,807 筆の土地と、657 人の名負農民に関して、御蔵分と給知分に分けて、属地・属人データの複雑な変化の状況を時系列的に克明に記録している点に史料的価値がある。また、本村のような大村のほぼ 70% の村域をカバーする 6 点の知行絵図が現存するという、史料的には恵まれた環境にあることを挙げたい。このため、検地帳と絵図とのクロス分析では、細部の事象にこだわりすぎた傾向は否定できない。しかし、抽象的な概念ではなく、藩政村の中でよりミクロな視点に基づいて、田畠をめぐる空間構造や土地支配の具体的な実態（Real World）を明らかにすることが重要であると考える。ただ、本村では検地帳と知行絵図以外に、個別農民の出自・階層・系譜等を時系列的に明らかにできる棟附帳が現存しないという史料的な制約があり、構造的により深化させた分析を行うことが困難な側面もみられた。

　著者の事例研究で知行絵図を史料としたものでは、名西郡白鳥村の約 30 点の文書と、名東郡観音寺村の正徳棟附帳や天保反高改帳（いずれも坂東家文書）が現存する以外は、絵図と文書史料が併存する事例はきわめて少ないのが現実である。さらに、郡里村のような大村では、検地帳と知行絵図から得られるデータは膨大で、それを個別の給人と農民、所在小字単位でクロス分析するためには、大量のデータ処理作業が求められる。

　嘉永 4 年検地帳には、土地所有移動・分筆・川成愈上り仮検地等の属人的・時系列的な記載が克明で、いわゆる「腰張」とよばれる貼紙が多数みられる。また、記載分類が御蔵分と給知分に別冊化されており、御蔵地への編入である「上り知」記載や、藪・雑木林・草渡地等の開墾年代についても面積・場所が特定できる。さらに、著者が基礎史料とする阿波型知行絵図は、1 筆単位で検地帳の属地データだけでなく、所在する場所を特定して御蔵・給知・知行付農民という属人データを明らかにでき、微細な村落景観までを復原できる一級の史料で、他藩ではこれを管見していない。

　本村は北方(きたがた)の特徴である畠卓越型村であり、13 人の給人は禄高 450 〜 4,000 石の重臣や上中級家臣が 9 人、中下級の 150 〜 250 石は 4 人である。また、御蔵・給知の分布は徳島藩以外でも共通する御蔵・給知立合いの分散相給形態を基本とするが、微細にみると 3 〜 5 筆の団塊状分布がみられる。また、吉野川の氾濫原や鍋倉谷川扇状地という地形的環境のため、田畠面積の約 2 割に川成水損がみられ、その「川成愈上り改」としての丈量積地や仮検地が吉野川ぞいの中須地区を中心に行われた。これは、天保 14 年の「七夕水」や嘉永 2 年の「酉の水」の洪水との関連が深いと考えられ、本絵図類はそのために作成された可能性も考えられる。

　また、検地帳と知行絵図の個別データから、給人と名負農民の階層性が明らかにでき、藩と給人の

土地支配における農民の階層構造や、本村で支配的地位にある給人の土地支配の実態が農民との関連において明らかにできることも大きな特徴である。例えば、中老の長江刑部は本村で約 41 町 8 反 3 畝／210.5 石の知行を拝領するが、その知行付名負農民は 116 人を数え、全村の約 18％を占め、高 20 石以上の壱家本百姓の大部分が長江の頭入百姓で、その配下にあるという土地支配の実態が読み取れる。

[注]

1) 国土交通省・徳島河川国道事務所「徳島河川国道事務所管内事業概要図／河川版」。
2) 拙稿（1976）：「吉野川河谷の古代交通路と郡家」金澤　治先生喜寿記念論集『阿波・歴史と風土』教育出版センター，40 〜 41 頁。
3) 「嘉永四年美馬郡郡里村御検地御帳御蔵分」，「嘉永四年美馬郡郡里村御検地御帳御給知分」美馬市教育委員会蔵。
4) ①「美馬郡郡里村絵圖／東ハ轟西谷ヨリ南新田太田境西ハ玉新谷ヨリ南センダンノ木迄」（口絵 5・6）、②「美馬郡郡里村絵圖／東ハ玉振谷ヨリ西ハ中山路八幡宮社西手南北道切」（口絵 7）、③「美馬郡郡里村絵圖／鍵掛南北馬道ヨリ南ハ喜来名庄蔵居屋敷西ハ重清村境」（口絵 8）、④美馬郡郡里村中須田川成母地并御積地絵圖」（口絵 9）、⑤「安政三辰三月出来／美馬郡郡里村中須分仮御検地絵圖」（口絵 10）、「美馬郡郡里村小㞍谷分仮御検地絵圖」、⑥標題無／郡里村絵圖」（欠損図）（口絵 11）、以上、美馬市教育委員会蔵（表 7-6 を参照されたい。）
5) 徳島県史編纂委員会編（1962）：『徳島県災異史』19 頁。
6) 前掲 5) 20 頁。
7) 木村　礎校訂（1978）：『旧高旧領取調帳　中国・四国編』近藤出版社，232 〜 306 頁。
8) 検地帳の「腰張」に関しては、板野郡竹瀬村検地帳（徳島県立文書館蔵／木内家文書）や美馬郡一宇村大野名検地帳（美馬郡つるぎ町教育委員会蔵）等多数が現存する。
9) 宮本武史編（1972）：『徳島藩士譜　中巻』110，247，263 頁。
10) 徳島藩士の役職・格に関しては、高田豊輝（2001）：『阿波近世用語辞典』私家本による。
11) 拙稿（2004）：「徳島藩領の藩政村と地方知行－文久二年名西郡白鳥村絵図と白鳥文書を中心に－」「徳島地理学会論文集」7 集，21 頁。
12) 「仕上ル御請書物事」（「近藤家文書」整理仮番号 355-5，徳島県立文書館蔵）。
13) 拙稿（2003）：「近世前中期徳島藩における地方知行制の地域構造」「徳島地理学会論文集」6 集，71 頁。
14) 郡里町史編纂委員会編（1957）：『郡里町史』70 〜 71 頁。美馬町史編纂委員会編（1989）：『美馬町史』207 頁。
15) 宮本武史編（1972）：『徳島藩士譜　中巻』156，247 頁、同編（1972）：『同　上巻』51，110 頁。
16) 「寛保弐壬戌年三月日、名西郡高畠村愬上り絵図」（石井町教育委員会蔵，見取り図・手書き・彩色，281 × 251cm）。

第Ⅱ部　佐賀・萩・尾張藩と河内国古市郡の知行絵図

第8章　佐賀藩の郷村絵図と地方知行

第1節　佐賀藩の地方知行制

　佐賀藩領は三根・神埼・佐嘉・小城・杵島・藤津の全郡と、養父・松浦・高来・彼杵郡の一部の地域を占め、今の佐賀県の大部分と長崎県の一部にあたる（図8-1）。佐賀藩では本藩を中心に、三支藩（小城・蓮池・鹿島の三家）、御親類（白石鍋島・村田・神代・村田鍋島）、御親類同格（多久・武雄・諫早・須古の竜造寺系四家）、および、家老（七家）という鍋島・竜造寺一門を最上位家臣団とする支配体制と身分秩序が、寛永期には確立していた[1]。さらに、佐賀藩表高35万7,000石の中で、鍋島・竜造寺一門はそれぞれ大配分地を拝領して独立性を有しており、それ以外の中下級家臣団の知行地は小配分地として扱われた[2]。寛永10年（1633）段階では35万6,945石の約37％が蔵入地で、配分地（知行地）・寺社領は約63％であったが、貞享年間（1684〜1687）にはそれぞれ約43％と約57％となり、蔵入地が増加した[3]。とくに佐賀城下に近い佐賀郡87.3％や、杵島郡・松浦郡50.6％と蔵入地率が高いが、小城郡0％、藤津郡2.0％、高来郡21.0％、神埼郡25.8％、三根・養父郡33.7％と低く、逆に配分地率の方が高かった[4]。

　次に、近世後期における家臣団の構成と知行地の占有形態をみる。本藩家臣355人の給人の地米高（本年貢高）15万5,428.428石の内、5,000石以上の三支藩3人と御親類4人の7人が全地米高の60.8％を占める。次いで、3,000〜5,000石の鍋島・竜造寺系の3人が7.9％を、1,000〜3,000石の親類同格の7人が10.3％を占有しており、1,000石以上の17人の大配分地が79.0％を占めていた[5]。次に、500〜1,000石層が2.4％、300〜500石層が1.7％、200〜300石が3.0％、100〜200石層が6.8％、100石未満が6.6％であった。すなわち、全給人の62.8％（223人）を占める下層の100石未満は、全地米高のわずかに6.6％を占めるに過ぎない[6]。その背景にあるのは大配分地を除く中・下家臣団知行地の1村における分散相給形態であり、空間構造的にも農村支配構造の複雑な入り組み形態であった[7]。

　これを村落でみる。例えば、貞享年間の資料では、蔵入と16給人の配分地（知行地）を有する相給村であった三根郡東部の西嶋村（現みやき町）は蔵入・配分地米高合せて1,185.682石の内、蔵入地米高は575.895石に対し、大小配分地米高は609.787石で、その比率は約49％と約51％であった[8]。知行主16人の総知行高をみると200石代2人、100〜150石6人、40〜90石9人で、大配分地を拝領する高1,000石以上の上級家臣団は存在しない[9]。これに対し蔵入・配分地米高455.978石で筑後

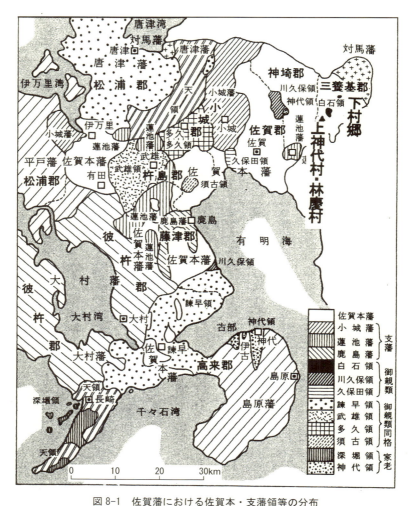

図 8-1　佐賀藩における佐賀本・支藩領等の分布
藤野　保編（1987）：『続佐賀藩の総合研究－藩政改革と明治維新－』吉川弘文館に加筆。

川右岸に位置する三根郡納江村（現みやき町）では蔵入地米高は約51％で、約49％は御親類である白石鍋島家（知行主総地米高8,110石）の大配分地で占められている[10]。

　徳島藩では給人は徳島と淡路洲本の両城下に居住するが、佐賀藩では給人の郷村居住が一般的であり、万治元年（1658）の三根郡内の全人口の約15％が給人で占められていた[11]。これは知行主が自分の知行地に屋敷を構えるというほかに、知行地にまったく関係のない給人が郷村に居住し、中には田畑を耕作する給人もいたとされる[12]。また、佐賀藩の地方統治体制では郡代は大配分地に、代官は蔵入地に配置されたが、この郡代と代官の職掌内容と管轄地がたびたび変更になった。そのため、知行主を単位とする地方知行制が強固に幕末まで存続する要因となったとされる。

第2節　佐賀藩の郷村絵図

　佐賀藩では享保の飢饉後に藩財政の建て直しのために、第9代治茂によって藩政改革の一環として明和4年（1767）に実施された「御仕組八箇条」に基づき、農村の再建が図られ、その中の農村政策として一村ごとに「竈帳」と「村絵図」が作成された[13]。前者は一村ごとに個々の百姓の屋敷・田畠の畝数・地米（年貢米）・作人の名前・牛馬の有無・拝借銀の額等を調査し、代官から請役所へ収めるとした。また、後者は一村ごとに屋敷・田畠・堀・川・畔・林・寺院等を描いて、その畝数等を記入し請役所へ提出するとした。しかし「竈帳」では「配分入交之分りも帳面書載之、毎年正月十五日限代官ヨリ請役所相納候事」とあり、「村絵図」についても「配分入交候所於有之者、分り書入候事」とある。これは代官が支配する蔵入地についての「竈帳」と「村絵図」の作成を前提としており、その上で配分地の処理の仕方を指示しているものであり、郡代が支配する配分地（知行地）そのものの「竈帳」と「村絵図」の作成についてはふれていない[14]。つまり、「竈帳」と「村絵図」作成は田畠畝数と耕作人数を調査することによって不耕作田の解消を図ることを目論んだが、蔵入地と小配分地を対象としており、自治権の強い大配分地は除外されていた。

　佐賀藩では1～20ヵ村を単位とした地域を「郷」と称し、その配下の村とともに、地方支配の基本絵図として郷村絵図が作成された。五十嵐　勉[15]によれば、『佐賀県立図書館蔵　古地図絵図録』には、郷絵図90点と村絵図272点の総数362点が収録され、天明期（1781～88）から寛政期（1789～1800）に佐賀・神埼・杵島郡が、嘉永期（1848～53）から安政期（1854～59）に作成された郷村絵図が多いとされる。

　川村博忠[16]によれば、この2時期に本藩領と支藩領において組織的に村絵図が作成され、嘉永・安政期の村絵図と天明・寛政期の絵図様式を継承したものとしている。佐賀県立図書館には鍋島文庫を含め、藩政史料中の絵図類は1,130点が所蔵される。現在、同図書館蔵の古地図・絵図はその一部が高精細画像絵図や複製として公開されている。この高精細画像・複製図については、郡図は神埼・養父・三根・小城・東松浦郡図等6点（明治前期作成）、村図は小城郡村図59点（明治14年作成）、郷図は佐嘉・三根・小城・杵島・藤津・高来郡郷図等18点（元文・寛政・弘化・嘉永・安政期作成）の総数83点である[17]。

　この郷村絵図に関する作成基準は「御仕組八箇条」の細目（八箇条）にあるといわれ、五十嵐と川村が論及している[18]。これによると、第1に、絵図は同一縮尺で隣村と連続一村ごとに作成し、四方に堀川・道筋があればこれの隣村とのつながりを明示し、第2に、百姓屋敷は村入り口より屋敷並びの通りにし、屋敷ごとに畝数・畔の有無と寺院も描くこと。第3に、田畠は「角並」（小字の呼称）の通りに記載し、「塚」のあるところには「何角塚」とし、「角」ごとに反数畝数を、角道や水道筋が大きいか、旱損場所は赤色、水損は水色で示して、土地分類を行っている。第4に、年貢が免除されるが免許・除地と、畠成地や田成地を明記し、空屋敷や無年貢地が耕作地になっている場合にはそれを記載すること。最後に、「配分入交候所於有之者、其分り書入候事」として、蔵入地と配分地が混在する場合はその状況を描くように指示している。要するに、蔵入田畠畝数と耕作百姓数の釣り合いを勘案して、不耕作田の解消を図り、年貢増徴を目論むことが最大の作成目的であり、このために「竈

帳」と「村絵図」の作成が行われた。

第3節　寛政7年（1795）神埼下郷上神代村・林慶村絵図

　三根郡や神埼郡・小城郡等では本藩の蔵入地と大配分地・小配分地が複雑に入り組んで分布している。ここではそのような相給村落を事例として取り上げる。まず、佐賀県立図書館蔵で閲覧と複写が可能な高精細画像の郷村絵図の内、寛政7年の「神埼下郷上神代村・林慶村絵図」（郷0198・口絵24）を素材として村落景観をみよう。神埼下郷に属する上神代（かみこうだい）と林慶村（りんけい）（ともに現神埼市）は佐賀平野東部の田手川下流部にあり、筑後川右岸の海抜3〜4mほどの水郷地帯に位置している。昭和7年の2万5千分の1の地形図（図8-2）によれば、多数のクリークが発達し、両村は環濠集落の景観を見せ、田手川下流では東に蛇行しており、本図では「古川」と記される。しかし、かつての水郷景観は戦後の土地改良事業によりクリークは埋め立てられて、区画整理された水田景観になっている。神埼郡条里地割りと推定される六条と七条の南限は両村の北方の「新開里」で終わっており[19]、条里はこの地域までは及んでいないようである。

　本図の折り畳んだ最後の表紙裏面に張り紙による裏書がある。その文書は4ヵ条からなり、文面は次のとおりである[20]。

　　　　　　　神埼下郷上神代村・林慶村
　一、此図一部一間之積、土居筋之儀者極絵図ニ付高低之書載不相
　　成儀ニ候、且亦郷堀広狭道幅土居辻其外ニ以前之広狭不相知ニ付地形
　　行形之侭相整置候、勿論以後普請相整候節者、寛政年中聊普請方ヨリ取立
　　相来候道筋、其外間尺御帳面之通相整可申儀ニ候得者、右丈地面可致
　　相違候条、此絵図面時々之増補今般仰付儀ニ候事
　一、此図相整候以後道新堀請、亦引継屋敷或者土地御加増地其外
　　地変之場所者右同断、時々増補可仰付儀候事
　一、給々之儀最前者、一給一給之差別致書載置候得共、寛政六寅秋ヨリ
　　仕立ニ相成候絵図ニ者、御吟味之上御蔵入配分之分迄ニ而給々之差別
　　相省候事
　一、此図御三家御親類御家老配分之儀者相除居候、尤一村之内御蔵入並
　　配分入交之場所者、右配分に候も致書載置候得共、田畠其外之差別
　　相省置候事
　　　　寛政七巳卯五月取立　　　　　　十番

　第1条では、絵図の縮尺は1部（分）1間で約600分の1とし、絵画的表現である鳥瞰図や俯瞰図でなく、地形の高低差が表現できない「極（きわめ）絵図」（平面図）[21]であるため、土居程度の起伏は表すことができないとしている。さらに、堀の広狭や道幅は以前の状態が不明であるので、「地形行形のまま」

第 8 章　佐賀藩の郷村絵図と地方知行　173

図 8-2　三根郡下村郷付近の旧版地形図（1932）
大正 6 年測図，同 15 年部分修正測図の 2 万 5 千分の 1 地形図「久留米西部」

に示すとしている。今後に普請があるときは普請方が定めた寛政年間の「御定帳面」基づき、道筋や間尺通りに図示するが、丈量したものと相違がある場合は、時々増補改定する。第 2 条では絵図作成以後の新道・新堀、あるいは屋敷や蔵入地化し、加増された土地や地形が変化したところは絵図面の改定をする。第 3 条に、寛政 6 年（1794）秋までに仕立てた村絵図の配分地については、給人名を逐一記載していたが、それ以後に仕立てる村絵図では蔵入地と大小の配分地の区別を示すだけで、給人名は省略するとした。最後に御三家（三支藩）と御親類・御家老等の大配分地については村絵図の仕立てを除外している。しかし、本藩領である蔵入地と配分地が混在する相給村ではこの区別を記載するが、田畠の区別はしないとしている。

　まず、本図には作成者の名はみえない。凡例をみると、十字に東西南北を記した四方位があり、道

174　第Ⅱ部　佐賀・萩・尾張藩と河内国古市郡の知行絵図

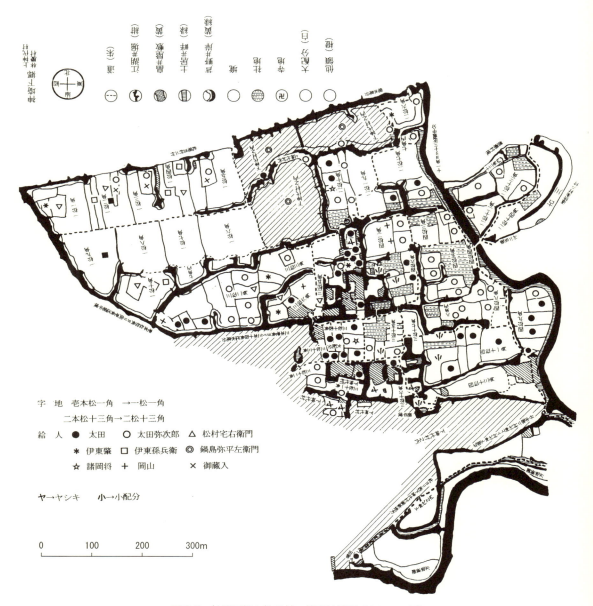

図 8-3　神埼下郷上神代村・林慶村絵図（トレース図）

注）①下図は寛政 7 年（1795）神埼下郷上神代村・林慶村絵図（佐賀県立図書館，高精細画像郷 0198，203 × 193cm）。
　　②絵図中の民家は省略し、芦井岸等の表現は線で示す。

（朱）、江湖并堀（紺）、畠并屋敷（黄）、土居并畔（緑）、芦野并岸（黄緑）、境（白）、社地（臙脂）、寺地（鼠）、大配分（白）、他領（橙）と他図との様式化が図られている。しかし、境・大配分・他領の区別は本図ではみえない。図 8-3 にトレース図を示した。クリーク（江・湖・堀）と田が集落の大部分を占めるが、畠地部分（約 21 ヵ所）は 2 団地に分かれており、その中に約 19 棟の民家がみえる。注目されるのは、社地（約 14 ヵ所）が多いことで、その面積も大きく、社地はすべて「太神宮免」

と記される免租地である。さらに、隣村である下神代村境については「三本壱角ヨリ三本十四角迄水尾分」や「此堀当村ニ付」、「堀中境」のように、村境は厳密に記載されている。

また、絵図の北東部には下神代村の区域が広がり、代々家老職を務めた神代鍋島家である鍋島弥平左衛門の大配分地3筆（300石）がみえる。近世後期（天明6年写）の「大小配分石高帳」（以下、「配分帳」とする。）[22]によれば、神代鍋島家の拝領高6,262.5石、地米高2,505石の内、全地米高の約18％にあたる454石が神埼郡にあるが、この内、下神代村に地米高300石がみえる。本絵図では上神代村境の拝領地を描いている。寛政6年秋以降の絵図仕立てでは大配分地を除外するとあるが、神代鍋島家の大配分地は上神代村には存在しないので、下神代村分を描いたと考えられる。

本図でとくに多く分布するのはa「太田弥次郎」または「太田弥」・「太田ヤ」、およびb「太田給」と記される土地で、aが約43筆、bが約33筆あり、合せて約76筆がある。このa・bの「太田」は知行高5,000石・地米高2,000石で家老の太田鍋島家（鍋島播磨）の可能性があり、太田鍋島家は神埼郡3村に地米高506.2石、三根郡4村に346.4石、小城郡3村に546.8石をそれぞれ拝領するとされるが、上神代村の知行高は不明である[23]。さらに、この「太田」は寛永13年（1636）の上級家臣15番目の地米高1,250石（持分比率1.0％）で神埼郡に知行地を拝領した鍋島帯刀佑茂貞（太田）の可能性もある[24]。他に、寛政6年秋以降、給人名を記載しないことになっているが、大配分地「太田」を除く知行地では、松村宅右衛門・伊東孫兵衛・伊東肇・諸岡・岡山等が小文字で記される。このうち諸岡については「配分帳」にみえる地米高215石の中級家臣で、本村で知行地を拝領（地米高15石）する諸岡伴之進と推定できるが、松村・両伊東・岡山については「着座」[25]（知米高900〜250石）以下の家臣と推定される。

また、村の北東部では太田弥次郎2筆と太田給1筆が蔵入地として上地（上知）されている。このほかに、「小配分」と記される5筆と、「ヤシキ」・「ヤシキ田」と記される4筆がみえ、屋敷跡の田と推定できる。また、給人名が記されていない田が約42筆みえるが、これは蔵入地と推定できる。このように本村は蔵入地と大配分地を中心とする相給村であったと考えられる。

本村には条里の坪名は存在せず、機械的な数詞小字として壹本松壱角〜壹本松十角、貳本松六角〜貳本松拾四角、三本松貳角〜三本松十七角、四本松貳角〜四本松十三角がみえる。佐賀藩では「松」以外に、「杉・桧・柳・黒木・谷・籠」等を「角・割」で細分する数詞小字が使われたが、この近世小字の起源や中世地名との関連については不明である[26]。

第4節　享和2年（1802）三根郡下村郷絵図

本図は佐賀県立図書館蔵の高精細画像（郷0219・口絵25）でデジタル画像が公開されている。三根郡下村郷（現みやき町）は旧版地形図（図8-2）に示したように、筑後川右岸の海抜3〜5mで、三養基郡条里の南限に位置する。郷域は切通川（東）と井柳川（西）に挟まれる水郷地帯にあり、縦横にクリークが発達する環濠集落景観が卓越したが、戦後の土地改良事業により、規則的に区画化さ

176　第Ⅱ部　佐賀・萩・尾張藩と河内国古市郡の知行絵図

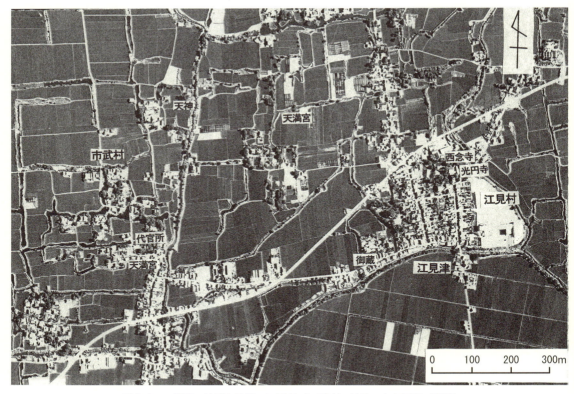

図 8-4　三根郡下村郷市武村・江見村（江見津）付近の空中写真（1967）
国土地理院（kU-67-4X, C3-18）

れた水田地帯となっている。本郷は市武村・寄人村・東津村・松枝村・大坂間村・和泉村・江見村・永石村・続命院村・向嶋村の 10 ヵ村からなり、郷域の西側は切通川の蛇行で限られ、筑後国の久留米藩領（現福岡県城島町）に接する。

　市武村には「代官所」が描かれる（図 8-4）。この「市武代官」は安政年間には三根・養父両郡と神埼郡を管轄とする本藩最大の代官で、蔵入地・大配分地・小配分地・寺社領を統括した[27]。さらに、「江見津」には「御蔵」があり、松枝村には「館之内」がみえる。社地は 28 ヵ所みえるが、内訳は「天神」7、「天満宮」3、「八幡宮」3、「地蔵」2、「六地蔵」1、「観音」1 で、11 には名称は記されない。注目されるのは、松江村の「観音」と「大神宮」と、和泉村の「八幡」の社地に、●（墨小印）が、東津村の「八幡」には▲（墨小印）が付されていることである。これは大配分●か、家老▲または在郷の有力給人が自家の社を保有していたことを示すものであろうか[28]。寺院では江見津に西稔寺と光円寺、松枝村に長楽寺、続命院村に栄福寺の 4 寺がみえる。

　続命院村の地米高 435.954 石の約 78％が家老の鍋島主水（本藩内で 12 位の知行高）の給知で占められる[29]。享保 17 年（1732）の同家の「三根郷続命院村田畠水帳」[30]によれば、合段別 29 町 5 段 4 畝 22 歩（417 筆）の約 86％が田、畠は約 14％、屋敷地約 3％、畔 0.6％、芦野約 0.3％で、同家の給知は田畠だけでなく、屋敷や畔・芦野まで及んでいたことがわかる。同帳には 76 人が記されるが、縮尺約 600 分の 1 の「三根郡続命院絵図」[31]には、約 50 戸の民家がみえる。大配分層には在郷家臣

が多数いたので、76人が家臣を含む農民であるかどうかは不明である。また同絵図にみえる土地割等は、縮尺約1,800分の1の下村郷絵図の区画の密度とほぼおなじであり、郷絵図の土地割やクリーク・堀・畔・芦野・民家・寺社・小社等の表現内容が極めて精密であることの証左といえよう。また、寄人村ではすべてが家老鍋島主水家の知行地で占められていた（表8-1）。同家以外に、家老の岡部杢之進（本藩知米高第22位）と着座の執行権之助（同16位）の大配分が合わせて約49石ある。

　本郷域の天保郷帳石高は5,135.691石で、蔵入地と配分地米高は4,268.667石であり、このうち蔵入地米高は819.797石で全地米高の19.2％にすぎず、配分地米高が大部分をしめる。蔵入地は市武村で地米高の74.4％（482.837石）、江見村で91.8％（337.419石）を占めるが、残りの8村ではまったく存在せず、大小配分地が混在する相給卓越の郷である。

　図8-5にトレース図を示した。凡例には「此図壹丁貳寸」と記され、縮尺は約1,800分の1の実測図で、十字に東西南北の方位がある。村名以外の小字は記載されないが、ランドマークとしての寺院・神社名・役所名等は記される。凡例は上神代村・林慶村絵図と同じ様式であるが、本図には「芦野并岸」がなく、村境の大部分が白線で示される。本図の作成は享和2年（1802）で、寛政の6年秋以降の仕立てであるので給人の記載はなく、凡例には●●で「大配分」と、▲▲で「御家老知行」が表現されている。しかし、「大配分」と「御家老」のそれぞれの●●と▲▲の基準と、それが1筆単位で示されるのかも不明である。

　このため、「配分帳」からみ三根郡下村郷における蔵入地と大小配分地の分布状況を表8-1に示した。まず、10ヵ村の地米総高3,418.024石を延60人の給人が拝領するが、地米高9,005.681石の御親類・鍋島山城（白石鍋島家／本藩第4位で地米高持分比5.7％）と、地米高3,000石の家老鍋島主水（横岳鍋島家／本藩第12位で同1.9％）の大配分地が合せて2,480.656石あり、この2家で配分地米高の72.6％を占める。同表にあるように、下村郷で地米高1,175.453石を有する鍋島山城は寄人村（地米高535.835石余）と、松枝村（同526.715石余）の100％と、和泉村（同302.843石）の88.1％、向嶋村（同579.091石）の39.6％を占めている。

　これを図8-5でその整合性を確認する。まず、向嶋村に●71ヵ所と▲43ヵ所が、和泉村には大配分を示す●40ヵ所が分布する、松枝村には●はなく、寄人村は家老知行地を示す▲しか分布しない。以上のように「配分帳」に記載される寄人村と松枝村の大配分地が絵図には描かれていない。「配分帳」にみえる鍋島山城の地米分布をみると、肥前国内14郷、50ヵ村に及ぶ。三根郡地米は2,472.829石（12ヵ村、全米高の27.4％）で、その内、本郷に47.5％が集中し、神埼郡地米は3,328.778石（28ヵ村、41.7％）、佐賀郡地米は2,732.001石（8ヵ村、30.3％）で、地米高の99.5％は神埼・佐賀・三根3郡に集中する。

　同様に、家老・鍋島主水は「配分帳」によれば、知行地は8郷、15ヵ村に及ぶ。知米高3,000石の内、三根郡3村に1,356.9石（45.2％）、神埼郡6村に1,266.5石（42.1％）、高来郡3村に366.3石（12.2％）を拝領し、三根・神埼2郡に87.3％が集中する。下村郷の地米高は1,305.203石で総地米高の43.5％がある。表8-1にあるように、寄人村の地米高535.835石のすべてと、東津村538.952石の49.1％、続命院村435.954石の77.9％、向嶋村579.091石の28.5％をそれぞれ鍋島主水が拝領している。絵図で確認すると、寄人村と寄人上地には家老▲25ヵ所が、続命院村と田代では淳心寺と栄福寺と、▲42ヵ所が配置される。向嶋村では前述のように▲43ヵ所と●71ヵ所があり、大配分地と家老知行地が混在している。

178　第Ⅱ部　佐賀・萩・尾張藩と河内国古市郡の知行絵図

表8-1　三根郡下村郷10ヵ村の蔵入地と大小配分地

佐賀領村々目録による村名	村高	天保郷帳による村高	天保9年御蔵入地米	配分知行地と地米高（大小配分石高帳）		村別御蔵入・配分地米高計	知行主の総地米高（大小配分石高帳）
市武村	696石214合	751石099合	482石378合	岡部杢之助（着座）	50石000合		500石
				諸岡伴之進（着座）	7石500		215石
				志波喜左衛門	9石925		60石
				田中左弥太	10石000		110石
				（以下瀬戸口）			
				石井八太郎	11石000		105石
				百武善右衛門	5石000		90石
				入江又右衛門	5石000		80石
				山頭　仲	5石		65石
				鍋島　玉郎	22石540		40石
				山本伝右衛門	8石645		130石
				秀島吉次郎	25石000		120石
				中島吉之丞	7石000		100石
				（刈目嶋）			
				計	166石6斗1升0合	638石9斗8升8合	
寄人村	779石273合	812石273合		鍋島主水（家老）	535石835合	535石835合	3,000石
東津村	539石869合	563石120合		鍋島山城（親類）	93石920合		8,110石8斗
				鍋島主水（家老）	264石710		3,000石
				岡部杢之助（着座）	5石822.5		500石
				川浪一左衛門	5石000		160石
				田中五郎左衛門	50石500		110石5斗
				千布平八郎	22石000		55石
				千布弥左衛門	40石000		50石
				江福安兵衛	21石000		40石
				執行権太夫	7石500		37石5斗
				川崎寛蔵	28石500		33石5斗
				計	538石9斗5升2合5勺	538石9斗5升2合	
松枝村	661石730合	720石495合		鍋島山城（親類）	526石715	526石7斗1升5合（東津・大坂間159石5斗8升3合の打ち）	8,110石8斗
大坂間村	338石330合	353石176合		千葉八郎	30石000		200石
				鍋島山城（親類）	57石866		8,110石8斗
				佐野常兵衛	11石281合7		187石5斗
				山崎孫三郎	65石000		125石
				深江甚十郎	15石399		120石

第 8 章　佐賀藩の郷村絵図と地方知行

村名			知行主		
和泉村	400石562合	418石234合	鍋島山城	266石779合	
			田中左弥太	21石064	
			相良源兵衛	10石000	
			山領　仲	5石000	
			計	302石8斗4升3合	302石8斗4升3合
					8,110石8斗
					110石
					90石
					65石
江見村	40石001合	41石869合	倉町左伝次	10石347	
			古賀大一郎	20石000	
			計	30石3斗4升7合	367石7斗6升6合
		337石419合			130石
					78石
永石村	62石209合	65石046合	秀嶋清治	30石000	
			太田喜左衛門	19石873	
			多久勘助	23石010	
			百武善左衛門	5石001	
			計	77石9斗7升4合	77石9斗7升4合
					160石
					131石2斗5升
					120石
					90石
続命院村	603石305合	630石408合	鍋島山城（親類）	6斗22	
			鞍行権之助（家老）	339石090	
			鞍行権之助（着座）	8石965	
			伊東兵部右衛門	42石202	
			山村伊左衛門	20石000	
			江福六郎左衛門	10石000	
			百武次郎兵衛	10石000	
			志波喜左衛門	5石075	
			計	435石9斗5升4合	435石9斗5升4合
					8,100石8斗
					3,000石
					300石
					200石
					120石
					100石
					82石
					60石
向嶋村	747石908合	779石971合	鍋島山城（親類）	229石551	
			鍋島主水（家老）	165石568	
			鍋島志摩（家老）	34石669	
			副島五郎大夫	10石000	
			野田勘兵衛	35石500	
			鐘ヶ江次郎兵衛	21石000	
			大塚源吉	10石000	
			石井軍右衛門	40石000	
			福島佐一郎	2石803	
			岡本安左衛門	30石000	
			計	579石0斗9升1合	579石0斗9升1合
					8,100石8斗
					3,000石
					1,900石
					120石
					100石
					74石
					70石
					40石
					32石5斗
					30石
合計	4,860石401合	5,135石691合	819石797合	3,418石0斗2升4合	4,268石6斗6升7合

注）三根町史編さん委員会編（1984）『三根町史』284〜285頁による。家老・親類・着座等については著者が記入。

180 第Ⅱ部 佐賀・萩・尾張藩と河内国古市郡の知行絵図

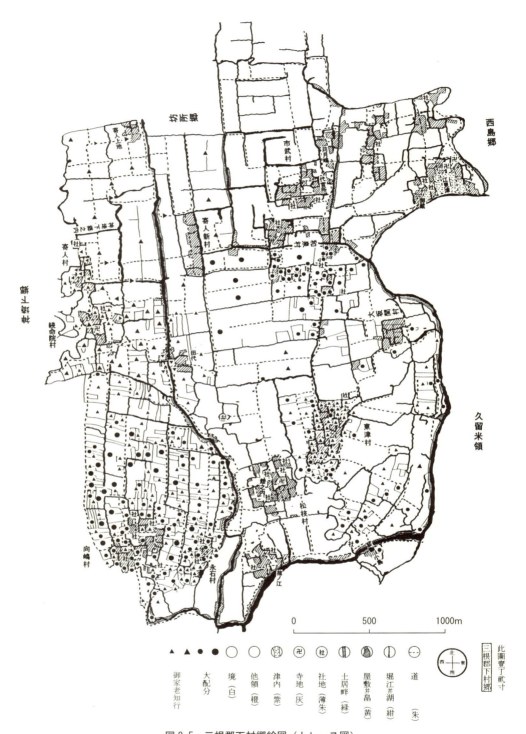

図 8-5 三根郡下村郷絵図（トレース図）
注）①享和 2 年三根郡下村郷図（佐賀県立図書館，高精細画像郷 0219）
②高精細画像に描かれる境（白）と民家（屋形）は省略。
③原図の縮尺は約 1,800 分の 1（210 × 168cm）。

さらに、東津村には▲38ヵ所と●18ヵ所がみえ、宇佐八幡宮には▲があり、給人との関係を窺わせる。寛延2年（1749）の資料[32]によれば、東津村には「一本松籠（66筆）」、「二本松籠（137筆）」、「二本杉籠（137筆）」、「土井外籠（152筆）」等の小字名がみられる。鍋島主水の同村における知行地は22町9反3畝9歩（667筆）、190.924石に及ぶので、絵図にみえる東津村の▲●が56ヵ所であること等から判断して、縮尺約1,800分の1の絵図に表現されている筆界や●▲数にはかなりの省略があるものと考える。

　寛延2年の東津村の知行地の内訳は田方が540筆にも及び、面積20町7反5畝23歩で、面積の90.5％を占めるが、1筆平均3畝25歩である。田地米は178.9石で、上田は地米の約9％にすぎず、中田約17％、下・下下田約73％で、生産性の低い田が多い。畠方は50筆、5反4畝13歩（2.3％）、地米1.936石ですべて下畠・3下畠である。屋敷方は57筆、1町5反1歩で、地米9.784石である。このほかに、畔方（葭野・芦野）3畝26歩、野方（柳土手）9畝6歩である[33]。

　表8-1によれば、東津村の給人は大配分の鍋島主水・鍋島山城以外に、地米高500石で着座（第22位）の岡部杢之助がいる。岡部は市武村に地米50石、本村に5.8225石をもつ。大配分以外に、本村には地米160石の川浪一左衛門の地米5石、110.5石の田中五郎左衛門50石5斗、55石の千布平八郎22石、50石の千布弥左衛門40石、40石の江副安兵衛21石、37.5石の執行(しぎょう)権太夫7石5斗、33石5斗の川崎寛蔵28石5斗等の着座以下の下級家臣団の給知がみられる[34]。さらに、注目されるのは本村には屋敷地の3ヵ所に●が、16ヵ所に▲がみられることである。これは、上記の下級家臣団が本村に屋敷地を保有しており、郷村居住して田畠を耕作していた可能性を否定できない[35]。絵図で屋敷保有を示唆する状況を確認すると、向嶋村で▲4、●5、永石村で▲2、●4、続命院村で▲5、寄人村で▲6、寄人新町に▲3、和泉村に●8と37ヵ所みられ、郷村居住の一般化を意味するものと考える。

　さらに、向嶋村には地米高1,900石の家老・倉町鍋島家（鍋島志摩／第16位）の給知34.669石もある。下村郷には大配分4家以外に、小配分として地米100石以下の家臣団が23人ほどみられる（表8-1）。下村郷絵図は寛政6年秋以降の仕立てであるので、給人ごとの個別の知行地を特定することはできない。しかし、近世後期の享和2年段階における集落・屋敷地・屋並び・役所・田畠・環濠・渡・堀・津地・土居・道・畔・神社・寺院・村境等をランドマークとする村落景観と、大小配分地の配置から地方知行制の村落段階における状況を把握できる史料と言える。しかし、「配分帳」との比較から、下村郷10ヵ村をまとめると、寄人・東津・大坂間・和泉・江見・続命院・向嶋の7ヵ村には絵図表現との一定の整合性がみられるが、市武・松枝・永石の3ヵ村にはみられない。この結果から、本図をどのように史料批判するかが問われるが、本図は享和2年の仕立であるため、大配分地の給人名は記載されていないので、その検証が困難である。さらに、「配分帳」では大配分層の地米高が4分の3を占めるのに対し、絵図では凡例の基準である大配分地がどの程度表現されているかが不明である。

小　結

　佐賀藩はその成立過程を反映して、佐賀本藩以外に、三支藩・御親類・御親類同格・家老七家という鍋島・竜造寺一門の重臣が大配分地を拝領し、それぞれ強固な領主権を有しており、徳島・萩・尾張藩ともかなり異質な地方知行体制を持っていた。すなわち、近世後期には1,000石以上の大配分層17人が全地米高の79.0％を有しており、これに対し、中小家臣の小配分地高は約20％に過ぎず、1村における分散相給形態であった。

　佐賀藩では、藩財政の建て直しのために、藩政改革の一環として明和4年（1767）に「御仕組八箇条」を実施し、その中の農村政策として1村ごとに「竈帳」と「村絵図」が作成された。とくに、「村絵図」では1村ごとに屋敷・田畠・堀・川・畔・林・寺院等を描いて、藩府へ上納させたが、対象地は蔵入地と小配分地であり、領主権が強い大配分地は除かれていた。佐賀県立図書館には362点の郷村絵図が所蔵されるが、主に天明から寛政、嘉永・安政期に本・支藩領で作成され、その一部が高精細画像として複製・公開されている。

　本章ではともに筑後川下流域の水郷・クリーク地帯に位置する、寛政7年（1795）のa「神埼下郷上神代村・林慶村絵図」と享和2年のb「三根郡下村郷絵図」を取り上げた。a図には4ヵ条の作成基準が明記される。その要点は①縮尺は約600分の1、地形環境は高低差がきわめて少ない平面図である「極絵図」であるため、起伏表現が困難であり、現状の地形表現に主点をおき、地形変更がみられた箇所を改定する。②絵図作成以後の新道・堀、屋敷、地形変更は絵図面を改定する。③寛政6年秋以降に仕立の村絵図では蔵入地と大小配分地の区別を示すだけで、給人名は省略された。④では三支藩・御親類・御家老等の大配分地を除外するが、本藩領の蔵入地と配分地が混在する相給村ではこの区別を行うが、田畠の区別はしない。

　a図は壱本松壱角、四本松十三角等の機械的な数詞小字に特徴があり、佐賀藩では松以外に、杉・桧・柳・黒木等を角・割で細分する数詞小字が使用されたが、その起源は不明である。本図は蔵入地と大配分を中心とする相給村であり、家老神代鍋島家と太田鍋島家や鍋島帯刀茂貞と推定される大配分地と、地米高250～900石の「着座」層や中級家臣の諸岡家等の配分地が描かれる。また、蔵入地と推定される給人名が記載されない土地や、屋敷跡の田がある。b図は10ヵ村からなる「三根郡下村郷図」で、天保郷帳石高5,125石余の約80％が配分地米高で占められる。縮尺は約1,800分の1の精密な絵図であり、大配分●●と、御家老知行▲▲で、その分布が示されるが、その大小の地米高の基準を1筆ごとに示したのかが、不明である。しかし、各村ごとに「配分帳」と比較検討すると、10ヵ村の内、7ヵ村が「配分帳」との整合性がみられた。

[注]
1）藤野　保編著（1987）：a『続佐賀藩の研究－藩政改革と明治維新－』吉川弘文館, 468頁。同（1980）：b「佐賀藩における三支藩の成立過程（一）」「九州文化史研究所紀要」25号, 1～8頁。
2）藤野1）『続佐賀藩の研究』。藤野（1956）：「佐賀藩における知行地の存在形態－とくに神代鍋島家を中心として－」「歴史学研究」198号, 15～26頁。黒田安雄（1981）：「佐賀藩における知行地の存在形態」「九

州文化史研究所紀要」26 号，169 〜 180 頁。高野信治（2009）:『近世領主支配と地域社会』校倉書房，62 〜 67，96 〜 103 頁。拙稿（2012）:「佐賀藩の郷村絵図と地方知行制」「史窓」42 号，62 〜 88 頁。
3) 加藤　章・黒田安雄（1984）:「佐賀藩における知行制度の成立と構造」藤野　保編『九州近世史研究叢書3　九州と藩政（Ⅱ）』国書刊行会，67 頁。
4) 前掲 3) 67 〜 76 頁。
5) 前掲 3) 70 〜 71 頁。
6) 前掲 3) 72 頁。黒田 2) 182 〜 184 頁。
7) 藤野 1)『続佐賀藩の研究』473 〜 476 頁。
8) 長野　進（1983）:「佐賀藩村落構造に関する一考察－村と知行地－」「西南地域史研究」5 輯，143 〜 164 頁。
9) 藤野 1) a474 頁。長野 8)。
10) 藤野 1) a470 〜 472 頁。長野 8)。
11) 藤野 1) a470 〜 473。高野 2) 96 〜 103，171 〜 176 頁。
12) 藤野 1) a281，376 〜 377 頁。
13) 藤野 1) a376 〜 377 頁。
14) 藤野 1) a376 〜 377 頁。
15) 五十嵐　勉（1990）:「佐賀藩における藩製郷村絵図に関する一考察－肥前国神崎郡を事例に－」「立命館地理学」2 号，23 〜 36 頁。
16) 川村博忠（1992）:『近世絵図と測量術』古今書院，235 〜 236 頁。
17) 佐賀県立図書館は複製絵図以外の原本の閲覧、複写・撮影等は原則として許可していない。
18) 五十嵐 15) 24 〜 25 頁。川村 16) 239 〜 241 頁。
19) 日野尚志（1988）:「肥前国神崎郡条里について」佐賀県教育委員会編『佐賀県文化財調査報告書第八十九集　佐賀県地籍図集成（二）　肥前国　神埼郡』1 〜 12 頁。
20) 郷村絵図の表紙裏書については川村博忠が「天明四年上佐嘉郷平尾村図」（前掲 16) 236 〜 239 頁)、五十嵐　勉が「寛政三年神埼郷西郷鶴田ヶ里・枝ヶ里・津ヶ里絵図」（前掲 15) 26 〜 27 頁）で、報告している。
21) 川村はこの「極絵図」を「平面図」のことと推定している（前掲 16) 236 〜 237 頁)。
22) 佐賀県立図書館蔵・鍋島文庫（鍋 331・24）「大小配分石高帳」。
23) 黒田安雄（1981）:「佐賀藩における知行地の存在形態」「九州文化史研究所紀要」26 号，186 〜 187 頁。
24) 黒田 23) 182 頁。「大小配分石高帳」によれば、上神代村に太田善左衛門 93 石余・諸岡伴之進 15 石・岡山庄九 15 石余・伊東兵太夫 9 石余がみえる。さらに、「同帳」によれば、神代村に松村大之進 13 石・伊藤兵部右衛門 20 石・諸岡作右衛門 10 石余等がみえる。
25) 近世後期の佐賀藩本藩の家臣 355 名の階層構成は三支藩家・御親類四家・親類同格四家・家老六家・着座二十家の 37 家が上級家臣団を構成していた（黒田 23) 187 〜 188 頁)。
26) 服部英雄（2001）:「二千人が七百の村で聞き取った二万の地名・しこ名－佐賀平野の歴史地名地図稿解説－」1 〜 6 頁。五十嵐 15) 29 頁。三根町史編さん委員会（1984）:『三根町史』271 頁。
27)『三根町史』278 〜 287 頁。
28) 前掲 27) 278 〜 287 頁。
29) 前掲 27) 325 〜 329 頁。
30) 前掲 27) 325 〜 329 頁。
31) 前掲 27) 323 〜 324 頁。

32) 前掲 27) 323 〜 324 頁。
33) 前掲 27) 323 〜 324 頁。
34) 前掲 22)「大小石高配分帳」。
35) 五十嵐は前掲 15) で在郷の有力給人が自家の社地・墓地を屋敷内に保有することをふれている（29 頁）。高野信治は前掲 2) で、給人松村氏は下級家臣（村下知役）について言及している（171 〜 176 頁）。

第9章　萩藩の地下上申絵図・一郷一村知行所絵図

第1節　萩藩の地下上申絵図と一郷一村知行所絵図の史料的意義

　萩藩では、藩制改革の一環として全藩政村を対象として、天保から嘉永期に作成された『防長地下上申』（以下『地下上申』とする）[1]と『防長風土注進案』（以下『注進案』とする）[2]が藩命で編纂され、この付図として村明細図である「地下上申絵図」（以下、「地下図」と「清図」とする）[3]を作成し、村に関するすべての地誌的情報を藩権力が把握しようとした。しかし、同藩では享保～安永期頃（1716～80）までは、たびたびの検地と知行替により蔵入地の増大政策が採られたにもかかわらず、家老・寄組を中心とする重臣クラスに、一郷一村切りで拝領させるシステムが存続していた。本章では渋木村の周布氏と小泊村の村上氏を事例として、一郷一村知行の実態とその変化、それに関連する空間構造（景観）の復原を『地下上申』、『注進案』の記載内容と、「地下図」「知行所絵図」の表現内容と比較しながら考察を進めたい。

　本章では萩本藩領の内の、前大津宰判[4]の渋木村（現、長門市）と、大島宰判小泊村（現、周防大島町）という二つの村の村絵図類に表現されているすべての景観要素や注記をミクロ的視点からトレース図に復原し[5]、これと『地下上申』や『注進案』の記載内容と、どのように空間的に整合しているかを比較分析する方法を採った[6]。これまで、萩藩領における地方知行に関する一郷一村絵図等についての研究は、ほとんどなされていない[7]。また、「地下図」については、山口県文書館が防長550ヵ村余の内、100ヵ村を取り上げて、地名・景観要素・貼紙注記等を悉皆で復原し、享保～宝暦期の村落景観を克明に復原している[8]。萩藩では防長全域を対象とした縮尺約3,600分の1の細密な村絵図群で、藩政基本図である「地下図」とその「清図」が作成され、「地下図」が458枚、「清図」が377枚、現存している[9]。

　しかし、これらの村絵図群と、『地下上申』、『注進案』、さらに、「知行所絵図」「地下図」との比較分析はほとんどなされていないようである[10]。萩藩における地図発達史や、「地下図」にみられる図様式、全体構成、記号、作成過程等や、その意味論に重点をおいた書誌的研究が中心であり、これらの村絵図群を『地下上申』や『注進案』の記述内容と比較分析する視点はあまりみられないようである[11]。

　萩藩領の地方知行に関する先行研究としては、矢守一彦[12]の給領と在郷武士の存在形態、山澄元[13]の萩藩領藩政村における知行地の構造等の優れた論考がある。矢守・山澄ともに享保12年～宝暦3年（1727～53）の全藩領の村明細帳である『防長地下上申』と、藩撰の「地下図」や、天保

14 年～嘉永 4 年（1843～51）に編纂された藩撰地誌である『防長風土注進案』、および嘉永～安政期に萩本藩に関する村別地誌である『郡中大略』[14]や延宝分限帳、および一部の地方文書を史料としている。

　萩藩では寛永 2 年（1625）検地による「知行替」[15]により、上級家臣である一門・寄組・大組・船手組等に対し郷（名）や村切りに一郷一村知行[16]が実施され、田畠・屋敷地のみならず、畔・山・川・原野に対する一円知行権が付与された。しかし、その後の貞享検地[17]や宝暦検地[18]による出石・上地や替地により蔵入地化されて、給領地が大幅に減少した等の変化に対応するため、一郷一村内の藩領が三分の一を越えなければ「一郷一村知行」に準ずるものとされた[19]。こうして、藩政初期においては給主の給領地支配の必要性から知行所絵図が作成されたが、貞享・宝暦以後は藩権力が強化される過程で知行権は弱体化し、藩府の意向によって知行所絵図が作成されたとされる[20]。

　このような一郷一村知行所絵図は安永 9 年（1780）から天明 5 年（1785）にかけて藩府の要請で全藩的に作成されたものとみられる[21]。本稿では、安永 9 年作成の「大津郡渋木村周布勘解由一郷一村知行所大境絵図」（口絵 26）[22]と、享保 13 年（1728）作成の「大津郡前宰判渋木村地下絵図」「清図」（口絵 27）[23]、および、安永 4 年（1775）作成の「大島郡小泊村村上一学殿上地所絵図」（口絵 28）[24]と、元文 2 年（1737）作成の「大嶋郡宰判小泊村地下図」「清図」[25]等を分析素材とする。渋木村と小泊村を選んだ理由は、両村には地方知行に関する「知行所絵図」が現存するからである[26]。

第 2 節　地方知行制の展開構造

1. 萩藩の検地と蔵入地・給領の配置

　天正 9 年（1581）の毛利氏の朱印高は、中国 8 ヵ国・118 万 7,690 石であったが、関ヶ原戦後の慶長 5 年（1600）には長門周防 2 ヵ国・36 万 9,411 石に大減封された[27]。その後、長府藩（5 万 8 千石）・徳山藩（3 万石）・岩国藩（4 万 5 千石）と長府藩から分家した清末藩の 4 支藩（あわせて 13 万 3 千石）が設置された[28]（図 9-1 参照）。しかし、慶長 15 年（1610）における防長両国給領高が総高の 71.0％を占めており[29]、早急な藩権力の確立と、過酷な幕府手伝普請を凌ぐためには強力な検地を実施することにより、蔵入地を増大させることが最重要の課題であった。このため、慶長 12～16 年（1607～11）にいわゆる「三井検地」[30]を行い、慶長 5 年検地の 1.8 倍に当たる 59 万 9 千石余を打出し、蔵入地の年貢率（免）を「田方七三ッ」（73％）としたため、農民の「走り者」が増大した。さらに、寛永 2～3 年（1625～26）には「熊野検地」[31]を行い、「田方」年貢率が 50％になるように石高を決定して、65 万 8 千石余を打出した。

　次いで、「寛永の給地（知）総替」を行い、上級家臣にあたる一門（6 家）や永代家老（2 家）・寄組（18 家）には一村一円知行とするいわゆる「一郷一村知行」を実施して、蔵入地高率を 42.8％に高めて家臣の減給を行った[32]。また、正保 4 年（1647）には知行 2 割減を実施し、さらに、貞享 3～4 年（1686

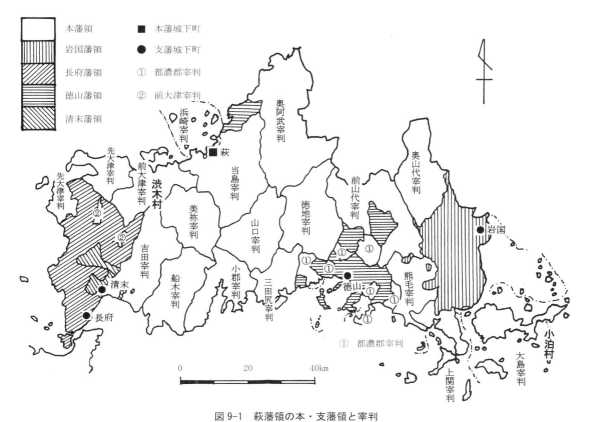

図 9-1　萩藩領の本・支藩領と宰判
山口県文書館編（1966）『防長風土注進案』付録第二十二巻　研究要覧による。

〜87）には貞享検地を行い、年貢率を五ッ成（50％）から四ッ成（40％）に減給して、上知を実施した。さらに、宝暦検地（宝暦11〜13年／1761〜63）を実施し、防長2ヵ国で7万9千石余を打出して、蔵入地高率を69.4％に高め、田方四ッ成とした[33]。明治元年（1868）には蔵入地高を72.2％にまで高めている[34]。

　萩藩における蔵入地化の進展に関して矢守[35]は、①寛永から天保期において同一村内に蔵入・給領を混在をさせないという一郷一村知行の配置方針が崩れて、重臣クラスに対しても知行地の中に蔵入地を侵入させたこと、②藩内の湊や18に区画された宰判（図9-1）の中心的な行政役所である勘場、宿場、市町等の政治・経済上の要衝および大規模な開作地（新田）において蔵入地化が推進されたこと、③給人の日常生活や家中財政のための経済的要地を多数の給人の相給とする政策が継承された点を指摘している。

　次に、萩藩の家臣団をみると、嘉永5年（1852）における藩士5,675人の内、士席藩士は2,717人（47.9％）、足軽以下は2,958人（52.1％）であるが、士席藩士の内、給人は505人（18.6％）に過ぎない[36]。これに対し、徳島藩では安政期の高取藩士数は628人で、これは無足を含めた藩士1,715人の36.6％を占める[37]。萩藩では知行取自らが年貢の収集・輸送や知行付百姓の支配の煩雑さ、年貢収入の不安定さ等のことにより、知行を藩に上地（返却）して比較的に安定した蔵米替（浮米替）給

与を願い出ることにも起因している[38]。例えば、天保年間には千石以上の上級家臣クラスで約12～16％、100～600石では約32～65％、100石未満の小禄では55～70％が浮米替になっていることからも理解できる[39]。また、足軽・中間クラスは徳島藩と同じく扶持米取であった。

佐賀藩においても万治元年（1658）の三根郡人口の約15％が下級武士であり、武士身分で商業・農業を営んでいたことが報告されているが[40]、萩藩においても給人等の武士身分が農民と混在して在郷していた。矢守[41]は天保13年（1842）の『注進案』から、全家臣5,675人の約23％にあたる1,299人、士分の約31％、足軽以下では約16％、上級家臣の寄組でも6.4％、中級家臣の大組では25.4％がそれぞれ在郷していることを指摘している。

次に、天保13年における萩藩の家中編成[42]をみると、まず藩政に参画した家老で最上級にあたる一門八家（約4,000～13,000石）があり、知行所に陣屋を構えて多数の陪臣を住わせた。さらに、上級家臣として1,000石～3,000石の寄組が18家あり、その下に、400～1,000石の大組が8組あった。また、大島郡の上関、三蒲、神浦等に50石～400石の船手組を7組ほど置いた。

2. 萩藩の地方政策と藩政村

萩藩領の村落は、戸数200～300戸の「大村」と、20～30戸の「小村」と呼ばれる二段階の村があり、前者は行政単位としての藩政村で、後者は共同体的な生活単位である集落である。このように大規模な藩政村が設定された要因として、地方における集落の基本形態が集落地理学でいう「小村」（Weiler）であり、集落名からみても中世の「名」を中核として形成されたものが多いと考えられるとしている[43]。そのため中世的な歴史的領域である「郷」が近世的な分割を受けずに、藩政村に継承された。この「小村」名については、『地下上申』と『注進案』に記載されている。

また、木村　礎[44]はこうした村落体制を継承させた要因の一つに、萩藩の地方知行制をあげている。すなわち、一部の高禄藩士による一郷一村知行を除いて、大部分の知行地は分散相給形態をとっていたために、大部分の給主に在郷領主的な性格は薄く、知行地と無縁の地に在郷する事例が多数であったとしている。著者は他の要因として、万治3年（1660）のいわゆる「万治制法」[45]により、給領主と農民との関係を遮断し、知行権を制限するために1村内における知行地の集中を避けるためにも、「小村」形態を利用したのではないかと考える。さらに、萩藩領域で、南前地帯である山陽側に知行地の3分の2を、北前地帯である山陰・中央山地側に3分の1の知行地を配置し、知行高田畠100石の内、田石85石、畠石15石を基準とした[46]。

次に、藩政期の防長両国の行政区画をみよう。萩藩は本藩領と岩国領・長府領・徳山領・清末領の四支藩領からなり、本藩領は瀬戸内9・中央山地4・日本海5の18の宰判からなる代官支配区で構成される（図9-1）。各宰判の役所として「勘場」が置かれた。なお旧来からの歴史的領域である郡は大組である郡奉行が管轄し、藩政村である大村には大庄屋を、小村には庄屋・畔頭を置いた[47]。さらに、小村の地方支配をみると、蔵入地には郡奉行→代官→庄屋→畔頭のライン、知行地には給領主→小都合庄屋→給領庄屋・畔頭のラインが置かれたとされる[48]。また、農民には「門役銀」[49]が賦課されたが、階層構成は2つの分類があったようである。1つは10石以上の本軒、7.5～10石の七分五朱軒、5～7.5石の半軒、2.5～5石の四軒半である[50]。他は本軒、中間層の半軒、

下層の門男（亡士）、零細農民の無縁である[51]。後者の階層構成には『地下上申』に男女別・牛馬数とともに記載されている。

第3節　大津郡渋木村地下上申絵図と一郷一村知行所絵図

1．渋木村地下図と清図

　大津郡渋木村は古代からの陰陽連絡路の街道沿い（現国道316号）にあり、中世の深川庄に属した[52]。慶長15年（1610）から明治22年（1889）までは渋木村1村の行政村をなし、明治22年～昭和29年（1954）までは深川村・町に属し、昭和29年に長門市に編入された[53]。渋木村は深川湾に注ぐ深川川が形成する狭長な山間盆地にあり、北から支流の木戸本川と、南から大地川が深川川に合流する。谷底部の幅は中央部の八幡・大畑付近で約250～350m、北部の真木で約400mときわめて狭小である（図9-4）。標高約240～280mの大峠と山中峠が山陰と山陽の分水界をなす。本村は近世後期の天保時代では水田率が面積で約68%[54]と、田卓越型の村であり、現在、谷底部の低地には圃場整理事業により区画化された棚田が広がる景観となっている。

　防長両国諸郡の萩本藩領はもとより各支藩領もこめて、享保12年から宝暦3年の前後27年間にわたり、各村庄屋に対して萩藩府の絵図方頭人井上武兵衛に村明細帳にあたる『地下上申』と、村絵図にあたる「地下図」を上申させている[55]。「地下図」の最大の作成目的は、当時の村々の境目を明確にすることであったとされる。このため、境目書は村の（大部分が現今の大字）の境界で、隣村の庄屋・畔頭・給庄屋などの立会いのうえで順々に記している。「清図」は藩絵図方が「地下図」をもとに統一した規格で清書した絵図である[56]。

　まず、「享保十三年大津郡前大津宰判渋木村地下図」（図9-2）、および『地下上申』で、上級家臣に属する大組の周布吉兵衛領庄屋赤間伝左衛門と、周布彦右衛門領庄屋七左衛門が絵図方頭人井上武兵衛に提出した「渋木村石高境目書」を比較分析しよう。「地下図」は縦132cm・横230cmの大型の絵図で、縮尺は約3,000分の1程度、仰見図（虫観図）的な絵画的描法である[57]。「渋木村地下図」と同「清図」（図9-3）における東西・南北距離の比を比較すると、2万5千分の1地形図では1.64であるが、「地下図」では1.83、「清図」は1.33である。「地下図」（図9-2）は地形図よりも南北にやや拡大されているが、「清図」は縮小されていることがわかる。凡例はなく、手書き、彩色、虫観的（仰見的）な絵画表現である。

　「地下図」では、街道と支道は朱、川・水は青、田畠は黄、家は屋方、山は鼠、樹林のある山は墨で描かれ、黄色の田畠部分が実際よりも誇張されて広く描かれている。とくに、「引地山」（図9-4）と「山小根」付近は顕著である。注記内容をみると、北部で深川左岸に広がる「市ノ小野」付近の田畠には「此色の所不残田畠」とある。深川川右岸の「山小根」付近の田畠には「此内御蔵入の田」が2ヵ所、「此所御蔵入給領入交り」が1ヵ所ある。ここはJR美祢線と国道316号と深川川、禅宗の「訂

190　第Ⅱ部　佐賀・萩・尾張藩と河内国古市郡の知行絵図

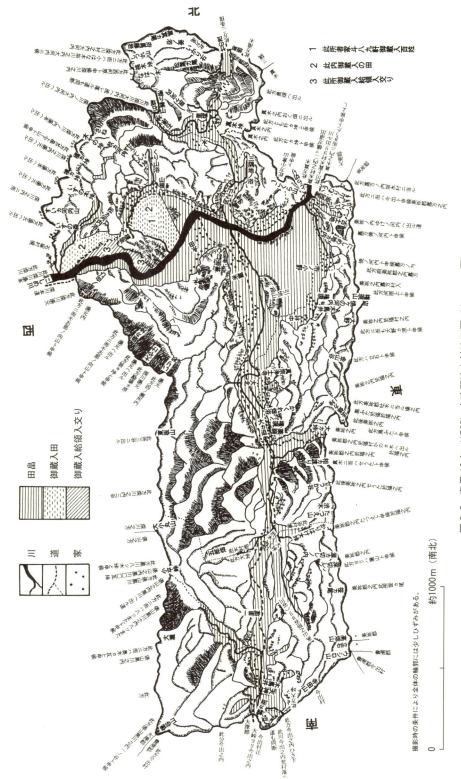

図9-2　享保13年（1728）大津郡渋木村地下図（トレース図）
山口県文書館蔵、131.5 × 230.2cm。

第9章　萩藩の地下上申絵図・一郷一村知行所絵図　191

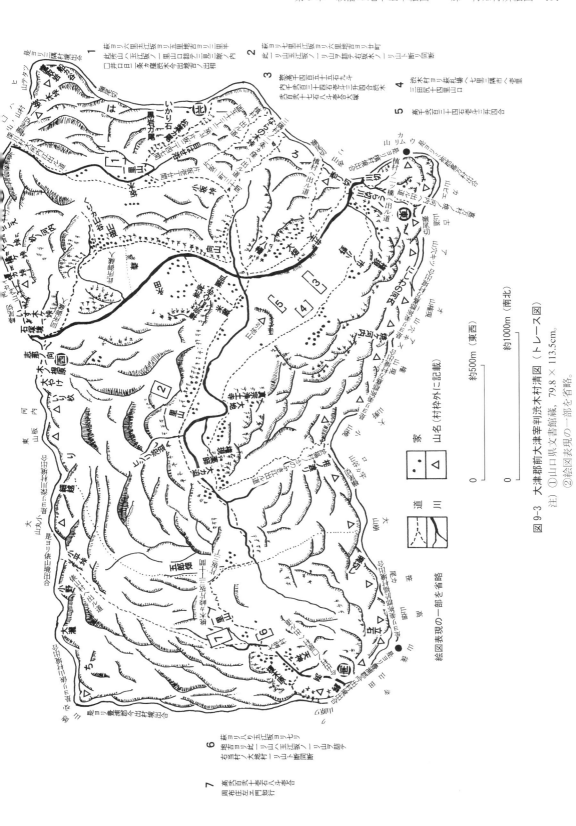

図9-3　大津郡前大津宰判渋木村清図（トレース図）

注）①山口県文書館蔵、79.8×113.5cm。
　　②絵図表現の一部を省略。

心寺」に挟まれた狭小な谷底低地であるが、「地下図」では広く描かれている（図9-2）。当地には本村の一郷一村給主で大組である周布勘解由の給領に御蔵地が入り混じっていたことがわかる。『地下上申』には周布吉兵衛領分として 1,234.134 石（田方が 85.3％、畠方が 14.7％））と、大地川沿いの「大峠」（大ヶ迫）の周布彦右衛門知行所 221.81 石（田方 91.9％、畠方 8.1％）あわせて 1,455.935 石と記される。こようにに、本村は大組の周布両氏の一郷一村知行であった。

さらに、『地下上申』には大か迫・大地・瀬戸・永田・山根・坂水・大畑・中村・市ノ小野・向山の 10 の小村名が見えるが、絵図には瀬戸・坂水・大畑がみえない。本図で最も注目されることは、隣村との境目書が極めて詳細なことである。『地下上申』では約 65 ヵ所の境目が記されるが、「地下図」でも北部の「石原峠」「石塚」付近では「此川深川大河内へ流レ落ル道も同断」等の注記が 74 ヵ所ほどがみえる（図9-2）。さらに、「地下図」には「東板山」「大子丸山」「小平峠」「いかり石」「狼岩」等の境目のランドマークとなる山・峠・岩等が 45 ヵ所ほどみえる。防長で谷を示す地形用語に「浴」地名[58]があるが、「地下図」では「三隅地ノ浴」と「松ヵ河内浴」が 2 ヵ所ある。

また、「地下図」には約 175 軒の家形がみえるが、『地下上申』には周布両氏給領分合せて、家数 193 軒の内、本軒 53 軒（27％）　半軒 20 軒（10％）　門男 80 軒（41％）　名子 40 軒（21％）、総人数 720 人、男 407 人　女 313 人と記される[59]。すなわち、中上層農民は約 37％であるのに対し、軒別割りの門役銀が賦課されない下層農民である門男・名子が約 63％を占める。

さらに、『地下上申』にみえる「禅宗竜雲山訂心寺」と「真宗紫雲山浄土寺」や、「神田受」付近の「八幡」、「大迫」には「権現」、「大峠」には「薬師」「弁財天」、「訂心寺」東には「荒神」が「地下図」にみえる。さらに、「一里塚」3 ヵ所が「真木」「大地」と「大峠」南にみえる。「訂心寺」の南に「米蔵」が描かれ、給主である周布吉兵衛領分の中核地であったことを意味する。

「清図」（図9-3）の縮尺は約 3,600 分の 1 であり、すべて村界に沿って切り抜かれた形状で、最大

図 9-4　渋木村大地・引地山付近の景観、中央は国道 316 号（2012 年 10 月）

郡単位までの接合が可能である[60]。「清図」は、法量が地下図の半分程度の大きさで、前述のように、南北距離が「地下図」よりも30％ほど縮小されている。「地下図」と同じく、谷底部の田畠が誇張されて広く描かれる。しかし、境目書は山・谷・峠・隣村へ出る道・岩などのランドマーク等が少なく、村落景観等の情報量は「地下図」よりもかなり少ない。しかし、山名・村名・字名の多くが記載されており、当時の地名情報として貴重であるが、「清図」を作成する段階でかなりの取捨選択が行われたのではなかろうか。また、村境目は細い白線が引かれている。その白線境界の注記として、「是ヨリ深川村境出合」「嶺尾切」等が記されるが、注記は「地下図」よりも少ない。村境の山は25ヵ所ある白三角△で示され、△に山名が記される。道は朱線、川は青、田畠は黄と「地下図」と同じであるが、山容や山麓線や谷筋（「浴」）、樹林表現は「地下図」よりも不鮮明である。

　方位は「地下図」では村外に大型の東西南北の文字で示したが、「清図」では東西南北の文字を白丸で囲んでいる。また村境目に「ろ」「は」「ち」「り」文字の合紋がる。「市ノ小野」付近にある白矩形には「大津郡」「渋木村」とある。

2. 安永9年（1780）大津郡渋木村周布勘解由一郷一村知行所大境絵図

1）渋木村と一郷一村知行周布氏

　『注進案』と、本図（口絵26、図9-5）とを比較しながら分析をする。本図は、享保13年（1728）作成の「地下図」よりも52年後の絵図である。「地下図」とほぼ同じ法量で、縮尺は約3,600分の1と推定できる。手書き、彩色の仰見図で、川や街道・支道、山稜・山麓線、谷筋（浴）等の表現は「地下図」と酷似しているが、街道や深川川とその支流大地川の流路の表現が少し異なる。本図には凡例と添書があることが特徴で、「地下図」「清図」と同じく、谷底田畠は過大に描かれている。

　本図の標題から渋木村全村の一郷一村知行主で大組の周布勘解由領（1,376.939石／総知行高1,430.44石）[61]と、山中峠（標高約220m）より南で白根川上流の美祢郡大峠の知行主であった大組の周布与三右衛門（233.617石／総知行高531.948石）[62]の知行所の隣接村との大境を示した絵図で、その表現内容と小書（注記）は極めて克明である。

　渋木村は寛永2年（1625）に周布氏に配賦されて以来、幕末まで周布氏によって一村支配を受け、享保13年の『地下上申』では渋木村の内、渋木が周布吉兵衛に、大峠が周布彦右衛門に分割された[63]。本家の勘解由家は、天保13年には総知行高1,400石の内、奥阿武郡宰判知行21石を除く1,367石（98.3％）が本村知行であった[64]。大組で千石以上は萩本藩では秋里（1,005石）、内藤（1,192石）・周布の3家のみである[65]。分家の大組の与三右衛門家は総知行高510石の内、渋木村大峠で233石（約46％）、奥阿武宰判吉部村107石（約21％）、吉田宰判於福村36石（約7％）・同大嶺123石（約25％）である[66]。

　周布氏以外の一郷一村知行所をみると、本村の北隣で総高5,785石（内給領は約48％、蔵入地は約52％）の前大津宰判深川村には、一門・家老・寄組・大組領等を中心に25給である。東隣で総高3,253石の同宰判俵山村（内給領は約28％、蔵入地は約72％）には寄組・大組を中心に12給である。また、東隣の同宰判真木村は貞享検地以来幕末まで、村総高622石のすべてが寄組の佐世徴之助（総知行高約3,997石）の一郷一村知行所であった[67]。

194 第Ⅱ部 佐賀・萩・尾張藩と河内国古市郡の知行絵図

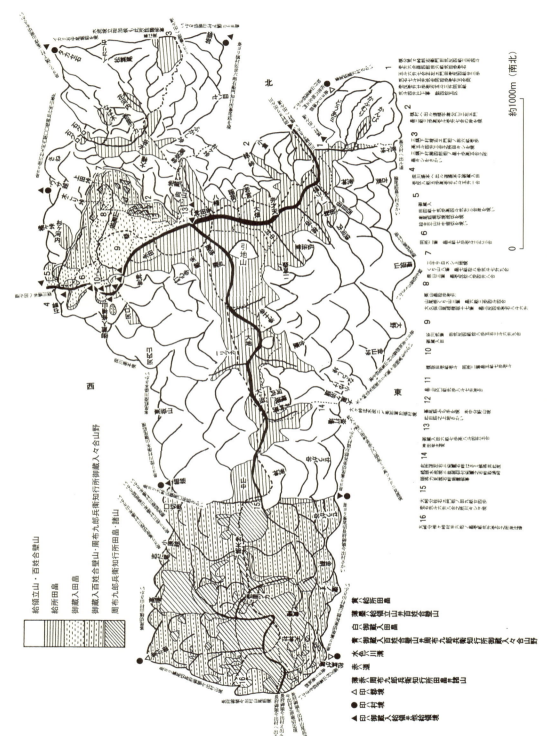

図9-5 安永9年(1780)「大津郡渋木村周布勘解由一郷一村知行所大境繞絵図」(トレース図)
図中の1～16は下段の1～16に対応している。

2）絵図の添書と凡例の特徴

　本図の「添書」[68]から、作成目的がわかる。その終りの部分には「安永九年（1780）子ノ十一月」に、「（前略）右百姓合壁山之儀ハ御蔵入田畠付給領田畠付之差別を以取分ヶ、就被仰付田畠合壁山巡り六重有之余ニ当ル水流尾流之詮議を以取分ヶ人別持分委細之儀ハ、御代官所ニ仰付取被仰付置候山野之儀者右率シ候之事、右今般標幟物御改ニ付周布勘ヶ由様御知行所渋木村一郷一村大境絵図仕、調鋪被仰付私共罷出、此度被仰付御仕法筋を以村々境立相改聊相違無御座候、依之為〆り印形相調差上申候所如件（後略）」と、百姓の持山である合壁山や山野の人別持分、御蔵入田畠と給領田畠の境等を本川筋とその支流を十分に調査して、代官所の意向に従って確定することなどを記している。

　この立会人として、渋木村小都合平川八十郎、同村庄屋弥惣、深川村小都合小野清兵衛、槙村小都合枚善右ヱ門、美祢郡嘉万村庄屋小都合嘉兵衛、同郡於福村庄屋小都合山田勘右ヱ門・末岡正兵衛、大峠周布九郎兵衛知行所庄屋伊右ヱ門、深川村大河内宅貞兵衛殿給庄屋国近市郎左ヱ門、三隅下村庄屋勝屋五郎兵衛、俵山村庄屋小都合末永七右ヱ門等の、渋木村と境を接する村々の庄屋・小都合の11名と、代官松岡四郎左衛門が連署している。さらに、天明5年（1785）5月には地下役人（代官）である山崎新八が藩役人の戸田九郎左衛門に本図を差し出していることが添書の最期に記される。

　添書は凡例の内容をより細かく場所指定して、補足説明するためのようである。このため、村境目だけでなく、農民にとって重要な生活資源である合壁山[69]（百姓持山）、と山野[70]（百姓の入会山）や、百姓の田畠境から60間（約109 m）以内に所在して「陰切」[71]になる合壁山や、本村の一円知行主である周布九郎兵衛の知行所と御蔵入山野が入交じる場所等に関する記述が詳しい。

　少し長くなるが、「添書」の内容を示そう。まず、渋木村にある周布勘解由知行所は、①田畠数108町8反9畝／高1,379.309石、内田93町9畝4歩／1,305.295石、内畠15町7反9畝26歩／71.644石、山役2石1斗である。②山6ヵ所／15町3反5畝26歩は百姓田畠屋敷より廻り60間余に当たる合壁山等。③山野1ヵ所／1町3反3畝13歩は地元と相談の上、残した山の分。④山1ヵ所／2畝12歩は小森小祠山の分、⑤山16ヵ所／11町2反3畝2歩は百姓田畠屋敷より「陰切」になる廻り60間以内にある合壁山の面積。⑥渋木村分で田畠21町3反2畝16歩／高263.582石の内、田畠1町9畝20歩／高9.132石は小祠御蔵入と渋木村給料が混在する場所にある「蔵地田」分で、山役は3斗である。

　さらに、⑦山22ヵ所／18町9反1畝2歩は百姓田畠屋敷境より廻り60間余に当たる合壁山等。⑧山3ヵ所／27町8反6畝15歩は入相知行所で給主に残した分。⑨山1ヵ所／2町6反6畝20歩は山野を地元と相談の上、残した分。⑩山3ヵ所／2反4畝13歩は小森祠山分。⑪「九壱拾七分のき」（＊場所・意味等不明）の30町3反2畝25歩の内、2町8歩は山根御蔵入と渋木給領が混在する場所にある蔵池山の分。以上の内、①・⑤・⑦を合わせた45町5反5畝歩は、百姓田畠屋敷境より「陰切」で、廻り60間以内の合壁山である。

　次に、本図の凡例をみよう。凡例からは、次の①～⑤の所在地が明示される。①周布勘解由と周布九郎兵衛の給領田畠、②周布両家用の木材薪炭・竹木等を採取する給領の御立山（御預山）と百姓の私有林、③新たに蔵入地に編入された田畠（16町2反7畝6歩／高196.666石）、④蔵入地に編入されたれ農民の私有林（合壁山）と、百姓の入会山であったが蔵入地化された周布九郎兵衛給領林、⑤周布九郎兵衛所有の山、⑥絵図の白地は給主立山と百姓合壁山を示す。『注進案』によれば、給主立

山は 73 町、合壁山（山野）は渋木村山のおおよそ 70％にあたる 500 町程と見積もられている。このように、同村には広大な合壁山が存在していた。また、同村は周布両氏の一郷一村知行所であり、田畠のみならず、山野、百姓の私有林や入会山に対しても強い知行権を保持していたが、安永期ごろには、一郷一村知行する藩権力による蔵入地編入への強化策が進展したことを物語る絵図でもある。

3）周布勘解由・九郎兵衛知行の御蔵入田畠・山野境と村の境目書

　本図では周布勘解由知行所内の御蔵入田畠が村北西部の深川川の左岸（山小根付近）に白地で、さらに、大峠村（大峠川沿い）には周布九郎兵衛知行所内の御蔵入田畠が薄赤で示される。『注進案』によれば、前者分は 12 町 8 反 7 畝 12 歩／高 166.66 石、後者分は 3 町 3 反 9 畝 16 歩／高 30 石である。茶色の矩形で示された注記には、村北西部の「にしめで」付近には「深川湯本ヘ出ル湯本分御蔵入田、壱反八畝五歩高壱石九斗五升一合」と、「御蔵入、田四畝十二歩高四斗弐升三合、岸を境い峯尾筋堀切境流切を境、給主立山平中堀切を境」がある。さらに、山小根付近には「谷川弐筆、田弐反四畝拾八歩五石三斗六升九合、御蔵入田」があり、「神田受」付近では「御蔵入田、六畝七歩高八斗四升五合神田岸迄境」がみられる。また、絵図では深川川沿いに御蔵入田畠との境を示す朱△印が 10 ヵ所みえる。このように、蔵入地に編入した田畠の境目を明示している。

　さらに、御蔵入した周布九郎兵衛知行の入合山野の北の境書には、「大峠分佐右ヱ門抱ノ田九畝廿四歩壱石弐斗六升八合之所川キシヲ境」、南の境書には「大峠分袖ヶ峠村半六抱ノ畠壱畝弐升壱合之所岸迄境」とあり、名請農民名を明記して蔵入地山野の境を明確にしている。

　絵図に記載される村境書をみよう。槙村ヘ出る北西部（図 9-5 に示した 1）の「市ノ尾」付近には、「槙分荒ヵ峠石右衛門弐反四畝三石四斗壱升六合、孫四郎田六畝弐拾歩壱石五斗六升七合、正左衛門田壱反弐畝廿三歩弐石七斗五升弐合、同拾歩壱升五合、同壱反壱畝廿歩壱石五斗三升、同弐畝弐斗四升、已上事数四拾五区」と記される。さらに、村北部の尾坂峠から槙村坂水ヘ出る所である「ミスミ豊原ヘ出ル道」地点（図 9-5 の 3）では、「水流境立相加候も此所詮議候事」と記され、槙村と論所になっている。此地点の境書は（図 9-5 の 3）「三隅下村権右ヱ門抱ノ田六畝壱歩高五斗四升三合之所田キシを境、三隅下原四郎抱ノ畠十歩高五合之所畠キシをさかい」と記され、田畠の岸（畦）まで詳細に指定している。

　以上のように、本図は蔵入地へ編入された周布両氏の一郷一村知行所と百姓持山・入会山、および村境目を明示することが最大のねらいであったことがわかる。

第 4 節　大島郡小泊村地下図・清図と村上一学殿上地所絵図

1．『防長地下上申』『防長風土注進案』と元文 2 年（1737）小泊村地下図・清図

　大島郡大島宰判小泊村は周防大島（屋代島）の東部にあり、伊予灘に面する小湾（東西約 630 m・南北約 250 m）をなす（現、周防大島町）。標高 10 ～ 20 m の山手には古くから開けた岡集落（郷）

図 9-6 小泊村の集落景観（2012 年 10 月）

があり、そこから浜にかけては新しい浜集落が形成されている（図 9-6）。『注進案』[72]には「当湊之儀は、上関ヨリ上ロ御国境松山領津和迄拾里余之灘中、第一之繋船場ニ而、往古ヨリ諸廻船繋船仕、於干時公船又ハ九州御大名様御繋船等間々御座候（下略）」と記され、近世には瀬戸内航路廻船の中継泊地として重要であり、現在でも集落西部の小字「泊浜」「泊り」付近は漁港として利用されている。

小泊は関ヶ原以前から毛利氏に仕えた村上水軍の一族で、船手組頭の村上三郎兵衛の知行地（総知行高 1,647 石）の一つであった。享保 13 年（1728）の田畠高 157.863 石の内、蔵入地高は 59.58 石（約 38％）であった。元文 2 年（1737）の「地下図」には「荒神」の南に 2 ヵ所の塩浜がみえる。近世初期に開かれた塩浜は元文期には廃れ始めていた。すなわち『地下上申』によれば塩浜高は 4 反 7 畝 18 歩／高 22.26 石であり、蔵入高 101.881 石の約 22％を占めていた。しかし、塩浜からの畠成が 3.373 石もあり、宝永 8 年（正徳元年／1711）の「修甫米」上納により畠成となった[73]。湾岸には小字「天神浜」「中浜」「東浜」があり、製塩と関係する地名と考えられている[74]。『地下上申』によれば、村上三郎兵衛給領高は 98.284 石（小泊村総高の約 62％）である。また、同給領の家数は『地下上申』では 18 軒、人数は 97 人で、本軒は 3 軒、半軒は 8 軒、門男は 4 軒、小家は 3 軒である。しかし、「地下図」では 14 戸で、「清図」では 13 戸で、天保〜嘉永期に編纂された『地下上申』記載の家数と、約 100 年前の元文期とでは家数に変動がみられる。

また、元文 2 年の「地下図」では、小泊村の東は「大町ノ鼻迄峯尾伝内ノ入村境」、北は「大山ノ頭　此所神浦境」、西は「是ヨリ満峯ノ鼻尾伝和佐村境」と記される。『地下上申』では給主立山が「泊り山」と「奥の山」の 2 ヵ所みえる。この「泊り山」は「村上三郎兵衛立山」（図 9-6）に相当する。さらに、安永 5 年（1776）の「小泊村村上一学殿上地所絵図」（口絵 28、図 9-7）では、東の「とうどう山、上地立山五反」に該当し、西には標高 155 m の「土井山、上地館山壱町弐反」である。『注

198 第Ⅱ部 佐賀・萩・尾張藩と河内国古市郡の知行絵図

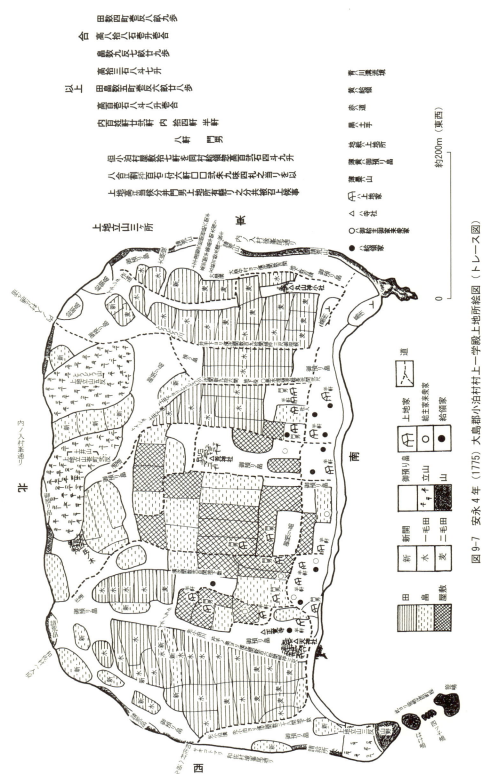

図9-7 安永4年(1775)大島郡小泊村上ノ字殿上地所絵図(トレース図) 山口県文書館蔵、70×120cm。

第 9 章　萩藩の地下上申絵図・一郷一村知行所絵図　199

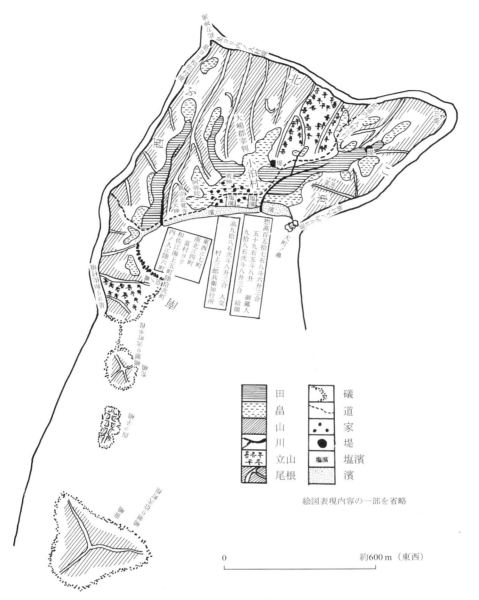

図 9-8　大嶋郡宰判小泊村清図（トレース図）
山口県文書館蔵，79.8 × 41.8cm。

『進案』では代官村上三郎兵衛の三ヵ所の立山（2町）がみえ、「御普請山泊り山三反」「土井山壱町弐反」「番組御売山堂道山五反」と記される[75]。なお、『注進案』によれば、百姓の合壁山は9町3反6畝で、立銀は42匁1分5厘であった。

　また、小泊村の古い集落は山手の「西浜」の上にある「岡屋敷」と呼ばれる地区に郷が形成されたが、小泊が帆船の船繋湊としての機能をますと、家々が浜に降りてきて浜集落が形成された。『注進案』[76]には、天神社の東浜には「濱天神東濱家数多方候得共、家並不揃ニ御座候、瓦屋も少々

交り候得共、多くハ藁屋にて御座候事」（＊濱天神と東濱は小泊村の小名）とあり、大部分の家は藁葺きであった。

図 9-7 では 5 つの谷筋がみえ、1 筋は「村上三郎兵衛給畠」と記され、田畠が描かれている。周防大島では山裾から浜に出る谷筋が開拓の単位になり、それが「荒神」の祭祀組織として維持されてきたといわれる[77]。『注進案』では東浜から流下する長さ 190 間・幅半間の遠々川と、濱天神から流下する長さ 160 間、幅 2 間の先小泊川が記される[78]。

また、岡屋敷の南には「荒神」が描かれ、その南に東西に絵図にも見える細く古い道が宅地の間を走る。この道を境に浜側は短冊状に地割されて、新しい浜集落が形成された。排水路を兼ねる水路は田の用水でもあった。「地下図」では「東濱川幅壱間程長弐百間程、此内御残地蔵入分畠御座候所ニ而少々荒入交り居申候故明細ニ難記ク候事」と記さる。「地下図」には集落西部の「天神の森」脇に「正覚寺」（浄土真宗本願寺派）と、正覚寺抱の阿弥陀堂が、西隣には天神がみえる（図 9-6）。

「地下図」には小泊村の西端の和佐村境には「満越之鼻」があり、その 1 町程先の海上に島廻り 2 町半ほどの「禿嶋（「羽毛嶋」＊『注進案』）」が、さらにその先に「四ッ子嶋」が、さらに 2 町半ほどの先には茅山野「笹嶋」が描かれる。「笹嶋」には「狼煙場」があり、藩主の「御下向之節」には東方の油宇村の「ほうき崎（保木鼻）」から受け継ぎ、西方の沖家室島へ連絡していた[79]。

元文 2 年の「地下図」と「清図」とはよく似ているが、「清図」（図 9-8、口絵 27）では総高 157.863 石の内、蔵入地が 59.58 石（約 38％）、村上三郎兵衛給領は 98.283 石（62％）で、蔵入地と混在していると記される。しかし、天保 13 年の『注進案』では総高 164.295 石（田畠 11 町 1 反 9 畝 16 歩）の内、蔵入地高が 163.678 石（99.6％）で、村上安房の給領はわずか 6 斗 1 升 7 合（0.4％）に過ぎない。元文から天保期にかけて地方直しによる知行地の藩領化（上地）が進行したことを示すものと考える。

2. 安永 4 年（1775）大島郡小泊村村上一学殿上地所絵図の表現内容

まず、絵図右上にある貼紙注記をみよう（図 9-7、口絵 28）。すなわち、村上一学給領の内、①田畠 5 町 1 反 6 畝 28 歩（村田畠の約 46％）と、②高 101.881 石（村惣高の約 62％）、③百姓 22 軒（内 8 軒は門男）、④立山 3 ヵ所が御蔵入上地分の対象である。但書きにある屋敷 17 軒に関しては、『注進案』には御蔵入 62 軒、村上知行 13 軒とある。注記の最期には、「小泊村屋敷拾七軒を同村給領惣高百弐石四斗九升八合江割、百石ニ付六軒、■■弐朱九味札当たりを上地高江当候分（下略）」と記されるが、上地される屋敷 17 軒を 1 軒に付き、「六両零分二朱九味」で上地高へ割り当てたものと推定される。
（六両カ）

本図では白地で上地の箇所が示される。総筆数は 106 筆で、内田 57 筆、畠 31 筆である。一例を示すと、「大崩中村水六畝廿壱歩壱石　田壱畝四歩　米弐升三合　七兵衛」とあり、検地帳の記載内容が記される。「水」は一毛田を意味し、七兵衛が名請人である。また「麦」とあるのは二毛田を、「新」は新開田を意味すると推定できる。一毛田は 57 筆、二毛田は 17 筆、新開田は 4 筆である。田は集落東部の土井下溝やとうどう川下、大崩溝中村に挟まれた地区と、集落西部の先小泊川と先小泊溝の間に広がる。

総畠数は 31 筆で、新開畠は 10 筆、普通畠は 21 筆である。田は集落の東部と西部に、畠は屋敷地内と、立山である土井山西方の山麓部に多く分布する。『注進案』[80] では村上氏給領の田畠はわずか

6畝27歩（村田畠の約0.5％）に過ぎず、ほとんどすべてが蔵入地に上地されおり、絵図からもこのことがわかる。このほかに、給領畠が「とうどう山」の東に2筆、村上氏の藩からの御預り畠が12筆、請荒畠が和佐村境に2筆、請荒山が内入村境に2筆分布する。

本図には上地された家が19軒、給主である村上氏の家来が5軒、給領家が10軒、半軒が10軒、門男が8軒描かれているが、貼紙注記には百姓22軒が上地家となっている。絵図では上地家は天神浜・西浜・中浜・東浜のように浜集落や塩浜跡に集中している。村上氏の御蔵入された上地家は主として農民よりも、漁民や商人、廻船持ちを中心としてのではなかろうか。『注進案』によれば、小泊村総家数75軒の内、62軒（約83％）が御蔵入で、村上氏給家は13軒であった。75軒の内、本百姓が12軒（半軒10軒、四軒半2軒）で、農民5軒、漁人3軒、商人1軒、廻船持3軒である。また、門男（亡土百姓）63軒の内、50軒が御蔵入、13軒が村上氏の給家であるが、33軒が農民、22軒が漁民、大工が1軒、商人が5軒、廻船持が2軒である。また『注進案』にみえる小泊村の廻船50石積5隻はすべて御蔵入であり、漁船21隻も御蔵入が17隻、給領は4隻に過ぎず、廻船・漁船も藩の支配下に入れられたことを物語る。

小　結

萩藩では藩政改革に伴い、享保12年から宝暦3年にかけて防長両国全域の村を対象に藩撰の村明細帳である『防長地下上申』と、各村から藩絵図方に差し出された縮尺約3,600分の1の「地下絵図」と、それをもとに絵図方が作成した「清図」がある。「地下図」は村々の境目を明確にすることが最大の目的であった。さらに、天保13年から弘化期にかけて藩撰の村別地誌である『防長風土注進案』が編まれた。『防長地下上申』『防長風土注進案』には、蔵入地と知行地や、藩領に編入された上地とそれにかかる農民の階層区分まで記載されている。近世後期の萩藩領では、藩政村に関するあらゆる情報を有する村明細帳や村明細図が作成され、藩権力による地方支配体制は強力に進められた。

萩藩の地方知行に関する絵図として注目されるものに、「一郷一村知行所絵図」がある。この絵図は当初は家老・寄組・船手組等の高禄給主の必要性から作成されていた。しかし、藩権力の地方強化策とともに、知行権は弱体化し、藩府の意向により安永期から天明期にかけて作成され、隣村役人の小都合や給庄屋・庄屋立会いのもとに作成されている。渋木村の絵図では、蔵入地に編入された一円知行主や農民の田畠・山野とその境目、村境目に関する川、山名、谷名の注記が非常に多いのが特徴で、多数の地名情報とともに、藩権力の地方支配強化の意向が読み取れる絵図である。また、小泊村の絵図は船手組村上氏の給領の大部分の田畠・山・農民・漁民等が蔵入地に上地される状況を空間的に表現している。

本章では、萩全藩領の基本的な地誌文献である『防長地下上申』『防長風土注進案』と、「地下上申絵図」「清図」、および「一郷一村知行所絵図」等の絵図史料との比較分析を進めてきたが、藩政村の景観復原やその背景となる社会構造については、不明な点が多く残された。今後の課題としては、本

稿の中心をなす「一郷一村知行所絵図」の分析が、渋木村と小泊村の2例に過ぎないことである。萩藩政史料中には多数この絵図類が現存するとされるので、同藩領における知行絵図と村落景観について、地方支配構造との関連から、より広域的な分析を行う必要がある。

[付記]
　本稿を作成するにあたり、山口県文書館主任研究員の山田　稔様には格物のお世話様になり、とくに絵図注記の判読等で多くのご教示を賜りましたことに、厚くお礼申し上げます。

[注]
1) 平田仁左衛門・同四郎左衛門・郡方地理図師有馬惣太により享保12年（1727）～宝暦3年（1753）に編纂された防長両国における村明細帳である『防長地下上申』の付村図として各村で作成された絵図を「地下上申絵図」（地下絵図・地下図）と称しており（山口県文書館解説書「地下上申絵図」の概要）、絵図方に提出された。また、絵図方が「地下図」をもとに統一的に清書した絵図を「清図」と称している。「地下図」は全部で458点、「清図」は377点である。
2) 萩藩では寛永2年の検地による知行替えにより知行権が藩側に吸収され、一門・寄組などの上級家臣である一郷一村知行主に田畠・屋敷地・山野・河川等に対する一円的な知行権が与えられたが、その後の貞享検地や宝暦検地により、出石が収公されたり、上地（上知）や替地の結果、近世後期になると給領地の実態が変化したことにともない、村内に蔵入地ができてもそれが3分の1を越えなければ、一郷一村に準順ずると地方政策上はみなすようになった。知行所絵図は藩政初期においては、知行主の給領地支配のために作成されたが、後期になると藩権力の強化策が藩政改革とともに進められて、藩府の意向によって知行所絵図と上地絵図が作成された（山口県立博物館編（1984）:『防長の古地図』、山口県文書館編（1988）:『防長風土注進案　第二十二巻・研究要覧』14～15頁。）。
3) 萩藩では慶長期に約71％を占めた給領が、安政期には約28％と大幅に低下するが、これは藩権力強化にともなう蔵入地増加策によって、給領の収公（上地）・知行替えが強力に推進されたためである。村内で上地の対象となった田畠や山野、百姓などを具体的に示す絵図が上地絵図である。本稿が対象とした「大津郡渋木村周布勘解由一郷一村知行所大境絵図」と、「大島郡小泊村村上一学殿上地所絵図」はその代表的な事例である（前掲2）『注進案　研究紀要』9頁）。
　『防長地下上申』は享保12年（1727）～宝暦3年（1753）に記された萩藩領全域に関する村明細帳で、記述内容は、田畠石高・蔵入地給領別石高・小村名・家数とその階層構成・人数・牛馬数・舟数・社寺堂宇・山川・井手・堤・溜池・一里塚・米蔵・里程・隣村境目と道程・村境等で、付図として「地下絵図（地下図）」と「清図」がある。『防長風土注進案』は天保13年～弘化年間（一部は嘉永）に編纂された藩撰の村別地誌で、とくに天保13年（1842）時点における萩藩の地方知行の全貌を示す。記載内容は竪横里数・小村名・地勢・下草・寒暖気植生・蔵入地給領別田畠面積石高・米蔵・一里塚・立山・合壁山・山野・河川・橋・井手・溝・人家竈数・口数・牛馬数・風俗・産業・物産・寺社祠等である。
4) 萩藩における郷村支配の中間組織として、1代官の管轄する区域（20～30ヵ村）をいう（山口県文書館編（1842）『防長風土注進案　第二十二巻　研究要覧』（用語解説）79～80頁）。
5) 2つの村の「地下上申絵図」や「知行所絵図」に表現されるすべての内容をトレース図に投影することにより、空間的・有機的に村落景観や社会構造を復原できると考える。
6) 2つの村の「地下上申絵図」や「知行所絵図」をトレース図化し、これを『防長地下上申』、『防長風土注進案』の記載内容を空間的に照合することから、村落の空間構造（景観）と社会構造を動態的に復原する。

7) 著者が管見しているものは山口県立博物館編『防長の古地図』(1984)所収の「知行所絵図」で、本稿で分析対象とした「安永九年大津郡渋木村周布勘解由一郷一村知行所大境絵図」と「大島郡小泊村村上一学殿上地所絵図」(いずれも山口県文書館蔵)のみである。
8) 山口県文書館編 (1989):『絵図で見る防長の町と村』。
9) 川村博忠「近世防長の絵地図の世界」山口県文書館編 (1989):『絵図でみる防長の町と村』, 209〜211頁。
10) 萩藩の地方知行制に関する歴史学研究は、木村 礎 (1953):「萩藩在地家臣団について一「下級武士論」への一問題一」「史学雑誌」62編8号, 27〜50頁。土屋貞夫 (1983):「知行地についての一考察」山口地方史学会「山口県地方史研究」49号, 43〜51頁。河本福美 (1983):「岩国藩における地方知行制」「山口地方史研究」50号, 36〜46頁。
11) 「地下上申絵図」に関する主要なものを挙げる。山田 稔 (1985):「地下上申絵図」の「地下図」について一「旧記細目」による若干の検討一」「山口県文書館研究紀要」12号, 59〜72頁。同 (1997):「一村限明細絵図清図の図用と接合形態一接合シミュレーションを通して一」「山口県文書館研究紀要」24号, 19〜62頁。同 (1999):「一村限明細地下図の図用と全体構成」「山口県文書館研究紀要」26号, 1〜36頁。同 (2007):「「一村限明細絵図」清図の記号について」「山口県立文書館研究紀要」34号, 31〜55頁。山口県立博物館編 (1984):『防長の古地図』。山口県文書館編 (1989):『絵図でみる防長の町と村』。川村博忠 (1992):『近世絵図と測量術』1992, 193〜208頁。同 (1997):『防長の近世地図史研究』川村博忠教授退官記念事業会, 114〜124頁。
12) 矢守一彦 (1969):『幕藩社会の地域構造』大明堂, 122〜143頁。同 (1968):「萩藩における給領と在郷武士の分布」西村睦男編『藩領の歴史地理』大明堂, 1〜23頁。
13) 山澄 元 (1982):『近世村落の歴史地理』柳原書店, 159〜220頁。同 (1966):「毛利藩藩政村の一考察一知行制と共同体一」「人文地理」18巻3号, 31〜59頁。同 (1969):「萩藩藩政村における知行地の構造一当島宰判紫福村を例として一」『藩領の歴史地理』24〜56頁。
14) 嘉永〜安政年間に記された萩本藩に関する村別地誌。
15) 山口県文書館編 (1966):『防長風土注進案・第二十二巻・研究紀要』46〜47頁。
16) 前掲15) 14〜15頁。
17) 山口県編 (2001):『山口県史 史料編 近世3』12〜16頁。
18) 前掲17) 17〜20頁。
19) 前傾17) 14〜15頁。
20) 前傾11)『防長の古地図』解説「知行所絵図」の項。
21) 前掲17)「知行所絵図」解説の項。
22) 山口県文書館蔵 (袋入絵図248-1)。
23) 山口県文書館蔵, 整理番号830。
24) 山口県文書館蔵 (袋入絵図106), 作成年紀は不詳であるが、前掲2)の解説には安永4年 (1775) と記される。
25) 山口県文書館蔵 (地下上申絵図 整理番号18)。
26) 著者はこの2点の知行所絵図以外は管見していない。しかし、萩藩では全域でこの絵図が作成され、藩政資料中に数多く見られるとのことであるが (前掲20)、山口県文書館では目録は作成していない。
27) 小川国治 (1998):『山口県の歴史』山川出版社, 126〜127頁。角川書店編 (1988):『角川日本地名大辞典 山口県35』39頁。山口県編 (2005):『山口県史 史料編 近世2』21〜26頁。
28) 前掲17)『山口県史 史料編 近世2』18〜19頁。
29) 前傾10) 木村, 28頁。

30）前掲 17）『山口県史　史料編　近世 2』5 ～ 7 頁。
31）前掲 17）7 ～ 9 頁。
32）前掲 17）14 ～ 15 頁。
33）前掲 17）17 ～ 21 頁。
34）木村 10）28 頁。
35）矢守 12）『藩領の歴史地理』8 ～ 10 頁。
36）矢守 12）16 ～ 17 頁。
37）高田豊輝（2001）：『阿波近世用語辞典』461 ～ 462 頁。
38）前掲 17）「浮米替」20 頁。矢守 12）『藩領の歴史地理』2 ～ 3 頁。
39）矢守 12）『藩領の歴史地理』3 頁。
40）三根町史編纂委員会編（1984）：『三根町史』332 頁。
41）矢守 12）『藩領の歴史地理』14 ～ 18 頁。木村 10）33 ～ 35 頁。
42）小川 27）131 頁。山口県（2005）：『山口県史　史料編　近世 2』27 ～ 35 頁。
43）山澄 13）『近世村落の歴史地理』159 ～ 161 頁。山澄 13）『藩領の歴史地理』26 頁。日本地誌研究所編（1973）：『地理学辞典』二宮書店，758 頁。
44）木村 10）34 ～ 35 頁。前掲 15）「入相知行」の項，18 頁。
45）前掲 15）「万治法制」156 頁。
46）前掲 15）「一郷一村知行」の項，14 頁。「北前」の項，50 頁。「南前」の項，159 頁。
47）前掲 15）「畔頭」の項，57 ～ 58 頁。山口県編（2001）：『山口県史　史料編　近世三』17 頁。
48）前掲 15）「小都合庄屋」の項，75 頁。
49）前掲 15）「門役銀」の項，43 頁。
50）前傾 15）「本百姓」の項，153 頁。「本軒」の項，153 頁。「半軒」の項，137 頁。
51）前掲 15）「門男」の項，163 頁。「無縁」の項，161 頁。
52）平凡社編（1980）『日本歴史地名大系　36 巻　山口県の地名』567 頁。
53）長門市史編纂委員会編（1981）：『長門市史』221 頁。山口県地方史学会編（1962）『防長地下上申　第一巻』解説，町村沿革一覧。
54）山口県地方史学会編（1962）：『防長地下上申　第四巻』216 頁。
55）山口県文書館編（1962）：『防長地下上申　第一巻』解説。
56）『防長地下上申　第一巻』解説、山口県文書館「地下上申絵図の概要」。
57）山田 11）「一村限明細地下図の図用と全体構成」2 頁。
58）前傾 15）26 頁。
59）『防長風土注進案　第二巻』（1962）218 頁。
60）山田 11）「一村限明細絵図清図の図用と接合形態」38 ～ 60 頁。
61）『防長風土注進案　第一巻　前大津宰判』（1962）303 頁。
62）前掲 15）「在宅諸士足軽以下并陪臣人数」，457 頁。
63）長門市史編纂委員会編（1981）：『長門市史』250 ～ 251 頁。
64）前掲 53）『長門市史』303 頁。
65）前掲 53）『長門市史』250 ～ 251 頁。
66）前掲 53）『長門市史』250 ～ 251 頁。
67）前掲 15）「地方知行一覧」301 頁。
68）本図の左端に巻紙が貼り付けられており、渋木村との境目書には関係する 9 ヵ村の小都合・給庄屋・庄

屋小都合・知行所庄屋・庄屋と地下役人が連署している。
69) 奥書には安永9年の田畠面積108町8反9畝（内、田約85%、畠15%）、高137石3斗9合（内、田約95%、畠5%）で、享保18年に対し、約31%の増加である。田畠屋敷地より60間以内にある合壁山は6ヵ所、15町3反5畝26歩である。
70) 奥書では、前記合壁山の内、1町3反3畝13歩は山野（百姓入会山）。
71) 奥書では、百姓田畠屋敷より60間以内で、「陰切」になる合壁山は16ヵ所、11町2反3畝3歩である。なお、奥書の「陰切」の判読については、山口県文書館主任研究員の山田　稔氏からご教示いただいた。
72) 『防長風土記注進案　第二巻』(1962) 218頁。
73) 『長風土注進案　第一巻　大島宰判　上』(1962) 291頁。
74) 前掲73) 284頁。
75) 前掲73) 289頁。
76) 前掲73) 289頁。
77) 須藤　護 (1986)：『東和町誌・各論編・第二巻－集落と住居－』山口県大島郡東和町編，182頁。
78) 前掲72) 280頁。
79) 前掲72) 291〜292頁。
80) 前掲72) 292〜293頁。

第10章　尾張藩の知行絵図と村落空間

第1節　尾張藩の「正保の四ッ概」と地方知行制

　寛永期頃に確定した尾張藩領は、尾張国全域8郡、美濃国18郡の大部分と、三河・近江・摂津・信濃国の一部に及んだ。寛文11年（1671）に幕府に上申し元高は61万9,503石余で、これは元和元年（1615）に確定した尾張藩の公称高となった[1]。しかし、正保2年（1645）に破綻した藩財政の建て直しのために、村高の改定と給人の知行地割り替えを実施した。これを「正保の四ッ概（高概）」と言い、尾張と美濃で16万9,430石の増高（27.7%）となった。尾張藩の租率は従来六公四民であったが、これを四公六民に改めた。この結果、減少した年貢を補うために、村高を伸ばすことによって防止した。例えば、村高100石の村では、免四ッで年貢米40石となるが、60石を維持するために村高を150石とし、増加分はすべて蔵入地に編入した[2]。この高概により給人にとっては年貢の2割減を意味し、藩士の勝手困難の大きな原因となった。

　尾張藩では「正保の高概」以降でも給知高が蔵入地高を上回っている。すなわち、天保5年（1834）の総高91万1,132石の内、蔵入高は43万8,221石（48.1%）、給知高は46万610石（50.6%）、寺領を中心とするその他が1万2,299石（1.3%）である[3]。安政2年（1855）の給知高は45万2,517石（49.5%）で、天保5年と比較すると、8,093石（1.8%）しか減少しておらず、幕末においても給知高が蔵入高よりも2,704石上回っている[4]。

　また、安政元年（1854）の尾張藩の総藩士数は5,988人であるが、知行取は1,311人（21.9%）、扶持米取は4,677人（78.1%）である[5]。知行取（地頭）の内、1万石以上の大身は成瀬家（拝領地は犬山市）、竹腰家（同今尾）、石河家（同羽島市石河）、渡辺家（同豊田市）、志水家（同名古屋市内）で、その給知高は19.5%であり、年寄として藩政の中枢を担った[6]。さらに、1,000～1万石未満は61人（4.5%）でその禄高は25.5%、300～1,000石未満は274人（20.9%）で禄高は22.9%、100～300石未満は931人で全体の71.0%を占めるが、禄高は31.5%に過ぎず、50～100石未満は40人（3.1%）、禄高は5.6%である。すなわち、300石未満の中下級家臣が約74%を占めていたが、禄高は約37%に過ぎない。

　次に、尾張藩の地方支配機構をみると[7]、当初は町方・村方・寺社方の3支配地に区分して、村方は国奉行の配下にあり、さらに、蔵入地は代官、給知は郡奉行の管下においた。しかし、天明2年（1782）の郡奉行の職制改革により、郡奉行は代官所掌に併合され、領内の要所に陣屋が設置され、所付代官

が配置された。しかし、寛政期になると地方大奉行であった国奉行は勘定奉行に併合されて勘定奉行の下に代官が置かれた。また、藩による村落支配は蔵入と給知の区別なく惣（村）庄屋・組頭・百姓代からなる村役人が、給知については組庄屋がそれぞれおかれ、藩と給人という別個の支配系列に属した[8]。

次に、村落における土地支配をみると、藩領である蔵入地と寺社領を含む給知に2分されるが、領有形態は一円蔵入、一円給知、蔵入・給知立合（混在、相給）の3類型に分類できる。寛政4年（1792）〜文政5年（1822）の藩撰地誌である『尾張徇行記』[9]によれば、名古屋市域における一円蔵入村は、東海道筋にある愛知郡笠寺村（元高996.389石、現、南区笠寺町）や、蟹江街道筋にある海東郡戸田村（元高1,709.583石、現、中川区戸田）など町続の村や宿駅が中心で、延宝8年（1680）以降の新田村がこれにあたる。

第2節　村絵図における御蔵・給知の区別と絵図作成基準

『尾張国町村絵図（名古屋市域編）』（国書刊行会）[10]に収録される春日井郡と愛知郡の村絵図から、1筆ごとに蔵入地・給知の区別、名請農民、田畑の面積・石盛等の表現状況をみておこう。まず、安政2年（1855）の「上小田井村砂入絵図」では蔵入と、36給人別給知面積（高は不記）、名請農民が記載される[11]。天保12年（1841）の「春日井郡中切村（下条中切村）絵図面」では蔵入と給人12人の給知と田畑の区別はあるが、農民・面積・石高は記載されていない[12]。また、弘化3年（1846）の「愛知郡古井村絵図」では蔵入地と17給人の給知、田畑の区別はあるが、面積・高・農民はない[13]。さらに、天保12年の「春日井郡山田村絵図」では蔵入地と7給人の給知と畑はわかるが、面積・高は不記である[14]。また、天保12年の「愛知郡丸山村絵図」では1筆ごとに蔵入地と7給人の給知の区別はあるが、その面積・高・農民は不記である[15]。

さらに、一円一給村をみると、清水甲斐守知行である愛知郡押切村（元高973.798石、現、西区押切）がある[16]。しかし、多くは蔵入・給知立合村であった。例えば、春日井郡平田村（元高1,841.57石、現西区山田町平田）は概高2,829石の内の996石（35.2％）が蔵入高で、残りの1,863石が32人の給知に細分される[17]。天保12年の「平田村絵図」[18]では「御蔵給知入交」との小書があるが、蔵入地と給知の区別はない。これは次の稲葉地村と同じく土地割替制が行われていたためで、給人と農民に田畑の等級や災害等に伴う不平等を防ぐために、一定の期間をおいて籤引きで田畑を配分したためである。

さらに、愛知郡稲葉地村（元高1,937.246石、現、中村区稲葉地町）は概高2,525石の内の蔵入高65石（2.6％）を除く2,460石（97.4％）が36人の給知に分割されている[19]。弘化4年（1847）の「稲葉地村絵図」[20]にも蔵入と給知の区分はない。『尾張徇行記』によれば本村では10年ごとに「地概」（土地割替制）を行うとある。これは農民の耕地を定免制のもとに1筆ごとの石高に対する年貢を算定すればよいので、絵図上で区分する必要性がなかったためである。

これに対し、愛知郡御器所村（元高 2,510.294 石、現、昭和区御器所）は概高 3,684 石の内の 60 石（1.6％）を除く 3,624 石（98.4％）を 61 人に細分されている。天保 12 年の「御器所村絵図」[21]、1 筆ごとに農民名はないが、蔵入地と給人名は記載されている。以上のように、尾張藩村絵図では徳島藩領の知行絵図のように、1 筆ごとの地字・等級・面積・石高等の検地データは記載されていない。「御器所村絵図」には「廣井池」「新田池」と「名古屋御新田」がみえ、字「東脇」には「八幡宮」と多数の萱葺き農家が描かれて集落を形成している。

尾張藩では藩撰地誌として、近世前期の寛文 12 年（1672）に編纂された『寛文村々覚書』[22]（以下『寛文覚書』）と、後期の文政 5 年（1822）に完成した『尾張徇行記』[23]（以下、『徇行記』）がある。『寛文覚書』には村々の元高、概高、田畑面積、灌漑方法や、村から名古屋城下・熱田・鳴海までの道法が記載されることに特徴がある。また、『徇行記』には村別に給知高、給人とその知行高、蔵入地の石高・面積、田・畑面積、年貢上納法、新田高・面積、見取地、林野、寺院・神社・祠・塚、牛馬数、戸数・人口、村立の状況等が記されており、村ごとの様子がつぶさにわかる。さらに、郡単位にまとめた藩撰地誌としては、宝暦 5 年（1755）の完成の『張州府志』と、弘化元年（1844）完成の『尾張志』がある[24]。

尾張藩に伝来する近世絵図の多くを所蔵するのは東京にある徳川林政史研究所蔵で、尾張関係の 2,751 点について『徳川林政史研究所所蔵絵図目録（一）』[25]に収録される。その内、名古屋市域に含まれる 193 ヵ村分の村絵図の複製図を『尾張国町村絵図』（名古屋市域編）[26]として刊行している。本章ではこの村絵図を史料としている。尾張藩で領内の村絵図を組織的に作成したのは、寛政期、天保期、弘化・嘉永期の 3 期である。寛政期は、『張州府志』の補訂のために、弘化・嘉永期は『尾張志』の付図として作成された[27]。

しかし、現存量の最も多いのは天保 12 年の村絵図である。同年の村絵図は藩の側御用人の指示に基づいて、勘定奉行を通じて各代官に伝えられ、代官から村々庄屋に触れ出された。次に、『新編一宮市史　資料編八』[28]所収の触書を示そう。

其村々一村字分、并御蔵入給地入会之村方ハ御蔵入之地所給人拝領地共、境々之見分り安様、図面取調、一円給地之分ハ給人々々之地所相分候様夫々絵図面取調可差出旨、御側御用人衆被申聞候由、御勘定奉行衆被申聞候間、一村毎ニ御蔵本田新田并給地地境、又ハ概地ニ而難地境書出分ハ其訳書顕、村差改其外寺院社地川々用悪水其余共色分ケ等ニ入念委敷相調、若寛政年村々ヨリ書出候図面ニ其後謂有之変化いたし候分ハ其訳書顕、右ハ上直紙四枚継又ハ六枚継程之格好ニ可差出候、若書面ニ而難相分村々ハ早々調方陣屋へ可伺出候、此状承知之上無滞先村へ相廻留村ヨリ可返候

　（天保十二年）四月廿九日　　　　　　　　　　　　　（市瀬、鵜多須代官）
　　　　　　　　　　　　　　　　　　　　　　　　　　　市　東七郎
　　　　　　　　　　　　　　　　　　　　　　　　別紙村々　庄屋

この触書による作成基準は、①村内を字ごとに区分する。②藩領の蔵入地と給地（知）とが混在している村では、その境界を明らかにして図面を取り調べること。③一円給地（知）の村では御蔵・給知・本田・新田の地境を明らかにすること。⑤概地（土地割替制）があるため、地境を明確にすることができない場合はその理由を書くこと。⑥村境や寺院・社地・川・用悪水など色分けする際には入念に詳しく調査すること。⑦寛政年に差し出した村絵図と変化が見られる場合はその理由を明確にす

ること。⑧今回提出する絵図は上紙4枚または6枚継ぎの大きさで仕立てること。⑨この触書でわかりにくい点があれば、陣屋へ伺出ることである。

第3節　天保12年（1841）春日井郡中切村絵図面と給知分布

　本節では、天保12年の春日井郡中切村絵図面（口絵29）と、安政2年の春日井郡上小田村砂入絵図を素材として、地方知行が具体的にどのように絵図に表現されているかをみよう。春日井郡中切村の絵図は、①「天保十二丑年六月／七月春日井郡中切村絵図面」は3点[29]、②「嘉永三年（1850）八月春日井郡中切村切所損所之図」[30]、③「安政七年（万延元年／1860）絵図」[31]の5点以外に、年紀不明の④「春日井郡安食庄中切村絵図面」[32]ら2点を合わせて7点がある。①では「中切村」、④では「下条中切村」とあり、①には蔵入地と12給人給知の区別があるが、④には田畑、山屋敷、用水、墓砂入、寺社・道筋の区別だけである。

　本村は名古屋城から北西2里半（10 km）に位置し、大代代官の支配で、村域の西部は正方位をもつ条里地割がみられる。標高は西の17 mから東の15 mと緩やかに傾斜する庄内川右岸の氾濫原にあり、現在は春日井市中切町となっている（図10-1）。『寛文覚書』では元高365.974石、概高562.525石で、「寛文郷帳」「天保郷帳」ともに村高395石余、『旧高旧領取調帳』では314石余の小

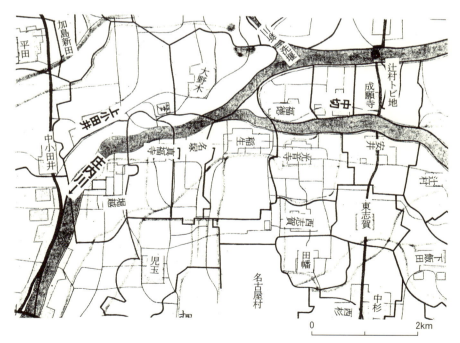

図10-1　春日井郡図（天保年間）にみる中切村と上小田井村
郡図は名古屋市蓬左文庫蔵

第 10 章　尾張藩の知行絵図と村落空間　211

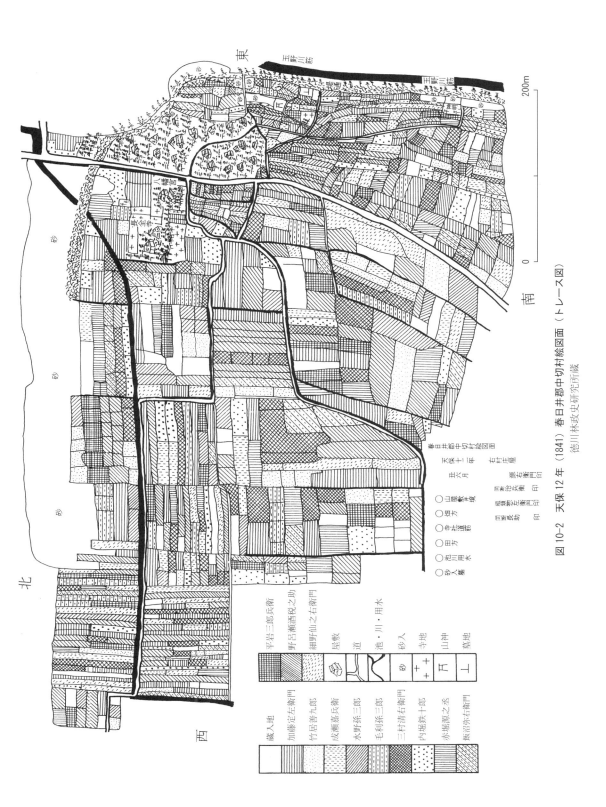

図 10-2　天保 12 年（1841）春日井郡中切村絵図図面（トレース図）
徳川林政史研究所所蔵

村である[33]。『寛文覚書』の田畑面積は29町5反25歩で、内、田方は22町2反9畝（75.6%）で、「玉野川井懸り」とあり、畑方は7町2反1畝5歩（24.4%）で、田卓越型の村であった。

図10-2（口絵29）には①のトレース図を示した。凡例には、庄屋源右衛門・治兵衛、組頭惣左衛門・長助の連署と印がみえる。本図は手書き彩色の見取り図で、『徇行記』[34]の23町2反4畝12歩の田方は黄、9町3反7畝24歩の畑は濃茶、砂入地は薄茶、屋敷地林は緑で示される。北西部に永禄10年（1567）開基の曹洞宗長全寺と八幡宮が、南西部の玉野川筋には神明宮が描かれている。また、林に囲まれた20棟の民家がみえるが、『寛文覚書』[35]には家数41戸とあるので、絵図にみえる民家はかなり過少で、本村の玉野川筋には271間（493m）の堤が構築されていた。さらに、本図では庄内川は玉野川とあり、玉野川筋は度々の氾濫に苦しめられきたため、下条村地境には「砂入」が8ヵ所みえる。北西部の下条村境付近から上条用水（井組高460石）が引かれ、幹線用水路が東西と南北にある。

北の下条村地境には広い砂入があり、明治17年（1884）作成の「尾張国東春日井郡上中条村地籍図」[36]には19筆の「荒田」となっている。また、玉野川沿いの字若原付近には荒田と荒畑が多くみられる。さらに、絵図には「よげ」と呼ばれる堤道が玉野川沿いに築かれており、同地籍図によれば、玉野川右岸の堤道幅は平均10間5尺4寸（12m）である。また、玉野川の平均幅は75間1尺5寸（136m）である。田は西半の上条用水懸かり地で、北から南へ字溝役・いろ田・花ノ木・道下・中坪・長の坪・藪田から松河戸村境の字下瀬・杁田・八反田付近に分布する。一方、畑は東半部の字坪之内・関上ケ・嶋廻・前田付近に分布する。

また、『寛文覚書』の春日井郡「中切村」の項[37]によれば、本村の元高は365.974石、概高は562.525石で、蔵入高は48.149石（8.6%）に過ぎず、12給人の知行高は514.376石（91.4%）である。図にみえる蔵入地は57筆で、一円的でなく分散しているが、本村における給人の知行状況を表10-1に示した。なお、尾張藩士の役職者の変遷や武家屋敷地に関しては、『藩士名寄』をデータベースとした松村冬樹氏による極めて実証的な一連の研究があるので、本書ではこれと同氏からの御教示に依

表10-1 春日井郡下条中切村の給人状況

	給人名	絵図筆数	本村禄高	総禄高	役職
	蔵入地	57	48.149石		
1	加藤定左衛門	88	100石	250石	祖成瀬家同心
2	竹居善九郎	37	150石	150石	犬山寄合
3	成瀬嘉兵衛	35	不明	不明	不明
4	水野彦四郎	25	30石	350石	御使番・寄合
5	毛利孫三郎	25	30石	200石	寄合
6	三村清右衛門	63	50石	200石	寄合
7	内堀鉄十郎	39	40石	150石	寄合
8	赤堀源之丞	27	27.296石	100石	天守鍵奉行
9	飯沼弥右衛門	21	30石	200石	成瀬家同心
10	平岩三郎兵衛	31	23.2石	200石	犬山寄合
11	野呂瀬主税之助	62	84.352石	400石	馬廻
12	細野仙之右衛門	14	40.745石	150石	大番
計		524	514.376石		

注）総禄高・役職は松村冬樹氏（名古屋市蓬左文庫）による。

拠した[38]。

　給人の大部分は禄高 100 〜 250 石の予備役である寄合級で、本村内の知行高は 100 石（88 筆）の加藤定左衛門（成瀬家同心）から野呂瀬主税之助（馬廻）の 84 石余（62 筆）、三村清右衛門（寄合）の 50 石（63 筆）、細野仙之右衛門（大番）の 40 石余（14 筆）、内堀鉄十郎（寄合）の 40 石（39 筆）がみえる。全体としては、分散相給であるが、加藤・平岩・野呂瀬・三村の給知はかなりの一円的な分布をみせる。

第 4 節　安政 2 年（1855）春日井郡上小田井村砂入絵図

　春日井郡上小田井村は名古屋城下から約 1 里 20 町（6 km）北にあり、庄内川右岸の標高約 4.0 〜 4.6 m の氾濫原に位置する（図 10-1）。現在の名古屋市西区の上小田井一丁目・二丁目、南川町、八筋町、二方町にあたる。本村は水害常襲地で、天保 10 年（1839）、安政 6 年（1859）、明治元年（1868）には大水害に遭っている。『寛文覚書』[39]によれば、元高 1,807.385 石、概高 2,466.060 石である。田畑反別 138 町 8 反 19 歩の内、田方は 118 町 7 反 1 畝 9 歩（85.6％）で、「稲生定井懸り、水損」とあり、畑反別 20 町 9 畝 10 歩である。この外に、田畑 3 町 7 反 7 畝 20 歩（内、田 8 反 2 歩、畑 2 町 9 反 7 畝 10 歩）の新田堤外見取新田がある。また、山田川筋には 711 間（1.3km）の本村堤があり、大出水の時には堤囲杭木や明俵を負担していた。さらに、稲生定井が破損した時には、枇杷島へ人足を出し、「下小田井弐ッ杁」「土器野三ッ杁、伏起」に手伝人足を出していた[40]。また、本村南縁の現庄内緑地沿いには長さ 716 間（1.3km）の堤が構築されていた[41]。

　また、本村は家数 196 軒、人口 998 人、馬 41 頭の大村で、大代代官の支配にあり、「坂井戸」という枝村がある。『徇行記』[42]によれば、蔵入地高は 115.632 石（田畑 6 町 4 反 8 畝 9 歩）で 4.7％に過ぎず、43 人の給知高は 2,350.428 石が 95.3％を占め、蔵給立合であるが、著しい分散相給形態であった。また、犬山に通じる岩倉街道が村の西橋を南北に走る。集落部分は庄内緑地公園北側の微高地に立地して、臨済宗法源寺・真宗本願寺派長善寺・真言宗大聖院（大方坊）を中心に塊村を形成している。

　本村の村絵図については「安政二年（1855）卯七月廿九日切込、砂入絵図」が庄内川の氾濫による村北東部の九之坪村・中小田井村地境付近の「砂入」の被害状況を 1 筆ごとに表現した絵図である。そのトレース図を図 10-3 に示したが、八ッ屋用水と新川御堤通り沿いに「切所」が絵図に描かれる[43]。

　本図（図 10-3）は本村庄屋彦左衛門・徳左衛門、組頭伊助・庄左衛門、頭百姓九蔵・弥兵衛・佐郎右衛門の 7 名連署で大代代官に上申している。絵図には表 10-2 に示したように、621 筆、36 町 2 反 17 歩に関して、給人別、田畑・面積（石高は付記）・名請農民が示されるが、『尾張国町村絵図』の中で田畑面積と農民名が記載されるのは極めて稀である。『徇行記』の田畠面積 138 町 8 反 19 歩に対して、その 26.1％に過ぎないので、絵図は村域の約 4 分の 1 しかカバーしていないことになる。

　絵図には 140 筆／ 7 町 7 反 1 畝 9 歩の蔵入地を「い」で、給人 36 人については、神尾藤五郎の

214 第Ⅱ部 佐賀・萩・尾張藩と河内国古市郡の知行絵図

図10-3 安政2年（1855）春日井郡上小田井村砂入絵図（トレース図）
注）①原図は徳川林政史研究所蔵。
　　②図中のA・B・C・Dは地籍図・地籍帳に記載される島畑の推定位置を示す。

第 10 章　尾張藩の知行絵図と村落空間　215

表 10-2　安政 2 年（1855）上小田村砂入絵図の給人別面積

印	絵図給人名	徇行記給人名	徇行記本村高	絵図筆数	絵図給知面積	禄高／職
い	蔵入地	―	115.0 石	140	7 町 71 畝 15 歩 9	
ろ	神尾藤五郎	神尾権左ヱ門	75.0 石	22	1 町 00 畝 06 歩	300 石／御使番
は	桜井勢右衛門	桜井忠蔵	31.5 石	11	9 反 3 畝 02 歩	150 石／馬廻り
に	長坂藤右ヱ門	長坂藤右ヱ門	25.35 石	2	1 反 2 畝 09 歩	150 石／大番・御使番
ほ	太田一馬	太田半右ヱ門	37.042 石	10	6 反一畝 21 歩	350 石／大番組頭
へ	山口勝三郎	山口清兵衛	42.0 石	10	5 反 2 畝 22 歩 5	150 石／大番組頭
と	大脇久七郎	大脇太郎右ヱ門	37.0 石	15	1 町 01 畝 10 歩 3	150 石／大番
ち	渡辺弥五郎	渡辺総兵衛	34.191 石	9	4 反 0 畝 07 歩	200 石／寄合
り	吉田主水	吉田求馬	25.57 石	14	8 反 5 畝 27 歩 2	500 石／小十人頭
ぬ	海保重治朗	海保三郎右ヱ門	46.129 石	11	6 反 2 畝 01 歩	400 石／作事奉行・中奥番
る	幡野弥五郎	幡野弥太郎	171.781 石	23	1 町 39 畝 04 歩	800 石／書院頭
を	平岩伝右ヱ門	平岩伝右ヱ門	140.0 石	16	5 反 7 畝 19 歩	400 石／職不明
わ	吉田唯左門	吉田傳次郎	25.0 石	7	4 反 2 畝 02 歩	50 石／城代同心
か	宮崎只左ヱ門	宮崎只左ヱ門	16.294 石	4	2 反 2 畝 05 歩	200 石／家老同心
よ	間崎万次郎	間崎甚之進	37.902 石	4	2 反 2 畝 05 歩	200 石／寄合・子納戸
た	戸田金蔵	戸田市右衛門	50.0 石	4	2 反 4 畝 09 歩	150 石／大番役
れ	坂崎喜代吉	坂崎喜代吉	57.0 石	13	9 反 7 畝 14 歩	200 石／寄合
そ	田辺新一郎	田辺平左ヱ門	44.583 石	3	2 反 9 畝 02 歩	200 石／大番
つ	阿部石見	阿部肥前	50.00 石	14	7 反 5 畝 26 歩	3,000 石／大寄合
ね	佐治新右ヱ門	佐治与九郎	80.00 石	33	2 町 06 畝 00 歩	250 石／大番役組頭
な	小山七蔵	小山七郎兵衛	75.00 石	8	4 反 1 畝 05 歩	150 石／小牧代官
ら	大橋助一郎	大橋栄蔵	35.0 石	3	1 反 9 畝 08 歩	150 石／寄合
む	大原鑑治朗	大原平兵衛	121.349 石	31	1 町 80 畝 25 歩	350 石／馬廻・大番
う	毛利甚三左ヱ門	毛利豊蔵	20.0	12	5 反 7 畝 27 歩 3	200 石／馬廻
ゐ	山岡修理	山岡久七郎	39.61 石	11	6 反 9 畝 18 歩 5	150 石／馬廻
の	江原茂平	江原富三郎	34.5 石	10	5 反 7 畝 18 歩 5	250 石／大番
お	桜井勢八	桜井六太夫	50.0 石	16	8 反 6 畝 16 歩	150 石／馬廻・大番
く	御宿民右ヱ門	御宿弾右ヱ門	60.0 石	24	1 町 4 反 4 畝 15	200 石／寄合組
や	桜木治郎兵衛	桜木栄蔵	91.0 石	19	1 町 20 畝 16 歩 3	200 石／馬廻
ま	高橋文蔵	高橋正蔵	50.0 石	9	8 反 3 畝 24 歩	90 石／御本丸番
け	小笠原三九郎	小笠原三郎右ヱ門	110.0 石	17	9 反 3 畝 12 歩	500 石／書院番頭
ふ	藤田武治郎	藤田彦右ヱ門	37.544 石	11	5 反 8 畝 28 歩	200 石／寄合
こ	萩野金五郎	萩野三郎左ヱ門	25.0 石	10	4 反 6 畝 04 歩	50 石／寄合
え	近藤九兵衛	近藤半之丞	48.5 石	20	1 町 27 畝 23 歩	100 石／大番役
て	中條熊吉	中條多膳	92.92 石	9	4 反 1 畝 28 歩	1,500 石／御用人・年寄
あ	天野藤十郎	天野小麦右ヱ門	30.248 石	1	9 畝 00 歩	1,000 石／小十人頭
さ	佐枝将興	佐枝主馬	131.494 石	45	2 町 7 反 6 畝 11 歩 5	1,000 石／寄合
計	36 人		2,193.507 石	621	36 町 2 反 0 畝 17 歩	

注）安政 2 年春日井郡上小田村砂入絵図（徳川林政史研究所蔵）より作成、禄高・職名は松村冬樹氏（名古屋市蓬左文庫）による。

「ろ」から佐枝将興の「さ」までが 1 筆ごとに示されている（図 10-3）。絵図にみえる砂入地は 29 筆で、九之坪村と中小田井村地境付近に集中している。絵図にみえる田は 414 筆／32 町 8 反 7 畝 25 歩（90.8%）、畑は 207 筆／3 町 3 反 2 畝 22 歩（9.2%）である。給知を給人別にみると（表 10-2）、最大は禄高 1,000 石で寄合の佐枝将興（『徇行記』では佐枝主馬）の 45 筆／2 町 7 反 6 畝 11 歩、次いで、

216　第Ⅱ部　佐賀・萩・尾張藩と河内国古市郡の知行絵図

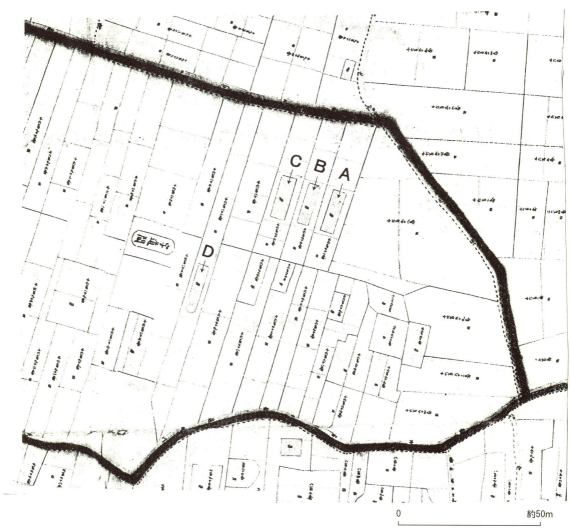

図 10-4　西春日井郡上小田村の明治 17 年地籍図（字道間）
注）①愛知県立文書館蔵　縮尺 1/1,200.
　　②A・B・C・D は島畑部分。

禄高 250 石で大番役組頭の佐治新右衛門（同、与九郎）の 33 筆／ 2 町 6 畝歩である。また、『徇行記』記載の 43 給人の本村拝領高[44]）をみると、禄高 800 石で書院頭の幡野弥太郎（171 石余）が最大で、次いで、禄高 400 石の平岩伝右ヱ門（140 石）、佐枝主馬（131 石余）、禄高 350 石で馬廻・大番の大原平兵衛が続く。絵図にみえる 36 給人は禄高 50 石の城代同心から 3,000 石の重臣である大寄合まで幅が広く、小禄が多いのは年貢徴収の便に配慮して、本村のような名古屋城下近郊の村を宛がったことにもよる。また、絵図に見える知行面積をみると、1 ～ 3 町が 8 人、5 反～ 1 町が 15 人、5 反未満が 11 人である。

　溝口常俊[45]）は尾張平野の島畑景観について、天保年間の縮尺約 2,000 分の 1 から約 6,000 分の 1 の村絵図にみる本田中の畑表現を、明治 17 年（1884）の地籍図（縮尺 1,200 分の 1）、同年の地籍帳を

資料として詳述している。これによると、西春日井郡にある 4,981 筆の島畑のうち、島畑とその周りの水田地番が同一で、水田の中で島状になった畑がある島畑が 1,226 筆が存在し、全体の 24.6％がこの形態であるとしている。これを明治 17 年の「尾張国西春日井郡上小田井村地籍図」によれば、上記に該当する島畑は 32 筆確認できる。これを八ッ屋川用水懸かりにある字道間では 11 筆確認できる。このうち、字の南部にある A 〜 D の 4 筆を図 10-4 に示した。これに該当するものを地籍帳で確認すると、A は地番 1671 の田 1 反 3 畝 23 歩で、内、畑 23 歩（外 1 歩畔畔）があり、この畑が島畑を示す。同様に、B は地番 1645 の田 9 畝 10 歩で、内島畑が 7 歩である。また、C は地番 1646 の田 1 反 14 歩で、内 17 歩が島畑で、D は地番 1681 の田 1 反 1 畝 29 歩で、内 11 歩が島畑に該当する。この A から D の島畑は砂入絵図でその位置をおおむね比定できる。4 つの島畑面積は 7 〜 17 歩ときわめて狭小で、長方形をしている。この 4 つの島畑を上小田井村砂入絵図（図 10-3）で比定すると、絵図東端の「さ」（A）の佐枝将興と、「ね」（B）の佐治新右衛門、「え」（C）の近藤九兵衛、「と」（D）の大脇九七郎知行の田に比定が可能である。このように、砂入絵図と地籍図・地籍帳を摺り合わせることにより、幕末から明治前期にいたる村落景観や土地支配の構造を空間的に明らかにすることができる。

小　結

　尾張藩では、「正保の四ッ概」により、村高の改定と藩政村における知行地割り替えを実施したが、幕末期おける知行地高は約 50％で、徳島藩の約 42％、萩藩の約 28％と比較しても、高い比率である。一方、村方の支配組織は、蔵入地は国奉行配下の代官が、給知は郡奉行の管轄下あったが、寛政期になると蔵入地は勘定奉行の配下におかれた。一方、村落は村庄屋の一元的な所掌下におかれたが、知行地については組庄屋が管轄し、藩と給人という別個の支配系列に属した。

　また、尾張藩の村は一円蔵入、一円給知、蔵入・給知立合に 3 分類されるが、尾張国内の村絵図は『徳川林政史研究所所蔵絵図目録（一）』に収録される。その内、名古屋市内に含まれる 193 ヵ村については、『尾張国町村絵図』に収録される。天保 12 年の代官から各村への触書では、村絵図の作成要領が示される。その主なものは、字ごとの区分け、本田と新田に区別、蔵入地と給知の区別、蔵入地・給知立合村におけるその境の明示、一円給知村では給人ごとに区別を明示する等である。尾張藩の多くの村絵図では、田畑の区別、蔵入・給知・給人の区別は明示されるものが多いが、1 筆ごとの面積・石高・名請農民は記載されない場合が圧倒的に多い。また、春日井郡平田村や稲葉地村絵図のように、蔵入・給知立合の区別がまったくない例があるが、これは、両村において知行地の割替制が行われていたためである。尾張藩村絵図を阿波型知行絵図と比較すると、阿波型では検地帳記載の属地・属人データと御蔵・給知・給人別データの記別が明示される点に大きな違いがみられる。

［追記］
　天保12年春日井郡下条那中切村絵図と安政2年春日井郡上小田井砂入絵図にみえる給人の禄高・職等に関しては、名古屋市蓬左文庫の松村冬樹氏から御教示をいただきました。末筆ですが深甚の謝意を表します。また、愛知県立文書館の方々からいただきました御協力には感謝申し上げます。

［注］
1）林　薫一（1957）:『尾張藩の知行制』一條社，5頁。
2）林1）5～6頁。新修名古屋市史編さん会議編（1999）:『新修名古屋市史　第三巻』44～45頁。
3）林1）5頁。
4）林1）5頁。
5）林1）6～7頁。
6）林1）8頁。
7）常滑市誌編纂委員会編（1976）:『常滑市誌』190～193頁。
8）前掲7）192～193頁。
9）a 前掲2）『新修名古屋市史　第三巻』440～442頁。b 愛知県史編纂委員会編（2008）:『愛知県史資料編19　近世三　東三河』518～519頁。
10）国書刊行会（1988）:『尾張国町村絵図（名古屋市域編）』解説6～23頁。
11）徳川林政史研究所所編（1982）:『徳川林政史研究所所蔵絵図目録（一）』史料番号66-4。
12）前掲11）史料番号157-2。前掲10）収録絵図番号17番。
13）前掲11）史料番号41。前掲10）収録絵図番号56番。
14）前掲11）史料番号225-1・2。前掲10）収録絵図番号29番。
15）前掲11）史料番号162。前掲10）収録絵図番号55番。
16）前掲11）史料番号31。
17）前掲11）史料番号191-1・2。
18）前掲9）a553頁。
19）前掲11）史料番号17-1。前掲9）a552～553頁。
20）前掲11）史料番号17-1。前掲9）a553頁。
21）前掲11）史料番号42-1。前掲9）a553頁。
22）前掲9）b517～518頁。
23）前掲9）b518頁。
24）前掲9）b518頁
25）前傾11）徳川林政史研究所編（1982）。
26）前掲9）b519頁。
27）前掲9）b519頁。
28）一宮市発行（1968）:『新編一宮市史　資料編八』所収，184頁。
29）前掲11）収録絵図番号17番。前掲11）史料番号157-2・3・4。
30）前傾11）史料番号157-5。
31）前掲11）史料番号157-6。
32）前掲11）史料番号157-7・8。
33）名古屋市教育委員会編（1964～1968年）:『名古屋叢書続編　一～三巻』所収『寛文村々覚書』中切村

230 〜 231 頁。a「角川日本地名大辞典」編纂委員会編（1989）:『角川日本地名大辞典 23 愛知県』925 頁。b 平凡社編（1981）:『日本歴史地名大系第 23 巻 愛知県』284 頁。前掲 1）153 頁。

34) 前掲 33)『尾張徇行記』中切村 8 〜 11 頁。

35) 前掲 33)『寛文村々覚書』中切村 230 〜 231 頁。

36)「尾張国東春日井郡上中村地籍字全図」（愛知県立文書館蔵，縮尺 1200 分の 1）。

37) 前掲 33)『寛文村々覚書』中切村 230 〜 231 頁。

38) 松村冬樹（2002）:「尾張藩「藩士名寄」のデータベース化」「名古屋市博物館研究紀要」26 巻，1 〜 7 頁。同（2004）:「尾張藩役職者の変遷について」「名古屋市博物館研究紀要」28 巻，29 〜 92 頁。同（2005）:「尾張藩役職者の変遷について 二」「名古屋市博物館研究紀要」29 巻，49 〜 80 頁。

39) 前掲 33)『寛文村々覚書』上小田井村 147 〜 148 頁。

40)『尾張徇行記』上小田井村 38 頁。

41) 前掲 33)『寛文村々覚書』上小田井村 147 〜 148 頁。

42)『尾張徇行記』上小田井村 36 〜 41 頁。

43) 前掲 11) 史料番号 66-4。収録絵図番号 37 番。

44)『尾張徇行記』上小田井村 36 〜 41 頁。

45) 溝口常俊（2002）:『日本近世・近代の畑作地域史研究』名古屋大学出版会，364 〜 373 頁。同（2006）:「近世社会と空間」水内俊雄編『シリーズ人文地理学 8 歴史と空間』朝倉書店，42 〜 46 頁。

第11章 「非領国」の河内国古市郡蔵之内村

第1節 「非領国」としての古市郡

　佐賀藩・萩藩・徳島藩・尾張藩のように、一円的に複数の国にまたがる領域を藩領として、しかも明治維新期まで変更を受けなかった歴史的領域を「領国」と称しており、一元的な領国支配が貫徹されていた。これに対し、畿内諸地域のように、幕府直轄領・大名領飛地・旗本領・寺社領や公家領が複雑に入り込み、しかも、所領がたびたび変更（所替え）となった形態を「非領国」と称していた[1]。この「非領国」では一つの村に複数の領主が存在して、分割支配された領域を形成し、多元的な支配下におかれた相給村を形成した。

　このような「非領国」の領域の一つとして河内国古市郡を挙げておく。本郡は『和名抄』に「古市郷」としてみえ、新居・尺度・坂本・古市の4郷からなり[2]、現・羽曳野市域の南部一帯にあたる。大和川の支流である石川の氾濫原は標高28〜35mで、昭和22年米軍撮影の空中写真をみると、正方位をもつ古市郡条里の長地型の地割が鮮明に残っている。郡域の西部は羽曳野丘陵が広がり、標高は50〜78mである。

　古市郡域の北部には誉田御廟山古墳（応神天皇陵に治定）が、その南に日本武尊陵・峯ヶ塚古墳・清寧天皇陵・安閑天皇陵などがあり、5〜6世紀にかけて古市大古墳群が造営された地域である[3]。また、羽曳野丘陵一帯には東斜面の石川や、西斜面の東除川に注ぐ開析谷には多くの灌漑用の溜池が造築されており、本郡南部の蔵之内村と尺度村との間にある戸苅池は推古天皇15年（607）に造営されたと『日本書紀』には記される[4]。第2節で述べる「石川近江守領分蔵之内村絵図」では蔵之内村・西坂田村・新家村3村の立合池として「字中の池」「字廣田池」がみえる。近世の古市郡は石川右岸には5ヵ村が、左岸には蔵之内村を含めて16ヵ村（内一つは出郷）があった。さらに、本郡から西に出る「大和・堺之道筋」である竹内街道と、「大坂江之道筋」にあたる東高街道があり、蔵之内村の北東にある古市村がその交差点に位置した[5]。本郡は典型的な「非領国」を形成しており、2〜3人の領主支配の相給村であった。また、近世には綿作・菜種等の商業的農業が発達しており、全国市場向けの特産品生産が展開した。

第2節　蔵之内村絵図と地方知行

　近世の古市郡は出郷一つを含め16ヵ村で構成されていた。16ヵ村の領主支配は延べ数でみると、幕府領4ヵ村、旗本領2ヵ村、畿内の大名領8ヵ村、寺社領2ヵ村、その他4ヵ村であった[6]。正保2年（1645）の15村（坪井村を除く）の領主支配をみると、幕府領代官1給村は軽墓・碓井・駒ヶ谷・新通法寺・新町・新家西坂田・新家・東阪田の8ヵ、代官2給は誉・古市・飛鳥・大黒の4ヵ村、代官と旗本の3給は西浦・蔵之内の2ヵ村で[7]、正保段階では、幕領が大部分を占めていた。このうち、代官の小野長左衛門貞正が4,171.762石、藤林市兵衛が1,949.194石、旗本の土岐左馬之助が500石、土岐主水頼長が500石、長井庄右衛門が27石である[8]。小野長左衛支配下の村は12村に及び、藤林市兵衛は2村で、旗本の土岐両氏は西浦村、長井氏は蔵之内村だけに限定されている。

　次に、『羽曳野市の古地図と歴史地理』に収録される村絵図の内、耕地1筆ごとに地番・小字・地目・等級・面積および、新田・見取場を区別して描かれるのは、万延元年（1860）の「河州丹南郡伊賀村御田畑・新田」[9]だけである。本図は明治初期の地引絵図（地籍図／Cadastral Map）の先駆をなすものとして注目される。しかし、本図には阿波型知行絵図にみえる1筆ごとの石高・名負人（名請人）と蔵入地・給知・給人の区別はない。

　本章では、1筆ごとの蔵入地と給知・給人の区別がある村絵図として前書に掲載される①「石川近江守様領分　河内国古市郡蔵之内村」[10]絵図（図11-1）を分析素材とする。前書には本図と表現内容がほぼ同一の②「長井庄九郎様知行所　河内国古市郡蔵之内村絵図」[11]が収録されているが、①図の彩色がより鮮明であるので、この図からトレース図（図11-1）を作成した。本村の東半分を羽曳野丘陵が占め、丘陵を開析する谷頭部には堰き止めの多数の溜池が構築されている。また、西半分は石川の氾濫原で、古市郡条里と多数の巨大古墳群がみられる。

　トレース図に示したように、①図の上納者は庄屋兵助、年寄九兵衛、百姓代弥治兵衛・政右衛門とあり、「一蔵之内村ヨリ西浦村迄道法リ六町半、内三町半蔵之内領、一蔵之内村ヨリ西坂田村迄道法リ七町半、内四町半蔵内村領」とあり、②図と同じである。凡例を比べるとほぼ同一である。石川近江守御領分田畑（大名）・長井庄九郎様知行所田畑（旗本）・渡邉丹後守様御領分田畑（大名）の3給村である。また、石川様山・渡邉様山や、石川様永荒・渡邉様永荒が開析谷付近に集中する。この永荒地は開析谷の頭谷部の溜池より上部に多くみられるが、これは灌漑用水の不足によるか、あるいは丘陵部の開析に伴う砂防普請が不十分であったことも考えられる[12]。

　田畑の外、道・墓・池溝・堤等の土地利用区別がみえ、「古市郡村々明細書」[13]によれば本村は、村高402石、家数63、人数339の小村である。蔵之内村の四辺の長さを①図の小書きから村の面積をほぼ推定できる。まず、北辺にあたる古市郡西浦村境は371間（670m）、東辺の西浦村境は355間（645m）、南辺の西坂田村境は340間（618m）、西辺の丹南郡河原塚村境は427間（776m）で、村面積は約50町歩程度（約50ha）と推定できる。また、南境の西坂田村境には3ヵ所の西坂田村領と1ヵ所の西坂田村領山がみえる。また、旗本の長井氏、大名の石川氏・渡邉氏の在任期間から、①②図とも作成年代は享保13～18年（1728～33）と推定されている[14]。

　次に、本村の所領関係の推移をみよう。まず、承応2年（1653）の領主は、幕府代官小野長左衛門

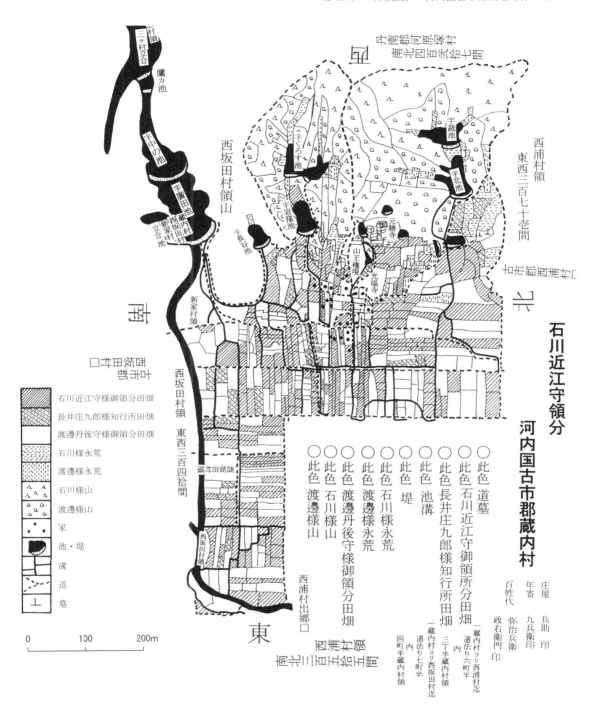

図11-1 河内国古市郡蔵内村絵図（トレース図）

貞正404石、旗本長井（永井）庄左（右）衛門正成27石で、村高431石である[15]。さらに正保2年は、代官小野長左衛門貞正の404石、旗本長井庄右衛門知行27石、ほかに代官小野の山年貢1斗9升6合、同山年貢銀42匁5分である[16]。また、延宝7年（1679）は、代官小堀源兵衛正憲領の197.367石、石川若狭守総良領（高は不記）、旗本の長井助十郎正房知行27石である[17]。さらに、元文2年（1737）では、下館藩石川近江守総茂（播磨守総陽）207.079石、伯太藩渡邊越中守登綱168.033石、旗本長井（永井）助十郎正宏27石で、村高402.112石である[18]。さらに、慶応3年（1867）の『旧高旧領取調帳』では、下館藩石川若狭（播磨）守総菅207.079石、伯太藩渡邊丹後守章綱168.033石、旗本永井庄九郎27.0石を合わせて402.112石である[19]。

①図に表現される内容をみよう。大名の石川氏・渡邉氏と旗本の長井氏の3給であり、3氏の所領や知行所を1筆ごとに彩色して区別しているだけで、地番・小字・地目・等級・面積・石高・名請人等の検地データは示されていない。絵図で所領と知行所の箇所を数えると、渡邉丹後守様御領分田畑は約200ヵ所、石川近江守御領分田畑は約190ヵ所、長井庄九郎様知行所田畑は約35ヵ所、渡邉様山は約20ヵ所程度、石川様山は約25ヵ所程度、石川様永荒は約16ヵ所、渡邉様永荒は約23ヵ所である。また、家屋は約30棟で、家数63に比べると著しく少なく、屋敷地は石川領が14棟、渡邉領が13棟、長井給知が3棟を数える。

開析谷には15ヵ所の溜池が描かれる。推古期に造営されたとされる戸苅池は本村南端にあたる西坂田村境に四つの池と推定できる。この付近には「大阪府食とみどりの総合技術センター」があり、絵図にある三ヵ村立合いの鷹ヵ池・字中の池・字廣田池と推定できる。また、字長谷池・字岩窪池や、村中央部にある元勝寺・光福寺・山王権現付近の3ヵ所の池、村北部に字蔬池・字北池がみえる。溜池から流下する用水路は条里地割に沿って直線状に流れる。

次に、石川・渡辺・長井3氏の古市郡と、本村における所領・知行の推移をみよう。まず、神戸藩石川近江守は万治3年（1660）に大坂定番になり、河内国で領地を得る契機となった。河内国石川・古市両郡で1万石を加増されて、伊勢国河曲郡神戸に本拠を置き、伊勢国1万石と合わせて2万石の大名となり、古市郡では碓井・新町・蔵之内・西坂田・新家・東坂田の6ヵ村が石川領となった[20]。本村所領高は元文2年と明治元年ともに、207.079石であり、本村の全域にわたって領地田畑が分散錯圃状に分布する。

次に、伯太藩渡邉丹後守は方綱代の寛文元年（1661）に大坂定番になり、河内国志紀・古市・丹北郡と、和泉国大鳥・泉の5郡で1万石を与えられて、武蔵国の知行3,520石と合わせて1万3,500石余の大名となった。さらに、元禄11年（1698）の基綱の代に、武蔵国の領地を近江国に移され、本拠を和泉国大島郡大庭寺村とした。さらに、享保12年（1727）に本拠を和泉郡伯太に移した[21]。古市郡では駒ヶ谷村・飛鳥村・大黒村と蔵之内村の4村である。また、本村では元文2年・明治元年ともに168.033石であり、絵図では石川領と同様に、所領田畑が分散錯圃状に分布する。

さらに、旗本長井庄九郎知行は織田信長の旧臣で、元和元年（1615）に徳川家に取立てられたとされる[22]。正保2年・承応2年・元文2年・慶応3年ともに27石である。長井氏は寛永17年（1640）に大番となり、河内国交野・古市両郡で180石余を与えられた。古市郡では蔵之内村の27石を知行するのみで、交野郡の2村で157石を与えられたとされ[23]、絵図給知は村中央部の集落周辺に多く分布する。

本村の所領では 17 世紀後半の延宝期では、代官小堀源兵衛正憲が村高の約 50% を所領するが、18 世紀前半の元文期では代官所領は消滅し、石川と渡邉両大名の飛地領が合わせて約 94% を占め、旗本長井知行は約 7% に過ぎない。この状態が明治元年まで継承された。

小　結

　古市郡に属する村絵図では、村境、本田畑と新田、藪開畑、荒地、見取場、山、堤、溜池、道、屋敷、用水路、寺社等の土地利用や村落景観が表現される。しかし、田畑 1 筆ごとの検地データや幕府直轄地（代官支配地）、大名飛地・旗本知行地等の土地支配に関するデータの両方を示した村絵図は現存していないようである。

　一方、単独の領主が一円支配する村では、1 筆土地に関した検地のデータの記載だけで十分な事例もみられる。この一例として「河州丹南郡岡村絵図」[24] が挙げられる。岡村は羽曳野市域の北に隣接する藤井寺市域に属する。村絵図には、1 筆ごとに地割・地番・地目・等級・面積・名請人および屋敷とその石盛・所有者等の検地データが記載され、明和 6 年（1769）以前の詳細な土地所有状況と村落景観が明らかとなる。岡村の所領変化（村高 737.911 石）は、幕府領から元和 9 年（1623）に丹南藩高木氏の所領に、宝暦 8 年（1758）幕府領、安永 7 年（1778）大坂城代役知、寛政 2 年（1790）幕府領、同 11 年（1799）大坂城代役知、明治元年に代官多羅尾氏部支配というめまぐるしい変遷である[25]。

　また、「蔵之内村絵図」のように河内国を本拠としない小大名の飛地や、旗本知行地が 1 筆ごとに表現される事例は少ないようである。蜂須賀氏による一円支配が貫徹していた領国の徳島藩の知行絵図では蔵入地と給人別給知と名負農民を 1 筆ごとに表現しているが、非領国の相給村である蔵之内村では地方に対する領主権は弱体で、小大名や旗本であろうとも所領地が 1 筆ごとの分散錯圃形態である。

［注］
1) 山澄　元（1982）:『近世村落の歴史地理』柳原書店，73 ～ 86 頁。とくに、「非領国」における幕領・旗本知行や小大名領地に関して次の文献を挙げておく。山田洋一（2004）:「近世「領国」「非領国」社会比較史論－京都市域関係古文書のアレンジメントの前提として－」「京都府立総合資料館紀要」第 32 号の中で、近世大名と地方知行制に関して、「領国」として徳島藩・鳥取藩を、「非領国」として畿内・近国八ヵ国を取り上げて総合比較している（61 ～ 149 頁）。白川部達夫（2013）:『旗本知行と石高制』岩田書院。八木哲浩（1967）:「大坂周辺の所領配置について」「日本歴史」231 号，2 ～ 12 頁。安岡重明（1963）:「非領国について」「同志社商学」15 巻 2 号。川村　優・海保四郎（1961）:「旗本領の性格－とくに知行村落内部の微細研究推進を主題とする覚書－」「九十九史学」1 号，31 ～ 65 頁。若林淳之（1969）:「旗本領の構造－その相給形態を中心に－」「史林」52 巻 4 号，29 ～ 48 頁。
2) 吉川弘文館・神宮司聴蔵版（1970）:『古事類苑　2　地部　一　河内国』322 頁。

3) 平凡社発行（1986）:『日本歴史地名大系 28 巻　大阪府の地名』801 頁。
4) 黒板勝実・国史大系編集会編輯（1967）:『日本書紀　巻第廿二（推古天皇一五年冬』（「第一巻下　日本書紀　後編」吉川弘文館）148 頁。
5) 羽曳野市史編纂委員会遍（1985）:『羽曳野の古地図と歴史地理　史料編別巻』119 ～ 124 頁。
6) 羽曳野市史編纂委員会遍（1998）:『羽曳野市史　第 2 巻　本文編 2』50 ～ 51 頁。
7) 前掲 6）27 頁。
8) 前掲 7）。
9) 前掲 5）13，16 頁。
10) 前掲 5）43，107 ～ 108 頁。
11) 前掲 5）47，106 ～ 107 頁。
12) 前掲 5）108 頁。
13) 前掲 3）1082 頁。
14) 前掲 5）106 頁。
15) 前掲 5）200 頁。羽曳野市史編纂委員会編（1983）『羽曳野市史　史料編第 5 巻』73 頁。
16) 前掲 6）27 頁。
17) 前掲 6）40 頁。
18) 前掲 5）200 頁。
19) 前掲 5）200 頁。
20) 前掲 6）42，129 ～ 130 頁。
21) 前掲 6）42 ～ 43，122 ～ 123 頁。
22) 前掲 6）33 ～ 34 頁（「寛政重修諸家譜」巻第 529）。
23) 前掲 6）33 ～ 34 頁（正保 2 年「河内国一国村高扣帳」）。
24) 藤井寺市史編さん委員会編（1991）:『藤井寺市史　第十巻　史料編八上』208 ～ 233 頁。
25) 前掲 24）648 ～ 649 頁。

終　章

　近世村における1筆単位の土地の属地的な検地データのみならず、地方知行に伴う蔵入地・給人別の属人的なデータを表現した村絵図や耕地絵図を、著者は「知行絵図」と仮称しており、これは近世の地籍図（Cadastral Map）といえる。この「知行絵図」は大きくは村絵図に分類されるが、蔵入地と知行地が入り交じる相給耕地絵図としてとらえることも可能である。本書の目的は、多くの歴史的情報を内包する史料である「知行絵図」を素材として、地方文書・藩政文書や藩撰地誌との比較分析を踏まえて、土地をめぐる藩・武士（給人）・農民との間の領有・所有・利用という関係から、近世村落の空間構造を明らかにし、さらに、その背後にある土地支配という視角から社会構造を動態的に解明することである。このため、本書では歴史地理学のみならず、歴史学や地域史の視点を絡めた分析にも重点を置いた。

　また、本書では村絵図史料論としての著者なりの方法論を提示した。すなわち、絵図史料の総合化という視点である。これは村絵図を単体でみるのではなく、絵図の背景にある村人の空間認識や、生産や生活の基本的な基盤である1筆土地に対する認識や把握、村の生業、社会的関係等を考えなければならない。このため、村絵図を各種の文書史料と比較分析することにより、総合的な歴史史料と位置付けた。さらに、「知行絵図」に描かれる微細な村落景観、文字情報、空間的な属地・属人データ等を、検地帳や給人拝知水帳等の文書史料と1筆単位で摺り合わせながら、克明に読み取り、その成果をトレース図化することに重点を置いた。

　この目的のため、本書では村絵図そのものの書誌的・意味論的、あるいは発達史・測量技術史・歴史GIS的研究という視角とは異なるアプローチを採った。もとより、村絵図を素材とした近世村の景観復原的研究に歴史地理学上の厖大な蓄積が存在する。しかし、著者は村絵図の作成主体・目的（主題）・時期、あるいは利用過程等の史料批判を踏まえて、文書史料との1筆ごとの細かな比較分析作業を行い、それを空間的に提示する方法として、主題別に多くの歴史地図としてのトレース図を作成した。このトレース図から土地支配やその把握がいかにミクロな空間に投影されていたかを読み取り、近世村落の空間構造と社会構造を明らかにしようとした。著者の思い込みかもしれないが、従来の歴史地理学の村絵図利用は、絵図そのものをだけに焦点を当てることに主力がおかれ、絵図を含む地方文書との中での位置付けや、地域史との関係が軽視されてきたような気がする。とくに、村落の空間構造を分析する視点として、景観構成要素の静態的な復原や、データの数量的把握だけではなく、藩政文書・地誌類や地方文書、地域史との有機的結合を重視した動態的把握が必要であろう。

　また、絵図の作成目的、すなわち、作成主題による作成者の表現内容の取捨選択と、空間認識の問

228　終　章

表終-1　各藩知行絵図（耕地絵図）の特徴と村落の空間構造・社会構造

項　目	徳島藩	佐賀藩	秋藩	尾張藩	河内国古市郡
1. 分析対象絵図	①文久2年名西郡西部白鳥村絵図　②名東郡観音寺村絵図　③文久3年同郡日開村隈絵図　④美馬郡郡里村絵図	①神埼下郷上神代村・林慶村絵図　②三根郡下村郷絵図	①安永9年麻植郡上村郡渋木村木周布勘解由一郷一村知行所大鏡絵図　②享保13年大津郡渋木村地下図　③安永4年大島郡小泊村村上一学土地所絵図	①天保12年春日井郡中切村絵図面　②安政2年春日井郡上小田井村砂入絵図	①古市郡蔵之内村絵図
2. 作成主体	藩命なし、村役人作成	藩政改革（藩命）明和4年「御仕組八箇条」により村方で作成	藩命、享保12～宝暦3年、地下上申地下図（村方）、清図（藩絵図方）	藩命、天保12年「触書」により村役人作成	代官会か、庄屋代作成
3. 作成目的	庄屋が管下村内、1筆単位で蔵入・知行地、給主、知行付田畠歳数の把握	代官支配地の村ごとの屋敷・田畠畝数の把握	給主の土地支配上から知行所絵図作成→安永～天明には藩の上地のため作成	寛政年間藩撰地誌『張州府志』のため藩命により村絵図作成「非領国」村における旗本・小大名領の区別と土地利用（道・山・永荒地・堤・池溝・牛馬数・橋・用水）作成	「非領国」村における旗本・小大名領の区別と土地利用（道・山・永荒地・堤・池溝）
4. 作成基準	特になし。縮尺約600分の1。	縮尺約600分の1の平面図。地形改変絵図改訂。寛政6年秋以降絵図は蔵入地と大小配分地の区別、給人名なし。	清図は縮尺約3,600分の1。尾根筋、山頂△印、土地利用区分、村落景観俯瞰描写。村・小村の地名。知行所絵図は村境、田畠上地記載詳細	ごとに区分、藩領・給知の境、本田・新田区分、一円給知村では給人ごとの区別、村境、川、用排水路、橋、割替地、砂入地の理由	代官・旗本・大名領と土地利用区分
5. 作成年代	寛保2～享和・文化・文政・天保・嘉永・安政・文久。文化～安政期が中心	中心は天明～寛政、嘉永～安政改期	地下図・清図は享保12～宝暦3年、知行所絵図は安永9～天明5年	中心は寛政・天保・弘化・嘉永	享保13～18年
6. 凡例（空間構造要素）	道・往還・水・山・荒野・家屋・田藪・御蔵・御上・給人名・色分記号区分・荒地、瓦置場・家屋・水制、白鳥・日開村絵図に縮尺（約1/600）明記、④図＝上知、藪新開・川成悠上り改御請地（仮検地）	道・往還・湖・屋敷・畠・土井畔・寺社地・津内・村境・大畑記分／白・家老知行、御蔵・米蔵・田畠・御蔵地・色分＝知行家、給領家、御蔵米家・新田・給領入蔵・給所田畠・立山・合壁山・郡村境、③図＝塩浜	地下図・清図は享保12～宝暦3年、知行所絵図は安永9～天明5年	①図＝山・屋敷・畑方・田方・上地・寺社・道筋・池川用水・砂入・御蔵・給領家・給主家未家家・御蔵・給人名②図＝御蔵・給知・砂入地③図＝御蔵・給知・給人名を「いろは」で区別、砂入地	道・墓・池溝・堤・家屋・旗本領・小大名領田畑区別、永荒山
7. 検地データ	1筆単位の小字・地目・等級・面積・石高・名請人記載	①②なし	①図なし、③図に1筆単位で一毛田、新田、屋敷、田畠面積・石高・名請人記載	①②図なし	なし（但し、安政3年河内国志紀郡大井村領分絵図には記載）

8. 知行データ	1筆単位で蔵入地・知行地・給人名記載	1筆単位で蔵入地・知行地・給人名記載	①図＝寄組周布勘解由田畠、御蔵入田畠、立山の区分、③図＝舟手組祖上一学の上地家 ①図＝大配分・給人名記載、②図＝大配分・御家老知行地区分（●▲印）	①図＝1筆単位の蔵入地・給人地・蔵入地・給人地、②図は「いろは」で記載名を	1筆単位で旗本永井、主石川、伯太藩主渡邊の領の区分
9. 藩領・郷村・村の蔵入地・給知率	阿波国＝蔵入地高59％、給知高41％（明治元年）、白鳥村＝蔵入地高41％、給知高59％（6給、文久2年）	下村郷＝蔵入地高17％、給知高83％（天保期）	渋谷村＝蔵入地高11％、周布勘解由知行高89％（天保期）	中切村＝蔵入地高3％、給知高97％（12給、大保期）	蔵之内村＝旗本長井7％、下館藩主石川51％、伯太藩主渡邊42％（3給、元文期）
10. 給人知行権	筆頭家老稲田九郎兵衛以外は分散相給で、知行権は年貢徴収権のみ、村請制に依存	鍋島・竜造寺一門・家老層の大配分地層＝一円知行権と裁判権・徴税権、中小家臣＝小配分地で分散	一門・寄組・大組・舟手組層＝一郷一円知行権、その後上地で弱体化	「正保の四ッ概」で蔵入地への編入、度々の知行替えで知行権は極めて弱体	「非領国」と度々の知行替えで知行権は極めて弱体
11. 地方統治システム	蔵入地・給知での区別なし、御蔵奉行→部代→組頭付庄屋→組頭付百姓	郡代＝大配分地、代官＝小配分地、大配分層は自分仕置で独立性、小配分層は代官の支配下	18字判＝勘場、大村＝大庄屋、小村＝庄屋、畔頭、蔵入地＝郡奉行→領給主→畔頭、知行地＝給頭主→小都合庄屋→給頭庄屋→畔頭	村役人＝惣庄屋・組頭・百姓代、知行権は弱体	「非領国」地域で村請制による惣百姓の農民統治システム
12. 農民階層	不明	不明	10石以上＝本役、7.5〜10石＝七分五厘役、5〜7.5石＝半軒、2.5〜5石＝四軒半、または本軒・半軒・門男・無縁	不明	庄屋・年寄・百姓・小百姓
13. 給人の在郷	なし、稲田九郎兵衛家臣＝脇町・須木居住	給人＝郷村居住一般的、大配分層の家臣＝在郷		あり	なし

題がある。著者は知行絵図（相給耕地絵図）といういう視点からみると、佐賀・萩・尾張藩では、藩の図絵作成基準が関係していると考える。すなわち、藩権力による土地把握がどの点に重点を置いたかということであろう。すなわち、空間認識よりも、地方支配の基本である土地把握のあり方に左右されているわけである。これが、「知行絵図」に表現される1筆単位の相給分散形態に反映されている。徳島藩では、個別給人に対する宛行状（判物(はんもつ)）に基づき、給村で作成される拝知水帳には、給村知行高が丸い数字と極端に細かな端数で示される場合とがある。これは、給村における知行高に整合するように、1筆ごとの知行付百姓の決定と、その所有地ごとに知行割を行ったためである。この実務を担当したのは、藩役人である御蔵奉行やその配下の郡代・手代でなく、村内の土地に関する状況を知悉している村役人層が拝知水帳を作成したとみるべきであろう。これは徳島藩に限らず、地方知行制が行われた藩領であれば同様であったと考えられる。

さらに、近世の幕藩制社会では、大藩の外様大名領のみならず、御三家・譜代大名領、旗本領等においても、地方知行制が広範に行われて、この統治システムが明治維新期まで存続した。この地方知行制は、藩権力の確立過程、地方政策や藩領の歴史的環境等により、存在形態そのものの差異が大きい。しかし、地方知行制が実施された藩領では、藩政の基礎構造と藩領の地域構造や地域秩序だけでなく、村落の空間構造や社会構造をも規定する重要なファクターであった。本書では、このような視点から、地方知行制という幕藩制社会における土地支配・所有体制と、それを村絵図に表現した「知行絵図」（相給耕地絵図）を絡ませて考察することにより、村落の空間構造と社会構造を明らかにしようとした。

もう一つの視点は、幕藩制社会における歴史的地域の単位（スケール）の問題である。藩領は近世社会におけるマクロスケールとしての一つの完結した地域的単位であり、郡域や広域の歴史的領域はメソスケールで、藩領を構成する基礎的単位として、藩政村はミクロスケールとして位置付けられる。さらに、村落空間の細胞というべき1筆土地の存在形態を、蔵入地と知行地が混在する相給村の中で明らかにする必要がある。すなわち、藩政の構造という巨視的視点をからめた、村落における1筆土地からの微視的な視点との有機的分析が必要であろう。このように、土地は藩・武士にとっては存立基盤であり、農民にとっては生存基盤であるからである。この視角から、本書では「知行絵図」を分析素材として、近世村落の空間的な歴史構造を把握しようと試みた。

さらに、歴史地理学的研究には資史料の制約は付き物であるが、空間構造を時の断面という時系列的な視点からみること求められる。例えば、徳島藩の知行絵図の中には、近世初期の検地帳にみられる名負人と、近世後期の絵図作成時点における耕作農民である当作人の両方が記されているものがある。この名負人と当作人別視点から所有地耕地の分布や給人との関係をトレース図に作成することにより、約250年間の時間差を経て、村落の空間・社会構造を比較することが可能となる。

本書では、いわゆる「領国」藩領を形成する徳島藩阿波国の4ヵ村、佐賀藩・萩藩・尾張藩領のそれぞれ2ヵ村と、小大名領と旗本領からなり、分割支配された「非領国」である河内国古市郡の1ヵ村のいわゆる「知行絵図」を分析対象とした。そのまとめとして「領国」型の4藩領と「非領国」型の古市郡における「知行絵図」の個別的特徴を比較分析する視点として次の13項目を挙げて、そのまとめを表終-1に示した。その13項目は、分析対象絵図、作成主体、作成目的、作成基準、作成年代、凡例（空間構成要素）、検地データ、知行データ、藩領・郷村・村の蔵入地・給知率、給人知行権、地方統治システム、農民階層、給人の在郷である。ここでは、表終-1に記した4つの藩領と古市郡

終 章　231

にみられる個別性と共通する一般性についてはくり返して説明しない。しかし、「知行絵図と村落空間」という視点から大まかなまとめをしたい。まず、徳島藩の「知行絵図」は村落空間の中で、1筆単位で検地と知行データを表現した縮尺約600分の1の村絵図で、近世の地籍図といえるものである。しかも、村落景観を微細な点まで復原できるだけでなく、検地帳や棟附帳・給人拝知水帳などの地方文書との比較分析により、村落における農民と藩・給人との土地をめぐる分散相給形態を1筆単位で明らかにでき、近世村の空間構造のみならず、社会構造を空間的に提示できる点に最大の特徴がある。また、徳島藩の「知行絵図」は藩命ではなく、村役人層が自村内の土地状況を把握するために作成した村用の絵図である。

　佐賀藩では鍋島・竜造寺一門の上層家臣団である大配分層の知行権が強く、知行地を一円的支配したのに対し、中小家臣団である小配分層は分散相給であった。また、藩政改革の一環として藩命で作成された郷村絵図では、寛政6年（1794）秋以降作成の郷村絵図は蔵入地と大小配分地の区別を図示するだけで、給人名を省略されており、郷村における地方支配の実態を把握することは困難であるが、村落景観の微細な復原は可能である。萩藩では藩政改革にともない、享保〜宝暦期に『防長地下上申』が編まれ、それをもとに、縮尺約3,600分の1の「地下絵図」が作成された。萩藩の地方知行に関する絵図として注目されるのは、家老・寄組・船手組等の高禄給主の「一郷一村知行所絵図」がある。本図は1筆単位で表現したものではなく、その特徴は村境目に関する川・山・谷名や主要なランドマーク等の注記が非常に多いことである。

　尾張藩では「正保の四ッ概」により藩政村における村高の改定と知行地割り替えが行われたが、尾張国内の村絵図は藩命の基準で天保期を中心に作成された。知行状況は田畑の区別と蔵入・給知・給人の区別を表現するが、大部分の村絵図には1筆単位で属地的な検地データや名請農民は記載されていない。また、知行地の割替制が行われた村絵図は蔵入・給知立合の区別の表現はされていない。さらに、「非領国」の享保期作成の河内国古市郡蔵之内村絵図では1筆単位で旗本永井・下館藩主石川・伯太藩主渡邊領の区別は色分けで示されるが、検地データや名請農民名等は表現されていない。しかし、単独の領主が一円支配する丹南郡の村絵図では1筆ごとの検地データが記載される事例もある。

　以上「知行絵図」（相給耕地絵図）を素材として、種々の文書史料との比較分析から、さまざまな主題を表現したトレース図を作成して、土地支配に視点をおいて近世村の空間・社会構造を時系列的、動態的に明らかにしてきた。分析方法がワンパターンに偏った面もあるが、近世村に関する過去の現実世界（Real World）をある程度は明かにできたとものと考える。近世村を地方知行という切り口で歴史地図を作成することにより、近世村の現実世界から、その先にあるイメージ化させた世界（Imagined World）へ発展させるための手がかりとなるのではないか。

　さらに、検地データと知行データの両方が得られる阿波型「知行絵図」は字限りではなく、1村全体の1筆土地に関する属地・属人データが得られる史料的価値が高い絵図であり、近世の地籍図ともいうべきものである。著者の管見の限りでは、佐賀・萩・尾張藩と河内国古市郡や、宮津藩耕地絵図でも存在しなかった。ただ、萩藩において、大村内の小村（こむら）単位の「宝暦小村絵図」では検地データは1筆ごとにでは得られるが、大村全図としては現存しない。また、鳥取藩では検地データが1村単位で得られる「田畠地続全図」でも、知行データは図示されていない。また、分析対象とした4藩領と古市郡においても、現存する資史料は限られている。歴史地理学的研究において、いかに

少ない史料で過去の地域像を明らかにするかという点が問われている。

今後の課題としては、阿波型「知行絵図」と、他藩の「知行絵図（村絵図）」との本質的な違いや、藩領の地域的特性と、相対化という視点からの考察をさらに深化させる必要がある。また、萩藩領では渋木村と小泊村の2点の「一郷一村知行所絵図」しか対象としなかったが、ほかにも藩政文書中にあるとされる知行所絵図を素材とする分析が必要である。さらに、本書では地方知行に伴う土地支配と村落共同体との関係からの考察はなされていないので、残された課題として、この視点からの分析も進めなければならないであろう。

あとがき

　本書所収論文の内、新稿のものもあるが、多くは以下の論文・学会等で発表したものである。

序章：大部分は新稿であるが、一部は、第56回歴史地理学会富山大会報告「知行絵図と村落空間」（2013年）、「徳島藩領の「耕地絵図」からみた相給村の空間構造」社会経済史学会中四国大会報告（香川大学、2006年）、「阿波国内の「検地・知行絵図」と村落空間について」歴史地理学会第221回例会報告（日本大学、2009年）等で報告。

第1章：「近世前中期徳島藩における地方知行制の地域構造」「徳島地理学会論文集」6集（2003年）。

第2章：「幕末期徳島藩における地方知行制の地域構造」徳島地方史研究会「史窓」35号（2005年）。

第3章：歴史地理学会第221回例会。「阿波国名東郡観音寺村「検地・知行絵図」の復原的研究」「史窓」37号（2007年）。第52回歴史地理学会神戸大会報告「徳島藩領阿波国の「検地・知行絵図」と土地利用」（2009年）。

第4章：「徳島藩領の藩政村と地方知行－「「文久二年名西郡白鳥村絵図」と「白鳥文書」を中心に－」「徳島地理学会論文集」7集（2004年）。第56回歴史地理学会富山大会報告。歴史地理学会第221回例会報告。

第5章：「史窓」37号。歴史地理学会第221回例会報告。

第6章：「知行絵図と耕地空間－文久三年阿波国名東郡日開村限絵図を中心として－」「徳島地理学会論文集」13集（2014年）。2012年人文地理学会大会報告（立命館大学）。

第7章：「検地帳と知行絵図の比較による村落の空間構造と土地支配－阿波国美馬郡郡里村嘉永四年検地帳と知行絵図を中心として－」「史窓」44号（2014年）。第52回歴史地理学会大会報告。

第8章：第56回歴史地理学会大会報告。「佐賀藩の郷村絵図と地方知行制」「史窓」42号（2012年）。

第9章：第56回歴史地理学会大会報告。「萩藩領の地下上申絵図・一郷一村知行所絵図と村落景観」「史窓」43号（2013年）。

第10章：第56回歴史地理学会大会報告。

第11章：第56回歴史地理学会大会報告。

終章：大部分は新稿、一部は第56回歴史地理学会大会報告。

　著者は徳島県の公立高校で、長らく地理・歴史教育を担当してきた老地理学徒で、現在は退職後14年目になる。後期高齢者になるのを目前にして、足掛け50年間にわたり、著者なりに取り組んできた地域研究をまとめてみたいという気持ちが強くなってきた。それと、地域研究や教職の中で、著者を育んでくれた郷土徳島に対する恩返しをしたいという思いを抱くようになった。また、現職中は自らが行ってきた県内の地域研究の成果を、できるだけ取り込んだ授業内容を展開してきた。また、

徳島をフィールドにして、自我流の方法を積み重ねてきた。著者は大学等に所属する研究者ではないので、現在のグローバル化、デジタル化、細分化した研究方法とは縁遠い者で、著者の研究方法や内容は、40～50年昔のアナログの地理学そのものであり、周回遅れのランナーであることを実感している。また、最新の研究トレンドや情報・文献等に能力的にもついていけない者で、自分が関心をもつ研究テーマを愚直に積み重ねる以外に方法はないと考えて、現在まできた。

しかし、40年ほど前に、故京都大学名誉教授・藤岡謙二郎先生の研究室で半年間、歴史地理学を学ぶ貴重な機会に恵まれ、その時の先生方や大学院生の皆様から受けたモチベーションが、著者の地域研究の方向づけをした。そこで、近世から明治・大正時代まで吉野川流域で最大の産業であった藍作が地域にどのように投影し、どのように地域が変化したかというに視点から研究することにした。とくに、村落における地主制と藍作との関係に焦点を絞って、名西郡高原村池北集落（現石井町）の藍商高橋家と藍作農民との関係を、同家の経営資料を素材として、寄生地主の成立と藍作農民の分解、集落の空間・社会構造等を明らかにしようとした。

次に、著者の研究テーマの転機となったのは、今から約40年前に、郷土史家の故金澤　治先生から、現在は「いろどり葉っぱビジネス」で有名である、勝浦川上流にある勝浦郡上勝町の町誌編纂を依頼された時である。その時にはじめて阿波の近世村絵図を目にした。徳島藩の絵図方である岡崎三蔵らが作成した縮尺約1,800分の1の実測図である「文化十年勝浦郡八重地村市宇村分間絵図」（口絵23）など8点の分間村絵図を熟覧することができた。また、上勝町の藤川支所には検地帳や棟附帳、焼畑、田畑の開墾文書、野尻用水、名（みょう）文書等の地方文書と、近現代の行政文書など、多数の文献史料が保存されていた。まずは文献目録作成作業からはじめたが、分間村絵図には1枚ごとの棚田や段々畑、用水、民家、里道、寺社、山神・埜神・権現等の祠が精密に描かれており、近世後期の村落景観が手に取るように読み取れるのには驚かされた。それから村絵図のトレース図化作業をはじめ、歴史地理学的視点から上勝町誌の執筆にとりかかった。この時に、分間村絵図と文書史料を比較分析することにより、空間的・時系列的な視点から地域史を叙述することができることを学んだ。

さらに、今から約30年前から、昭和30年代の徳島県史編纂時に作成された「徳島県庶民資料所在目録」をもとに、徳島県内外の絵図資料の所在調査と、原本の写真撮影をはじめた。その際に、現在は徳島県立博物館所蔵であるが、縮尺約600分の1の実測図である「文久二年名西郡白鳥村絵図」（表紙表カバー）を目にすることができた。絵図では1筆ごとに、御蔵と6給人の知行地を色分けで区別し、さらに、検地帳にある属地データを記載しており、また、1棟ごとの民家を瓦葺と萱葺に区別し、舟戸・庚申などの村人の信仰の対象となった小祠や、下羅井（したらい）用水と石垣、伊予街道・里道等の微細な村落景観が美麗に描かれているのを見て大いに驚いた（口絵1）。また、この村絵図に関係する30点の「白鳥文書」が県立文書館に所蔵されており、検地帳や棟附帳、給人の拝知水帳等が含まれていた。

しかし、この村絵図には、縮尺と凡例はあるが、作成主体・提出先等が記されておらず、どうも、庄屋を中心とする村役人層が、自村内の土地所有の現状や、御蔵と知行地の配置、その移動履歴を1筆ごとに把握するために作成した、村用の絵図と推定するようになった。また、阿波・淡路両国を藩領とする徳島藩では近世初期から地方知行制が明治維新期まで存続しており、村落における土地支配・所有形態として、蔵入地と給知の分散相給が一般的であった。そこで、村絵図と文書を丹念に1筆ご

とに摺り合わせることにより、徳島藩領の村落の空間構造と、その背景にある社会構造を動態的に復原できるのではないかと考えるようになった。白鳥村以外にも、所在調査により、吉野川中下流域には、26ヵ村にかかる検地絵図（相給耕地絵図）が現存しており、その内、14ヵ村の絵図には、検地データと知行データが1筆ごとに同時に描かれていることが明らかとなった。また、他藩の村絵図は、藩命による作成基準に基づき作成されており、徳島藩とは大いに異なる状況がわかるようになり、徳島藩の絵図を阿波型「知行絵図」と仮称して、研究を進めることにした。

この「知行絵図」を中心として、村落の空間・社会構造を動態的に復原するために、徳島藩領のように一円的な「領国」を形成し、しかも、村絵図が多く現存し、地方知行制が行われた佐賀・萩・尾張藩との比較を行うことにした。さらに、「非領国」として河内国古市郡蔵之内村絵図を素材として研究を進めた。徳島藩以外では文書史料が翻刻された藩撰地誌しか利用できず、また、山口県文書館蔵の「一郷一村知行所絵図」しか原本の熟覧・撮影ができないなど、研究上の制約があったが、著者としては一応の成果を挙げることができたと、密かに自負をしている。

本書を上梓するにあたり、徳島地方史研究会会員の方々には、歴史学や地域史の視点から貴重な示唆をいただいた。とくに、元鳴門教育大学学長・名誉教授の高橋　啓先生からは地方文書史料解読の実践的な御指導と、歴史学と地理学の学際的研究についての本質的な視点についてご教示をいただいた。また、徳島地方史研究会元代表の松本　博先生からは歴史地理学と、社会史・民衆史との接点の重要性を教えていただいたことに感謝申し上げる。さらに、著者の50年来の親友である元徳島県立文書館帳の逢坂俊男氏からは地方文書の背景にある農民の生業と生活史に関して様々なご提言をいただいたことにお礼申しあげたい。また、徳島県立文書館課長補佐の金原祐樹氏からは同館撮影村絵図の高精密画像の提供とご教示をいただいたことに感謝いたします。さらに、徳島市立徳島城博物館係長・学芸員の根津寿夫氏からは徳島藩家臣団や藩政構造等についてご教示いただいた。

このようにして、絵図研究においても、歴史地理学的視点のみならず、地域史との関係を視野に入れて考察することの重要性を学んだ。村絵図を景観復原のための単なるツールとして利用するだけでなく、村絵図の背景にある地域や社会との関係を重視し、文書史料との比較分析が重要であると考えている。しかし、「知行絵図」や文書史料などの一次史料の史料批判と、その評価・解釈や、内容の相互関係を読み込むことの難しさを痛感した。

終りになるが、徳島大学総合科学部長の平井松午先生には、阿波国における絵図の発達史や測量技術、景観復原方法等について、数多くの貴重なご教示をいただいたことに感謝申しあげたい。また、立命館大学名誉教授の日下雅義先生からは本書の構成や表現内容について、多くのご示唆をいただきましたことに感謝いたします。

本書を執筆する過程で、自らの浅学と非才、論理的思考力の欠如を痛感させられる日々であった。本書には論理構成や分析が稚拙で、独りよがりの点が多々目に付くものと思う。しかし、著者としては全力を傾注したつもりであるが、能力的にもこれが到達できる限界点と感じている。本書は著者の過去40年間の生き様そのものであり、世に出すことに意義があると考えて上梓した。ご批判ご鞭撻を賜れば幸いである。

なお、本書掲載のカラー絵図写真については、表紙カバー表・裏と口絵24・25・29の5点以外は全て著者が撮影したものである。撮影環境が必ずしもよくなかったため、不鮮明なものもあるが、お

許し願いたい。

　最後に、本書の刊行にあたり心よく引き受けていただいた株式会社古今書院社長の橋本寿資氏と長田信男氏に厚くお礼申し上げる。

2014 年 5 月 5 日

羽山　久男

索　引

【ア　行】

相給絵図　5
相給形態　4
相給耕地絵図　1, 227
相給村　4, 59, 173, 175, 182, 221, 230
藍作地主（藍商）　46, 112
藍作の核心地帯　46
愛知郡　208, 209
愛知県立文書館蔵　216
「上り知」　138, 139, 141, 152, 156, 161, 164
鮎喰川下流扇状地　59, 69, 70, 97, 115
鮎喰川上流の山分　27
鮎喰川下流域　9
鮎喰川上流の大栗山　46
鮎喰川の旧河道　115
鮎喰川の湧水池　100, 112
朝尾直弘　5
字ごとの区分け　217
足軽・中間クラス　187, 188
畔方（葭野・芦野）　181
『阿淡年表秘録』　55
厚みのある時の断面　8
宛行状（判物）　38, 230
荒地引　2, 34, 225
「改所」　91, 146
荒田　212
荒地（草渡地）　2, 34, 158, 225
荒畑　212
阿波型知行絵図　164, 217, 222, 231
阿波九城　19, 38, 55
阿波郡の扇状地地帯（現阿波市）　47
阿波国13郡　19
『阿波志』　77, 98
淡路洲本城代　49
淡路国　19, 30, 43, 82, 49
「淡路国三原郡・津名郡反別戸数取調帳」　9, 19, 43, 52
阿波水軍役　47, 56

阿波国　19, 82
阿波国一円　20
「阿波国十三郡郷村田畠高辻帳」　69
「阿波国白鳥神」　69
阿波国府城　97
「阿波国分間絵図」　7, 44, 45
「阿波国名西郡白鳥村反別帳」　74
「阿波国名西郡白鳥邨山林原野實地丈量絵図」　74
『阿波藩民政資料　上巻』　35, 100
『阿波藩民政資料　御検地御見地』　100
「阿波御国名西郡白鳥村新開御検地帳」　74
「安永九年大津郡渋木村周布勘解由一郷一村知行所大境絵図」　10
「安永四年大島郡小泊村村上一学殿上地所絵図」　10
「安政二年上小田井村砂入絵図」　10
「愈上り改」　161
「愈上り改仮検地」　161
生地　152, 158
「池田山城宛忠英様知行状」　27, 48
以西郡　22, 28
以西郡観音寺村　69
以西用水　66, 97, 112
石川近江守御領分田畑　222, 224
「石川近江守様領分　河内国古市郡蔵之内村」　221, 222, 224
和泉郡伯太　224
板野郡　19, 26, 55, 59
板野郡板東村庄屋の近藤家文書　38
一宇山（貞光川上流）　20
一円一給村　2, 208, 209, 217
一円蔵入村　20, 70, 208, 217
一円支配　2, 22, 213, 225
一円知行権　186
一元的な領国支配　221
一郷一村切り　185

一郷一村知行　2, 185, 186, 188, 192, 193, 196
一郷一村知行所絵図　2, 186, 193, 201, 202, 231
「壱人」　85, 89
市町　187
一毛湿田　154
一門八家　186, 188, 193
「一里塚」　192
壱家　65, 85, 89, 97, 112
壱家本百姓　80, 107, 128, 130, 131, 133, 134
「一国一城令」　21
一種の人身売買　112
1,000石以上の大配分層　182
一村一円知行　2, 38, 186, 193
一村全図　64
1村全体の耕地　1
1村単位の土地所有関係　5, 231
一般図　74
一般性　230
1筆耕地　1, 2, 6, 73
「一筆耕地絵図」　64
1筆ごと　1, 2, 3, 5, 9, 59, 64, 67, 74, 138, 164, 177, 208, 209, 222, 224, 225, 227, 230, 231
1筆ごとの地割り　72, 91, 131
1筆ごとの知行付百姓の決定　230
1筆ごとの復原作業　5
1筆単位で摺り合わせ　227
1筆単位の「拝知水帳」　126
1筆土地の存在形態　225, 227, 230
移動履歴　138
稲作単作村　46
「稲田九郎兵衛旧拝知正税雑税取調帳」　37, 43
「稲田九郎兵衛正税帳」　56
稲田氏支配圏　22, 56, 97, 98, 142
「稲葉地村絵図」　208, 217

238　索　引

移封型の藩領　2
Imagined World　231
忌懸り　85, 112
祖谷山　20, 46
祖谷山・一宇山（美馬郡）　25
伊予街道　70, 97, 104, 105, 112
入相知行所　195
色分け　66
色分けや記号　2
岩国領　186, 188
陰陽連絡路の街道沿　189
請荒畠　161, 201
請荒山　201
薄い時の断面　8
「打出御蔵」　162
打直し検地　158
采女　127, 130, 131
駅家　138
永荒地　222
「延宝四年両国高物成并村付夫役諸運上其外上銀品々帳」　23
「浴」地名　192
絵図　3, 85, 189, 196, 200, 201, 212, 213, 215, 216, 224, 227
絵図方　201
絵図方頭人井上武兵衛　189
絵図記載小字　9
絵図作成時点での耕作農民　65
絵図史料論　164
絵図史料の総合化　227
絵図史料目録　5
絵図地番　158
絵図データ　83
絵図名負人階層　112
『絵図のコスモロジー　上・下巻』　3
絵図のトレース図化　7
「絵図面一分一間」（縮尺約600分の1）　66
「江見津」　176
「延享元年地拂帳」　75
塩田地帯　21, 70
「延宝三年御役改之御帳」　31
御預り畠　201
御家断絶の処分　142
近江国　207, 224
麻植郡　19, 22, 26
大字界　105

大粟山　20, 25, 27
大組　186, 188, 193
大組の周布勘解由領　193
大組の周布吉兵衛領庄屋赤間伝左衛門　189
大組の周布与三右衛門　193
大組の周布両氏の一郷一村知行　192
「大島郡小泊村村上一学殿上地所絵図」　186, 198
大島郡　188
大島郡大島宰判小泊村　196
「大嶋郡宰判小泊村清図」　199
「大嶋郡宰判小泊村地下図」　186
大島宰判小泊村　185
大庄屋　188
「大峠」　189, 192, 193, 196
「大峠」（大ヶ迫）の周布彦右衛門知行所　192
大高持本百姓　85, 112, 128
太田鍋島家　175, 182
太田村・貞光村境の自然堤防地帯　153
大津郡渋木村　189, 193
「大津郡渋木村周布勘解由一郷一村知行所大境絵図」　186, 194
「大津郡渋木村地下図」　190
「大津郡前大津宰判渋木村清図」　191
「大津郡前宰判渋木村地下絵図」　186
岡崎三蔵　74
岡集落（郷）　196, 225
岡屋敷　199, 200
岡山藩　27
奥書　30, 59, 139
「御国中藍作見分記録」　121
「御蔵」　65, 176
御蔵入山野　195
御蔵入田畠　196
「御蔵給知入交」　208
御蔵と給知の割合　150
御蔵百姓　9, 34, 82
御蔵百姓専属　89, 108
御蔵百姓と頭入百姓兼帯　89, 108, 130
御蔵奉行　35, 36, 126, 230
御蔵分　138, 142, 164
「御仕組八箇条」　171, 182
尾関源左衛門　19, 34, 35, 37

「御積地」　158
「御取立」　91
御立山（御預山）　195
撫養塩方十二ヵ村　46
『尾張志』　209
『尾張徇行記』　6, 208, 209
尾張国　207
『尾張国町村絵図』　6, 208, 209, 213, 217
「尾張国西春日井郡上小田井村地籍図」　217
尾張藩村絵図　217
「尾張国東春日井郡上中条村地籍図」　212
尾張藩　1～3, 21, 37, 38, 207, 209, 217, 221, 230, 231
尾張藩の租率　207
尾張藩の地方支配機構　207
尾張藩の「天保村絵図」　3
尾張平野の島畑景観　216

【カ　行】
絵画的描法　189
開墾地　154, 157, 164
開作地（新田）　187
海上方御用森甚五兵衛　47
開析谷　221, 222, 224
廻船　201
塊村　112, 213
街村状の集落　97, 150
下位段丘面　150
解読研究　5
下位氾濫原　138
海部郡　22, 26, 28, 30, 46
海部騒動で改易　22
「嘉永四年御蔵分・知行分検地帳」　9
「嘉永四年検地帳」　138, 164
家屋（萱葺と瓦葺の区別）　2
家屋分布図　9, 104
「家格禄召上放」　142
下級家臣団の給地　181
「陰切」　195
駆出奉公人　112
加子（水主・水夫）　50, 55
過去の地域　7, 8
樫原村の棚田景観　6
「河州丹南郡岡村絵図」　225

索 引　239

「河州丹南郡伊賀村御田畑・新田」　222
頭入百姓　9, 34, 35, 80, 82, 108, 127, 144
頭入先規奉公人　30
頭入百姓専属　130
家臣団支配　19
家臣団統制策　2
家臣団の在郷制　21
春日井郡　208, 212, 217
「春日井郡安食庄中切村絵図面」　210
春日井郡上小田井村　213
「春日井郡上小田井村砂入絵図」　208, 210, 211, 214, 215, 217
「春日井郡図」　210
「春日井郡中切村切所損所之図」　210
「春日井郡中切村絵図面」　210, 211
春日井市中切町　210
河跡湖　72
「勝浦郡樫原村分間絵図」　5
「勝浦郡八重地村市宇村分間絵図」　7
「勝浦郡分間郡図」　7
葛川絵図研究会　3
「合壁山」　195, 199
家老の鍋島主水　176
「角並」（小字の呼称）　171
「門役銀」　188, 192
蟹江街道筋　208
家父長的経営　91
「竈帳」　171, 182
鎌田釆女　115, 127
鎌田塁跡　115, 127
上板地方（現板野町・上板町）　46
上郡（美馬・三好郡）　25
上郡の「そら」　46
「上神代村・林慶村絵図」　177
萱葺・瓦葺屋根　67
仮検地　10, 59, 157, 162, 164
仮検地絵図　146, 162
家老　121, 169, 177, 193, 201
家老（七家）　169, 182
家老池田登（蜂須賀山城）　19
家老太田鍋島家（鍋島播磨）　175
家老賀島氏　19
家老・倉町鍋島家（鍋島志摩）　181
家老仕置職　30
家老神代鍋島家　182

家老鍋島主水家の知行地　177
河内国　2, 3
河内国古市郡　1, 221, 230, 231
河内国交野　224
川成　34, 37, 138, 146, 152, 158, 164
川成り愈上り　3, 59
「川成愈上り改」　138, 146, 164
川成開帰　34
「寛延三年御家中知行高并御役高分限帳」　36
「嘉永二年阿波郡水田村指谷筋絵図」　66
嘉永二年「酉の水」　138
観音寺村　59, 64, 97, 107, 108, 128
「観音寺村絵図」　97, 99, 101, 102, 134
「観音寺村地籍図」　104, 105
灌漑用の溜池　209, 221
近世村の空間・社会構造　230
環濠集落景観　172, 175, 181
神埼郡　169, 172, 175
神埼郡条里地割り　172
神埼郡地米　177
神埼下郷　172
「神埼下郷上神村・林慶村絵図」　172
「寛政七年神埼郡下郷神代村・林慶村」　10
寛政6年秋以降の絵図仕立て　173, 175, 181
早損　34
「勘場」　187, 188
早魃損毛絵図　5
『寛文覚書』　209, 210, 212, 213
「寛文郷帳」　20, 30, 210
寛文三年の軍役算定基準をしめす「覚」　35
『寛文村々覚書』　6, 209
「寛文四年阿波国十三郡郷村田畠高辻帳」　20
神戸藩石川近江守　224
「寛保二年名西郡高畠村愈上り絵図」　66
『寛文覚書』　209, 210, 212, 213
紀伊水道沿岸　46
機械的な数詞小字　175, 182
記号論的アプローチ　3
記載内容を摺り合わせる作業　158
紀州藩　2

基礎地域　1
基礎的単位　230
「北方」　59
北方筋　46, 104, 164
畿内の大名領　222
起伏表現が困難　182
木村東一郎　3
木村　礎　4, 43, 188
肝煎　92, 112
旧河道　34, 69, 120, 154
『旧高旧領取調帳』　9, 19, 43, 45, 56, 138, 210, 224
給主立山　195
給主の給領地支配　186
給庄屋　37, 201
給人　1, 213, 215, 217, 222, 227
給人稲田勘解由　112, 134
給人階層　9
給人と給地　1
給人と名負農民の階層性　164
給人の軍役　21
給人の郷村居住　38, 170
給人の地方知行権（領知権）　2, 37
給人の地米高（本年貢高）　169
給人の土地支配の実態　165
給人の年貢徴収システム　9, 108
給人の拝知水帳　3, 65〜67, 227
給人への宛行状　37, 225
『旧高旧領取調帳』　9, 19, 45, 56, 138
給知　2, 162, 208, 213, 215, 222
給知・給人の区別　138, 222
給知の蔵入地への編入策　121, 152
給知分　138, 164
給知分散度　48, 138
給知分面積　138
給領家　201
給領田畠　195, 201
給知村名　20
境界設定　3
仰見図（虫観図）　189, 193
強固な領主権　182
「享保三年家中知行高取名面」　35
「享保十五年郷村御帳人面并町人数御改御帳之辻当時御高物成帳」　26
「享保十三年大津郡前大津宰判渋木村地下図」　189

索引

「享保十六年賀嶋伊織様支配村々拝知差出水帳」 30
「享保十六年那賀郡北中島村賀嶋伊織様御水帳」 30
給領庄屋 188
「享和十三年大津郡渋木村地下図」 10
「享和二年三根郡下村郷絵図」 10
巨視的視点 230
居床（屋敷地） 120
清末藩 186, 188
漁船 197, 201
漁民 201
「切所」 213
「極絵図」（平面図） 172, 182
『近世阿波用語辞典』 94
近世絵図 5
近世河川環境 4
近世小字 102
近世後期の絵図作成時点 230
近世初期の名負人 108
『近世測量絵図のGIS分析－その地域的展開－』 6
近世村 1, 227, 230, 231
近世村の空間構造 1
近世村落 227, 230
近世地名 80
『近世農業発展の生産力分析』 5
近世の地籍図 231
近世の幕藩制社会 230
近世村絵図 3
近代小字 102
空間形成過程 4
空間構造 1, 8, 227, 230
空間構造の解明 2
空間構造論 8
空間軸 7
空間単位 1
空間データ 9
空間的観点（空間軸） 8
空間的な属地・属人データ等 227
空間的な歴史構造 230
空間認識 3, 5, 227, 230
空中写真 115, 154, 161, 221
草渡地 2, 158
籤引きで田畑を配分 208
国奉行 208, 217

国持ち領国型の大藩 2
熊本藩 6
畔頭 188
組頭 208
組頭庄屋系譜 59
組庄屋 217
蔵入・給知立合 28, 208, 217
蔵入田畠 196
蔵入地 1, 2, 196, 201, 208, 213, 217, 222, 225, 227, 230
蔵入地・給知の区別 6, 208, 217
蔵入地・給知の分散相給 9
蔵入地と給知の配置（分布） 2
蔵入地と大小配分地の分布状況 171, 177
蔵入地への編入 3
蔵給立合 213
蔵之内村 221, 222, 224, 225
「蔵之内村絵図」 10, 225
蔵米知行 2, 9, 35, 36
「蔵米役不足」 36
蔵米替（浮米替）給与 187
クリーク（江・湖・堀） 172, 174, 175
久留米藩領（現福岡県城島町） 176
「クロスセクション法」 8
郡域圏 23, 38, 230
軍役 9, 27, 28, 36, 38
郡境 74
郡代 170, 230
郡代裏判 139, 141, 150
『郡中大略』 186
「慶安四年、寛保二年写平瀬所兵衛水帳」 82
「慶安四年御家中知行高役之帳」 32, 35
「慶安四年忠英様御代御家中知行高役高之帳」 20, 27
「慶応二年寅の大水」 115
景観 2, 8
景観構成要素の静態的な復原 227
「景観史」 8
景観復原 8, 146
景観復原研究 3, 227
景観復原のためのツール 7
景観変遷 4
「景観変遷史」 8

「景観変遷への文脈的接近」 8
景観要素 5, 72, 185
「慶長阿波国絵図」 20
「慶長九年検地帳」 74, 79, 100
「慶長二年分限帳」 9, 19, 20, 32, 44, 71
「系（景）引帳」 66
血縁集団 89
下人 27, 89, 134
現行小字 161
現実世界（Real World） 231
現状の地形表現 182
減知（上知） 23, 26
検地絵図 1, 59
検地・耕地絵図 67
検地条目 100
検地・丈量 74
検地田畠面積 148
検地・知行データ 64
検地地番 64, 158
検地帳 1, 4, 59, 66, 67, 227, 230
検地帳1筆耕地 67
検地帳記載名負人 59, 139, 148
検地帳記載の属地・属人データ 2, 217
検地帳記載の名負人（名請人） 100
検地帳と絵図とのクロス分析 164
検地帳の文字データ 150
検地データ 64, 74, 138, 209, 224, 225, 231
検地の順番 139
『検地凡例　御検地検見方式』 100
「元文五年御国中藍作見分記録」 103
「元文二年大島郡小泊村地下図」 10
軒別割り 192
小字 2, 9, 79, 102, 222, 224
「郷」 171, 188
郷域 175, 176
広域の歴史的領域 230
「弘化三年拝知物成相改帳」 37
耕作人数 171
「庚申」 73
「荒神」 192, 197, 200
郷図 171
高精細画像絵図 171, 172, 175, 182
郷村絵図 171, 172
郷村居住 181

神代鍋島家　175
耕地絵図　59, 64, 227
耕地条件　34
耕地の支配・所有　1
耕地の存在形態　5
耕地・屋敷地の知行割り　90
高野山真言宗十六番札所観音寺　104
「河内国古市郡蔵内村絵図」　223
郡里シマ　137, 142, 150
郡里村　56, 64, 137, 164
『郡里町史』　146
郡里山　43
郡奉行　207, 217
小書（注記）　6, 193
「御家老」　173, 177, 182
石高　1, 209, 222, 224
谷頭部　222
国土基本図　99
国府　97
御三家（三支藩）　173
「腰張」　74, 139, 164
五十町　一里　74
古城跡　69
御親類（白石鍋島・村田・神代・村田鍋島）　169, 170, 173, 182
御親類・鍋島山城（白石鍋島家）　177
コスモロジー　7
古代の阿波国府域　112
古代美馬郡の郡役所の所在地　138
古代美馬郡条里　138, 150
小都合　188, 201
古田御蔵　162
古田出目　23
「後藤家文書」　97
小泊村　186, 197, 199〜202, 231
小泊村の村上氏　185
「小泊村村上一学殿上地所絵図」　197
五人組　112
五年切売　112
五年切売り質地　139
五年切売元銀返　152
五年切売り代米返型　65, 134, 141
「此図壹丁貳寸」　177
「御判物写」　32, 34
個別性　230
個別農民の出自・階層・系譜　164
御奉公人　89

「小村」（Weiler）　188, 231
小村絵図　2
小字単位　64
「米蔵」　192
「御両国御検地作法之事」（「出原家文書」）　100
コンテクスト　7

【サ　行】
裁許絵図　4
在勤系譜　150
在郷家臣　176
在郷の有力給人　176
在郷領主的　188
祭祀組織　200
宰判　187, 188
裁判権　37
西福寺　130, 131
蔵王社　115
境目　201
境目書　193, 189
境目のランドマーク　192
佐賀県立図書館　171, 172, 175, 182
「佐賀県立図書館蔵　古地図絵図目録」　171
佐賀藩　2, 5, 38, 169〜171, 182, 221, 230
佐賀藩の「郷絵図」　3
佐賀本藩　182
作業絵図　99
作事奉行　100
作成過程　4, 185
作成基準　171, 182
作成者の表現内容の取捨選択　227
作成主体　3, 4, 59, 227
作成主題　227
作成年紀　67, 139
作成目的　3, 59, 195, 227
作成目的論的アプローチ　3
貞光村　25, 153, 161
佐藤甚次郎　79
里山　69
讃岐山脈　137
砂防普請　222
士組頭　35
山陰・中央山地側　188
山陰と山陽の分水界　189

三角州状扇状地　115
三角州低位面　34
山間盆地　189
三支藩（小城・蓮池・鹿島の三家）　169, 182
『三大実録』　69
散田　127
散田の入札　65
山野（百姓の入会山）　195
「三昧」（墓地）　78
「山林原野実地丈量見取絵図面」　77
山論裁許絵図　5
GIS 分析　5, 6
GIS 分析研究グループ　6
仕置職　55
塩浜　197, 201
直仕置体制　23, 27
地方支配構造　202
地方知行　1, 186, 227, 231
地方知行制　1, 2, 38, 230
地方知行制の研究　19
地方知行制の実施状態　2
地方知行制の地域構造　43
『地方凡例録　巻之二上　検地之事』　100
地方文書　3, 9, 59, 135, 227
時間軸　7
時系列的な視点　230
「地下絵図」　201
『地下上申』　185, 189, 201
「地下上申絵図」　6
「地下上申絵図・清図」　201
「地下図」　185, 189, 193, 197, 200, 201
地下役人（代官）　195
四国霊場十六番札所観音寺　97, 112
地境　209
寺社領　208, 221, 222
支城駐屯制　9, 21, 26
資史料の制約　230
自然堤防　34
子孫からの持ち伝　127, 150, 152
「舌洗池」　97
「舌洗勝間池」　69, 97, 112
「下羅井番水定書」　69, 97
「下羅井用水」　69, 78, 103
自治権の強い大配分地　171
実測図　66

実測分間村絵図　6, 74
質地移動　3, 65, 150, 152
地頭直納システム　91, 93, 146
「地概」(土地割替制)　208
支配・所有　1
「芝山」　69
地番　222
地引絵図　1, 6
渋木村　186, 189, 193, 195, 196, 202, 231
渋木村大峠　193
「渋木村地下図」　189, 201
「渋木村石高境目書」　189
渋木村の周布氏　185, 193
士分　20, 188
島畑　10, 214, 216, 217
地面畠　74
地面明細図　6, 105
地目　222, 225
下神代村　175
下館藩石川近江守総茂(播磨守総陽)　224
下村郷絵図　177, 181
社会関係　5, 227
社会構造　1, 7, 8, 201, 227, 230
宗教施設　2
宗教的景観　158, 162
宗教的エリア　138, 146
十字に東西南北を記した四方位　173
重層的スケール　7
朱書地番　64
縮尺約18,000分の1　7
縮尺約3,600分の1　192
縮尺約1,200分の1　216
縮尺約9万分の1の実測図　44
縮尺約3,600分の1　193
縮尺約2,000分の1　216
縮尺約4万5千分の1　44
縮尺約6,000分の1　216
縮尺約600分の1　2, 7
宿場　187
『徇行記』　209, 212, 213, 215, 216
定井料　34
定請御藪　73, 77
小家　85, 91, 97, 112, 134, 197
小家・下人層　65, 81, 91, 108, 128

小地名の継続性と断絶性　102
「正徳五歳名西郡白鳥村棟附人数御改帳」　74, 75, 100, 104, 112, 164
庄内川　210, 212, 213
小農民自立論　100
小配分　169, 172, 175
城番　19, 21, 22
「正保の高概」　207, 217
定免　34
庄屋　28, 30, 201
庄屋・畔頭　188, 189
庄屋・小都合　195
庄屋取立請　34
庄屋を中心とする村役人層　3
条里地割　103, 210, 224
丈量　162, 173
初期本百姓　80, 82, 85, 92
所在小字単位でクロス分析　164
書誌的研究　3, 185, 227
初代藩主至鎮　23
所有移動履歴　9
「白鳥大明神」　69, 82
白鳥村　64
「白鳥村打直御検地帳」　85
「白鳥村絵図」　93
「白鳥村肝煎多左衛門」　92
「白鳥村反別帳」　77
自立した小家・下人層　131
寺領　43, 164
史料学　5
史料群のなかの絵図　3
史料的価値　164, 231
史料批判　3, 4, 227
「白鳥文書」　9, 74, 93
「新御株」　158
新知　25
新田　225
新田・塩田地帯　21, 46, 70
新田・見取場　222
新開　25, 200
新開検地　157
『新編美馬郡郷土誌』　56
陣屋　188, 207
水害常襲地　213
水害による仮検地　140
水郷・クリーク地帯　172, 175, 182
水制　158

水損　34, 157
水田景観　172
水田地帯　176
数量的把握　227
周防大島(屋代島)　196
図像の意味記号論的研究　3
「砂入」　212, 213, 215
砂入絵図　217
周布勘解由知行所　195, 196
周布九郎兵衛の知行所　195, 196
周布彦右衛門　192, 193
洲本仕置御用　142
洲本城下　51, 53
洲本城代　26
図様式　185
政治・社会経済史的アプローチ　9
清図　185, 186, 193, 200, 201
姓の頭文字で区別　118
「正保三年阿波国絵図」　20
「正保二年知行高人数役目録写」　32
先規奉公人　30, 85, 112
扇状地　138
全藩領の村明細帳　185
雑木林　158
総合的な歴史史料　7, 227
相対化　231
惣(村)庄屋　208
添書　193, 195
属人主義　93, 126
属人データ　1, 2, 59, 138, 164, 227
属人的・時系列的な記載　138, 164
測量技術史　227
属地・属人データ　2, 64, 164, 231
属地データ　1, 59, 138
租率(免率)　37
存立基盤　26, 34, 38, 230
村落の空間構造　5
村落共同体　231
村落空間の細胞　230
村落景観　1, 7, 8, 64, 181, 193, 202, 217, 225, 227
『村落景観の史的研究』　4
村落の社会的・歴史的背景　3
存立基盤　30, 126, 142
村落の空間・社会構造　230
存在形態　230

【タ　行】

ダービー（Darby）　8
代官　35, 170, 207, 208, 209, 217
代官支配区　188
「代官所」　176
大区小区制　66, 99
太閤検地論　100
第十堰　46
大縮尺の空中写真　8
「大小配分石高帳」　175, 177
大配分地　5, 169, 170, 172～175, 177, 181, 182
大藩の外様大名領　230
峠　192
高請人　4
頭谷部　222
高反別改帳　3
高取諸奉行　36, 121, 142
高取藩士　36, 48, 126, 187
高概　207
高持壱家　112
「館之内」　176
「立山」　199
棚田　189
「七夕水」　161, 164
「谷家文書」　44, 45
谷筋（「浴」）　193
田畑１筆ごと　225
田畠畝数　171
田畠均衡型　121
「田畠地続全区」　231
田畠等級　9, 107, 119
田畠の境目　196
団塊状　150, 164
短冊型の地割　153, 161
地字　1, 28, 209
地域景観　4
地域構造　43
地域史　7, 227
地域像　3
地域秩序　230
地域的単位　230
地域特性　7
地域認識　7
地域の景観形成　8
知行　2, 224
知行宛行　9

「知行絵図」　1, 2, 9, 59, 67, 74, 202, 227, 230, 231
知行絵図に内包された属地・属人データ　135
知行替　23, 185, 186
知行圏　22, 144
知行権　125, 186
「知行所」　2
知行所絵図　2, 185, 186, 231
知行地　1, 2, 93, 200, 217, 227, 230
知行地の占有形態　169
知行地の割替制　217
知行付百姓　1, 9, 35, 38, 82, 91, 134
知行付百姓の存在形態　10
知行データ　74, 231
知行村絵図　4
知行割　23, 28, 38, 126, 230
筑後国　176
地形的環境　34, 144, 164
地形の高低差　172
地券交付　99
知行付百姓の所有地　9, 130
地図史研究　3
地図測量技術　5
地図発達史　3, 185
地図論　5
地籍図　1, 4, 6, 7, 212, 216, 217, 222, 227
地籍帳　214, 216, 217
地租改正　74, 79
地番　6, 224, 225
地米高　175
地米100石以下の家臣団　181
地名　185
地名情報　193, 201
地目　1, 28, 224
「着座」　175, 181, 182
中央構造線　49, 137
虫観的（仰見的）　189
注記　8, 201
『注進案』　185, 188, 193, 195～197, 199～201
中世的な歴史的領域　188
中世の「名」　188
中世名主系譜　65, 108, 131, 133, 152
中老格　19, 56, 112, 139
鳥瞰図　172

長州藩　3, 21
長州藩の「一村限明細絵図」「宝歴小村絵図」　3
『張州府志』　209
超ミクロスケール（１筆レベル）　7
地理学の村落空間論　102
地割　2, 6, 9, 38, 74, 97, 225
地割株数　162
通時的　4, 8
津名郡　44, 53
津名郡由良浦　49
津名山地　49
潰百姓　65
積地（仮検地）　161
強い知行権　196
剣山地北斜面山村　46
剣山地南斜面　46
定井料　37
提出先　59
定性的側面　5
定量的側面　5
鉄炮組頭　32, 36, 47, 83
天正検地帳　4
「天保郷帳」　44, 210
「天保五年阿波淡路郷村御高帳」　43, 98
「天保七年反高相改帳」　109, 164
天保12年の村絵図　209
「天保十二年春日井郡中切村絵図面」　10
天保14年「七夕水」　138
「天明五年芳崎村拝知反高物成帳」　35
「天和三年御蔵奉行への「覚」」　31
「天和二年阿波淡路両国御蔵入高村付御帳」　21
「天和二年阿波淡路御両国御蔵入高村付御帳」　23
等級　1, 28, 209, 222, 224, 225
「当作」　65, 161
当作人　59, 131, 134
動態の把握　8, 227
動態的復原　1
時の断面　4, 7, 8, 230
徳川林政史研究所　6, 209, 211, 215
「徳川林政史研究所所蔵絵図目録（一）」　209, 214, 217

「徳嶋絵図」 32
徳島県立博物館 72
徳島県立文書館 45, 74, 117
徳島城 21
徳島城博本 9, 66, 99
徳島藩 1, 2, 6, 35, 65, 170, 187, 188, 217, 221, 230
『徳島藩士譜』 32
徳島藩の質地移動 141
徳島藩の知行絵図 4, 6, 209, 225, 230
徳島藩筆頭家老稲田氏 19
徳島藩領 19
徳山藩 186
所替え 221
年寄役 112, 216
土地改良事業 172
土地空間をめぐる支配関係、権利関係 5
土地支配 1, 225, 227, 230, 231
土地支配の構造 217
土地支配の具体的な実態（Real World） 164
土地所有移動 164
土地の属地的な検地データ 227
土地把握 5, 230
土地分類 171
土地利用 225
土地利用界 74
土地割 177
土地割替制 208
鳥取藩 2, 6, 19, 231
鳥取藩の「田畠字限絵図」「田畠地続絵図」 3
土木的景観 5
取立請 34, 146
取立庄屋 37, 93
「酉の水」 161, 164
トレース図 4, 6, 9, 190, 191, 194, 198, 199, 211, 214, 222, 223, 227, 230

【ナ 行】
名負子孫の待ち伝え 141
名負人 28, 74, 222, 224, 225
名請人決定基準 100
名負人（頭入百姓）左近 131
名負人所有地 131, 155
名負人と当作人の存在形態 135

名負人の土地所有形態 134
名請農民 1, 208, 213, 217
「長井庄九郎様知行所 河内国古市郡蔵之内村絵図」 222
長井庄九郎様知行所田畑 224
那賀川 46
那賀川下流デルタ地域 19, 28
中北郡奉行 83
中切村 210, 212
那賀郡 26, 43, 44, 47, 48, 56
中須地区 146, 164
中須分 161
中須分の「川成愈上り改」 162
名方郡条里遺構 97, 112
長地型の地割 221
長門市 189
名子 27, 192
名古屋城下 209, 213, 216
名古屋市蓬左文庫 210, 215
那西郡 20, 26～28
那東郡 20, 26, 28
七分五朱軒 188
鍋倉谷川 137, 142
鍋倉谷川扇状地 9, 138, 154, 158, 162, 164
鍋島文庫 171
鍋島・竜造寺一門 169, 169, 182
「名寄帳」 74
概高 209, 210, 212, 213
概地（土地割替制） 209
南前地帯 188
西春日井郡 216
「西黒田村絵図」 59, 64, 101
2代藩主忠英 23, 27
日開墾主 130
『日本書紀』 221
二毛田 200
入作 3, 139
年貢徴収 4, 35, 37, 92, 216
年貢徴収体制 146
年貢手取率 34
年貢取立請 34, 37
農民層の分解 65, 201
農民の私有林（合壁山） 195
農民の夫役負担 21
「延米」 91

【ハ 行】
「拝知手引草」 35
拝知水帳 9, 28, 74, 89～91, 230
配分地米高 177
「配分帳」 10, 171, 175, 177, 181, 182
拝領高 48
伯太藩渡邉丹後守 224
伯太藩渡邊越中守登綱 224
萩藩 2, 48, 185, 187, 188, 201, 217, 221, 230, 231
萩藩の家中編成 188
萩藩の地方知行制 188
萩藩府の絵図方頭人井上武兵衛 189
萩藩領 185, 231
萩本藩 185, 189, 193
幕藩制社会 230
幕府撰国絵図 6
幕府直轄地（代官支配地） 221, 225
幕府領 222, 225
幕法 100
破損箇所 150, 154, 158
畠（地面畠） 74
畠新開 77
畠卓越型村 164
旗本知行地 225
旗本領 1, 4, 221, 222, 230
「蜂須賀家文書」 9, 15, 19, 43, 52, 59
「蜂須賀治世記」 44
蜂須賀氏の領国支配体制 22
バックマーシュ 34
羽曳野丘陵 10, 221, 222
羽曳野市 221, 225
浜集落 197, 199, 200, 201
葉山禎作 5
貼紙 65, 118, 134, 162, 164, 185, 200, 201
藩絵図方 66, 189, 201
半軒 188, 192, 197, 201
藩権力による蔵入地編入 196
板西郡 26
藩財政の建て直し 152, 182
藩士 187
藩士処分による「上り知」 152
『藩士名寄』 212
藩政村 1, 93, 188, 217, 230
藩政改革 23, 171, 182, 201
藩政の基礎構造 230

藩政村の知行割り　92
藩政村の空間構造　67
藩政村の景観復原　201
藩政文書　227, 231
藩撰地誌　77, 98, 201, 209, 227
藩撰の村明細帳　201
板東郡　26
「坂東家本」　9, 99, 101
「坂東家文書」　108, 164
藩の図絵作成基準　230
藩法　37, 100
藩法令　37
藩命　2, 59, 185
判物（宛行状）　27
藩用の絵図　2
氾濫原　69, 162, 210, 213, 222
藩士の勝手困難　207
藩領　1, 2, 19, 208, 230
藩領の地域構造　230
藩領の地域的特性　231
藩領の歴史的環境　230
凡例　161, 162, 173, 177, 181, 193, 195
日開村　59, 64
「日開村限絵図」　115
「控」　59, 65, 74
比較分析　9, 227, 230
「引地山」　189
彦根藩　2, 21
非実測図系の見取り図　7
微視的な視点　230
肥前国神崎郡　5
筆界　181
筆頭家老稲田九郎兵衛　19, 22, 43
「百姓合壁山」　195
百姓株　100
百姓田畠屋敷境　195
百姓の存在形態　89
百姓の入会山　195
百姓持山・入会山　196
百姓屋敷　171
百姓代　208
「開」　158
「平瀬所兵衛様御拝知高物成辻斗代
　合毛帳」　91
「非領国」　1, 19, 221, 230
非領国型村落　67, 225
品等　2

夫役（夫銀）　27, 28, 35, 38
深川川　193, 196
深川庄　189
俯瞰図　172
複製図　171
福良浦　53
藤井寺市域　225
藤岡謙二郎　8
武士（給人）による土地支配　9
譜代下人　100
譜代重臣　23
譜代大名　2, 230
扶持米取　188
船手組　188, 197, 201
船手組村上氏　201
「夫米」　91
古市郡　221, 222, 224, 225, 230, 231
古市郡条里　10, 222
「古市郷」　221
触書による作成基準　209
「文化十年阿波国村々御高都帳」　43
「文化十年勝浦郡八重地村市宇村分
　間絵図」　74
分割支配　221, 230
「文久三年名東郡日開村限絵図」　9,
　73, 134
「文久二年名西郡白鳥村絵図」　9,
　66, 72
文献史料　112
「分限帳」　20, 21, 36, 43
「分間村絵図」　74
分散相給　2, 5, 28, 150, 213
分散相給形態　93, 130, 164, 169, 182,
　188, 213
分散相給政策　12, 57, 135
分散錯圃形態　224, 225
「文政四年反高家数人帳」　108
分析視角　4
分筆　3, 100, 127, 138, 164
分筆による耕地の細分化　65
「文脈的視角（contextual approach）」
　8
ベースマップ　45
別宮川（現吉野川）　46, 70
編集図　7
奉公人　27, 89
防長　192

『防長地下上申』　185, 201
『防長風土注進案』　185, 186, 201
法量　193
「宝暦元年の白鳥村御拝知反高物成
　帳」　69
「宝暦小村絵図」　64, 231
北前地帯　188
圃場整理事業　189
墓地（三昧）　2, 91
本軒　188, 192, 197
本田と新田に区別　217
本田畑　225
本筆（本地）　106
本百姓　27, 80, 112, 201

【マ　行】

前大津宰判　185
前大津宰判深川村　193
マクロスケール　7, 230
「増田拝知水帳控」　92
町方　207
「政所」　65, 97
「廻り検地」　5
「万治制法」　188
見懸紺屋　112
三河　207
ミクロスケール　7, 9, 230
身居（身分）　85
見取場　209, 225
南方（勝浦川・那賀川・海部川筋）
　46, 59
三根郡　169, 172, 175
「三根郡続命院絵図」　176
三根郡下村郷　175, 177
「三根郡下村郷絵図」　182
美祢郡大峠　193
三根郡地米　177
三根・養父郡　169
美濃国　207
三原郡　44, 54, 56
「三原郡津名郡反別帳」　44, 49, 51,
　56
三原郡灘　53
三原郡福良浦　49
三原平野　53
身分秩序　5, 169
身分編成　5

美馬郡　26, 43
美馬郡郡里村　9, 19, 26, 34, 59
「美馬郡郡里村絵図」　121, 146
「美馬郡郡里村知行絵図」　121
「美馬郡郡里村分間絵図」　146
美馬郡条里地割　154
美馬郡の山分　56
「美馬郡村々取調帳」　43
美馬郡脇城代　19, 49
美馬市教育委員会　138
『美馬町史』　146
三養基郡条里　175
宮津藩　1, 4, 64
「宮津藩耕地絵図」　231
「名西郡石井村他拾ヵ村知行目録」　34
名西郡白鳥村　9, 19, 34, 38, 69, 71, 146, 164
「名西郡高畠村愈上り絵図」　161
名主的な大高持百姓　100
名（集落）地名　20
名東郡観音寺村　19, 59, 164
「名東郡観音寺村絵図」　9
「名東郡十一小区之内観音寺村細密図」　99
「名東郡中地高物成調子帳」　97, 121
「名東郡日開村　59
「名東郡日開村限絵図」　117
「名東名西両郡高家数等指上帳」　98
三好郡　22, 26, 46, 47
民俗資料　102
「美馬郡郡里村中須（分）」　146
無縁　189
無格奉公人　57
無足　57, 187
棟附改　28
棟附帳　9, 66, 67, 85, 109, 134
無年貢地　171
撫養街道　150, 154
村請システム　91, 92
村請制　1, 28, 146
村絵図　1, 3, 182, 208, 209, 213, 222, 225, 227, 230
村絵図史料論　227
村方　207
村方の支配組織　217
村上一学給領　200

「村上三郎兵衛立山」　197
村上氏給家　201
村上水軍の一族　197
村境　6, 209, 225
村境書　196
村境の山　193
村境目　193, 195, 201
村中持山　77
村の土地把握　100
村人の空間認識　227
村明細図　201
村明細帳　189, 201
村役人　30, 208, 230
村用絵図　66
明治維新期　1, 2, 65, 230
明治3年「阿波国全図」　44
明治初期の地引絵図　222
明治大学博物館　5
名東郡観音寺村・日開村　34
メソスケール　230
面積　28, 209, 222, 225
免租地　175
免率　34, 37
間人　27, 89
門男　189, 192, 197, 200, 201
毛利氏　186, 197
文字情報　227
文字史料　8
元高　209, 212, 213
物頭格　19, 80, 112, 142
「もの」としての近世絵図　5
物成　34, 37
文書史料　3, 227, 230
文書史料と絵図を摺り合わせ分析　7
文書史料と比較分析　227

【ヤ　行】
役負担百姓数　28
屋敷・耕地分布　4
藪地　158
藪開　77, 158
「山小根」　189
山口県文書館　2, 6, 190, 191, 199, 202
山城谷・井ノ内谷（三好郡）　25
山澄　元　2, 185

山中峠　189, 193
山年貢　224
山伏　30, 85
矢守一彦　1, 44, 185
有機的結合　227
有力給人　176
諭鶴羽山地　49
由良　53
「由良引け」　53
「よげ」　212
吉野川中下流域　2
吉野川下流低地　19
吉野川沿いの氾濫原　9, 59, 137, 142, 146, 164
吉野川中流氾濫原地帯　19, 137
吉野川の自然堤防帯　161
吉野川北岸　138
吉野川流木の監視役の西宇氏　47
寄組　185, 186, 188, 193, 201
寄合級　142, 213
四軒半　188, 201

【ラ　行】
ランドマーク　72, 177, 181, 193
里道　2, 6
地米100石以下の家臣団　181
利用過程　227
「領国」　1, 2, 19, 67, 221, 230
領主　5
領知替　3
領有・所有・利用　227
林慶村　172
隣村との境目書　192
歴史学　3, 8, 100, 227
歴史空間　7
歴史GIS的研究　227
歴史史料　4
歴史地誌学　7
歴史地図　8, 227, 231
歴史地理学　1, 3, 8, 19, 227, 230
歴史的地域　7
歴史的地域の単位（スケール）　230
歴史的領域　44, 188, 221
労働力の売買　112

禄高　216

論所 100

【ワ 行】

脇町 25
脇城 21
渡邉丹後守様御領分田畑 222, 224

『和名抄』 221
割替え 31
割地 130

著　者：羽山　久男(はやま　ひさお)

<略歴>

1940 年　徳島市に生まれる。
1963 年　徳島大学学芸学部卒
1963〜86 年　徳島県立徳島農業高校・徳島市立高校・富岡西高校教諭
1987〜92 年　徳島県教育委員会文化課社会教育主事・課長補佐
1993〜97 年　徳島県立阿南工業高校・城北高校教頭
1998〜2000 年　徳島県立日和佐高校校長
2001〜02 年　徳島県立文書館文化普及員
2005〜10 年　徳島地理学会会長

（著書）『山村地域の史的展開－徳島県勝浦郡上勝町－』教育出版センター（1980）
（共著）山口恵一郎他編『日本図誌大系　四国』朝倉書店（1975）。
　　　　藤岡謙二郎編『古代日本の交通路　Ⅲ』大明堂（1978）
　　　　「藍作地帯における地主制の展開」石躍胤央・高橋　啓編『徳島の研究　第 5 巻　近世・近代編』清文堂（1983）。
　　　　服部・井戸・大脇編『南海道の景観と変貌』古今書院（1984）
（監修・共著）『上勝町誌』（1979）・藤岡謙二郎他編『日本歴史地理用語辞典』柏書房（1981）・『穴吹町誌』（1987）・平凡社編『徳島県の地名』（2000）・『脇町史・下巻』（2005）・『美馬市民双書 2・3』（2013）
（論文）「畑作村における耕地の歴史地理学的考察－徳島県名西郡高原村池北の事例－」地理科学 23 号（1975）
　　　　「徳島藩殿河内御林の変容過程」地理科学 30 号（1978）
　　　　「近世前期の阿波国野尻村における耕地の存在形態」歴史地理紀要 23 号（1981）
　　　　「江戸時代阿波国絵図の歴史地理学的研究」史窓 34 号（2004）
　　　　「近世阿波の実測分間村絵図と山村景観」徳島地理学会論文集 12 集（2011）

書　名	**知行絵図と村落空間**－徳島・佐賀・萩・尾張藩と河内国古市郡の比較研究－
コード	ISBN978-4-7722-5279-9　C3021
発行日	2015 年 1 月 15 日　第 1 刷発行
著　者	羽　山　久　男 Copyright ©2015 HAYAMA Hisao
発行者	株式会社古今書院　橋本寿資
印刷所	三美印刷株式会社
製本所	渡邉製本株式会社
発行所	古今書院 〒 101-0062 東京都千代田区神田駿河台 2-10
電　話	03-3291-2757
ＦＡＸ	03-3233-0303
振　替	00100-8-35340
ホームページ	http://www.kokon.co.jp
	検印省略・Printed in Japan

いろんな本をご覧ください
古今書院のホームページ

http://www.kokon.co.jp/

★ 700点以上の**新刊・既刊書**の内容・目次を写真入りでくわしく紹介
★ 地球科学やGIS，教育など**ジャンル別**のおすすめ本をリストアップ
★ **月刊『地理』**最新号・バックナンバーの特集概要と目次を掲載
★ 書名・著者・目次・内容紹介などあらゆる語句に対応した**検索機能**

古今書院
〒101-0062　東京都千代田区神田駿河台 2-10
TEL 03-3291-2757　　FAX 03-3233-0303
☆メールでのご注文は　order@kokon.co.jp　へ